與香港藝術對話

1980-2014

黎明海 文潔華 編著

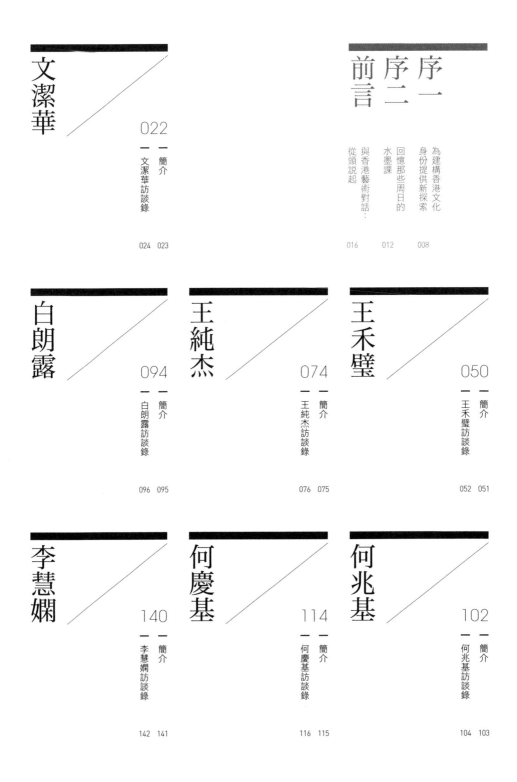

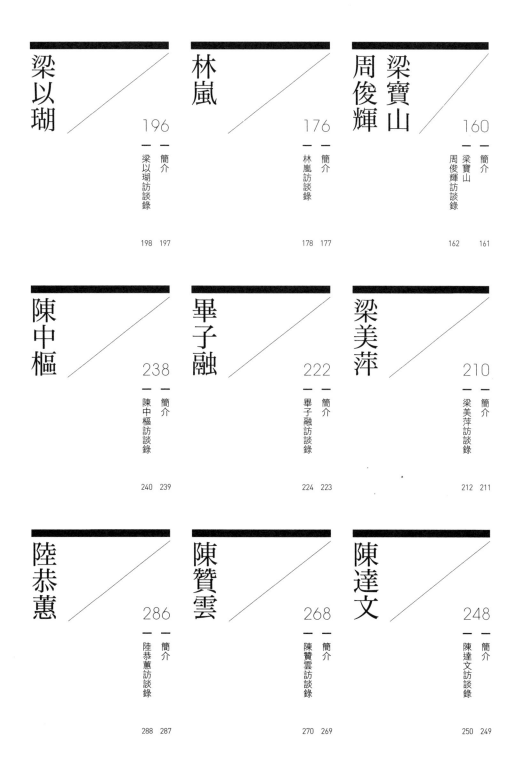

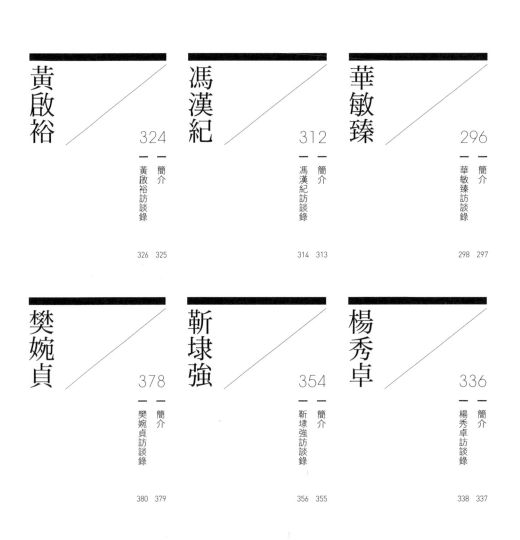

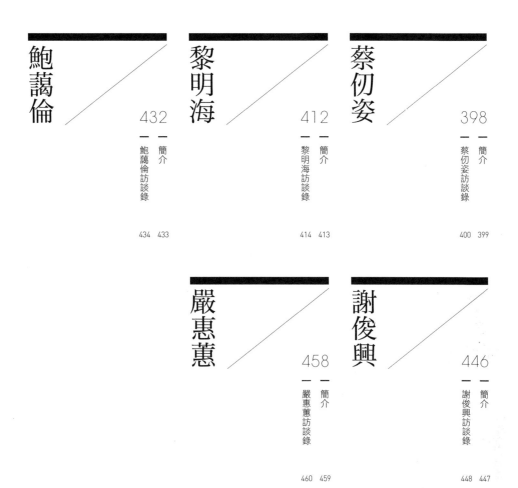

序一

為建構香港文化身份提供新探索

隨著人潮走進第二屆香港巴塞爾藝術展的會場，迎面高掛著谷文達以世界各地徵集的人髮製成的國旗大型裝置《聯合國：人間》，氣勢撼人。同場展出的還有多達兩千件藝術品，來自三十九個國家和地區共二百四十五間畫廊，佔據了香港會議展覽中心整整兩層，彰顯了香港僅次於倫敦和紐約的世界第三大藝術交易中心的國際地位。加上逾百項配套的文化活動，香港巴塞爾藝術展猶如藝術的嘉年華，其影響超越藝術小圈子，成為社會上各界矚目的盛事。這樣繁華熱鬧的情境，不僅超乎五十年代活躍於香港的藝術家的想像，七十年代社會參與的規模及國際化的程度，亦難望其項背。可是，在空前的盛況背後，香港藝術家的影蹤，卻如此難覓。是以推動香港藝術及為香港藝術定位，並追蹤其發展歷程，實是當務之急。

黎明海博士編著的兩本《與香港藝術對話》，通過與香港藝術家及藝術圈相關人士的訪談，留下了他們走過歷史的足跡，適時地保存了親歷其境的體驗及第一手資料，為香港藝術的研究提供珍貴的史料。尤其是他與文潔華教授合編的這部《與香港藝術對話：1980-2014》，對談者都是八十年代以來藝術圈的活躍分子，涵蓋創作、策展、評論、行政、教育、研究、出版等領域，創作媒介亦不限於中西繪畫，還包括雕塑、陶瓷、攝影、裝置、錄像、媒體藝術、行為藝術等，反映三十多年來香港藝術的多元化發展，亦為未來撰寫香港藝術史提供多視角的探索，由此可見此書的價值和意義。

八十年代以來香港的藝術生態，與之前的三十餘年比較，產生頗大的變化。簡而言之，一九四九年後中國內地的文化人從四方八面南遷香港，其中藝術家數以百計，為香港文化增加廣度和深度。他們在此彈丸之地，承擔「發揚中國文化，溝通中西不同文化」的使命。然而進入六十年代，融會中西藝術的現代流派成為主導。香港水墨畫融合中西藝術，以反映香港地區特色，其倡導者唯我正統的排他性、官方藝術資源的控制及話語權的壟斷，造就其發展一枝獨秀。傳統畫派備受批評而被邊緣化，任之自生自滅。及至八十年代香港水墨畫勢力減退，始再度呈現多元化的發展及論述。

香港藝術自八十年代以來的多元化發展，建基於多個因素，以藝術家身份而言，一九四九年前後來港的藝術家，相繼退出歷史舞台，其他或因一九九七年回歸中國、一九八四年《中英聯合聲明》草簽、「八九民運」等重大政治事件，離開香港移民外國。此消彼長，一九七八年中國內地改革開放，引發新一輪的南遷浪潮，不少藝術家移居香港，他們帶來在新中國的生活體驗和人際網絡，以及解放後的藝術新發展，一方面令香港藝術的面貌更多樣化，另一方面也成為中港藝術交流的推動力量。此外，藝壇的新力軍還有陸續在海外修讀藝術後返港的留學生，標誌著香港藝術與世界潮流保持緊密聯繫，引入前衛的創作理念及模式。而且他們對傳統認識不深，也無意探求平衡東西方的創作路線，在追尋新媒介的形、色、質感、空間、結構等視覺元素的主觀表現之餘，同時關注國際化與本土意識的貫通，以至當代藝術與生活結合，從而建構香港的文化身份。

毫無疑問，八十年代以來的本地藝術家享有較他們前輩更多的社會支援及發揮機會。香港藝術中心及眾多的民間藝術空間重新規劃香港的藝術生態，令香港藝術館近年亦以較開放的政策及展覽以回應社會上的呼聲。至於康樂及文化事務署成立藝術推廣辦事處及「油街實現」，更是以推動公共藝術及培育當代藝術新進為使命。此外，一九九五年成立的香港藝術發展局在發展香港藝術的政策主導下，發放資助以支持各類藝術活動，成為藝術家的經費來源之一。萬眾翹首以待的西九文化區管理局及其轄下的M+博物館，場館竣工尚有數年，但其一動一靜，均成為社會議題，吸引市民關注藝術活動，未嘗不是好事。尤其重要的轉變，是在於社會上對藝術的改觀。藝術激發創意，是推動社會進步及經濟發展的文化產業要素，在二十一世紀更是不可或缺。而藝術的市場化，雖然以國際及中國當代名家作品為主，香港因其地利及自由開放的環境，成為藝廊進軍中國的跳板，但亦令若干新進香港當代藝術家增加海內外展覽及交流的機會，讓他們得以專注創作，成為全職藝術家。

隨著各種發展文化藝術要素的消長，香港藝術正值譜寫新章之際，藝術的各個持份者實在需要有更多的交流和對話。黎博士的訪談是個好的開始，謹此祝願此一新風能夠繼續下去。

高美慶教授

香港中文大學前藝術學講座教授

序二 回憶那些周日的水墨課

瀏覽畢子融的個人網頁，見證一個在香港從事四十多年藝術創作的人，是怎樣同時進行藝術教育。

畢子融由淺入深，以基本的語言殷切地希望學習藝術的人先認識媒介和材料，掌握筆、炭、墨、泥和水，再加以塑形，從心所欲。進入他教授陶泥的網頁，會被他認真且孜孜不倦的情態所吸引，從捏泥及混水的步驟開始……

畢子融在香港及澳門的視覺藝術及藝術教育界都是中堅分子。作這樣稱呼是因為我們會向呂壽琨、丁衍庸、韓志勳、王無邪等前輩致敬，官方藝術機構亦致力支持青年藝術家，投入培育的資源，然而，對於七十年代以後努力創作耕耘，並同時在學院及坊間實踐視覺藝術教育的一群，還未有系統的介紹、肯定及展示過他們的作品。這樣的一大章，仍有待在香港藝術史裡補上，其中必見像畢子融這樣培育香港視覺藝術教師們接棒的人。我們確實難以想像視覺藝術在本地中斷和空白，這絕非事實，也不可能。在缺乏系統性的紀錄及研究的情況下，若不作糾正，便會因資料的零碎失去藝術史的話語權，更莫論發展與影響了。

畢子融是這段香港藝術史的一面活頁。他很早便計劃唸美術教育，但申請入讀的那天，在羅富國師範學院的校園迷了路，報到遲了的後果使他後來奇異地當上了體育教師，繞了一個圈才回到美術教育來。但這正好讓他遇上了當時在香港大學校外課程部教授水墨的呂壽琨與王無邪，以及素描老師顧理夫（Michael Griffith）和美術科主任白自覺（Jon Alfred Prescott）。據說顧理夫和白自覺均是香港美術及設計課程的創辦人，曾推動美工教育的資源中心，亦出版學生的畫冊。

談起其老師呂壽琨，畢子融記憶猶

新。「他是個火人，説話時伴隨著大動作，很有氣勢及魅力。」呂氏授課時，批評當時香港教育當局的美術課程訂下了不必要的框架，認為這是造成香港藝術差勁及不進步的原因。受過嚴格的中國傳統水墨訓練的呂壽琨，不認同奧地利「美術教育」的傳統，喜歡直入技法。當然他後來也打破傳統，以立新為藝術在香港生存及發展的「順」和「適」。

畢子融把呂壽琨的禪畫閲讀視為心靈的集中，那也是一份永恒的力量，非一般城市人可以掌握。畢回憶説在七十年代初，呂壽琨與劉國松分別開授水墨班；他上了呂壽琨、譚志成及王無邪的一年制周日水墨課程，並結交了一群志同道合的朋友，其中包括司徒強與顧媚。呂氏於一九七五年去世以前，在課堂中早已展露了水墨改革的腹稿，從筆法到調子都有了變化，但變調的還包括藝術的價值問題、藝術水準的高與低、藝術形式以及風格。「呂先生只有一樣保持不變，就是他的全情投入與認真。」

呂氏叫學生留心留白與他畫中的紅，也就是傳統中國水墨與現代畫的分別。他提出「心中的山水」，這樣的啟迪開展了香港繪畫的新美學，由王無邪等人繼續闡釋。我問自七十年代開始在香港致力視覺藝術創作及教育的畢子融，後來為什麼中斷水墨畫的研習，他的答案直截了當：「因為骨痛。人們以為水墨畫很簡單，其實它絕不比油畫及水彩畫容易。」

人們對畢子融的認識，多是他筆下的炭畫，還有設計及陶藝。他把炭畫視為「乾水墨」；例如他著名的「天榕」系列，便呈現了如大片水墨的深淺效果。以為只有水墨才可虛靈？炭畫其實也有虛實。〈天榕之七〉（Banyan Tree 7）創作於一九八七年，是他登黃山歸來後的作品，便被視為炭之水墨畫。畢以水墨為人思考之縮影，否則便只停留於墨。我同樣相信他擅長的炭筆素描亦自是思考之縮影。且勿論「炭」可能負載過的植物與動物的生命，那些曾經精彩和盡其所能活著的生命，便留下了活靈活現和神秘的可能。以炭畫著名的William Kentridge（1955- ）便曾認為「炭」能呼吸，而他喜歡炭畫是因為它的坦率，毋須照顧色彩的悅目和美感。又說「炭」能讓畫人思考，可即時活現想像，且帶領創作。言下之意，物料會走自己的路。

看畢子融的炭畫，不會說表現主義，會說是一份摯談，聆聽「炭」的內心，創作時伴着熊熊的責任與熱誠。但畢子融乾脆的說，他愛炭描，不過是因為可以隨時開工、停工，比水墨方便得多。畫家說他與老師王無邪相同之處，在慢工出細貨；創作時難以用時間衡量。他相信藝術是世界語言，純藝術跟設計可以並行不悖，雖然二者的美學有所區別。他這種觀點解釋了他對藝術身份的看法。畢氏雖出生於澳門，但在香港長大，於英國接受藝術教育。只有創作的風格才足以談論真正的身份，其餘的只是權力問題。「尤其是現在的藝術市場，身份便是競爭。」「我是一個畫家，僅此而已，無所謂澳門、香港跟中國。」

中國內地出版的中國現代藝術史，縱然對香港七十年代的新水墨運動隻字不提，但於畢子融和其他畫家的記憶中，七十年代的香港與台灣的新水墨曾經同步實驗和發展。畢子融遞給我他珍藏的，台灣《雄獅美術》於一九七五年出版的「香港水墨畫」特輯以為證。他強調其時的新水墨運動為的不是表現，而是實驗，他也如此總結呂壽琨先生的藝術精神。

藝術的身份問題當然可以從政治觀點看，以身份作為一項不可或缺的策略；但它同時又是一個存有性的問題。畢子融自己也曾現身說法，說之所以創作「天榕」系列，除了受對黃山的觀賞影響，也因為榕樹生長在自己熟悉的南方。中國北方的畫家喜歡畫松，跟個人的生活文化不無關係。

畢最近在休養生息，過著以健康為重的平淡生活，因而喜事書法，用宣紙創作不是為了實驗，而是為了治療。但他說自己的生命與生存都是為了藝術。設計要求解決問題，這跟藝術不同，藝術是純粹的經驗，至於實驗，那是藝術的舞台，也是階段。

文潔華教授

香港浸會大學研究院常務副院長

編著者按：作者文潔華教授獲邀在本書眾多受訪者中選出一位，以序言的形式，從個別藝術家側寫香港藝術的發展。

前言

與香港藝術對話：從頭說起

黎明海、陶穎康

整理香港藝術的發展脈絡殊非易事，單是該如何「斷代」已眾說紛紜。細數一八四二至一九九七年的一百五十五年當中，除了一九四一年十二月起日軍佔領香港的三年八個月淪陷歲月，香港一直接受英國的殖民政治和經濟的影響。在英國殖民者的統治下，香港慢慢建立一套偏近西方國家的政治、經濟和社會模式，稀釋了其中華色彩，使之與其他華人社會有異。然而，有別於其他殖民主義帝國，英國殖民者為與治民保持距離，刻意以文化及生活空間劃分統治者和被統治者：他們將賽馬、下午茶等英國文化輸入到香港的同時，並無大肆移風易俗以同化治民，令大部份本土風俗文化得以保存。

於是打從辛亥革命（1911年）前，在殖民政府的庇蔭下，香港成為滿清末年革命志士聚集和活動基地[1]，例如楊鶴齡、陳少白、尤烈、孫中山等人於今日屯門紅樓進行秘密會議，至於此時期進出香港從事推動或策劃革命工作的文藝界人士有潘達微、何劍士、黃少梅、高劍父、陳樹人、鄭磊泉等。及至辛亥革命後，香港卻又成為滿清遺老的移居地[2]。當中陳伯陶、桂坫、朱汝珍、江孔殷、岑光樾、區大典、區大原、温肅等，由於他們份屬滿清遺臣士大夫，對書法國學有極高造詣，經常受邀到香港大學、孔教學院、海學書樓等教育機構演講，對推動香港書法藝術有莫大貢獻[3]，這亦可算本地藝術界首次在中港政治動盪中緩步前行。

至中華民國成立後的動盪歲月（如北伐、數次內戰等），香港由於地處中國大陸的邊陲，兼為英國殖民地，享有難得而相對穩定的局勢，遂再度成為知識份子及藝術家的匯聚交流之地。這時期大批廣東書畫名家如黃般若、馮康侯、李研山、羅叔重、區建公、李鳳廷、陳公哲、張雲階、吳梅鶴、蘇楚生、李景康、張谷雛、黎耦齋，趙少昂、楊善深等相繼來港定居；加上留學歐洲、美加、日本抵港的鮑少游、任真漢、李鐵夫、李秉、余本、黃潮寬、伍步雲、胡根天、邱代明等，匯同早已居港的潘達微、馮潤芝、鄧爾雅、王少陵、陳福善、杜其章、劉君任、蔡哲夫、傅壽宜、黃少梅、黃少強、胡少蘧、徐東白、何漆園等，為推展文化藝術活動，遂於香港組織美術社團，如國畫研究會香港分會（1926）、書畫文學社（1927）、歲寒社（1939）、再造社（1941）等。當中除嶺南諸家於本地廣傳嶺南畫風之外，黃般若以香港風景入畫亦開一時風氣；呂燦銘之子呂壽琨則啟迪七十年代的香港新水墨運動，皆香港藝術重要的前導者。

然而，當年藝術尚未普及，藝術工作者間的聯繫亦相較零散。即使有零星畫展，卻僅供私人觀賞，不作對外開放。香港當時雖有畫家組織如素描俱樂部（1919）、香港美術會（1920）、中英學會（1949）等，但部份藝術團體或畫會大多由的外國人主導，華人難以融入其中。陳福善等人雖曾屢敗屢戰地辦過幾個畫會如青華藝術社（1931）、青松美術社（1932）及香港藝術研究社會（1932），但能夠讓本地人接觸藝術的渠道（如畫室），實在不多，藝術仍局限於少數有閒階級，未能得到普遍社會的認受。

雖然藝術並未在香港普及起來，但南來藝術家為求生計，陸續在民間辦起各類藝術學校[4]，如麗精美術學院（1928）、香港美術學校（1928）、建公書法專修學院（1930）、藝花藝術學院（1930）、許志智美術院（1930）、中華美術專門學校（1930）、香港萬國函授美術專科學校（1932）、九龍美專（1937）等。

1937年間，陳福善等本地藝術家曾倡議以港督赫德傑（Sir Andrew Caldecott）為名設美術學院，後因戰亂而未能實現。此等部份徒具「學校」之名，有些不過是藝術家個人畫室用作授徒，但亦已開始形成香港戰前民間藝術辦學的規模。雖然民間藝術教育機構質素參差，但對於求學藝術無門的人士而言，卻彌足珍貴。除此以外，他們又籌辦藝術刊物，如《非非畫報》（1928）、《東風畫報》（1928）、《現眼報》（1929）等推動及報導當時文藝活動。可惜其時並無官方展覽場地，藝術家遂採用另類場地，如思豪大酒店、金陵酒店、勝斯酒店和皇后酒店等均經常舉行畫展。這股匯結的力量，使香港傳統中華文藝蓬勃發展，但西方藝術媒介的推展卻仍未普及。

至於四十年代抗日戰爭期間，除漫畫及木刻版畫等作為宣傳抗日訊息的普及藝術媒體之外，還有大大小小的藝術團體作零星藝術活動，如香港女子書畫會（1938）、季廬（1938）、袖海堂金石書畫社（約1939）、中國文化協進會等（1939）、建公書法專科學院同學會（1940）等。

戰後香港社會極為多樣、複雜、紛亂。同樣的情況，亦反映在當時的藝術界中。一九四八至一九四九年間，在內地政治蛻變的環境下，又產生了大大小小的藝術團體，如聲稱秉除門户之見，廣納各方藝術人才的圓社（1948）和中國近代書畫匯（1948）；還有以文藝反映社會狀況、政治上傾向社會主義共產革命思潮的左翼藝術家，以黃新波為首於一九四六年下旬成立人間畫會，其後廖冰兄、陸無涯、張正宇、張光宇、黃茅、陳雨田、梁永泰、譚雪生、方成、朱鳴岡、荒煙、盧巨川、沈同衡、葉淺予、陸地、特偉、米谷、符羅飛、李鐵夫、關山月、陽太陽、黃苗子、王琦、盛建君、方菁、徐堅白、丁聰、黃篤維、黃永玉、蔡迪支、傅天仇、潘鶴等人相繼加入，其後更與曾鉞所屬、由香港地下黨領導的紅黃藍美術研究社（1947）。畫會成員在港積極進行各類畫展如《風雨中華》（1947）等，以作品反映國民政府腐敗不堪；更於本地主要報章的文化版，以漫畫、插畫、短評等作統戰的文化宣傳。一九四九年為慶祝解放廣州，會內以陽太陽、廖冰兄、關山月、張光宇、張正宇、黃永玉、王琦等三十多位畫家，花七天時間，集體創作巨幅宣傳畫《中國人民站起來了》，成為新中國第一幅毛澤東巨像[5]。然而自一九四九年十月中華人民共和國成立後，人間畫會在港作為統戰角色日漸減褪，至黃新波回穗定居後正式告終。

與人間畫會同時期，隨着從事藝術創作的人數不斷增加，不少藝術家為方便同業間的交流，陸續合作組織畫會。

據資料顯示，自1950年起，香港出現了紅黃藍畫社（1949）、濤畫會（1950）、庚寅書畫會（1950）、香港藝術社（1952）、中國自由書畫家協會（1955）、香港中國美術會（1956）、丙申社（1956）、香港中國美術會（1956）、七人畫會（1957）、中國書法協會（1958）、現代文學與美術協會（1958）、華人現代藝術研究會（1960）等，都是由移居香港的畫家或當時年輕藝術工作者所創辦的畫會。

與此同時，港英政府雖視藝術為可威脅其政權的意識形態活動，故未有積極推動，但官方對藝術教育的貢獻，亦不容忽視。其時因戰亂中斷的民辦藝術教育再次興起，雪曼藝文院（1950）、香港美術專科學校（1952）、東方藝苑（1954）、頌廬書畫苑（1954）、春風畫苑（1958）、中華藝苑（1951）、公信美術專科學校（五十年代初）、九龍經緯書院藝術系（1958）、嶺海藝術專科學校（1958）、弘道藝術書院（1961）等相繼於五十至六十年代成立。至於官辦的教育機構，經時任教育署署長疏利士（C.G.Sollis）促成設立香港師資學院（1939），後改稱羅富國師範學院（1941）特設美術專科，五十年代講師MrsAnnDevoy、Helen O'Connor 講授有關英文書法及美術與設計科目，同時葛量洪師範專科學校（1951）亦開辦美術科普通課程，聘何漆園、李國榮等任教（至1968年開設三年制美術專科），後又於一九六〇年成立柏立基師範專科學校，並於次年設有美術課程，通過較完善的課程培訓美術教師，以提高美術科的教學質素。

至於普及美術教育，香港教育司一九五二至一九五三年度報告中承諾發展本地美術教育。一九五五年總督學戴歷（W.J. Dyer）在教育司設美術組，任命顧理夫（MichaelF.Griffith）及李國輝為美術督學，管理及推動美術教育事宜。後該組在一九七三年成立的教育署輔導視學處美工中心，提供教學資源，有助確保香港中、小、學美術課的教學水平；後開辦美術科會考考試，亦對普及藝術有一定幫助。為提昇美術教育質素，其時政府選派官員公費往英國和澳洲進修及考察，當中包括李國輝、林漢超、陳炳添（1963-1965）、李國榮（1958-1959）、郭樵亮（1962-1966）、潘宏強、郭婉嫻、彭展模（1969-1971）、楊懷俸（1972-1975）、謝江華等。

戰後的香港經濟仍在起步階段，低工資、長工時、擁擠的生活環境等因素令大眾分身不暇，難以兼顧糊口以外的生活。例如呂壽琨、韓志勳等藝術家，他們在藝術生涯的起步階段，總要利用工餘時間從事創作[6]。與此同時，專上美術教育亦有長足的發展。早於一九五〇年香港大學文學院已設美術與考古課程，隸屬中文系，僅限於中國部份，目的為配合中國歷史教學。一九六六年設藝術史碩士學位課程，直至一九七八年文學院成立藝術學系，始從中文系獨立出來。另外一九五七年新亞書院開辦兩年制藝術專修課程，以藝術創作實踐為主；並於一九五九年改為四年制藝術系，至一九六三年由崇基、聯合、新亞三所書院合併為香港中文大學，成為本地最早設有藝術專修課程的綜合大學。趙海天即於此時期於該系作旁聽生。除此之外，一九五六年香港大學及一九六五年香港中文大學先後開辦校外美術課程，陸續開辦美術與設計的證書或文憑課程，聘其時知名藝術家任教，如呂壽琨（1966）、王無邪（1966）、金嘉倫（1967-1996）、韓志勳（1971）等，陳餘生（1967-1970）、朱興華（1968-1971）等則於此時修讀此等課程，因而進入藝術專業創作。及後，本書的受訪者靳埭強、畢子融均受益於校外美術課程，何慶基、白朗露、王禾璧、黎明海、蔡仞姿、馮漢紀亦曾於任教香港大學或香港中文大學所辦之相關課程。當中李慧嫻、蔡仞姿、畢子融、陳贊雲、馮漢紀均對香港理工學院的設計及美術教育作出貢獻。

於五六十年代，香港的社會因素固然束縛藝術發展，但對不少藝術工作者而言，這段時期象徵着世界藝術的大門，正慢慢地對香港打開。六十年代以後，本地藝術生態則相對地開放、面向世界。由於當時社會大眾的生活艱苦，基本生活捉襟見肘，「放洋留學」習藝可謂異想天開、天方夜譚。故此，獎學金所扮演的角色便舉足輕重。不論在官方、抑或民間層面，皆有提供名額不多的獎金學供大眾申請。正如前段所述當時政府向公務員提供內部申請的獎學金，保送他們到英國或澳洲留學。除了官方的獎學金外，民間的獎學金如約翰洛克斐勒三世獎學金（1980 年改稱為「亞洲文化協會獎學金」）、Ford Foundation 等，亦為希望到外地學習藝術的人如韓志勳（1969 年成為「洛基斐勒三世基金獎學金」首位香港得獎者）、文樓（1965 年獲美國國際教育學院贊助前往歐美一年）、張義（1965 年獲美國國際教育學院贊助前往歐美一年）、朱興華（1994 年獲「亞洲文化協會獎助金」）等，提供經濟上的援助。於八十年代起，投放在藝術及有關方面的資助相對充裕，其中亞洲文化協會亦於此時設立香港分會，本書受訪者當中王禾璧、王純杰、何慶基、何兆基、林嵐、梁美萍、蔡仞姿、謝俊興、黎明海及鮑藹倫曾獲得獎助。此外，到海外受教育也較五、六十年代來得普遍，王禾璧、何慶基、梁美萍、梁寶山、馮漢紀、陳贊雲、蔡仞姿、畢子融、謝俊興、黎明海等均曾於國外受教育或進修，所涉獵的藝術媒介亦較以往多元化。

縱使香港的藝術教育於六十年代起有較明顯的發展，基於不同的社會、經濟因素香港也成為各種意識形態的角力場，港人的文化身份亦因而經歷着鉅變。尤以六七暴動為例，中國內部爆發文化大革命期間，北京政府對回收香港仍維持「充份打算，長期利用」的八字方針，然則本地左派錯判形勢，遂引發持續八個月的衝突。六七暴動以失敗告終，它對香港社會文化的影響，卻極為深遠。為免民族主義威脅其管治，港英政府除啟動一系列福利措施如興建公營房屋、推行免費教育外，亦通過舉辦「香港節」、推動本地流行文化等手段，刻意建構塑造「香港意識」，試圖將居港華人在精神層面從中國分割；然而，中國大陸在一連串政治活動中對傳統中華文化的破壞，令在港知識份子和香港這殖民地擔起中華文化繼承者的角色，而解殖主義則進一步強化此文化身份和責任。及後的《中英聯合聲明》、香港主權移交以至一九八九年的「六四事件」再次均令香港人迷失在文化身份的五里霧之中。

在探索藝術創作的媒介、手法和意念的同時，他們也在通過藝術及藝術創作去追尋自己的文化身份。引用韓志勳先生的說話作結：「我們尋找東方意念，又求一元復始，想認識自己的身份……物料能否就是文化的負荷？是否水墨就是中國？在殖民地的氣候裡不能完全是中國？中為西用，還是西為中用？」[7]

本文部份內容曾刊於香港中文大學藝術系出版的《香港視覺藝術年鑑 2013》的〈與香港藝術對話 1842-1960〉一文內。

注釋

1 楊慶榮，《英治時期的香港水墨畫史》，南寧：廣西美術出版社，2010，頁 44。

2 楊慶榮，《英治時期的香港水墨畫史》，南寧：廣西美術出版社，2010，頁 48。

3 朱琦，《香港美術史》，香港：三聯書店有限公司，2005，頁 29-32。

4 李世莊，〈香港早期藝術教育的窘境〉，《形彩風流：香港視覺文化史話》，黎建強編，香港：三聯書店（香港）有限公司，2002，頁 43。

5 陳其和、朱宏基，《歷史蛻變 — 20 世紀五六十年代中國人物畫研究》，廣州：暨南大學出版社，2013，頁 23-24。

6 陸鴻基，《殖民地的現代藝術：韓志勳千禧自述》，香港：進一步多媒體有限公司，2008，頁 83。

7 陸鴻基，《殖民地的現代藝術：韓志勳千禧自述》，香港：進一步多媒體有限公司，2008，頁 79。

文潔華

簡介

文潔華，生於香港，一九七九年獲香港中文大學文學士（哲學），一九八七年於該校獲授哲學碩士，一九九〇年再於該校取得博士學位（中國研究）。

文氏早年曾先後於香港商業電台、香港政府及香港電台任職。自一九九一年起，文氏於香港浸會大學宗教及哲學系擔任助理教授，一九九七年升任該系副教授，二〇〇四年獲擢升為教授至今。一九九七至二〇〇八年間，她曾任香港浸會大學人文課程總監，二〇〇九至二〇一〇年任浸會大學通識及文化研究文學士學位課程統籌，二〇一一至二〇一二年間任該校視覺藝術院署理總監，二〇一三至二〇一四年為人文及創作系系主任，現職香港浸會大學研究院常務副院長。

除學術工作外，文氏亦活躍於本地文化藝術界別，為多個藝術團體包括香港城市當代舞蹈團、1a空間、香港舞蹈團等出任總監一職，並先後任香港特別行政區非物質文化遺產諮詢委員會委員、香港藝術發展局視覺藝術組副主席、康樂及文化事務署藝術節演藝小組成員暨博物館專家顧問、香港藝術發展局委員（2008-2013）等公職。

歷年來，文氏曾在《香港經濟日報》、《明報》、《星島日報》、《文匯報》等報章撰寫專欄，並出版過《自主的族群：十位香港新一代女性視覺藝術工作者》（2000）、《藝術是唯一的理由》（2008）、《裸睇——中西裸體藝術名作賞析》（2010）、《藝術沒有終結》（2013）等文化剖析書籍。

《裸睇》，2010年。

文潔華訪談錄

訪問者　黎明海博士

2013.11.14

■

黎　我第一次看你的著作是讀《藝術自然與人文》，這應該是你博士論文的改編結集。在書的〈序〉中，你把此著作獻給你的父親文炎章先生。他對你的學術生涯和思想有何影響？

文　我們父女間感情真的很濃厚，甚至比母女還要深厚，我的母親在我四歲的時候便離世，父親讀書不多，小學也未曾畢業，大概他也奇怪為何女兒會讀那麼多的書吧？他對我的影響始於祖父還健在的時候。他們好讀古書，祖父愛看《般若心經》，而父親則愛讀一些散文、時事評論和報紙專欄。雖然他並非追隨共產黨人，但仍可見他很關心國家和家鄉的事情。即使他只是個學歷不高的商人，閱讀量卻很豐富，閑來看很多書和報章，床頭總是擱著一大堆書和雜誌。這使我從小就對閱讀不感到陌生，甚至視之為生活的一部分。九兄弟姊妹中，幾乎沒有一個像我一樣地沉迷文字和閱讀。我想這不關乎能力的問題，而是各人的志向和趣味都不同。

我唸文學出身，而電影和音樂也是我從高中到大學都很喜歡的東西。至於哲學對我的薰陶尤為重要，譬如說我接觸藝術時，也以哲學角度切入。有趣的是，在德國觀念論以前，哲學經已是一個很理性的世界，因此在哲學系中，藝術幾乎沒有地位。美學只作為選修科目，通常由一位老師任教，若沒有人教就不辦這個課程。其實，美學是一個奇異的「怪胎」。由蘇格拉底（Socrates，公元前469-公元前399）到黑格爾（Georg Hegel, 1770-1831），哲學一直很強調絕對理性和理性思考的重要，而藝術正如鮑姆加登（Alexander Baumgarten, 1714-1762）所說，是感性的知識，跟哲學有點格格不入。唯一折衷的方法，便是把美學視作「知識論」中的一環，作為整個大理性系統裡的一個入口。我們對世界的接觸一定要依靠感官，所以感性雖存在但必須被馴服，像康德一樣把它們分類作很多不同的範疇，並稱之為「範疇論」。美學在哲學的範疇裡是一個分支。十八至十九世紀出現了一些畫家，如歐仁．德拉克羅瓦（Eugène Delacroix, 1798-1863）等，代表所謂的「表現主義」，很重視個人的情感表現。於是藝術和美學猶如一匹難以馴服的野馬，而哲學只能把美學界定為處理感性知識、藝術問題和詩學的一個範疇。美學在哲學世界裡雖有其位置，但不是「正室」，而是更像一位「妾侍」。女性主義也經常涉及到美學，因為它在哲學的位置也像美學一樣，經常處於較次要的範疇，不能登大雅之堂，但缺少了又有點美中不足。

我在大學讀哲學時選修了美學這門科。那時候，我不少同學都是很有名、駕馭哲學能力非常高的人，如劉國英和陶國璋等。他們有些是積極的社運分子，參與很多學生報的工作。當時我仍是一個單純、入世未深的女孩，只喜愛唱詩歌、看電影和戲劇，所以很自然地選修了美學。同儕間修讀美學的人不多，他們多選知識論和形上學，修美學的算是少數。幸好，教授美學的劉昌元老師每年也有持續開辦這科目，好讓我得以發掘自己對美學的興趣。後來我進了研究院，也矢志從事美學的研究。

我原想以朱光潛[1]的美學為研究題目，因為他是第一位有系統地把美學引進中國的人，也是「庚子賠款」保送到外國留學的精英分子。朱光潛精通英語和法語，接觸並吸收了很多西方如悲劇等重要美學理論，回國後著有《談美書簡》等書。我覺得他的影響和地位很被忽略，若香港和中國有良好的美學教育，必定會認識到他的重要性。故此，我很想以朱光潛先生為博士論文題目，但能夠指導的勞思光老師[2]又碰巧退休，輾轉下我便沒有做朱光潛這個題目，而跟了劉述先先生[3]做研究、上他的課。我發現中國傳統儒家和道家有其一套美學觀，雖然沒有探討如主體與客體關係等美感經驗的起源和哲學性的問題。不過，新中國學者諸如李澤厚[4]等把中國的美學觀改寫過來，於是我很有興趣去探討他是如何作闡述，博士論文也改為寫中國的美學發展。這也是一個頗有趣的題目，一方面可以緊扣中國傳統的美學精神，另一方面，看新中國如何從唯物論而非唯心論去詮釋美學，看他們到底在這方面怎樣改寫，都是相當值得研究。

其實讀研究院很看運氣，選擇怎麼樣的題目，題目有沒有研究價值，有關的資料容不容易搜集，也是很關鍵的。我當時在這些方面沒有得到很多的指導，還好劉述先先生給學生很大的自由度，不會限制我們要看哪些著作，要做或不要做哪些題目，讓我們自己探索。哲學系不同導師屬不同哲學派系，譬如勞思光先生也不贊同我的論文一些對唐君毅[5]和牟宗三[6]的論述，但仍很支持我的研究題目。劉述先先生和勞思光先生都是我很尊敬的老師，即使勞思光老師不同意我的觀點，我也請他給我的博士論文寫〈序〉。有一些中國的哲學家確實因為各屬不同的派系、各持不同的觀點而不咬弦。

我寫論文的方法是把內容分成不同章節，這樣較容易整理成書出版。但大多數人的寫法是先提出一個中心論題，然後集中討論辯證。以大學資助委員會的研究標準，我的做法是先做綜合（Integration）的工夫，進而作發現（Discovery），並非作很多的討論辯證（Argumentation）。

黎　劉述先先生在給你寫的〈序〉中，讚揚你「勤而好學」，把學到的東西都「不厭其詳」地列舉陳述。這是否都是你做研究的方向？

文　劉述先先生說得對，這的確是我需要引以為戒的地方。我這樣做並非出於勤力，而是懶惰的緣故，因為那些很詳盡的資料僅屬準備工夫，只交代了事情的來龍去脈，卻未能抓住問題的核心。但至此時間已經所餘無幾，需要交稿了。現在我也告誡研究生不要花太多篇幅交代背景資料而忽略問題的核心。我的論文所詳述的一些關於主客體的問題，和由儒、道美學觀到當代中國美學觀等基本概念的梳理，雖然只屬一些初步的資料搜集工作，但我想對於一些做有關方面研究的人還是有幫助的，不會完全白費。當然，這不是一個最佳的研究方法。哲學要求的不是冗長累贅的資料，而是你能夠從這些資料中得出什麼思考。

黎　除了勞思光先生和劉述先先生，你也分別提到唐君毅先生和牟宗三先生。哪一位在哲學的學習醞釀上對你的影響最大？

文　很難說哪一位對我的影響最大，倒不如我說一下他們分別對我的影響吧。

勞思光先生是我接觸最多的一位，即使在他離世前，我們仍長時間保持聯絡。每逢他的生日和農曆新年等日子，我們好幾個學生都很喜歡跟他相聚交談。他是一位絕頂聰明的老師，能把一些很複雜的哲學問題歸結成幾個比較簡單的根源性問題，這正是哲學家需要做的事情。譬如他說中國傳統是一種重德的文化，西方傳統則為一種重智的文化，這也算是一個簡單總結。總言之，他很會做這些去蕪存菁、整理核心問題的工夫，所以我很享受聽他的課，學這方面的知識，得到一些清晰的見解。他看很多書，看得很快，而且家裡的書就只有幾本講基本理論如黑格爾的書。他是那種回到基源問題的研究方法，所以我們都很愛上他的中國和西方哲學史課。每次跟勞思光先生見面，聽他說話，都對他很心悅誠服。

牟宗三先生跟唐君毅先生則是兩位很不同的人。唐君毅先生的書很艱深糾結，六行字都沒有一個標點符號！牟宗三先生則是一個比較豁達樂觀的人，喜歡說笑，他的著作也較易懂。他跟勞思光先生的哲學見解雖然不同，但思路也同樣清晰明確。還有方東美先生[7]和徐復觀先生[8]，他們的著作都有研究美學的，非常好看。其實有好幾位前輩學者都對美學有所研究，但美學的研究卻未能從而發揚光大，很教人惋惜。縱觀兩岸雖曾舉辦過關於新儒學的學術會議和討論，但都圍繞心性、道德問題，或者像當代儒學的詮釋如何面向當前世界等議題，沒有觸及藝術的範疇。

有趣的是，勞思光先生雖然並非研究美學藝術範疇，但他在美學上的修行也很高。他寫的詩和詞，便有人專門研究。

黎　劉述先先生還提到你在美國完成哲學研究後，也修讀過一些藝術史的課程，對嗎？

文　對。一九九〇年五月我完成了博士論文，面對人生一個很大的轉折：「六四事件」後的移民潮。很多人因為對中國、對回歸失去信心而移民外國，我的家人也在加拿大，移民很容易。於是，我完成論文後也移民到加拿大。那邊的生活悶得發慌，當時女兒還小，我又剛完成博士學位，一切得重新開始。我想，自己應該做點什麼呢？曾經有一對從香港移民到那邊的夫婦，因為耐不住沉悶的生活而急著回香港，說願意以一加幣把他們的小店轉讓給我在那裡賣賀卡。我那時才不過三十歲，當然不會過那般無聊的生活。然而，我所學的東西在溫哥華沒有用處，不會找到好的工作。後來，我想倒不如進大學教書，遂毛遂自薦，寫信到維多利亞大學中文系，申請任教一些很初級基礎的中文課程。不過，他們說部門沒有教職空缺，以後也不會有。其後，我對這所大學很有興趣，也不時聽聞維多利亞大學藝術史系頗有名。

以往接觸過美學很多很理論但抽象、艱澀的研究和討論，但當我面對一件藝術作品時，卻不懂得怎樣去欣賞，說不出孰好還孰不好，這使我感到過去所學習和研究過的東西沒有意義。因此，我決定由藝術史開始重新學習，這不僅能豐富我的美學知識，也對我在教學方面有所幫助。除了美學以外，將來我還可以教藝術欣賞。

不過，那的確是一段很艱苦的學習經驗。我要以英文去讀中國藝術史，如「商朝青銅器的五種風格」，還有魏晉南北朝的佛教畫等各類名稱，那些英文名詞弄得我一頭霧水，要專程回香港搜尋中文的藝術史書籍，對照中英文翻譯。另外，我還要修讀加拿大藝術史。最終我也完成了碩士課程。修讀期間，我要在一個學期修讀四個科目，相當吃力。那時候女兒還小，又病又不肯進食，我迫於無奈把她送回香港我才能安心考試。之後，我想到在加拿大繼續待下去也沒有意思。雖然那裡的風景非常優美，但我也意識到意義的結構才最重要。就這樣我回到香港，然後獲香港浸會學院，聘任。

在浸會學院正式任教時，我教的第一門課是「中西思想模式」，那時還可以以中文授課。從那時開始有一種感觸，覺得這是我要留下來發展的地方。我在這裡有機會把我所學到的東西應用在教學上，也從而開拓了我的研究眼界和領域。後來的女性主義和女性藝術，也是從那時起慢慢在生活上和備課的過程中開始的。

黎　勞思光先生在〈序〉中提到你的論文原以「中國傳統美學現代化的可能」為題，什麼原因讓你加入馬克思主義元素？

文　很多香港人不知道美學思潮熱在中國的文化大革命時期佔一個很重要的位

置。我們都知道「文革」由《海瑞罷官》掀起，其後言論思想受到進一步控制，很多哲學討論和研究被視為資產階級文化，受到極大的規限。哲學家們唯一能做的，是藉著藝術和美學討論人道主義，於是在五十年代有所謂人道主義抗爭運動。這是討論藝術和美學的一個延伸，還未涉及到主觀和客觀的討論。直至八十年代，又有一次大型的美學思潮運動，產生了四大門派，直到現在還在爭論不休，例如有主觀論的代表高爾泰[10]，後來逃亡到美國；客觀唯物主義的代表則有蔡儀[11]；還有朱光潛先生倡導的主客觀統一論，和八十年代很紅的李澤厚，甚至到現在中國內地美學界仍有「李澤厚派」和「反李澤厚派」兩個陣營，爭持不休。

宗白華[12]跟朱光潛同年出生，份屬同輩，兩者皆為很早期的美學學者，早被奉為圭臬。加上二人主要集中論述傳統學說，較少捲入後來派系之間的鬥爭。

當時美學在內地風行，在香港卻如此冷淡，要研究當代中國美學，我就必須看中國內地的書籍。他們出版很多有關的書籍，資料豐富，而且書寫淺白，我寫博士論文時便帶了好幾箱到美國。如是者，中國當代美學順理成章地成為我處理的範疇。

黎　因此你在寫論文時已開始處理一些中國社會意識的問題？

文　我主要處理美學問題，但其實他們借用了美學問題討論人道主義。

黎　當涉及到馬克思主義的討論，往往會引申至它如何影響毛澤東對文藝的看法和導向。你在《思行交匯點——哲學在香港》中一篇名為〈香港繪畫美學與文化身份的反思（1940 - 1980）〉的文章也有仔細談及這個問題。

文　寫這篇文章源於一個很偶然的機會。由於我做有關美學的研究，很自然會思索有哪些藝術問題值得探討。那時候危轉娣[13]幫忙找了很多剪報，我順手翻閱發現在四五十年代間，有些左派美術組織如人間畫會[14]的生命力頗頑強。有些剪報也提到這類組織的思想和宗旨——社會主義美學，為社會大眾和工農兵服務，直至祖國呼召，回歸中國。這批藝術家尤擅於創作反映現實和針砭時弊的漫畫和版刻等媒體，並多為反英政府這類政治色彩鮮明的題材。

黎　《思行交匯點——哲學在香港》一書的主編文思慧[15]和梁美儀[16]也是重要的文藝界人士。此書於一九九七年出版，她們在關心文藝發展以外，是否也思考一些香港的身份問題？

文　那時有個叫香港哲學會[17]的組織，成員多是來自香港中文大學哲學系，而會員的部分會費也會用作出版刊物。文思慧當學會會長時，便提出香港的哲學學會怎能夠沒有一部關於哲學在香港的著作呢？時值「九七回歸」，那時候尚未有「本土主義」，人們還未真正地思考有關身份問題。台灣有很多「新儒學運動」的討論，內地也舉辦了不少類似的交流活動，那麼香港在哲學界中的位置又是什麼呢？香港有許多很有名、很重要的新儒學學家如牟宗三先生等。他們選擇了留居香港，既沒有留在內地也沒有到台灣，然而也沒有視香港為家鄉。他們雖自視為過客，但這些人在香港無疑也是很知名的知識分子，在香港辦學校發展教育。故此，我們是否也應該把他們納入香港哲學史呢？

除了這些以外，我們也有思索有關其他如西方傳教士來港所造成的宗教思想和社會影響等問題，但關於美學的討論則相對較少，只有在說「新水墨運動」[18]的呂壽琨[19]和王無邪[20]時稍有談及。

黎　除了你們這一群哲學學者討論香港的文化身份外，九十年代亦有一群藝術家在做相同的事情。我們早前訪問了何慶基、黃仁逵[21]等藝術家，他們在那時候也思索何謂香港藝術。在〈香港繪畫美學與文化身份的反思（1940－1980）〉一文中，你提到香港藝術有一種中西混雜的觀念。如今你是否仍以這種觀念定位香港藝術？

文　「混雜性」（Hybridity）這個觀念一直存在爭議，也斯[22]有提出過這個說法，祈大衛（David Clarke）[23]也作過回應。二〇一三年十一月九日在香港藝術館學行的「香港藝術史研究——先導項目」座談會上，有人提出過「非中非西」這個說法，也有不同意的。無論如何，討論後殖民理論時，「混雜性」是經常提到的論點。被殖民者有他們自己的文化特性，而殖民者又會帶進一些新的文化思想，所以這並非香港獨有的文化特徵。不過，六十年代香港的人口分佈確有其獨特之處。大部分人屬難民身份，他們本身就帶有很強的嶺南傳統。另外，由於香港面積小，英國也很容易管治和滲入其文化影響，加上其作為港口的地理位置，比較容易接觸外來文化和國際潮流，所以曾有過像「筷子姊妹花」（The Chopsticks）這一類的流行音樂的組合。凡此種種，都反映了香港的「混雜性」的由來。如果只以「中西混雜」定義香港的文化現象，也不免過於簡單化，忽略了香港獨有的繁雜性。作為學術討論，人們總喜歡以幾個簡單的特徵名稱概括一種現象，但對於這種現象本身又是否公平呢？外國人用同樣簡單的眼光看待這種文化，於一些國際藝術展覽中，我們亦只會挑一些符合這種特徵的藝術家參展，以迎合外國人對此文化的刻板印象。好像北京的藝術就必然要表現出寬宏和龐大的感覺，香港的藝術就必然是微型精小的。

當然香港有很多食品如蛋撻、鴛鴦都是混雜的，但會否當中有一部分是追求復興廣東文化的純粹性？又會否有一部分沒有特別認同本土或任何一種文化，而是純然追求一種全球化的文化？我覺得「混雜性」的因素必然存在，但不希望它被無限放大，以至討論仍舊限於後殖民主義的前期定義。

黎　我認為在討論香港歷史和藝術發展的時候往往有很多盲點，我們不只有「混雜」這個模式。當然，你提到譬如「新水墨運動」的時候，其中固然有中西混雜這元素。當時香港有其他一些很純粹的藝術創作風格，如彭襲明[24]的文人畫，也有受日本影響的嶺南畫派，還有一批走傳統寫實路線的畫家。所以當我們談香港的藝術史時，這一部分畫家的重要性很容易被忽略，被視為非主流，令香港藝術史淪為很單一化的中西混雜。香港的藝術歷史由七十年代到現在，絕不能只以如此單一的概念去概括。

文　我完全同意你的說法。呂壽琨那時的名氣相當大，發表很多作品，一呼百應，桃李滿門，造成很大的影響。雖然那未必是一個分水嶺，但亦因而成為一個中央論述，使其他各自為政的藝術家被邊緣化，令整個香港藝術的論述被簡化和範疇化。我最近在美國開會，仍然聽到有北京學者以政治波普（political pop）、現世現實主義（Realism）、“cynicism”這些陳舊的中國藝術觀念將所有中國藝術作品範疇化，把所有切合這個題材的東西都放進一個特定的框架，不切合的則被篩走。這雖為一個取其方便的做法，但哪些人有足夠的公信力和影響力，有足夠的英語能力以及能順應西方的思考模式、架構和系統性去做這些事情？無論如何，這已是九十年代的論述方法，我們不應停滯不前，要進一步發展。

黎　相對你當初寫香港藝術文化的身份和認同感，現在有一個新的看法嗎？

文　該篇文章所討論的，主要集中在六十年代的香港藝術文化現象，「新水墨」在當時聲音很大。我想最難處理的是七八十年代從外國回流香港，像韓偉康[25]等的年輕藝術家。他們沒有太多包袱，創作中有很多西方語言和元素，對應當時香港的社會民生和普及文化。這一點我們還未曾作過廣泛的研究，但我想這是我們現在該做的事。

黎　在這篇文章中，你選擇了人間畫會，還有三個人物——呂壽琨、陳福善[26]和王無邪，作為對四十至八十年代香港藝術發展的一個演繹。你為何選上這畫會和這三位藝術家？

文　原因很簡單，因為有大量關於他們的資料和文獻。譬如説王無邪，他是一個非常勤於寫作的人，每星期為三份報紙、兩份雜誌寫專欄，相比起其他藝術家，他自然地有較多值得研究的資料。王無邪吸收了呂壽琨的風格，但同時具有到美國學習和深造的背景，所以注入了一些設計的元素。其他原因則只跟篇幅和形式有關，始終這本書並非一部學術著作，也沒有想過要寫一篇很長的論述。

黎　你的這篇文章是成文於一九九七年，而我也有看你其他的參考書目。似乎一些同期在《信報》等媒體發表文章的藝評人如劉霜陽[27]、何慶基等，他們的聲音都沒有反映在你這篇文章中。

文　因為文章討論的範圍只限於七十和八十年代，往後有關的評論我都沒有接觸。

黎　七十年代的「新水墨運動」在香港固然很成功，除了藝術館館長參與，也有一些很出色的藝評人，如你提到的王無邪，亦出現很多藝術團體如一畫會[28]和元道畫會[29]等。整個氛圍處於一個黃金高峰期。然則，這種氛圍使一些當時從外國學成回港的藝術家覺得香港藝術需要另一些不同聲音，而不是單單發展「新水墨」。你在當時有否見證或參與這些運動？

文　其實我並非那些圈子的人，而我的文章研究也止於「新水墨運動」時期。不過，我跟這一輩的人年紀相若，當時亦常到香港藝術中心看展覽，又經常出席一些文化藝術媒體舉辦的晚宴和派對，因而認識了麥顯揚[30]等藝術家。由於我本身並非從事藝術創作，所以跟他們只屬泛泛之交。我只在報紙上以一個旁觀者的身份，發表過一些對他們的藝術品的看法。他們當中部分人如韓偉康，在香港藝壇活躍了一陣子便回到加拿大。以當時香港的藝術生態環境，加上政府有限的支持，他們很難留港長期發展。

黎　八十年代有兩個很重要的藝術展覽，一個是「外圍：流動藝術展」（1987）[31]，另一個是「城市變奏：香港藝術家西方媒介近作展」（1992）[32]。你對這兩個展覽有印象嗎？

文　我對「城市變奏：香港藝術家西方媒介近作展」有印象，而「外圍：流動藝術展」卻沒有。「外圍：流動藝術展」的性質較屬圈內人參與的活動，後起的藝術家如梁寶山那些，都加入Para/Site藝術空間[33]。再後來的，已經是一九九七年後才出現的那一群。

我在這段時期觀察到一股暗湧，這批藝術家之間缺乏一位像呂壽琨這樣有個性和代表性的人物，能夠掀起像「新水墨運動」那樣一呼百應的熱潮。六十年代，大家都處於一個蟄伏的狀態，靜待一個像呂壽琨一樣的人物出現。反觀八十年代那一批，他們各有創作方向，不如「新水墨運動」以水墨畫為主，各自舉辦零星而混雜的油畫、設計和雕塑等個展，風格偏受西方影響。由於呂壽琨其時已逝世，因此「新水墨」那邊的發展逐漸變得默默無聞，那些深受「新水墨」派影響的藝術家如王無邪和畢子融等，逐漸轉而擔任院長和校長等行政職務，另外一部分則隨著移民潮而離開香港，故出現了斷層。

那些八十年代以後的藝術家，也只是「試水溫」地探索在香港發展藝術的可能性。同時那年代香港經濟起飛，文化多元化，流行文化當道，藝術家的生存空間很小，只有少數有才華的人才可以生存，其他站不著腳的都移民到外地去了。

而像我這些經常到各大小藝術展覽和聚會的少數人，才會對那個年代的藝術家有一點認識和印象。然而，他們始終不能形成一種風尚，帶動不起一種主張和思考，不大強調和突出富有香港特色的藝術。後來，由於「六四事件」，大家對香港的未來有一點恐懼和抗拒的感覺，純粹為生存而被動地去討論藝術，接近「九七回歸」才有一點端倪，但已跟以前強調任重道遠的藝術方向是不一樣的。

黎　這是否近似你討論女性主義時所提出的一種對壓制的反抗意識？

文　我想這裡說的「反抗」並非抗衡一種已存在的主流文化。讀過陳雲[34]的《香港有文化》，你便會知道當時的文化是處於一個怎樣的狀態。當時他們各有自己一個範式去表達自己的想法，分庭抗禮，沒有主調論述，但大家都有一個共識：探討自己作為藝術家在香港的位置。

黎　你好像對中國內地的藝術和傳統也很有興趣。你在七十年代「文革」結束後至一九八九年以前這段時期，有到過內地嗎？

文　沒有，我當時只是一位研究生，沒有足夠的資源。我完成論文時已是九十年代，其後便移民加拿大，後回到香港教書，期間又斷斷續續地回到加拿大讀藝術史。時至一九九二至一九九三年，我正式在香港浸會大學開始我的事業，為人文學課程舉辦一個北京暑期遊學團，讓我有機會在北京接觸清華大學中文系的學者，他們又輾轉介紹我認識葉朗老師[35]。

黎 所以你到九十年代才親身接觸內地。

文 對。我完成這篇文章後，又曾經到美國探訪高爾泰，跟他也有過一些交流。朱光潛先生剛去世後，我又加入了中華美學學會[36]。

黎 你早期是否曾在政府部門工作？

文 大學畢業後，我有一段時間找不到

《藝術自然與人文》，1993年。

工作，而申請政府職位也需要等很久。後來，我到了一所女子中學工作，替校長輪流到各分校當值。我閑來無事，帶了一大堆古龍和金庸的武俠小說在工作的時候看。同時間，我也等待政府的消息，結果我考上了房屋署，那是我人生做過最快樂的一份工作。我要處理的都是一些很實在的職務，如到徙置區巡視，處理一些諸如渠務的工作，有時候那裡會出現棄嬰、兇殺和自殺等事情，我們也要著手幫忙處理。我儼然當了一位社工，使我從原本處於抽象的哲學世界，頓時變得很貼近現實。

但結婚後，工作便接踵而來，我之前申請的香港話劇團、市政局和香港電台都同時聘請我，我最終選擇了香港電台。我在香港電台做了兩年文化節目的編導工作，讓我有機會接觸很多作家和舞蹈家等，晚上則修讀一些影評和電影的課程，後來又回到大學繼續唸書。

黎　你在政府任職，大概不能到內地跟那邊的人接觸吧？

文　沒有。唸研究院寫論文時，我才通過書本認識內地的社會文化，直至在大學工作後，才有機會親身到北京和內地其他地方接觸當地的人和文化。

黎　「六四事件」後，你移居加拿大，這件事對你的衝擊很大嗎？

文　我想年紀大了，我一定會回到加拿大。現在的香港實在太繁囂，加拿大的環境比較清靜和優美，讓我有思考的時間和空間。

黎　「六四事件」對我而言，是人與人之間的關係的徹底破壞。你是研究文化藝術和美學的，也有此想法嗎？

《性別與創造：女性主義美學及其他》，1996年。

文　當然，但我只會以文字和概念去表達。我不是社會運動主義者，很少參與上街遊行等抗爭活動。即使像我這些冷眼旁觀的人，也知道現在很多事情好像電視台發牌事件等，有強權在背後操控。藝術方面，香港很多藝術家仍然存有很天真的想法，以為我們一直有著創作的自由，然則對那些潛移默化的扭曲和我們要付出的代價卻懵然不知。劉述先先生曾經對我們說，哲學家有哲學家的身份，我們不一定要當政治家，也不一定要當社會行動者。我想我也受他影響，很少參與一些很社會性和政治性的活動，但我研究女性主義，卻也是出於一份很由衷的關心。

黎　過去幾年，你曾擔任過香港藝術館和香港藝術發展局顧問和委員等公職，你認為這些機構對香港藝術的發展有幫助嗎？你在〈香港繪畫美學與文化身份的反思（1940－1980）〉中提到「在本地文化的政策中，權力架構依然是存在的，特別是在對殖民文化的批判意識還是弱項的時候，被委任處理本地藝術文化的實權者或許更易成為監督的角色……」

文　擔任這些公職期間，我看到很多負面的東西。譬如我曾經在一個藝術團體的董事局任職，見過很多內部鬥爭。政府信不過藝術團體，經常想藉董事局駕馭它們，所以董事局不少委員都是由政府委任，但無人清楚政府根據什麼準則邀請他們加入董事局。我尚且可以代表學術界，而且也有撰寫藝評，但某些被委任的成員是律師、商人、會計師和銀行家，對藝術一無所知，他們管理藝術團體的概念儼如管理商業機構，看業績、看賣座率，不達標不賺錢的就容納不下。有位主席更曾說：「如果連我都看不懂的表演，應該也好不了哪裡吧。」他們以為每個表演都一定要有一個很清晰的故事，像電視劇一樣。他們並不講求藝術的表達自由和藝術語言的探索，更關注的是用了多少公帑。這些負面的情況使藝術團體的總監很懼怕，怕繼續做不賣座的表演便會被解僱。有時候，董事局聘請一些客席藝術總監，若製作了一些很抽象的節目，他們總會以「永不錄用」作評價。

董事局多達一半的人是由政府委任，即使由藝術團體推選出來的代表，也未必為藝術團體發聲。永遠只有少數熱衷藝術的人明白藝術空間和支持創作的重要性，但他們極其量只佔董事局三分之一的票數。所以，很多應通過的政策都通過不了，而那些不應通過的應酬作品卻無可避免地獲得通過。風塵僕僕地出席董事局的會議，不單沒有對支持文化藝術發展的政策有所幫助，反倒助長了很多負面政策，讓我質疑自己位置的作用。

不過，現在有像盧偉力等一批新的聯票制度委員，聲音可能會比較強大。

黎　若架構仍然維持在十位民選代表、十七位官方委任代表，始終很難有什麼作用。

文　其實十七位官委代表當中也有藝術家，他們比較明白和支持藝術發展。有時候，一個藝術政策能否通過也得視乎你如何表達和包裝。的確，現在有不少藝術家都攻擊這些董事局成員，批評他們阻礙藝術發展。

我還為不同機構擔當過顧問，譬如我在康樂及文化事務署便擔任過香港藝術節節目小組委員，也出任過舞蹈及跨媒體小組和戲劇小組的節目委員。

黎　你的近作《藝術沒有終結》中有一

篇名為〈藝術館的多重功能〉的文章，提到博物館是「美感、記憶、政治與身份認同的總和」。你覺得現在的香港藝術館做到這一點嗎？

文 說實在的，我認為香港藝術館沒有把這幾項功能全部發揮。他們不夠多元化，只奉行「精英制」，且設立諸多限制。他們只會挑選一些很有名的精英藝術家作專題展，偶爾在被批評不夠「本地化」的時候，才舉辦一些本地藝術家展覽。最重要的是，他們進行研究和教育的工作遲緩。香港藝術館雖有很多策展人具相關學位，但他們唸藝術史出身並以學者自居，不大願意跟其他大學和學院合作。然而，他們自己卻分身不暇去處理這些宣傳和教育工作。所以，我認為他們應該把教育工作外判，多跟大學的藝術人員合作。即使我們這些民間代表偶然有參與和合作的機會，也往往淪為橡皮圖章。他們並非完全忽略教育這一環，例如他們也有舉辦過一些很好的講座，只是我覺得他們仍有改進的空間、可以更多元化。

《藝術沒有終結》，2013 年。

黎 除香港藝術館，香港還有很多展覽中心，如香港藝術中心、牛棚藝術村[37]和賽馬會創意藝術中心等。你認為這些機構的出現，對香港的藝術發展有幫助嗎？

文 當然有幫助。單說表演藝術，如果在元朗劇院、北區大會堂、牛池灣文娛中心演出，很多人都會嫌場地太遠。香港不乏表演場地，只是除了在中心點的香港文化中心和香港大會堂外，其他都處於一些邊緣位置。在那些場地演出或辦展覽，就彷彿是一個邊緣的身份。我認為視覺藝術的情況稍為好一點，即使在黃竹坑的 Spring Workshop 和觀塘的奧沙畫廊都能吸引很多人慕名而來。視覺藝術包括純藝術和設計，因而能吸引比較多的觀賞者，至少較舞蹈藝術好一點。

黎　你在〈藝術空間的弔詭〉中，提到香港有很多藝術空間被邊緣化。你覺得這些場地只令藝術空間變得熱鬧活躍，而並非對藝術發展有所促進，對嗎？

文　個別場地確有這情況，Para/Site 藝術空間和奧沙畫廊會好一點，因為它們較有個性和特色，而非僅提供一個展覽場地。若單計算展覽空間，其實旺角和油麻地有很多在二三樓的小型展覽廳也不錯的。在香港，能夠跟政府展覽場地抗衡的藝術空間不多。除財力和物力等緣故外，也很看策展人的性格和獨特的策展概念。

何慶基年代的香港藝術中心辦得很不錯，他至今仍懷念那些日子。資金成本雖然有限，但總是一呼百應，反應相當熱烈。當年大家都很渴望有這樣一個獨立的藝術空間、一個有別於缺乏驚喜的香港藝術館。香港藝術中心展出很多像「紅A牌膠桶」這類與別不同而很富感性記憶的展品。當然，何慶基有一個出色的團隊，而香港藝術中心也比其他展覽場地更具標誌性，容許更大的策展自由度。這些都是一些很決定性的因素。

黎　康文署轄下有好幾個博物館，你又如何看待他們之間的分工？

文　它們之間根據主題和規模分工，例如文化博物館負責普及文化主題的展覽，像羅文、時裝等一些關於生活美學的主題；歷史博物館是唯一可以策劃較大型歷史展覽的博物館，主題是很清晰的；在香港藝術館展出的，都是一些很有地位的藝術家和博物館的展品；在堅尼地道的香港視覺藝術中心展出的則為名氣相對較小的藝術家展品。有時候，辦跨主題展覽多由於檔期問題，當然它們內部偶爾也會出現爭奪舉辦展覽的時候。

我現在最關注的是西九文化區的M+博物館，它們計劃與其他重新改裝的博物館同期開幕。

黎　你有參與「西九」計劃嗎？

文　沒有。我只參與諮詢，但「西九」的計劃和諮詢已進行很多次了，易手換人後又重新作諮詢，令我感到很煩厭。

黎　你剛才提到教育的問題。你有一篇文章〈鄰人的藝術教育〉（2012），可以詳細解釋一下嗎？

文 那是我看了呂振光[38]的「有你 無我」聯展（2010）後有感而發寫成的。他教授藝術，有個人風格和魅力又不拘小節，很得學生愛戴。他把學生視作朋友，又把自己的作品交給學生，任由他們處置，讓他們拿去燒了也好，剪碎也好。他就是這麼有藝術和教育的胸襟，能夠跟學生保持同輩關係，而學生們又會對他心悅誠服。我那時正好讀到《新約聖經》中好撒瑪利亞人的故事，便用了這個比喻去形容像呂振光這樣的藝術教育工作者。一個「鄰人」的教育，就像故事中的撒瑪利亞人一樣，對人有慈心，而非計較別人的背景和輩份。我覺得呂振光做到了這一點。藝術是一種分享，而不是高高在上地教導在你之下的人。

黎 你在文中提到「於視覺藝術教育而言，授業還是次要，更重要是尊重與自

何兆基、文潔華、梁美萍（右一），與傳媒分享香港浸會大學視覺藝術院四年制課程的特色，2011 年。

由」，又引用 E. W. Eisner（1933-2014）的說法：「在最理想的情況下，藝術課不是教導者的獨白，而是對談，過程應該充滿各種驚喜，也難以預料。沒有精彩的對談（師生之間），就沒有驚喜。藝術課的目標或效果倒毋須堅持，就如創作的目的，不是把原料造成預定的樣子，而是在創作過程中會有何發現。」這是否也是你對藝術教育的期望？

文 我想這說法只在一些預設的條件下成立，你所身處的機構或城市本身要是一個有豐富文化藝術底蘊的地方，譬如紐約和倫敦。這些地方的人自小接受藝術教育，但反觀香港的狀況則有點良莠不齊。有同事曾反映大學收生面試的情況，說現在很多準大學生的質素都很差，他們大多不會回答問題和思考。在這環境下，教育實難以出現驚喜。

能夠進入香港中文大學藝術系的

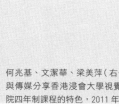

學生，質素應該不差，而且他們都能建立良好的藝術教育基礎。教育若要有驚喜，學生必先掌握好基礎的知識和技能。

教美學的時候，也會闡述到一些基本理論和代表性的講法；但同時，我也希望跟學生互動，期望他們參與討論，發表他們對問題的想法。

黎　你現在有參與文化和藝術教育的政策制定嗎？

文　沒有。教育理念跟政策改革往往自相矛盾。政策應循序漸進，不可以一下子便跳到一個自以為理想的境界。

黎　回顧殖民時期，我們未有真正的文化和教育政策。政府雖沒有給予任何指引，也不作任何干預，卻讓我們有很多空間去發展教育，孕育了不少像你一樣的教育人才。現在，政府強制性地推行一套固定的教育改革，又是否好事呢？他們要求的改革模式，可能跟我們的理念價值背道而馳。

文　我絕對同意。現在大學教育資助委員會正為此作諮詢，成立了效果為本的教與學工作小組，著重課程效果的評核準則和量度方法，結果是陽奉陰違，令同事設計很多在實際課程和考試下難以進行的評核方法。現在，香港教育改革的趨勢就是這種量化的商業模式，教育也變得單講求業績和成效。由於藝術系的收生成績不好，畢業生的就業率又不高，視覺藝術學科或單位所獲配的撥款很少，造成惡性循環，最終只有縮減資源和學生人數。在這種思想模式下的教育，大家只能以權宜之計偷生。

黎　你對裸體或性的藝術品也很有一套看法，尤其反映在《新人》事件[39]中針對香港電檢和淫審制度的論述。你覺得香港是一個保守的社會嗎？

文　非常保守。香港很多八卦雜誌經常對藝人更衣、「走光」、「跌帶」和「露點」等新聞大肆報導，大驚小怪，好像每個人的身體必需要密封似的。把暴露身體視作嚴重的事情。世界上幾乎沒有其他地方的雜誌如此荒謬。即使講關於性的電台節目，也會惹來很多投訴。

黎　但香港現在卻有「性文化節」。

文　那是一個很個別的例子，主要擺放和展示性工具，而且又非在一個公共空間展出。《新人》之所以受到非議，正因為它被放置於商業大廈大堂。

黎　你在文章中提到香港以前也有亨利摩爾（Henry Moore）[40]和唐景森[41]的作

品，這些都是一些很大膽暴露的作品。為何《新人》卻引起如此大的爭議？

文 大概跟展覽空間有關吧，而且唐景森的作品也沒有男性性器官。其實《新人》算是很含蓄的作品，相較之下，《大衛像》豈不是要蓋起來？

黎 我偶爾跟淫審處接觸，他們也想過改革，但始終沒有任何改變。

文 他們早幾年不是做過諮詢嗎？他們連一些網上資訊都想列作淫穢，但這是很難完全杜絕的。不論你輸入任何字辭搜索，都有機會連接到色情網站。他們還問公眾怎麼樣的準則才算適當中肯。要是我知道怎樣回答，那我也可以在淫審處工作了！

黎 你在《裸睇》一書中還提到一些具爭議性的作品，如馬格利特（René Magritte, 1898-1967）的《強姦》和庫爾貝（Gustave Courbet, 1819-1877）的《世界的起源》。對比這些藝術作品，香港的藝術水平落後外國差不多二百多年。我們還談甚麼發展藝術呢？

文 對此，我並不樂觀。每年我去看香港理工大學設計學院的畢業展，都覺得他們的視野狹窄，對性這個主題完全沒有接觸。當舍監的時期，我曾經參觀一個樓層設計比賽。在男層，他們畫一些不同大小形狀的香蕉去代表男性器具；而女層則用牛奶去代表女性乳房，還示範怎樣搓和啜，可見她們對性的無知，只把它視為遊戲，教我非常吃驚。

黎 幾年前，我曾經在畢業展見過學生用自己跟男友做愛的相片作展品。她大概以為自己的意念很前衛，但這一類作品在外國早已比比皆是，沒有藝術價值，也無必要在大學的三年裡學這東西。你的學生中，多見這類具震慄元素的作品嗎？

文 很多，他們好像以為震慄就代表美，但那種震撼的程度其實不大。現在我們有太多機會接觸這類電影，尤其自立體特技漸趨普遍，愈來愈多像麥浚龍導演的《殭屍》這類電影。當這種元素變得普及，我們也會對此感到不以為然，我為他們的無知而感到震慄。

黎 在你的書中，你曾提及周華山[42]的《色情現象》，當中談到各種女性主義，以及激進女性主義和反色情文化的論述——普遍認為在色情文化中，男性是施暴者而女性則為受害者。其實，這是不盡正確的想法，對嗎？

文 對。其實女性主義有很多種，有些很激進，認為應該禁止所有色情影片和書籍，因為它們蔑視女性。然而，我曾在香港中文大學接觸過一些來自澳洲的女性主義者，她們展出了女性自慰的影片，顯示女性在進行性行為時，也會產生高潮和「射精」，從而反映了女性在色情文化中並不一定是受害者。譬如說英國的色情用品和影帶，消費者都以女工和家庭主婦為主。

黎 所以，你的文章旨在扭轉女性受色情主義壓迫的傳統觀點。

文 對。好像我舉出英國色情用品和影帶的例子，反映女性不單可以是受惠者，而且也能成為男同性主義者的共謀。

黎 你作過那麼多關於藝術的研究，你有否收藏過一些香港藝術作品？

文 沒有。

黎 那麼你會否覺得藝術收藏對藝術發展也很重要？

文 當然重要，但現時很多藝術品都受中國內地市場所影響，而被炒至很高的價錢。以「西九」為例，他們從藝倡畫廊購入很多藝術品，但昂貴的價錢引起不少爭議。

同時，我也質疑收藏這概念是否已經不合時宜？怎樣才算擁有一件藝術品？在帝國和殖民主義年代，一切都講求侵略和佔有，時至今日是否一種錯誤的權力概念？現在的藝術媒體已跟昔日不同，不少網上公共平台也提供分享空間，嘗試破除版權的限制。

黎 被問及香港的藝術發展時，政府只會說他們已在施政報告中撥款五千萬元購買香港藝術品。

文 要促進香港的藝術發展，政府當然不應只購買藝術品，最首要的是要建立一個香港藝術館館藏，然後辦好藝術教育和推廣欣賞的工作。這些職責，也是現時的博物館有待改進的。

注釋

1 朱光潛（1897-1986），安徽桐城人。一九二二年香港大學畢業，一九二五年赴英法留學，一九三三年獲法國斯特拉斯堡國家博士學位。一九三三年返國，歷任四川大學文學院院長、武漢大學教務長、北京大學文學院代理院長，曾主編《文學雜誌》。自一九四九年起，先後擔任北京大學教授、中國美學會會長、中國外文文學會常務理事、中科院社會科學部委員等職務。專注美學研究，重要著作包括《西方美學史》、《悲劇心理學》、《文藝心理學》以及翻譯克羅齊的《美學原理》、柏拉圖的《文藝對話集》、黑格爾的《美學》等。

2 勞思光（1927-2012），原名勞榮瑋，字仲瓊，號韋齋。一九四六年入讀北京大學哲學系，一九四九年轉赴台灣，一九五一年國立台灣大學哲學系畢業，一九六四至一九八五年任教於香港中文大學，曾任該校研究院哲學學部主任。勞氏歷任美國哈佛大學及普林斯頓大學訪問學人，台灣清華大學、國立台灣師範大學、國立政治大學及東吳大學客座教授，一九九四年起任台灣華梵大學哲學系講座教授，一九九六年起任台灣中央研究院文哲研究所諮詢委員，並於二〇〇〇至二〇〇一年回到香港中文大學哲學系出任訪問教授，二〇〇四年獲香港中文大學榮譽文學博士。

3 劉述先（1934- ），一九五五年畢業於台灣大學哲學系，一九五八年獲台灣大學哲學碩士。一九六六年獲南伊利諾大學哲學博士。自一九五八年起，劉氏先後於台灣東海大學、美國南伊利諾大學、香港中文大學、香港科技大學、國立政治大學任教，並曾於中央研究院中國文哲研究所負責研究工作及出任香港科技大學包玉剛傑出訪問講座教授。現為台灣政治大學哲學系講座教授及中央研究院中國文哲研究所兼任研究員。專注儒家哲學研究，著作包括《文學欣賞的靈魂》、《文化哲學的試探》、《生命情調的抉擇》、《新時代哲學的信念與方法》、《朱子哲學思想的發展與完成》、《全球倫理與宗教對話》等。

4 李澤厚（1930- ），湖南長沙人。一九五四年畢業於北京大學哲學系，自一九五五年起於中國社會科學院任職，於一九七九年升任哲學研究所研究員，一九八〇年當選中華全國美學會副會長，一九八一至一九九一年獲聘為國務院學位委員會哲學評議組成員，一九八八年當選巴黎國際哲學院院士。自一九九二年起先後獲聘為德國圖賓根大學、美國密西根大學、威斯康辛大學客座教授以及美國科羅拉多學院、美國瓦斯摩爾學院客席講座教授。一九九八年獲美國科羅拉多學院頒發榮譽人文學博士。專注中國哲學及美學研究，著作包括《中國近代思想史論》、《中國現代思想史論》、《美學四講》、《走我自己的路》、《論語今讀》、《告別革命：回望二十世紀中國》（與劉再復合著）等。

5 唐君毅（1909-1978），學名毅伯。一九二六年先入中俄大學，後考入北京大學哲學系，一年半後，到南京轉讀東南大學（南京國立中央大學前身）哲學系，副修文學，至一九三二年畢業。一九四〇年出任國立中央大學哲學系講師，翌年創辦《理想與文化》期刊並升任副教授，於一九四四年升任教授兼系主任。一九四九年赴港，後與錢賓四、張丕介、崔書琴、謝幼偉、程兆熊、劉尚一諸先生創辦亞洲文商夜學院，即後來的新亞書院。一九五八年與張君勱、牟宗三、徐復觀聯名發表《為中國文化敬告世界人士宣言》，此文化宣言已成為新儒家的一篇重要文獻。一九六二年東方人文學會正式成立，由其出任會長。一九六三年，香港中文大學成立，受聘為香港中文大學哲學系講座教授兼哲學系系務會主席，後出任第一任文學院院長。一九七四年退休，一九七五至一九七六年任國立台灣大學哲學系客座教授。

6 牟宗三（1909-1995），字離中。一九三三年畢業於北京大學哲學系，並先後於華西大學、金陵大學、浙江大學等任教，以講授邏輯學和西方哲學為主。一九四九年到台灣，任教於台北師範大學、台灣東海大學，講授邏輯、中國哲學等課程。一九五八年牟氏與唐君毅、徐復觀、張君勱聯名發表現代新儒家的綱領性文章《為中國文化敬告世界人士宣言》。一九六〇年赴港，任教於香港大學、香港中文大學新亞書院。一九七四年退休，專任新亞研究所教授，並到國立台灣大學哲學研究所講學。

7 方東美（1899-1977），名珣，字德懷，安徽桐城縣人。一九二〇年畢業於金陵大學，一九二一年赴美留學，獲威斯康辛大學哲學碩士。一九二四年獲博士學位後，先後任職於武昌大學、國立東南大學及國立台灣大學，期間曾數次赴美講學，至一九七三年退休。退休後曾於台灣輔仁大學擔任講座教授。早年專注中國哲學研究，及後兼研佛學，其主要著作包括《中國人生哲學概要》、《生命情調與美感》、《科學哲學與人生》、《哲學三慧》、《中國形上學中之宇宙與個人》、《從宗教、哲學與哲學人性論看人的疏離》、《中國哲學精神及其發展》。

8 徐復觀（1903-1982），原名秉常，字佛觀。一九二三年畢業於武昌第一師範學校，一九二八至一九三一年間曾赴日本明治大學，後因「九一八」事變回到上海。一九四九年赴港，創辦《民主評論》雜誌，曾任教於台中省立農學院（1952）、台灣東海大學中文系（1955-1969）、新亞研究所（1969-1976）。著有《學術與政治之間》、《中國思想史論集》等。

9 香港浸會學院於一九五六年成立，至一九八三年成為政府全面資助的高等學府，後於一九九四年正式升格為香港浸會大學。

10 高爾泰（1935- ），一九五〇年先後到蘇州美術專科學校、江蘇師範學院習畫。一九五七年因撰寫《美感的絕對性》被劃為右派，被判勞改。一九六二年到敦煌文物研究所工作，一九六六至一九七二年到敦煌文物研究所內監督勞動，一九七八年至八十年代在蘭州大學哲學系任教。

11 蔡儀（1906-1992），原名蔡南冠，生於湖南攸縣。一九二五年於北京大學預科文學部學習，一九二九年赴日本留學，一九三七年回國後參與抗日救亡運動。一九四五年擔任《青年知識》月刊編輯，一九四六年起先後於上海大夏大學、杭州藝術專科學校、華北大學二部國文系、中央美術學院任教。一九五三年調任中國科學院哲學社會科學學部文學研究所擔任研究員及文學理論組組長，期間曾任中國美術家協會理事、中國作家協會理事、《文學研究》常務編委及《文藝理論譯叢》和《古典文藝理論譯叢》主編等職務。專注哲學、美學研究，著作包括《新藝術論》、《新美學》、《文字淺說》、《中國新文學史講話》、《美學論著初編》等。

12 宗白華（1897-1986），原名之櫆，字伯華。生於安徽安慶，一九一八年畢業於上海同濟大學，一九一九年成為少年中國學會評議員，並擔任《少年中國》月刊主要撰稿人以及出任上海《時事新報》副刊《學燈》編輯。一九二〇年赴德國留學，先後於法蘭克福大學及柏林大學研習哲學、美學。一九二五年回國，先後於東南大學（南京大學前身）及北京大學任教，並曾擔任中華美學學會顧問及中國哲學學理事。專注美學研究，重要著作包括《美學散步》、《藝境》等。

13 危轉娣，香港理工大學學士及香港大學文學碩士（1996），於九十年代出任香港藝術史和設計史的文化研究員。二〇〇三年危氏獲澳洲新南威爾斯大學資訊管理碩士，並在該大學圖書館任職圖書館管理員。二〇〇〇年起出任亞洲藝術文獻庫圖書館館長，並開發文獻庫的數位典藏及圖書館藏書管理系統。

14 人間畫會由版畫家黃新波於一九四七年三月創立。初期成員包括張光宇、黃茅、廖冰兄、陸無涯等人，及後特偉、米谷、蔡迪支、黃永玉、符羅飛、關山月等數十人相繼加入。畫會旨在匯集當時因戰亂而暫居香港的內地左翼藝術家，活動大致可分為報刊編輯、書籍出版及舉辦畫展三方面。首任會長為符羅飛，繼任會長為張光宇。畫會於一九五〇年初宣告結束。

15 文思慧（1954-2013），一九七六年香港中文大學哲學系畢業。一九八三至一九八四年間獲加拿大西安大略大學科學史與科學哲學博士學位。回港後曾於香港嶺南學院、香港城市理工學院、香港中文大學教育學院任教，亦曾擔任香港哲學會會長。八十年代投身社運，專注環保議題，著作包括《誰偷走湄公河的未來：一水六國千民族的啟示》、《公與私：人權與公民社會的發展》、《思行交匯點：哲學在香港》、《自由：一個制度層面的探討》等。

16 梁美儀，法國巴黎第一大學哲學博士。現為香港中文大學通識教育主任、通識教育基礎課程主任及鄭承峰通識教育研究中心主任。曾撰寫及合編多部著作，包括《家：香港公屋四十五年》、《思光人物論集》、《歷史之懲罰新編》、《思行交匯點：哲學在香港》。

17 香港哲學會成立於一九八六年，宗旨為推廣會員間的哲學討論和學術研究，並為會員及市民舉辦講座及課程。

18 「新水墨運動」源於六十年代中期，一九六六年呂壽琨於香港中文大學校外進修部任教水墨課程，提倡革新傳統國畫，除了保留紙、筆、墨等傳統元素外，又強調觀念以及創作技巧上的變革，如引入西方設計元素和西方抽象觀念，對當時一大批藝術青年有很深的影響。一九六八年，呂氏的學生組織元道畫會，及後元道畫會的骨幹成員相繼加入於一九七〇年成立之一畫會，成為新水墨運動的領導組織。七十年代，劉國松接替呂壽琨，兼教香港中文大學校外進修部現代水墨文憑課程，提倡革新國畫。劉氏的學生相繼成立香港現代水墨畫協會（1973）和研墨畫會（1979）。當時香港藝術家在本地和海外的展覽和活動，以水墨畫家佔多數。另外，王無邪任職香港中文大學校外進修部和香港理工學院期間亦提倡現代水墨。因此，官方及學術論述均認為七十年代為「新水墨運動」的全盛時期。八十年代，香港大學校外課程部水墨課程及香港理工學院太古設計學院夜校課程的學員分別組織「水墨新流」（1985）。狹義而言，「新水墨運動」源於呂壽琨、劉國松，以及呂氏的學生王無邪、譚志成等為傳統水墨、書畫及嶺南派以外所帶來的發展、衝擊。

19 呂壽琨（1919-1975），字玉虎，一九四六年畢業於廣州大學，一九四八年定居香港。一九四九至一九六六年任香港油麻地小輪公司稽查員。一九六六年任香港大學建築系兼職講師，並在香港中文大學校外進修部主持現代水墨畫文憑課程。呂氏為丙申社（1956）、香港中國美術會（1956）創會會員，亦為元道畫會（1968）及一畫會（1970）顧問。不少畫家如王無邪、周綠雲均為其學生。與李國榮同為一九五七年成立的香港藝術家協會成員。

20 王無邪（1936-），原名王松基，一九五八年與友人創立現代文學美術協會，並跟作家崑南和葉維廉創辦雜誌《詩朵》，同年隨呂壽琨習水墨。一九六一年到美國俄亥俄州哥倫布美術及設計學院攻讀美術，後轉往馬里蘭州巴爾的摩市馬里蘭藝術學院深造，一九六五年獲頒藝術學士及藝術碩士學位。一九七〇年，他獲得洛克菲勒三世基金會獎學金，再到美國一年觀摩藝術。曾擔任香港美術博物館助理館長（1967）、香港理工學院首席講師（1977）、香港中文大學藝術系兼職講師（1999）、香港藝術雙年展評審委員（1996、1998）等職位。

21 黃仁逵（1955-），別稱「阿鬼」。一九七九年畢業於法國巴黎國立藝術高級學院，一九九〇年與馮國樑、楊東龍等成立"Quart Society"。曾任《號外》藝術總監、《外邊》雜誌及多部本地電影之電影美術指導，一九八七年獲香港電影金像獎最佳美術指導。黃氏於不同機構，如香港認知障礙症協會及香港演藝學院任客席或兼任導師，亦為本地樂隊迷你噪音成員。

22 梁秉鈞（1949-2013），筆名也斯，香港詩人、小說家、散文家，六十年代初開始創作，一九七二年出版第一本散文集《灰鴿早晨的話》。一九七八年，也斯赴美國加州大學聖地牙哥分校研究中國新詩與西方現代主義的關係，獲哲學博士學位。回港後到香港大學英文系及比較文學系任教（1985-1997），後擔任嶺南大學中文系比較文學講座教授，兼任人文及社會科學研究所所長、人文學科研究中心主任（1997-2013）、香港藝術發展局委員（1994-1997）及香港文學館倡議小組顧問。五十多年來，也斯出版了多本詩集、小説集、散文集、文學理論及文化研究論集。他亦曾以詩創作與否同藝術媒體對話，從事包括錄像和攝影等其他形式的藝術創作。

23 David Clarke（1954- ），又名祈大衛，一九八三年獲英國倫敦大學科陶德藝術學院藝術歷史博士學位，一九八六年起定居香港，於香港大學藝術系任教。曾任香港藝術資料檔案創辦人、西九文化區核心文化藝術設施諮詢委員會博物館工作小組委員、西九文化區管理局董事局轄下博物館委員會委員，香港藝術中心監督團成員及藝術節目委員會成員。現為香港藝術學院榮譽院士、香港藝術館博物館香港藝術專家顧問成員、香港大學藝術系教授暨系主任，並曾多次舉辦個人展覽及應邀到世界各地參加聯展。發表過多篇藝術研究論文及出版多部有關著作，包括 *Modern Chinese Art*、*Hong Kong Art: Culture and Decolonisation*、*Reclaimed Land：Hong Kong in Transition* 和 *Hong Kong x 24 x 365: A Year in the Life of a City* 等。

24 彭襲明（1908-2002），字昭曠。一九二七年畢業於上海美術專科學校。一九五〇年移居香港，任中國書院藝術系教授。二〇一三年其學生靳炎芳將其作品捐贈予香港中文大學文物館。

25 韓偉康（1954- ），一九七八畢業於美國 Pacific Lutheran University，一九八一年獲美國華盛頓中部大學繪畫碩士，一九八三年獲美國伊利諾大學藝術碩士。九十年代初任教於香港中文大學校外進修部，現居加拿大。

26 陳福善（1905-1995），於一九一〇年定居香港，並先後創辦香港藝術研究社（1934）、香港藝術社（1953）及香港華人現代藝術研究會（1960）。自一九五三年起設福善畫室教授繪畫。曾任前香港博物美術館及香港藝術館顧問。

27 劉建威（1950- ），筆名劉霜陽。一九八四年香港中文大學藝術系畢業，一九九二年於該系修畢碩士課程。八十年代中期至九十年代中期以筆名在《信報》撰寫藝術評論文章，一九九七年策辦曾灶財首個個人展覽，一九九九年《視角——視覺藝術文化雜誌》試刊號編輯。現為著名食評人。

28 一畫會於一九七〇年成立，成員皆為呂壽琨在香港中文大學校外進修部水墨畫課程的學生，首任會長為鄭維國，顧問由呂壽琨及譚志成擔任，著名成員包括徐子雄、靳埭強、潘振華、梁巨廷等。一畫會舉辦了多項藝術教育課程、專題講座及研討會等活動，並曾先後主辦或合辦多個以現代水墨為主題的展覽。

29 元道畫會於一九六八年成立，會員包括譚志成（首任會長）、周綠雲、鄧錫榮、吳耀忠、徐子雄等。不少會員是中文大學校外進修部水墨課程的學員，受呂壽琨影響，在國畫創作上揉合中西元素，推動新水墨運動的發展。元道畫會先後舉辦三次聯展（1968、1970、1972），並曾邀請著名藝術家主持多次「每月藝談」，向社會推廣水墨創新觀念。

30 麥顯揚（1951-1994），一九七五年畢業於英國倫敦大學金匠學院藝術系，一九七七年分別於英國倫敦大學斯理學院及英國皇家藝術學院進修雕塑。一九七九至一九八一年任教於香港中文大學藝術系。

31 「外圍」展為陸恭蕙、Lianne Heckett、華圖斯等在一九八七年十月籌劃，於堅尼地道十五號大宅舉辦的四十八小時實驗性藝術展，由香港藝術中心協辦，參展藝術家包括馮敏兒、何慶基、蔡仞姿、麥顯揚等人，展出的作品涵蓋繪畫、雕塑、裝置藝術、錄影藝術等藝術媒介。而一九八八年十二月的巡迴戶外「流動藝術展」，其參展藝術家及籌委會與一九八七年之「外圍」

展覽大致相同。參展藝術家根據展覽場地的環境和氣氛進行藝術創作，展覽地點包括屯門仁愛廣場、旺角麥花臣球場、銅鑼灣維多利亞公園及中環遮打道。

32 「城市變奏：香港藝術家西方媒介近作展」為香港藝術館尖沙咀新館於一九九二年舉辦的首個本地藝術展覽，參展藝術家包括陳餘生、朱興華、韓志勳、何慶基、鄺耀鼎等四十九位來自不同創作媒介的本地藝術家。展覽旨在展示香港藝壇過去七十多年來的發展面貌，同時探討當代藝術家在香港的生活感受。

33 Para/Site 藝術空間由李志芳、梁志和、文晶瑩、王志恒、梁美萍及曾德平於一九九六年創辦，會址位於上環普慶坊。Para/Site 藝術空間是本港其中一個最重要的獨立藝術中心，通過舉辦展覽、出版刊物和開展各種文化交流活動，旨在促進本港與國際間的藝術交流。

34 陳雲（1961-），原名陳雲根，香港中文大學文學士及哲學碩士，一九九八年獲德國哥廷根大學哲學博士，同年在香港政策研究所與陸人龍出版《香港文化藝術政策研究報告》，現為嶺南大學中文系助理教授，文化評論著作包括《香港有文化——香港的文化政策》等。

35 葉朗（1938-），生於浙江衢州。一九六〇年畢業於北京大學哲學系，一九九三至二〇〇一年曾任北京大學哲學系主任。一九九七至二〇〇一年兼任宗教學系及藝術學系主任。現為北京大學藝術學院榮譽院長、北京大學文化產業研究院院長、北京大學美學與美育研究中心主任。曾獲「國家級有突出貢獻專家」（1990）、國家級教學成果一等獎（2001）。主要著作包括《中國文化讀本》、《美學原理》、《中國美學史大綱》、《中國小說美學》等。

36 中華美學學會成立於一九八〇年六月，首任會長為朱光潛。協會宗旨為「組織會員探討美學、普及美學知識及提倡審美教育」。八十至九十年代曾出版美學雜誌《美學》（俗稱「大美學」）、《美學譯文》及《外國美學》。一九九八年加入國際美學協會。協會現屬於中國社會科學院哲學研究所，下設文藝美學、外國美學、技術美學、審美文化、青年美學和美育六個委員會。現任會長為汝信。

37 牛棚藝術村位於土瓜灣，於二〇〇一年對外承租，前身為馬頭角牲畜檢疫站。牛棚藝術村旨在為本地藝術家及藝團提供活動場地，租戶大部分為油街藝術村的舊租戶。牛棚藝術村早年由政府產業署管理，外界需領取邀請卡方可進村參觀，到二〇一一年交由發展局管理後，才對外開放。目前牛棚有二十多個藝術團體及工作者駐場，包括進念．二十面體、1a 空間、錄映太奇及郭孟浩（蛙王）等。

38 呂振光（1956-），一九六二年移居香港，先後於香港大學校外課程部及香港中文大學校外進修部修讀藝術課程。一九八〇年畢業於台灣師範大學美術系，一九九四年獲英國倫敦大學金匠學院藝術碩士。曾任香港中文大學校外進修部導師（1981-1984）、大一設計學院等，並於香港中文大學藝術系任教（1985-2010）。呂氏曾任視覺藝術協會會長，一九八七至一九八八年創辦香港現代水彩畫協會，二〇〇一年於新界火炭設立一流畫廠工作室，從事藝術創作。

39 《新人》事件發生於一九九五年。《新人》為英國雕塑家 Elisabeth Frink 的作品，為銅製男人裸體雕塑，曾放置於中環騏利大廈正門入口，但淫褻物品審裁處卻將該作品評為「不雅」，須遮掩雕像的性器官方能繼續展出。事件曾引發本地傳媒及文化界的一些討論和爭議。

40 亨利摩爾，Henry Moore（1898-1986），英國著名雕塑家。一九一九年畢業於英國 Leeds School of Art（現為 Leeds College of Art），及後在英國皇家藝術學院就讀（1921-1924）。一九七四年，置地公司購入其作品〈Double Oval〉，並設於怡和大廈外。

41 唐景森（1940-2008），曾任香港漁農處插畫員。一九七一年隨張義習雕塑，一九七七年獲市政局藝術獎。唐氏為香港視覺藝術協會創會會員之一，曾於一九九二至一九九三年任該會會長，亦為香港雕塑家協會會員。二〇〇八年獲香港藝術發展局年度最佳藝術家獎。

42 周華山，英國約克大學社會學博士，曾在香港理工大學（1988-1991）和香港大學（1994-1998）任教，其著作包括《後殖民同志》、《性別越界在中國》等，為香港同志研究社負責人。

VISITOR

王禾璧

簡介

王禾璧一九四九年生於香港，一九七七年獲美國俄亥俄州哥倫布藝術與設計學院頒授學士學位（藝術），一九七九年獲費城譚寶大學泰勒藝術學院授藝術碩士銜（主修攝影，副修電影）。

畢業後，王氏曾受聘於美國天普大學教授攝影，後於一九八〇年回港發展。回港後，她在香港大學校外課程部擔任兼職導師，一九八一年起開始教授基本及進階攝影、攝影史等課程，後更兼顧行政工作，負責統籌視覺藝術課程。一九八五年，王氏轉職到香港浸會學院傳理系擔任講師。一九八八年，她轉投香港藝術中心出任課程總監。

任職香港藝術中心期間，王氏曾經為中心作出多項改革，包括改善營運模式並陸續開辦攝影課程，亦先後籌劃大型主題活動講座，如「攝影誕生一百五十年」（1989）、"Mozart by Centennial"（1990）、「歐洲藝壇新貌——東中歐藝術文化轉顏面面觀」（1991）、「攝影透視——香港、中國、台灣講座及座談會」（1994）等，令香港藝術中心發展成攝影藝術的重要場地。

一九九四年，王氏獲得亞洲文化協會頒發獎學金，到美國紐約大都會藝術博物館的教育部、曼克頓的現代藝術博物館及普林斯頓大學攝影系等機構進行有關藝術教育的研究。

一九九六年，王禾璧離開香港藝術中心，移民加拿大，留居加國期間為香港文化博物館做了一個關於攝影的研究，共訪問了五十位香港攝影師及五十位數碼電腦藝術家，為記錄香港的攝影及新媒體藝術發展整理了重要史料。自加拿大回港後，她先後在香港藝術發展局任職及為「香港當代藝術雙年獎」出任評審。

除行政工作以外，王氏歷年曾參與多次本地及海外展出，如《外圍：流動藝術展》（1987）、《地方之感》（1988）及《轉變的年代——香港新一代藝術作品展》（1989）等。

《攝影透視——香港、中國、台灣》，1994 年。

王禾璧訪談錄

訪問者　黎明海博士

2013.7.17

■

黎　你很早期便到美國修讀藝術，最初學習雕塑而非攝影或新媒體藝術。可以說一下當時的經歷嗎？

王　其實，我到美國讀書時差不多二十五歲，已工作了好幾年。中學畢業後，我考不上香港大學和香港中文大學，自己又無意報讀其他大學，便到了香港理工學院修讀一些秘書課程，此後一直在政府部門當秘書。我在兩年間考取了速記、打字等證書，很快便領到初級秘書的頂薪。不過，我須得多待五年才可以考升級試，這使我感到很沉悶。

當時我常修讀一些如香港中文大學校外進修部[1]的陶瓷、雕塑課程，陳炳添[2]還當過我的老師。之後，我更在大一藝術設計學院[3]讀了兩年。當時學校還未搬遷，課程質素相當好。我完成了兩年的課程，然後申請到美國進修。

黎　當時香港中文大學校外進修部在哪裡授課？

王　大概在尖沙咀安年大廈附近。當時我還跟幾位朋友在土瓜灣租了單位作工作室，製作玻璃纖維雕塑等藝術品。後來我們各散東西，再沒有續租工作室。

黎　你也有上過香港大學校外課程部[4]的課嗎？

王　沒有。八十年代初回港後我辦過展覽，當時在香港大學校外課程部任教的Martha Lesser[5]便請我到那裡，代替離職的阮曼華[6]做全職技術員，並兼職教授攝影藝術課程。

黎　為何選擇美國為留學地點？

王　加入了火鳥電影會[7]，因此有很多機會看電影，當時我很喜歡看法國電影，阿倫・雷奈（Alain Resnais, 1922- ）的《去年在馬倫巴》（1961）對我的影響很深，所以我曾打算到法國唸書。

不過，要到法國留學必先懂法文。我自問沒有語言天份，唯有選擇到美國。我申請過好幾所美國學院，但只有俄亥俄州哥倫布藝術與設計學院（Columbus College of Art and Design）提供獎學金。後來，我才知道王無邪也讀過這所學校。當時的校長很喜歡香港學生，所有香港的留學生基本上都不必交學費，但需要每周工作八小時。這很難得，要知道在私校就讀，尤以修讀藝術所費不菲。

黎　你是副修電影嗎？

王　那是一所藝術學院，未有提供電影課程。我在那裡學習雕塑和版畫。電鋸、線鋸、打磨等雕塑技巧我都已經非常熟悉，可是我想做的不只是打磨一件普通的雕塑作品，而是希望做超現實雕塑作品，但以當時的技術卻很難做到。後來，我上了攝影課，並創作了一些很超現實的攝影作品，老師和同學們都十分欣賞，一九七五至一九七七年我在哥倫布藝術與設計學院完成了學士課程。約一九七六年，東岸費城的攝影教育家William Larson[8]來學校招收學生，我很喜歡他的實驗性風格，便到費城天普大學泰勒藝術學院跟他學習攝影，直至一九七九年完成碩士課程。

當我還在讀學士課程時，哥倫布只有一間小型藝術館，我就在那裡兼職當電影放映員，賺取生活費。我在火鳥電影會的時候也學過接駁菲林等相關工作。

王禾璧留美期間，與 Babara London（右一）見面。

黎　你的經歷跟其他中學畢業後便出國的學生不同。你工作了一段時間才到美國讀書，當時有想過在美國發展嗎？

王　我也希望留在美國發展，但畢業後我不能以留學生身份居留，碰巧我的大學剛成立了一個當代研究中心（Centre for Contemporary Studies），開辦攝影和很多不同的課程，經過幾番努力我便到該中心授課。

黎　後來為何回港？

王　未回港時紐約大學曾打算聘用我當兼職，但我非美國公民，只好無奈地回港。

黎　在美國時，有一些華人圈子的朋友跟你一起做藝術嗎？

王　在紐約有一些。那時候有幾個在費城的朋友是狂熱的電影愛好者，我便跟他們一大清早乘車到紐約，看七個多小時的電影，還記得那部電影叫做 *Our Hitler: A Film From Germany*（1977），然後又乘兩小時的車回家。很疲倦，但很值得。

黎　有香港圈子的朋友嗎？

王　有好幾位在紐約。做攝影的張正明等，都是很樂於助人的朋友。他們大多都留在美國，沒有再回香港。

黎　一九八〇年你回到香港，是怎樣融入香港的藝壇？

王　回來不久，Martha Lesser 便請我幫忙教書和整理幻燈片之類的工作。

黎　一九八一年左右，你好像在一家公司當過攝影師？

王　那是一家澳洲建築公司，專門負責修橋鋪路。我本負責行政工作，後來他們知悉我擁有藝術學位，也學過攝影，便讓我當攝影師。我替他們拍過很多不同的東西，包括在凌晨時分拍攝建設鐵路，到離島拍一些碎石工場或者未築好的水塘。這些經驗都相當有趣。

黎　你的「重構歷史」和「荔園」系列作品都是拍攝一些拆卸了的破落建築。這是否也是受到這些工作經驗所影響？

王　可以這樣說吧。

黎　一九八二年，你在中環開了一間攝影公司？

王　對，我跟一位朋友及他的女朋友一起成立。因為不擅應酬客戶，我本希望專注拍攝工作，但客戶都喜歡跟我交談溝通。我們曾經為大富豪夜總會拍攝照片，那裡其實是高檔次的娛樂場所，那兒的女士都很斯文得體，並非如電影所描述那般。

後來，我的拍檔結婚生小孩，無暇兼顧公司的事情。因此，我離開了公司，轉到香港大學校外課程部負責教學及行政工作。我最初負責課程行政，也由於這工作經驗，日後我才能出任香港藝術中心的課程總監。

在香港藝術中心任職期間，香港大學校外課程部也曾希望我能「回巢」，但那時候自己覺得香港藝術中心的工作比較有意思，所以推卻了他們的好意。

黎 他們到二〇〇〇年以後才發展得稍為完善，早期僅停留在工餘興趣課程的水平。

你曾說在外國讀藝術，回港後就只有兩個出路：要不教書或做行政工作，要不就逐漸跟一些商業活動掛鈎。那你有想過走商業路線，例如拍攝一些商品廣告嗎？

王 我曾嘗試過，但自己並不喜歡。我是個性急的人，要我花一整天去拍攝一件商品、處理一大堆其他測試和跟進的工作、花時間跟客戶溝通商量等，實在太沉悶，不合我的個性。

黎 你轉到香港大學校外課程部後，除從事教學及課程編排外，有開設新的課程嗎？

王 我們曾計劃開設一些我熟識的範疇，如攝影史和另類攝影等課程。

黎 你在那裡從事行政及教書是一九八三至一九八五年間的事吧？

王 其實自一九八一年起我已開始兼職教書，並於一九八三年開始兼任一些行政工作。

黎 一般藝術家大多沒有行政工作的經驗。由於你當過秘書，所以你可以同時擔任藝術家、導師和行政職務。

王 那時候的秘書訓練讓我成為一個很有條理的人。我現在還記得速記技巧。

黎 一九八五年，你離開了香港大學校外課程部。當時正值《中英聯合聲明》簽署後不久，你有想過將來的職業選擇和去留問題嗎？

王 沒有。我當時覺得事業和一切都頗順利，而且我們這些讀藝術的還算幸運，當時沒有太大的競爭。現在太多畢業生，即便藝術碩士生也難找到工作。

黎 你早於一九八五年便在香港浸會學院傳理系擔任講師。如果你一直待在浸會，該會像同期入職的文潔華般，當了教授吧？

王 改制後，至少會成為助理教授吧？

剛進香港浸會學院時，該系本要跟音樂系合併成藝術系，並由我教授藝術史。後來，兩系最終沒有合併，我被安排教授「Communication Media and Society」（中文意譯為「傳播媒介與社會」）。我並不熟識這個課題，得每天早上五六點鐘起床讀書備課，然後八九點便上課。我也想辦法發揮自己的所長，如運用劇場的方式去演繹我的理論，或者鼓勵同學以活動或廣播劇方式去做一個功課，使他們覺得課堂更生動有趣。

我覺得教碩士班或以上的，應該偏重學術理論。至於一般的本科學生，應該多想辦法啟發他們，鼓勵他們多作思考、多使用創意。

黎 一九八一年你辦了第一次個人攝影展。當時攝影在藝壇的認受性如何？

王 認受性不足夠。我用過「寶麗來」照片做攝影展，也有用相機的，不過卻被當時的記者把我所有的攝影作品都說成是「寶麗來」的。他們根本不懂，也不了解一二〇毫米相機照片的尺寸跟即影即有的分別。這樣一來，往後凡是「寶麗來」攝影展，都被當作王禾璧的攝影展了。

黎 因受尺寸所限，當時辦「寶麗來」攝影展的人大概不多。

王 我十分喜歡「寶麗來」照片的尺寸。「寶麗來」照片就是這個固定的尺寸，也是其珍貴和特別之處。

黎 一九八一年，你在香港藝術中心辦過「彩色影像」個人攝影展，作品分為兩類不同的照片，是「寶麗來」跟一二〇毫米相機的照片嗎？

王 當時我還沒有錢買一二〇毫米相機，應該是一三五毫米，風格比較接近我在美國讀書時拍的作品，很概念性。我現在反而少了這一點風格，但我認為每個不同階段的創作都應有不同的路線。

黎 你剛才提到攝影圈很小，是否主要集中在藝術中心？那邊有一群對攝影比較有認識和熱誠的人如陳贊雲、何慶基等，因而使香港藝術中心成為一個主要的攝影展覽場地。

王 對。各區的圖書館、大會堂等場地主要用作展出沙龍攝影。香港藝術中心的場館有助滋生一些新型和另類的藝術。

黎　你也會看《攝影藝術》這類的攝影雜誌嗎？

王　當然會，還會讀《攝影畫報》等。

黎　你會在這類雜誌發佈你的作品嗎？

王　我不會投寄我的作品，除非他們要求刊登或與他們討論。

黎　在八十年代的香港，有哪些曾經一起辦展覽的攝影同道人嗎？

王　有陳贊雲、高志強[9]等，現在都是已經上了年紀的一輩。還有李家昇[10]、黃楚喬[11]等。

黎　你就在一九八五至一九八七年間於香港浸會學院任職嗎？

《攝影畫報》第 378 期。
圖片由黃啟裕先生提供。

王　對。未等到約滿，我就已經離職了。我覺得自己跟外國人合作得比較愉快。我曾親自寫信給香港藝術中心的曾歷豪（Nicholas James）[12]，問他會否有教學方面的職位空缺。結果，他真的回覆並約見我，更跟我聊了一個多小時。他給我看一本早期香港藝術中心的小冊子，單色印刷的，十分簡陋。我覺得他們需要進行一些改革，於是他便聘請我負責這項目。

其實那時候他們已經作了不少改革。以前，不同租戶有不同的分賬方式，有的是三七，有的是五五，很複雜也很麻煩。於是，我統一採用了香港大學校外課程部那一套固定的薪金制度——一個合理的時薪制。凡有制度上的變革，必定引起部分人的不滿，有部分老師曾聲稱要辭職。由於課程小冊子的改革十分成功，大部分老師都支持我，所以我照原定目標進行改革。現在回想起來，當時自己太強硬，事情可以處理得圓滑一點，那時是八十年代末。

結果，我重新製作了一本新的書冊，比以前的精美很多，有好幾個老師都跟我說，他們很欣賞我新製的這本書，都很支持我。這些老師都很好，以前他們的時薪為一小時不足四百港元，學生多的時候他們得自費聘請助教。扣除請助教的費用，他們所賺不多。後來，我讓他們不用出錢請助教，費用由香港藝術中心支付，時薪維持四百港元（或相等於大學的校外課程酬金）。學校便一直這樣發展，學生人數也漸多。雖然當中發生過很多的人事矛盾，卻是無可避免的。

黎　自那時起，你開始在課程加入攝影元素？

王　對。我跟 Nicholas 說，單靠辦課程很難吸引學生，應每季舉辦一些大型及具主題性的活動或講座，如“Mozart Bicentennial”（1990）[13]、「攝影誕生一百五十年」（1989）[14]、「暑期藝術營」[15]、「歐洲藝壇新貌——東中歐藝術文化轉顏面面觀」（1991-1992）[16]等等。這些活動都不賺錢，但賺了一個好的聲譽，可以吸引更多的學員報讀其他課程。

黎　你好像也曾經邀請很多外國學者來香港訪問。

王　是的。我曾於假期中，專程到捷克布拉格訪問一位於查理大學任教的漢學家 Oldřich Král。他因為跟哈維爾（Václav Havel）[17]熟絡，以及政治運動的關係，而被發放一處很偏僻的地方工作約二十年。在這段日子裡，他翻譯了經典小說《紅樓夢》。我邀請他到香港主講講座，其後他又到香港中文大學訪問、講學。

黎　你在課程裡加入攝影的元素，這有否增加攝影的認受性？

王　有的。事實上，Nicholas 也問過我為何要加入那麼多攝影課程，我說有何不可？既可引起學生興趣，又可以賺錢。當時一定很多人都覺得我把錢看得很重吧？但我的確令香港藝術中心的收入大增，由三十萬元增至三百萬港元。

黎　我聽聞香港藝術學院[18]曾打算邀請你或蔡仞姿到該校任職。你有行政經驗，是很合適的人選，但最終沒有成事。

王　有很多因素吧，但沒有正式聽過這個傳聞。可能是當年在香港藝術中心工作時，我應邀到美國去寫計劃書，獲該學院同意與香港藝術中心合辦電腦藝術及攝影課程。

黎 香港藝術中心教育總監一職是特意為你而設嗎？

王 最初叫教育統籌或經理。後來我既做行政，又做項目策劃的工作，範疇已超出一般經理的職務。加上我經常代表香港藝術中心外出洽談及找贊助。於是，上司將我提升到總監。

何慶基剛到任香港藝術中心，已經要負責跟外面很多高級行政人員見面，所以他甫開始已經是展覽總監。大家都以為他是我的上司，其實我跟他同級。

有一段時期，某些報章的記者挑撥是非，說我利用行政手段干預其他藝術家的展覽。其實我只想在課室騰出一些空間給錄像和裝置藝術家工作，因一些不相干的問題而被說成是利用職權去排斥他人的展覽作品，還在報紙說三道四。最終，我也是以一貫應對傳媒的方式回應。後來也有些藝術家向我反映，騰出課室做展覽是一個很不錯的方法，有效提供展覽場地，事實上當時展覽空間可謂十分不足。

黎 八十年代，香港藝術中心聘請了你和何慶基這批具當代觀念的藝術家。

王 只是湊巧大家都可以走在一起而已。那時期可以說是香港藝術中心的全盛期，我在那裡也有辦過一些電影課程，主要由黃愛玲[19]所負責的電影部協辦。

黎 當時你找過哪些人負責教授攝影？

王 有馮漢紀和盧婉雯[20]，也有來自美國紐約的 Charles Traub[21] 擔任講師。

黎 除攝影證書課程外，你好像也舉辦過一些類似「藝術觀賞團」[22]的活動，是嗎？

王 「藝術觀賞團」主要由何慶基籌辦，我辦的是「暑期藝術營」。

黎 期間你獲得亞洲文化協會基金[23]的贊助到美國進行交流計劃。事情的由來是怎樣的？

王 可能是何慶基向華敏臻（Michelle Vosper）推薦我，叫我去申請的。我寫的申請書長篇大論，Michelle 要我抽絲剝繭地概括一些重點，最後縮短成兩頁紙。那次的經驗，讓我學會怎樣去掌握事情的重點。

黎 你當時走訪了美國的哪些機構？

王 有紐約的大都會藝術博物館教育部，又到了紐約曼克頓的現代藝術博物館找 Barbara London[24]，也去了普林斯頓大學攝影系。普林斯頓大學本不理會像我們這些不知名機構的拜訪，但當他們得知我是亞洲文化協會基金的獎助人，還是會重視一點的。

我又去了明尼蘇達州的沃克藝術中心、俄亥俄州的 Wexler Art Centre、洛杉磯那邊的攝影畫廊，還有三藩市、華盛頓和夏威夷。在夏威夷，他們還介紹我認識電影節的人。

黎 對於這段經歷，你在過去的文獻裡只提到是「獲益良多」。可否多說一點你的感受？例如這個計劃如何影響你在香港藝術中心課程上推行過的改革？

王 這些博物館的教育課程都跟它們的展覽有關，由於資源充足，他們都能在一至兩年前策劃好，香港藝術中心則難以做到這點。譬如展覽部舉辦一個攝影展，只能盡量在教育部這邊辦一些相關的課程去配合展覽。後來電影部的黃愛玲離任後，電影部那邊舉辦些什麼活動，由於通知時間不夠只能放棄合作。

黎 香港藝術中心算是相對自由，只要不超出限定的開支，就不會對行政和創作上作太多的阻撓。

王 對。不過以紐約現代藝術博物館為例，他們各部門的行政也是相當自由和獨立的，但在某些方面還是能夠互相配合。我在那邊也上過一共八堂的攝影課程，那個課程配合了他們一個攝影展覽的主題，辦得相當不錯。

黎 自參與過美國的交流計劃後，如果香港藝術中心有些展覽很早便開始籌備，你便會多做一點配合的工作了？

王 對。但我也明白辦展覽很不容易，要看資金。有時候，有些很好的展覽和機會總是臨時接到，但我這邊很難馬上籌備得來，因為要處理收生、收費、出版教材等準備工作，須至少半年時間。

黎 你提到一九八八年是你豐盛的一年，因為你參與了當年由陸恭蕙籌劃的「外圍：流動藝術展」？

王 是的，我們要到四個不同的地方。那次我製造了一個巨型的針孔攝影機，有六尺高、四尺闊、八尺長。黃仁逵那時候還幫我找來了一些製作道具的工匠，給我製造了一個有門的大木箱，外面鋪滿黑色的物料，學生就在裡面拍攝及沖曬。

黎 為什麼陸恭蕙會辦這樣一個藝術展覽？

王　陸恭蕙先辦了一個叫「外圍」的活動，何慶基和楊秀卓也參與其中。第二年，她才舉辦「流動藝術展」。

黎　當時香港藝術中心給我的印象，跟主流藝術界很不同。所謂主流，就是像呂壽琨、一畫會、新水墨運動等這些主要在香港藝術館辦展覽的藝術家及團體。相對而言，香港藝術中心的觀念性和歐美風格則較強。那是你們刻意走主流以外的路線嗎？

王　其實也不算是很刻意，只是我們都在外國學習過西方藝術風格，回港後發現這些都是香港較為缺乏的，自然希望在這方面發展。

其實我也很尊重呂壽琨。七十年代，我還沒到外國讀書，我曾上過他在香港大會堂開辦的課程。上課的人非常多，坐滿整個會堂。印象最深刻的是他所說的「意在筆先」。當時那個年紀的我，當然就不大理解。

我也到過他們在九龍華仁書院辦的一些工作坊，他們也讚揚我的畫作。如果我繼續畫下去，應該有些像周綠雲[25]的畫作。

黎　對於香港藝術中心的發展，香港藝術館那邊有什麼相應配合嗎？

王　這個我不清楚，我們各自獨立發展。

黎　香港藝術館好像舉辦過一個名為「城市變奏：香港藝術家西方媒介近作展」（1992）的展覽，以回應香港藝術中心的「轉變的年代：香港新一代藝術家作品展」（1989）[26]展。

王　「城市變奏：香港藝術家西方媒介近作展」可算是香港藝術館一個比較偏向新派藝術的展覽。

我認為他們不能理解一些太前衛的觀念。當年的「新水墨運動」於他們而言，已是十分新穎的東西了。我們這邊所做的，他們簡直不知道是什麼玩意，而且感覺我們很激進。

黎　感覺上，香港藝術中心的人創作上相對獨立，不會像另外那邊唯呂壽琨是瞻。

王　只是因為香港藝術中心沒有一個像呂壽琨一般有影響力的人，有也未嘗不好。

黎　當時身為一位圈外人從旁觀察，我覺得你們那裡有很多行為藝術和新媒介的藝術創作，豐富了整個八十年代的藝術氛圍。時至一九九六年，你又為何離開香港藝術中心？

王　首先是家人當時有移民的打算，其次是我認為自己在香港藝術中心的發展已走到一個瓶頸，想轉換環境。

黎　移民是因為「六四事件」嗎？

王　不是，我主要希望轉換一個新環境。

黎　很多我認識的藝術家都在九十年代初舉家移民了。他們都擔心政治環境的轉變會影響下一代。你應該是最遲離港的一批吧？

王　大概是吧。其實回想當年，我也很傻。離開香港藝術中心後，馬上有些不同的機構說要招攬我。以前由於工作關係，曾跟不同機構接觸過，他們都覺得我很能幹，即使在一些完全不熟識的範疇，我也很有辦法去處理。

譬如電腦方面，我根本一竅不通，卻能開辦電腦課程。那時候香港藝術中心空置了一個小房間，原打算預留給版畫製作，但因製作版畫需要空氣調節裝置，我便提議改為電腦室用途。當時的電腦價值不菲，一台電腦要差不多十萬多港元。我只好跟電腦公司商議，先租借八台電腦為期三個月，如果課程最終能夠開辦，再跟他們購買新的電腦和各樣軟件等細節。我花了差不多半年去洽談。

當我要開辦電影課程時，我不時去找香港演藝學院的院長聊天，希望說服她讓我們的學生可以到他們學院使用電腦設備，結果我遊說了半年多才成事。

後來，我又請了一位在美國認識的同學到香港主持講座，我也邀請他到香港演藝學院多辦兩場免費講座。

黎　一九九六年你移民的時候，曾替香港文化博物館做了一個關於攝影的研究，訪問了五十位香港攝影師。[27] 現在那些資料都存在該館，沒有公開嗎？

王　我自己保存了一份不大完整的資料，但錄音資料則沒有。我在加拿大期間把它們重新整理成文字。

黎　有機會把這些研究資料出版嗎？要不然真有點可惜。

王　花了差不多兩年時間，的確有點白費。這個研究還包括五十位數碼或電腦藝術家，以當時來說已經相當多，稍為活躍一點的攝影藝術家都包括在內了。我覺得電腦藝術家的資料可以整理成檔案庫，攝影藝術家則可以再認真一點去做。

那些受訪的藝術家們都很認真和熱心，他們給了我很多關於他們的資料，然後我拿去博物館那邊複印，之後再交還給他們。

黎　一九九六年末，你為何又從加拿大回港？

王　那時「當代香港藝術雙年展」[28]請我當評審，我便回來了。擔任評審時，我不希望跟其他藝術家有太多交往。雖然別人覺得我這樣有點不近人情，但作為評審，跟個別藝術家太熟稔，會有種私相授受的感覺。

　我在香港藝術發展局工作期間不可以擔任評審，這也是我不喜歡香港藝術發展局的地方，自我保護意識太強。

黎　我看文獻資料，說你曾有十年沒有從事藝術創作。在香港藝術中心任職時真的太忙嗎？

王　我實在太忙，當時我連周末也在工作，忙得沒空創作。我很熱愛那份工作，很自由。在香港藝術發展局的那段時間，我才較多地參與一些展覽，我在二〇〇三年參與了一個名為「眾裡尋她」[29]的展覽。

　有好幾年我在攝影創作方面真的很低調，好幾次有人看見攝影展出現「王禾璧」的名字，也不知道是我，還以為是同名同姓的人呢！

黎　有段時期我也經常出入香港藝術發展局。那時我很詫異你在那裡工作，因為香港藝術發展局是個很官僚的機構。

王　他們最初請我做別的事，結果我在那裡只待了兩三個月便請辭了。我看不懂他們那些冗煩的文件，我不明白他們為什麼要把簡單的事情弄得如此複雜。

黎　有人說愈來愈少知名藝術家參與「當代香港藝術雙年展」，現在展出的大都是學生作品。你對此又有何看法？

王　是有一點這樣的情況，但我覺得這樣的機制並無不妥，因為學生也有參展的權利。二〇〇九年那一屆，當局還曾使用電腦先對參展者的作品作一輪概覽和篩選。

黎　但最初舉辦「當代香港藝術雙年展」的原意，是希望宣傳一些本地的知名藝術家，反映香港藝術發展的真貌。

王　畢竟比賽是開放的，難免有這樣的情況。

黎　二〇一二年起，主辦單位把「雙年展」改為一個「藝術獎」的形式，你覺得這能改善情況嗎？

王　可能會吸引多一點具代表性的藝術家參展，不過也很難避免學生申請參展。不論「獎」與「展」，其實也屬於比賽的形式。

黎 昔日「當代香港藝術雙年展」在亞洲地區頗具代表性，但近年鄰近地區如廣州有「三年展」，台灣也有「雙年展」。你會否也感到香港的「雙年展」已經沒當年那麼優秀和備受注目？

王 香港的「雙年展」比較保守，多找外國人負責策展，除了有一年舉辦「開放．對話」[30]的展覽系列。

其實香港也應該大膽嘗試請一些本地藝術家，如你或何慶基等，負責策劃「雙年展」，這樣才可以切實地展示香港的藝術面貌。即使被批評也不要緊，有批評才有進步。外國的策展人總是看不起香港的藝術展，好像早年獲邀來港的一位態度十分囂張的外國策展人Catherine David[31]。既然她接受了這項工作，為什麼又要表現得如此不屑一顧呢？

黎 前香港藝術館總館長鄧海超[32]也曾經希望在這方面進行改革，於是有了這個展覽系列，邀請一些本地和外國的策展人進行對談和交流。

王 這個「香港藝術：開放．對話」辦得很成功。

黎 我自己身為香港藝術館顧問之一，也很支持這個計劃，能踏出這一步已經很不錯。鄧海超當年做很多「越界」的事情，結果也招來很多批評。

王 以韓國首爾為例，他們的策展人的權力凌駕行政人員，香港卻剛好相反。

黎 你很適合當「當代香港藝術雙年展」（現改稱「香港當代藝術獎」）的評審，因為你了解個中所面對的困境和難題。

你在哪年加入香港藝術發展局？

王 一九九八年。我最初在香港藝術發展局也不過是一年的合約制，當招標經理（Tender Manager），負責管理和改革表演藝術。這也讓我多了解香港小交響樂團等表演團體的組織和架構。不過，我還是對那些複雜的文件感到很煩厭，所以就調職為高級藝術主任（Senior Art Officer），負責視覺藝術範疇的批款及一些研究計劃，如藝術的學術研究、公共藝術的研究、社區藝術家等計劃的審批。

黎 你作為其中一員，會如何評價香港藝術發展局？

王 早期的香港藝術發展局會撥一大筆款項去資助藝術團體，後期則視乎其成員而定。全盛時期大概是謝俊興那個時期吧。組織參與「威尼斯雙年展」等，很多也是他打下來的基礎。

黎 我聽何慶基說，香港藝術發展局早期也確曾有過一段光輝的歷史。當時的顧問團成員都是藝壇裡最頂尖的人物，跟現在的情況有所不同。

王 因為人們漸漸會懂得一些選舉的制度和法則，只要有辦法吸納足夠的選票便行了。

黎 怎麼現在又淪為一個「福利機構」？

王 也不可以這樣說。好像我加入香港藝術中心早期，也會看不起那些非當代藝術背景出身的人。其實每個人，也得需要解決生存的問題。藝術作為一種陶冶性情、豐富生活的東西，也是很不錯及實在的，不是每個人都要成為藝術家的，能有相關的認知，已很不錯了。至於你提及的小恩小惠，也未嘗是壞事。不是所有藝術家或機構都需花幾十萬去辦一個活動，有些可能只需要一點點資助去出版一本小刊物。我在觀察資助藝術家這十多年後感到，這一類的申請，也值得支持的。

黎 但香港藝術發展局成立的原意不是應該重點發展藝術嗎？

王 這一點我很同意。我認為香港藝術發展局應該思考如何制定策略，制定款項該用於橫向，還是深化發展藝術。撥款是較容易做的事，因為香港藝術發展局成員的任期只有幾年，不能去做些什麼大改革。

黎 據我所知，那些所謂的撥款也不是很多。三千多萬港元資金，扣除資助九大藝術團體[33]後，剩餘的便不多了。

王 全盛時間，單是視覺藝術就有一千六百萬港元的資助，舉辦一個活動更能申請到八九十萬港元。後來則只有不過數十萬港元，也不知道應該拿來當租金還是薪金！整體不止三千多萬港元！

黎 後來出現了西九文化區管理局，你認為她會取代香港藝術發展局的角色嗎？

王 必定會有新的定位，但不一定全部取代。「西九」已經替代香港藝術發展局負責很多文化交流計劃，如「威尼斯雙年展」。

黎 過去香港藝術發展局在發掘和栽培藝術家的政策上，也有其主導性計劃。現在好像連這個也沒有了。

王　他們覺得那個所謂的「主導性」應由委員會掌握，而非藝術家，因而起了衝突。我覺得這不是一件壞事。既然委員會都由一些很資深的藝術家組成，為什麼他們不能主導計劃？

黎　你又怎樣看香港藝術呢？

王　很難界定哪些是是屬於香港藝術。有些在香港從事藝術的，可能是外國人；有些本是香港藝術家，卻已經移居別國。他們還算是香港藝術家嗎？需要一個地域上的定義嗎？還是要好像江啟明一般，作品都是香港街道風景，手法也是傳統的，才能代表香港嗎？我自己覺得不用刻意去定義。

黎　一般人都認為，香港藝術應該體現「中學西用」或「西學中用」這樣的一種中西融合精神，好像新水墨畫那一類。

王　我覺得不需要這樣去定義。藝術家如果在香港居住過一段時間，對香港有一定的理解，都可以歸納為香港藝術家。譬如我在香港時期拍攝的作品，也不一定拍攝香港的，但我已在香港生活了好一段時間，即便拍歐洲的，作品的感覺也會有一種很獨特的香港味道。

黎　對，你有很多作品也很地道，很能表達那種日新月異的感覺。「荔園」和「重構歷史」這兩個系列的作品是否希望從建築去表達香港的轉變？

王　這種感覺不強烈，但一直拍攝下去，也逐漸感到一種惋惜之情。

黎　有評論說你的「荔園」系列沒有刻意營造懷舊的效果，反而製造了一個夢幻樂園的感覺。你同意嗎？

王　我同意。記得第一次走進荔園時，心裡也是充滿這種夢幻的感覺。看到小小的水池上泛著像龍船的東西，覺得在這片面積不大的樂園裡，竟然使我有置身水鄉的感覺，很超現實。

黎　拍這些照片時，有投放一些你對那建築物的歷史感覺嗎？

王　當然有。好像我曾經拍攝兩座位於般咸道及淺水灣的余園，之後我也問香港大學建築系借取那一組建築物的圖則。我喜歡在拍攝的同時，追尋事物的歷史。

黎　我認為這種把歷史融入到環境裡，也是所謂香港藝術必需具備的元素，而並非僅畫一條帆船、一個鐘樓而已。

王　對，也要多理解一些過去所發生的事。

黎　哪些藝術家對你有深遠影響？

王　主要是我的老師 William Larson 和他的老師 Aaron Siskind[35]。還有我在大學時期的那些老師，他們對我的創作態度也有深遠的影響，特別在黑白攝影方面，他們讓我有一個很好的基礎訓練。

黎　除攝影節外，你在香港有參與其他畫會或攝影組織嗎？

王　我只參與過攝影節協會[36]，加上因為我正為民政事務局作評審工作，所以要將身份由常委會成員轉為普通成員。至於其他的攝影學會，他們既不會邀請我參與，我也覺得自己不適合加入這些組織。

黎　你是否有跟刺點畫廊合作？

王　刺點畫廊是一家替我代理、協助我辦攝影展的機構，亦是香港唯一的推廣及發展攝影藝術的畫廊，攝影作品不是賺錢的藝術品，因此它的工作十分難能可貴。

加入這些組織對我來說是一種束縛。我認為自己也有為社會作少少貢獻，現在想多做一點自己的創作。即使要辦一些有意義的活動，我寧可到外國辦大型攝影展覽，始終香港攝影的認受性非常低。九十年代，我曾籌劃了一個「攝影透視——香港、中國、台灣」的講座及座談會[37]。

黎　在攝影圈也有很多後起之秀，你又如何看待他們？

王　一直有很多年輕且出色的攝影藝術家湧現，但有多少位能一直堅持下去呢？我也見過一些很不錯的青年藝術家的攝影作品，但不少都很快地銷聲匿跡了。

黎　在這數碼攝影和數碼化的年代，有各種的數碼相機、手提電話和 Lomo 相機等，攝影變得很隨意和普及，但會否同時削弱其藝術性？這類科技對攝影的發展和傳播，是一種幫助還是糟蹋？

王　兩方面都有。所以我的公司現在除售賣藝術作品外，也同時舉辦攝影課程，讓普通市民報讀，使他們認識攝影也是一種藝術形式，並不只是一種時尚娛樂。

黎　你也用數碼相機嗎？

王　當然有，畢竟方便快捷。不過偶爾也用膠卷相機。

黎　兩者有何分別？

王　除非是用上很高檔次的數碼相機，不然還是膠卷相機較能夠呈現顏色的不同層次。

■ 注釋

1 香港中文大學校外進修部於一九六五年成立，後於一九九四年易名為香港中文大學校外進修學院，及至二〇〇六年改為香港中文大學專業進修學院。

2 陳炳添（1937- ），一九五九年葛量洪師範專科學校畢業，曾先後任教於葛量洪教育學院（1968-1988）及羅富國教育學院（1988-1994）。陳氏曾為香港藝術館顧問。

3 大一藝術設計學院於一九七〇年開校，創辦人包括呂立勛（院長）、靳埭強、張樹生及呂壽琨，旨在推動現代設計教育，培育有志從事設計行業的人才。開校初期校址位於灣仔告士打道，後遷往灣仔莊士敦道，並於尖沙咀山林道開設新校，現址位於銅鑼灣。學校早期以夜校形式營辦，提供四個文憑課程，包括藝術設計、窗櫥陳列設計、中國畫、純藝術學，後增設動畫、陶藝、室內設計等九個文憑課程，同時設有大一展覽廳。

4 香港大學校外課程部於一九五六至一九五七年成立，一九九二年易名為香港大學專業進修學院。

5 Martha Lesser（1944-1996），一九六七年獲美國紐約大學學士學位，主修美術教育。一九七〇年移居香港，於一九七〇年任香港大學校外課程部任美術科兼任講師，一九七四年任課程主持講師。一九七一年參與在 CJL 畫廊舉辦的聯展，一九七五及一九七六年在閣林畫廊辦聯展。

6 阮曼華，美國俄亥俄州哥倫布藝術與設計學院文學士，美國 Case Western Reserve 大學文學碩士（美術教育），英國赫爾大學哲學博士學位。曾於香港理工大學設計學院擔任講師，後升任高級講師（1997-2012）。

7 火鳥電影會於一九七四年由蔡甘銓、黃國兆等人成立，以「積極推廣與電影文化有關之一切活動，放映內容有教育性的藝術電影」為宗旨。七八十年代它是本港獨立電影界的骨幹力量，曾與當時的市政局每年合辦「獨立短片展」，後改與香港藝術中心舉辦「另類電影．錄影節」。會方亦定期舉辦放映活動、座談會、電影工作坊等活動。

8 William Larson（1942- ），美國著名攝影師。一九六一年獲美國紐約州立大學水牛城分校理學士，一九六八年獲頒美國伊利諾理工學院設計學院藝術碩士。畢業後於美國天普大學泰勒藝術學院開辦攝影課程，一九八八年出任美國馬里蘭藝術學院攝影及數碼影像碩士課程主任，曾獲得古根漢獎學金、Pew Fellowship in the Arts 等獎助學金。

9 高志強，一九七七年獲加拿大班芙美術學院攝影高級文憑，一九七八年回港後一直從事攝影工作，於八十年代創辦影藝攝影學校及攝影中心，並曾於香港理工學院、香港中文大學校外進修部、大一藝術設計學院、正形設計學院及香港藝術中心教授攝影課程。香港專業攝影師公會榮譽會員、攝影節協會主席，並於一九八九至一九九二年間擔任香港專業攝影師公會會長。一九九二年獲香港藝術家聯盟頒發「藝術家年獎」。

10 李家昇（1954- ），早期從事文學創作，曾出版《秋螢詩刊》，後於一九七八年與妻子黃楚喬開設影樓從事廣告攝影工作，一九八四年起先後為《攝影畫報》及《攝影藝術》撰寫攝影專欄。一九九二年與黃楚喬及劉清平合辦文藝雜誌《女那禾多》，至一九九九年休刊。一九九五年創立 OP Print Programme，將照片收藏學術知識的概念引入到香港，一九九七年與妻子移居加拿大多倫多。李氏為香港專業攝影師公會創會會員，並於一九九四至一九九六年間擔任會長。一九八九年獲香港藝術家聯盟頒發「藝術家年獎」，一九九九年獲香港藝術發展局頒發香港視覺藝術發展獎。

11　黃楚喬（1953- ），一九七八年與丈夫李家昇開設影樓，從事廣告攝影工作，一九九四年獲亞洲文化協會獎學金。一九九七年與丈夫移居加拿大多倫多。

12　曾歷豪，Nicholas James，早年於英國布羅利的新劇院擔任後台工作，後轉往史丹保劇團（英國）任職，一九七三至一九七八年間於英國蘭卡斯特公爵劇場出任總經理，一九七八至一九八〇年間在紐卡素特恩維爾劇團出任首位行政總監，一九八〇至一九八四年間在約旦安曼皇家文化中心任職總監，一九八四至一九八八年出任香港藝術中心總經理。

13　Mozart Bicentennial（1990）為香港藝術中心與香港藝術節於一九九〇年秋季合辦的特別課程，以紀念作曲家莫札特逝世二百周年。活動包括講座、錄像工作坊以及錄像創作，內容均與莫札特之生平、作品及生活有關。

14　「攝影誕生一百五十年」（1989）為香港藝術中心於一九八九年秋季舉辦的一系列活動，包括基礎攝影、商業攝影、混合媒介攝影等六項攝影課程。此外，大會還舉辦一個為期三日的研討會，探討新聞攝影與現代科技發展之關係。

15　「暑期藝術營」（Summer Art Camp）由香港藝術中心課程部於一九九〇至一九九一年度首次舉辦，為中心每年一度的暑期重點活動。活動以青少年為對象，旨在培育新進藝術工作者。藝術營為期約五天，由藝術家擔任導師，為參加者提供一連串工作坊包括繪畫、藝術攝影及動畫。同時，藝術營另設有研討會，讓參加者對近期視覺藝術及表演藝術之發展有所認識。

16　「歐洲藝壇新貌——東中歐藝術文化轉顏面面觀」於一九九一年十二月至一九九二年一月舉行，由香港藝術中心課程部與香港藝術節協會合辦。大會主辦了十二個研討會、工作坊等，探討東中歐的政治現況，嘉賓包括捷克學者 Oldřich Král 教授及奧地利藝術家 Karen Binder。此活動與一九九二年一月舉辦之《香港藝術節》二十周年紀念節目《東歐的旋風——東歐電影節》互相呼應。

17　哈維爾，Václav Havel（1936-2011），因其「階級」出身，申請報讀高等院校人文學科時皆被拒絕，後入讀布拉格演藝學院（1967）。一九六八年布拉格之春期間，因著其政治取向被禁止從事及發表戲劇作品。一九七七年與 Jaroslav Seifert 等作家及異見人士發表《七七憲章》，促請捷克斯洛伐克政府遵守並履行《赫爾辛基最終法案》的人權公款。因參與政治活動被囚禁三年多（1979-1983）。一九八八年十一月有十萬多人發起天鵝絨革命，要求結束共產黨統治。他在第一次多黨選舉中勝出，當選捷克斯洛伐克第九任總統（1989-1993）。一九九三年捷克共和國成立，哈維爾擔任第一任總統並成功連任（1998-2003）。

18　香港藝術學院於二〇〇〇年成立，為香港藝術中心附屬機構，其前身為一九八四年成立的香港藝術中心課程部，於二〇〇六年正式易名為香港藝術學院，後在二〇〇九年遷往筲箕灣現址。學院現時提供全日制及兼讀制的學士及高級文憑課程，同時舉辦專業培訓課程及短期課程，並與香港藝術中心協辦多項活動。

19　黃愛玲，影評人及電影文化工作者，於七十及八十年代遊學法國，返港後曾任香港藝術中心電影節目部負責人、香港國際電影節亞洲電影節目策劃、香港電影資料館研究主任、香港電影評論學會會員，兼任香港國際電影節賽馬會電影學堂教師工作坊課程總監香港理工大學客席講師。著有電影文集《戲緣》，編有《詩人導演——費穆》、《理想年代——長城、鳳凰的日子》等。

20　盧婉雯，一九七九至一九八一年任《東方日報》記者，後於一九八五年取得美國德州女子大學藝術創作碩士學位。一九八六至一九八八年間擔任明愛白英奇專業學校設計系講師，並於一九八八年加入香港浸會學院傳理系擔任講師。自一九九五年起，在該校電影電視系（現稱電影學院）出任助理教授至今。二〇〇二年與香港浸會大學電影電視系及人文學課程教職員合作創辦「拉闊文化」計劃，為該校學生舉辦各項藝術活動。

21 Charles Traub（1945- ），美國著名攝影師。一九六七年畢業於美國伊利諾大學，一九七一年獲伊利諾理工學院理學碩士（攝影）。一九七一至一九七八年任教於芝加哥倫比亞學院，並於一九七六年成立 Chicago Centre for Contemporary Photography，為當代攝影博物館前身。他現為紐約視覺藝術學院藝術碩士課程（攝影、錄像、媒體藝術）主任。

22 「藝術觀賞團」始於一九九〇年，為香港藝術中心的文化教育活動之一。團員在專業導師的帶領下，前往歐洲各地參觀主要博物館及展覽。

23 亞洲文化協會基金為亞洲文化協會轄下的獎助金計劃，旨在向具才華的藝術工作者提供前往美國或亞洲其他地區交流學習的機會，以協助其專業發展。獎助範圍涵蓋當代和傳統的視覺和表演藝術，以及其他類別包括考古學、建築學、藝術行政、舞蹈、電影及錄像藝術、繪畫、攝影、版畫、雕塑及戲劇等。申請成功者可前往美國或其他亞洲國家進行與藝術有關的研究、考察或創作等活動，為期由三個月到一年不等。

24 Barbara London，一九七三年任職於美國紐約現代藝術館圖文書籍部，開始收集視像藝術作品，先後到日本、中國、俄羅斯和烏克蘭等地發掘視像藝術家，曾於紐約現代藝術館策劃日本視像藝術展，九十年代後期獲亞洲文化協會獎學金贊助，到中國內地訪問當地新興視像藝人，其後多次在紐約現代藝術館為徐冰、宋冬等當代中國藝術家策劃展覽。曾任美國紐約現代藝術館新媒體暨行為藝術部門副館長，並於二〇一三年十月退休。

25 周綠雲（1924-2011），一九四五年畢業於上海聖約翰大學。一九四九年定居香港，曾隨趙少昂、呂壽琨、金嘉倫習畫。周氏曾任香港大學校外課程部導師（1976-1984），授版畫及石版畫課程，一九八三年獲市政局藝術獎。一九七六年曾於閣林畫廊舉行個人展覽，為元道畫會會員、一畫會創會會員。

26 「轉變的年代：香港新一代藝術家作品展」為香港藝術中心於一九八九年十二月至一九九〇年一月舉辦的展覽，地點在藝術中心包兆龍畫廊。是次展覽展出包括陳志玲、蔡仞姿、李梓良、王禾璧、楊東龍等十六位本地藝術家之作品，向觀眾呈現八十年代香港的藝術面貌。

27 受訪者包括陳迹、麥烽、邱良、翁維銓、馮漢紀、馮建中、高志強、區曼璇、梁家泰、陳贊雲、李家昇、黃楚喬、陳榮海、盧婉雯、杜可風、劉清平、鄧鉅榮、王苗、鄭逸宇、朱德華、陳偉民、張益平、黃勤帶、黎健強、夏耀民、梁耀輝、葉青霖、葉錦添、蘇慶強、甄民志、李寶勛、趙仲凱、李志芳、王希慎、金旻、張志偉、沈嘉豪、佘偉健、郭文龍、梁志和、夏永康、謝明莊、關本良、何澤、吳世傑、吳文正、謝志德、陳惠芬、曾錦泉及受訪者本人。

28 「當代香港藝術雙年展」（Contemporary Hong Kong Art Biennial Exhibition）始於一九七五年，各優勝藝術家獲頒發市政局藝術獎。二〇〇一年，當局將其易名為「香港藝術雙年展」（Hong Kong Biennial Exhibition），於二〇〇九後改稱為「香港當代藝術雙年獎」（Hong Kong Contemporary Art Biennial Awards）。於二〇一二年改稱為「香港當代藝術獎」（Hong Kong Contemporary Art Award），至今共十七屆。

29 參展藝術家包括許翠紅、郭瑛、劉莉莉、李慧嫻、冼紈、王禾璧和阮曼華。

30 「開放．對話」為香港藝術館於二〇〇六年推出的計劃，通過邀請本地藝術家以客席策展人身份籌辦展覽，旨在將藝術館轉化成一個交流平台，激發藝術家以及公眾對藝術，特別是本地藝術之思考和討論。「開放．對話」計劃於二〇〇八至二〇一三年間合共舉辦了五個展覽，包括鮑藹倫的「數碼演義」、金董建平的「新水墨藝術——創造、超越、翱翔」、任卓華的「尋找麥顯揚」、鄭嬋琦的「尋樂．經驗」以及皮道堅的「原道——中國當代藝術的新概念」。

31 Catherine David（1954- ），一九八一至一九九〇年間出任法國巴黎龐比度中心國立現代藝術館館長，一九九〇年起任法國國家藝廊策展人，一九九七年出任德國卡素文獻展藝術總監，二〇〇九年任第五三屆威尼斯雙年展阿聯酋館委託人。於二〇一四年起出任法國巴黎龐比度中心國立現代藝術館副總裁。

32 鄧海超，一九七七年獲香港大學文學士（主修中國藝術），後於一九九八年獲澳洲悉尼大學頒發博物館學高級文憑。一九九五年擔任香港藝術館館長（現代藝術），二〇〇六至二〇一二年出任第五任香港藝術館總館長，並出任康樂及文化事務署總館長（藝術及專案項目）。亦曾為香港大學專業進修學院客席教授、香港浸會大學視覺藝術學院課程委員會委員及客席教授，及福岡市藝術獎提名人，著作包括一九八三年香港大學亞洲研究中心出版的《香港華人廟宇之研究》。

33 九大藝術團體為民政事務局資助的「主要演藝團體」，包括中英劇團、城市當代舞蹈團、香港芭蕾舞團、香港中樂團、香港舞蹈團、香港管弦樂團、香港話劇團、香港小交響樂團和進念．二十面體。

34 江啟明（1935- ），一九五四年畢業於香港美術專科學校，歷年曾任教於香港美術專科學校、香港嶺海藝術專科學校、香港中文大學校外進修部、香港理工學院太古設計學院、香港浸會大學校外進修部、大一設計學校等機構。以本地寫生題材廣為人知，曾出版《香港寫生畫》、《香港史畫》、《香江史趣：江啟明香港寫生畫集》等畫冊。

35 Aaron Siskind（1903-1991），一九三二年加入 Film and Photo League，一九五一至一九七一年於美國伊利諾伊理工大學設計學院教授攝影，一九七一至一九七六年於羅德島設計學院教授攝影。一九六〇至一九七〇年間，他曾擔任《選擇》月刊編輯，一九六三至一九六四年間分別為 Society for Photographic Education 創會會員和 Gallery of Contemporary Art 委員會會員，一九六九年任 Visual Studies Workshop 創會會員。一九九一年逝世後，以其命名的基金會成立並資助攝影藝術發展。

36 攝影節協會由十九位活躍於不同年代的攝影家於二〇一〇年組成，成員包括梁家泰（首任主席）、馮漢紀、黎健強、高志強（現任主席）、又一山人、王禾璧等人。協會於創會年籌辦第一屆香港國際攝影節（包括展覽、交流項目、教育活動），並與香港藝術中心合辦首個重點展覽「四度空間：兩岸四地當代攝影展」。

37 「攝影透視——香港、中國、台灣」講座及座談會由香港藝術中心與香港藝術節協會於一九九四年二月合辦，聚合中港台三地攝影藝術工作者探討攝影對東方文化所造成的影響，出席嘉賓包括李媚、楊小彥、張照堂、吳嘉寶等人。

王純杰

簡介

王純杰，一九五三年生於上海，一九八二年畢業於上海表演藝術學院舞台美術系，後從事藝術行政工作，一九八三年移居香港。

來港後，王氏曾從事廣告設計工作，一九八五年到大一藝術設計學院任教，並自該年起活躍於藝壇，一九九八年策劃了首個中港裝置藝術聯展「世界華人裝置藝術文獻展」（1999），任職香港藝術發展局視覺藝術組主席期間，他積極推動香港參與「威尼斯雙年展」，至二〇一一年更與謝俊興、曾德平等為蛙王郭孟浩於該展覽中策展。除一九八三年加入的香港研畫會外，他曾參與生命觸覺畫會、香港視覺藝術協會、香港現代水彩畫會、香港藝術家聯盟等，亦先後於一九九三及一九九七年參與創辦香港青年藝術家協會，即後來的藝術公社。

歷年以來，王氏參與過本地多個重要聯展，如「十年香港繪畫」（1988）、「轉變的年代——香港新一代藝術家展」（1990）、「城市變奏——香港藝術家西方媒介近作展」（1992）等，並曾獲授「市政局藝術獎」（1989）、香港藝術家聯盟頒發的「香港藝術家年獎」（1997）及「亞洲文化協會獎學金」（1999）。自二〇〇八年起，王氏擔任上海喜馬拉雅美術館館長至今。

《後九七視藝：藝術公社十年誌》，
藝術公社出版，1998 年。

王純杰訪談錄

訪問者　黎明海博士

2013.9.5

黎　你曾在上海戲劇學院讀舞台設計。經歷過「文化大革命」的你，於一九八三年來到香港這片自由土地時，會否有點不適應？

王　我雖唸舞台劇，但也有做現代藝術如畫畫。當時我為何來香港？第一是結了婚，太太在香港；第二，是內地不開放，我有些作品拿不出來展覽。

一九八三年中國內地的政治氣氛較差，到一九八五至一九八九年間稍為好一點。八十年代雖然不給你展覽，實際上卻是最自由的時期。創作思想是自由的、探索的、現實的。到九十年代以後，人們只是重複安迪華荷、俄羅斯的政治普普藝術等，沒有藝術語言和形式，探索精神全都沒有了，毫無原創可言。

黎　那個年代的上海，藝術氣氛比較保守嗎？

王　不，算是有活力的。不過，最大的麻煩是政府控制了所有展覽場地及審查等程序。現在香港藝術家到上海也要受審查，那時又怎可能避免得了呢？相比今日，過去的審查嚴格得多。我離開上海的時候，有些展覽作品也拿不走。

黎　你有一句話說得很對：「離開後，人們從來沒有當你存在過。」

王　相對來說，香港雖發展自由，但同時能理解你的人不多。香港較模仿西方，即便水墨也如是。當年香港藝術較多元化，而且容易看到外國的展覽。同時，香港的生活、變革形式及文化脈絡跟內地完全不一樣。香港藝術家不喜歡看表現主義的東西，作品全是乾乾淨淨的，設計味道很重。在當時的藝術圈裡，我是唯一做表現主義的東西，所以起步時很困難，資金不多，不少展覽都是通過藝穗會籌辦，請柬等都是自己做的。後來，有朋友介紹我去廣告設計公司任職了幾個月。辦第一次展覽時，很幸運地有些外國人買了我的作品，令我覺得自己的藝術事業出現了轉機。

早期的創作環境較為艱難，我得在通道畫畫。後來，我搬到呂振光在尖沙咀的地方，他搬走後我便接租。房租雖便宜，但空間仍很有限，我要將畫分批一塊一塊的畫，畫成後再拼合起來，繪畫形式也不斷地轉變。

在內地時，我有段時間很喜歡原始藝術。香港的石刻很古老，風格獨一無二，既有鳥紋符號，也有圖畫和文字的結合，世上絕無僅有。我看了一本介紹石刻的考古書籍後，便託謝俊興替我租船到東龍島、石澳、大嶼山等地做創作，並在藝穗會展覽。後來，內地也很重視香港的石刻。

黎　你於一九八三年來港，一九八四年簽署的《中英聯合聲明》確定中國內地將於一九九七年收回香港。當時你有思想上的掙扎嗎？

王　有，但沒有想太多，始終自己也不知道將來去哪裡，只抱著一種過渡的心態。初到香港，還以為此地沒有文化，發現香港的石刻有四千年歷史後，才意識到香港也是個可愛有趣的地方。

一九九一年，我獲得美國新聞處的「美國中部藝術協會獎學金」，赴美考察視覺藝術。我將自己的作品給他們挑選，並花了兩年時間在美國各地訪問藝術家。第一站我去了華盛頓，美國國家基金會向我介紹美國藝術政策之餘，亦比較法國、日本的政策。一九九九年，我獲得「亞洲文化協會基金」，第二次去美國，在那邊逗留了三個月。他們讓我觀摩美國藝術機構的管理，告訴我將來經營博物館時會碰到什麼問題。

黎　你提到初抵香港時，有兩個人帶你去看香港藝術：一位是研畫會的龐嘉礎[1]，另一位是畢子融。

王　第一年我在香港沒什麼事情可辦，便開始接觸一下香港的藝術圈子。畢子融帶我去理工學院去認識郭孟浩[2]、梁巨廷[3]等人。慢慢地，我跟香港藝術發生了關係，而香港的石刻對我有很重要的影響。第二年，在一九八五年的時候，謝俊興讓我在他的酒吧做創作，參與藝術、做實驗。參與畫會也很重要，香港就是能夠保障各人的結社自由。

黎　視覺藝術協會[4]（VAS）在香港藝術發展上很重要，我也訪問了幾位創會會員朱興華[5]、陳餘生[6]和畢子融。我認為這個畫會可以凝聚藝術家。加入VAS後，你做了些什麼？

王　說到創作，我一直獨個兒埋頭苦幹。這個畫會讓我認識到藝術圈的朋友，了解香港的發展。我是新來的，他們有很多機會讓我接觸其他東西，這很重要。我能夠與本地的藝術家對話、交流觀點，而畢子融則給我一個非常大的推動力。我完全沒想過做裝置、拼貼畫。那時畢子融在澳門做展覽，他告訴我要做不習慣、沒有做過的事情。受到他的鼓勵，我開始做小裝置等其他東西。

黎　你的一些作品如《超越》（1992）令我印象深刻，其中提及了香港人的身份和「九七回歸」問題。什麼事觸動你去做這類創作？

王　我最初也沒想到那麼多事情，只是愈近「九七回歸」，便愈感受到社會氣氛變了。

黎　你常說中國的代表就是創作、維持和破壞。但如王南溟[7]所說，你的作品很少用上符號，例如你不會無故在作品中運用毛澤東的面孔、五星旗等。我覺得這挺特別，是否刻意避開？

王　我的創作很自然，全都是思考反射出來，不用刻意避開。我不需要借用人家的語言，我只畫過一次毛澤東。

黎　談到八十年代。當時香港藝術館代表著主流、呂壽琨領軍的新水墨；另外一批，就是在藝術館以外的何慶基、蔡仞姿等人。他們表達了一些聲音，希望把新的元素加進當時的藝術圈裡。何慶基等舉辦的展覽如「轉變的年代：香港新一代藝術家作品展」，是那個背景下的產物嗎？

王　當時藝術館要處理怎樣推廣水墨、雕塑、章藝、繪畫等，已經離世的藝術館前總館長譚志成[8]也有參與。八十年代，還有林旭輝[9]和畫超寫實主義的黃祥[10]等。何慶基策展的「轉變的年代：香港新一代藝術家作品展」辦得很好，我認為這展覽培訓了一批新人。陳贇雲在藝術中心任職時，也策劃了「十年香港繪畫」[11]。香港藝術中心一連串的本地藝術展，迫使藝術館方面也不得不舉辦「城市變奏：香港藝術家西方媒介近作展」作回應。藝畫會在那年代的情況也比現在好一點。

黎　當年有一批藝術家在藝術館的體制以外，包括你、黃仁逵、楊東龍[12]、楊秀卓等人，部分人更組成了Quart Society[13]。

王　儘管藝術館希望作出改變，但他們又自有一套做事方法。「城市變奏：香港藝術家西方媒介近作展」只辦了一屆，可能是要維持張義[14]、韓志勳[15]、王無邪等七八位的藝術吧？藝術館集中推廣這批人，而我則覺得這些水墨太「設計」了。張義的作品也傾向設計，自己不太喜歡。

一九八三年以後，藝術組織如雨後春筍，來港後我也成立了香港藝術推廣小組。自那時起，香港藝術館開始作出改變，更為關注香港藝術。唐朱錦鸞[16]任職總館長期間無甚作為，後來接任的曾柱昭[17]則在我們的壓力下多辦了些裝置展。不過，他不滿意裝置作品把地毯弄污。

黎　到九十年代，你開始在大一藝術設計學校兼課？

王　對，也教香港藝術中心的藝術課程，教畫畫。

黎　你的學生還從事繪畫嗎？

王　為數不少！比較突出的有甘志強[18]、鄭怡敏[19]、巢錫雄[20]等幾位。

黎　九十年代因為回歸問題，不少港人陸續移民離開。你從內地來港，面對這政治轉變，有想過離開香港嗎？

王　後來我也不管了。這樣的轉變反而讓藝術家有更多靈感、更多機會。一九九七年前後的情況比現在好，展覽和作品也很多，參與的人也不少。香港藝術需要記憶。藝術發展局選舉期間，不少藝術家也參與其中，很令人鼓舞。這是香港的特色，中國做不來。

一九九七年以前，我參與了不少協

會包括青年藝術家協會，協會大部分成員是我的學生。至於研畫會[21]、生命觸覺畫會[22]等，其實並非由我負責，我只是掛名而已。

黎 青年藝術家協會是否由香港城市大學和香港理工大學暑期藝術營組成的一個會社？

王 不，它由很多人組成，成員有大一藝術設計學校的學生、香港藝術中心暑期藝術營的學生、藝術中心的學生等。學生畢業後便各散東西，我希望學習藝術的同學可以一起繼續發展，便組織畫會維繫各人。

能夠在香港跟一班年輕人混在一起，我覺得很開心。一九九七年左右，我們組織了許多活動，當中最有意義的展覽是一九九六年，由藝術家運用自己的圖像和表達方法去選取特首，五年辦

受訪者（後排左二）攝於由青年藝術家協會主辦的「前九七藝術特區」，1995 年。圖片由黎明海博士提供。

一次。第一屆我們自己出資在香港藝術中心舉辦，夏碧泉[23]在第二屆的創作也很好，用彩色的畫框鑲起寫給特首、沒有回音的信，以批判政府對藝術的態度。二〇一二年的特首選舉，我們也有繼續辦。

黎 你在一九九七年成立藝術公社，這團體對藝術圈子的影響很大。當時有幾個重要團體如 Para/Site 藝術空間、1a 空間[24]等，他們代表了主流藝術以外的民間的聲音。你怎麼看待藝術公社？當初有何成立目的？

王 我認為藝術家要有力量、聲音和團體。我在美國看到當地民間藝術蓬勃，不用依靠官方推動的慶典式藝術。藝術中心之類的場地太貴，所以總要有機構去推動這些理念。最初我們資金不足，只能夠找殯儀館的地方，藝術家和不少

具質素的團體都集中在一起。我從來沒有在藝術公社辦個展，因為公社的空間得留給大家使用。

黎　藝術公社是否較多辦一些社會議題的展覽？

王　第一是社會議題，第二是水墨。另外，我們最早和內地溝通合作，舉辦了「世界華人裝置藝術文獻展」（1999）對媒體進行批判。早年不能在內地辦裝置展覽，到二〇〇〇年後才開放起來。

以前我們的展出空間不足，碰巧香港城市大學的財務總監熱愛藝術，他很支持我們，後來還辦了一個大型裝置藝術展。香港科技大學也給了我們很多機會，並積極推動兩岸三地的交流，只是活動沒有辦得如藝術公社般頻密，展出場地亦諸多限制。

黎　你先在油街[25]辦藝術公社，後來向香港藝術發展局申請成功，便搬到了牛棚藝術村。

王　我們在油街待了不到兩年，已發展得很好。那裡有樂隊、酒吧等，不少電影明星也在周末到臨。後來他們說要拆卸，事情弄得很不愉快。我們雖打算在牛棚藝術村租用最大的單位，卻不知道能否付得起租金。

由於未能立即搬到牛棚藝術村，不少團體的運作被迫停頓，甚至消失了。搬到牛棚前，我們曾在長沙灣的屠宰場短期租地方，那裡衛生極差，到處都是豬肉碎，得靠自己清理，即便傢具也是從家裡搬過去。兩年後，我們就搬到牛棚去。我本是香港藝術發展局的委員，但為避免處理撥款時出現利益衝突之嫌，便辭任了。

黎　記憶所及，你在香港藝術發展局的視覺藝術組當了兩屆主席。

王　我做了不少工作，希望推動本地藝術國際化、推動參與「威尼斯雙年展」。何志平[26]當時有個三年計劃，最後獲得我們委員會的支持並通過了。

黎　你想香港藝術變得國際化一點？你這個想法正是西九文化區管理層的想法。最近我跟李立偉（Lars Nittve）[27]談過，他們正將香港的藝術家劃分成本地和國際兩者。但究竟誰是國際級？誰屬本地？他又不能給我答案。

王　國際化就是能站到國際平台。藝術家要受到國際環境的刺激和培育，而我們永遠不會知道哪個藝術家能成為國際級大師。我覺得香港太小圈子。多年來，我加入了不少藝術機構，參與了不少藝術組織的工作。我先辦青年藝術家協會，後發展成藝術公社。在此期間，我看到很多藝術家即使畫畫得很好，也得不到推廣、理會和重視。呂壽琨的水墨在廣州也不受重視。中國的水墨太保守，台灣的則太西化，而呂壽琨則能在內地和台灣兩者之間取得平衡。

香港現有環境非藝術能改變。如果藝術家能成立一個組織，情況可能會好一點。

黎　你當主席時，香港首次參與「威尼斯雙年展」（2001）[28]。

王　最初我認為在二〇〇三年才參加會好一點，因為時間會較充裕。想不到大家都很積極，加上那時何志平要辦大事，所以很支持我們，事情得以很快落實。何志平曾跟我說要在灣仔的會議展覽中心辦一個一千人的聯展！

《蛙托邦：鴻港浩搞筆鴉》，「第五十四屆威尼斯雙年展」，2011 年。圖片由香港藝術發展局提供。

黎　那時候，選香港館的策展人的程序是先由藝術家提交計劃書，然後交給你們遴選。現在的遴選程序交由西九處理，早前更在圈內引起爭議，原因是不滿當局繞過正常的遴選程序。

王　我曾寫過文章談論香港參與「威尼斯雙年展」的機制、香港藝術發展局的發展等，題目為〈公平、開放、機會共享〉，批評中國內地參加「威尼斯雙年展」的機制黑箱作業，並以香港的例子來說明，談到香港藝術制度發展的好處。

長遠而言，參與「威尼斯雙年展」可以由美術館主理。但根據香港的環境，反而不該這樣做，應保持機會開放和共享。香港的藝術家不多，公平、開放及民主的機制又不足。香港正在倒退，連讓中國內地藝術制度借鑑的機會也沒有了。西九文化區的 M+ 博物館到底是什麼？它沒有公信力。除了買畫外，我看不到它為香港藝術做了些什麼。M+博物館還沒有成形，不知道將來發展成怎樣。

黎 我曾跟他們討論，令我感到失望的是李立偉和皮力[29]，他們都不認識香港藝術。每次問到皮力，他總會推說自己只來港半年而已。對香港藝術認識不深不要緊，至少也得主動些，而非待在辦公室讓人家上門拜訪。他們既不懂香港藝術，也沒有想過要認識。

王 他們不會著眼於香港。所以M+博物館怎麼辦呢？榮念曾[30]已經退了，委員會唯一一個懂藝術的人也走了。他們買了一大堆董事都不認識的東西。

黎 今年的香港藝術發展局委員選舉有一批年輕人冒出來，希望可以換換氣氛。其實藝術公社辦得很成功，將兩岸四地的藝術結合起來，為何去年把其結束？

王 我也不知道。我自己有很多工作要兼顧，而且也沒收到開會的通告，他們未有開會討論，就結束了藝術公社，就連何時結束我也不得而知。事實上，他們已經有兩三年未有開會，可能覺得太辛苦或要處理的事情實在太多吧！

黎 就像我在香港美術教育協會的情況一樣，要懂得退下來，讓年輕人接棒[31]。

王 他們沒有這個想法，所以出現問題。朱達誠[32]和梁兆基[33]沒交代過理由，沒有簽過任何文件，沒有跟我們聯絡，所以我不清楚他們怎麼運作了。

黎 Para/Site藝術空間已成為外國人的俱樂部，1a空間則變成一個教育機構，現在連藝術公社也沒有了。那麼，是什麼原因驅使你到北京師範大學珠海分校任職？

王 我的心願是辦一所視覺藝術學校。其實，我們曾用一百五十萬元完成了一份研究開辦香港視覺藝術學院的可行性報告。我們曾跟董建華特首商議，也得到何志平的支持，連施政報告亦提及香港視覺藝術學院。兩三年間，我們組織了很多會議，王無邪等人也來了，但計劃最終不了了之。

剛好北京師範大學珠海分校國際傳媒設計學院那邊給我提供了機會，我們便從零開始，找來當時中國內地最好的藝術家任教，學生的能力很強。後來，因為財政問題等原因，學校打算轉為私校，名字也改了。我下了台，校長也下了台，整個學校領導班子都換了。

到北京師範大學珠海分校任職大概

是二〇〇三至二〇〇八年間的事，我經常當開荒牛。香港人辦教育不行，辦不了視覺藝術。你看，連一個博物館也辦了這麼久！一九九六年我到香港藝術館推廣部工作，二〇〇一年參與了西九文化區一個當代藝術館的籌劃，但至今那裡仍是一片草地。在香港做不了，那我便到內地做。人家的硬件不差，情況已經不一樣了。

黎　身為香港人，看著香港的發展有時難免灰心，什麼都被人超越了。

王　在香港這麼多年，我仍覺得這裡的藝術教育不足夠。藝術可以思考、反思社會的問題，這些也是中國所欠缺的。香港政府最大的問題就是偏向地產商。西九文化區最初的設計比賽，設計得再好也沒用，最後還得推倒重來。為此我寫了很多文章，後來發覺浪費時間，說了也沒有用。

黎　你離開了珠海後便到了上海，這是一個新的藝術館嗎？

王　就在二〇〇五年，最初我並非到美術館。因為我經常待在上海，他們便找我策劃文化館，做教育方面的工作。後來美術館內出現一些人事問題，便把我從文化館調到那邊幫忙處理。因為要提升、建新館，我也便轉換了新環境。

黎　我很有興趣知道你最近的工作。可以介紹一下你的美術館嗎？

王　上海喜瑪拉雅美術館是中國最大的民間美術館，不論質素、硬件、展覽，肯定是中國最重要的。美術館在二〇〇五年開辦，後來因為建新場館的關係，在二〇〇八年間暫停了一段時間。建新場館的事由我負責，場館以當代藝術為主。有見現在傳統與現代（藝術）沒有聯繫，我們希望推動帶有中國文化身份和中國文化精神的當代藝術，不只是模仿、抄襲西方的藝術。我們辦的展覽是跨界別的，也有設計、建築等作品展出，將藝術與生活結合在一起。

美術館本身就在上海最好的酒店卓美亞喜瑪拉雅酒店那裡，有點像日本的森美術館，集辦公室、戲院、商場、美術館等為一體。我們美術館的概念不屬於精神廟宇、藝術和社會精英的殿堂等，反而是一個易於前往的生活場所。

黎　美術館的定位是當代藝術？多元媒介？

王　我們的定位，就是思索怎樣將生活與當代藝術結合在一起。我們希望當代與傳統聯繫起來，不只是模仿抄襲，而是要有中國身份。現今世界，人與環境的關係斷裂，當代藝術家不得不考慮這些問題，故此很多作品都反映了這現況。我們的館藏從傳統山水開始，有陸儼少[34]的作品；至於當代藝術方面，也有香港當代藝術家如黃炳培[35]及林文傑[36]兩位。

黎　你在一九八三年到香港，二〇〇八年底回到上海。你認為現今中國的藝術氣氛跟以前有何分別？

王　現在上海有很多美術館，每年有四至五個聯展。事實上，上海已超越北京成為擁有最多美術館的內地城市：不論是國家美術館，如上海美術館、中華藝術館和上海當代藝術館，抑或民間藝術館及私營美術館，數量和規模均佔優勢。同時，私營美術館的力量慢慢比官方的強，而後者的展品都是從美國、澳洲等地買過來的。

至於上海浦東區，它是中國民間美術館最集中、發展最快的地方。北京正在走下坡，798 藝術區[37]那邊已變質成以表演為主，佩斯畫廊也是斷斷續續，不是持續活躍。不過，從八十年代中後期起，上海政府管得太嚴，程度遠超北京，或多或少影響了上海成為藝術中心的步伐。

黎　作為一間民間美術館，你們需要依賴團體的支持或資源去維持運作嗎？

王　政府過去會提供資金，現在則按項目給一點點。

黎　上海喜瑪拉雅美術館設有委員會嗎？

王　上海喜瑪拉雅美術館由正大集團出資建造，但他們撥出的資金不足夠支持辦這麼多大型的展覽。因此，我們會跟協辦單位溝通，看看怎樣跟他們分擔。不少展覽都是以這種形式才辦得成。

黎　你在香港參與創立藝術公社[38]這民間團體，並舉辦了一些展覽和活動。比較兩者，你認為藝術公社時代的經歷，跟上海喜瑪拉雅美術館的工作有何不同？

王　完全不一樣。藝術公社為一個藝術家獨立的空間，有藝術家就能成事；上海喜瑪拉雅美術館則屬正規，要跟國際的相比較。另外，喜瑪拉雅美術館培養的是觀眾而非藝術家，這是同等重要的使命。雖然我們在很多方面跟國際水平仍有一段距離，但也曾與不少中外藝術家合作，包括 Tony Cragg[39]，他也說我們是亞洲最好的藝術館。

我認為只需把空間交給藝術家，隨他們設計、分隔等自由發揮，是對雙方最好的決定。我們美術館辦的每個展覽，都附設很多活動推廣和教育工作。以 Tony Cragg 的展覽為例，我便曾向所有長三角城市的大學、社區老少介紹展覽，邀請他們到場參觀。同時，我們亦公開徵求作品，請觀眾回應 Tony Cragg 的展出。這類活動讓藝術家和觀眾各抒己見，互相交流。我們要做更多有創意的推廣，以培養觀眾。

黎　作為一位進入了藝術行政崗位的藝術家，你會怎麼適應？是否需要轉變？

王　轉變是免不了的。

黎　這幾年我也經常到內地看藝術發展。內地的發展熱鬧和快速，不僅我們認識的那幾位熱門藝術家，慢慢也看到了多元性。即便位處邊緣的藝術家，也建立起自己的概念，看起來比香港還要豐富。

王　但問題還是有的。如果上海要成為中國的藝術中心，一定要開放起來。不僅是建造多少個美術館等硬件考慮，軟件發展同樣重要：第一，要有寬容度；第二是人才；第三是科技、通訊及教育。為什麼上海政府那麼緊張？因為他們的領導人有機會到北京當常委。張春橋、王洪文、江澤民、朱鎔基、習近平等，都來自上海。上海是一個跳板，因此上海的官員很緊張，不可以讓事情出亂子。

他們正在上海發展經濟特區，而我們的喜瑪拉雅美術館直屬海關，海外展品全都要存到他們倉庫。另外，辦展覽前要交保證金，他們對影片、電影節、紀錄片節的審查亦很嚴格，所以民間美術館要推動國際交流變得極為吃力。

黎　你經歷了中國文化的影響，作品又帶有香港元素，你怎樣看香港藝術？你覺得香港藝術真的存在嗎？

王　這麼多年來，我覺得香港有很自由的環境。有段時間，香港的藝術很有批判精神，這是內地所欠缺的。其次，香港藝術家很關注他們的個人生活和社會公義。再者，香港藝術的形式多元化，不像內地那樣只屬一個流派。

黎　香港是東西文化交匯之地，傳統的水墨有中西元素，西方媒介也甚為盛行。這會否也是香港的特色？

王　現在內地也開放了，藝術家交流多了，所以香港東西交流的特色也就不再怎麼樣了。現在中國藝術家所了解的，比香港藝術家還要多。同時，內地的藝術評論、藝術雜誌、藝術翻譯等亦比香港多。

黎 你在香港住這麼久了，有收藏一些藝術品嗎？

王 很少收藏，有些是其他藝術家送給我的。我沒有想到要收藏，自己有興趣的，則會去為他推廣，如「蛙王」郭孟浩。由於「威尼斯雙年展」的關係，我們推廣他。他把水墨從文藝的東西變成大眾、普通的東西，做得很徹底。內地的水墨無論怎樣做，還是帶有藝術家、文化人的氣息。

注釋

1 龐嘉礎，一九七〇至一九七三年間參加香港大學校外課程部藝術課程和香港中文大學校外進修部的繪畫研究室，並曾於大一設計學院任教現代構圖及色彩。亦先後參加「當代香港藝術雙年展」（1981、1983、1985）、「亞洲水彩畫聯展一九八八－一九九〇」以及「香港視覺藝術精英展」（1991、1994、1996）等。一九七五年參與創辦研畫會，曾多次出任會長。

2 郭孟浩（1948-），又名「蛙王」。一九七〇年畢業於葛量洪教育學院，一九六七至一九七一年間於香港大學校外課程部及香港中文大學校外進修部修讀藝術及設計課程，曾任香港理工學院設計系講師（1976-1979）。一九七五及一九九八年獲市政局藝術獎，視覺藝術協會會員。

3 梁巨廷（1945-），一九六四年隨呂壽琨習畫，翌年入讀香港中文大學校外進修部平面設計課程。曾任教於香港理工學院太古設計學院（1974-1989），一九七五年獲市政局藝術獎，大一藝術設計學院（1970）及香港正形設計學院（1980）創辦人之一。

4 視覺藝術協會於一九八九年下旬改稱為香港視覺藝術協會（Hong Kong Visual Arts Society）。

5 朱興華（1935-），一九六五年前往英國倫敦的莫斯里醫院修讀精神科護理課程，回港後於青山醫院任職精神科護士，一九七二至一九七四年開始於香港大學校外課程部修讀藝術與設計課程。一九七四年加入視覺藝術協會，一九八二年加入香港雕塑協會，一九八三至一九八六年出任視覺藝術協會主席。二〇〇〇年起擔任香港藝術館榮譽顧問，二〇〇二年起擔任香港青山醫院精神健康學院藝術廊顧問，一九九九至二〇〇四年起任香港藝術發展局視覺藝術審批，二〇一二年起擔任香港文化博物館榮譽顧問。曾入選「當代香港藝術雙年展」，一九八九年獲市政局藝術獎，一九九二年獲香港藝術家聯盟頒發畫家年獎。

6 陳餘生（1925-），一九七〇年完成香港大學校外課程部藝術與設計證書課程，後於一九七四年與畢子融、呂豐雅、朱興華等人合作成立視覺藝術協會。自一九七一年起，他在香港、日本、韓國等地多次舉辦個展及參與過百次聯展如「當代香港藝術雙年展」（1981）、第三至五屆亞洲國際美術展覽會（1982，1983，1984）等。另外，亦先後創辦文苑畫院（1989）及藝緣畫會（1995），並聯同本地學校策劃「藝術到會」。

7 王南溟（1962-），一九八三年畢業於中國華東政法學院法律系，主修犯罪學。一九八八年放棄在中國人民檢察院的工作，轉而從事藝術工作，為藝術家、獨立策展人、藝術評論家。九十年代發表水墨裝置作品，曾為上海多倫現代美術館學術館長、上海喜瑪拉雅美術館特聘研究員、四川美術學院特聘教授。著有《批評性藝術的興起——中國問題情境與自由社會理論》、《後殖民榮譽》、《書法的障礙——新古典主義書法、流行書風及現代書法諸問題》等。

8 譚志成（1933-2013），一九四七年定居香港，一九五六年畢業於羅富國師範專科學校，選修美術教育。英國倫敦大學學士（1965）、香港大學哲學碩士（1970），加拿大多倫多大學博物館學碩士（1975）。一九五六至一九七一年在九龍華仁書院任美術科主任，一九七〇年於香港大學課程部教授中國美術。曾出任香港藝術館副館長（1971-1975）、館長（1976-1987）及首位總館長（1988-1993）。他亦為元道畫會創會會長（1968）。

9 林旭輝（1952-），一九七八至一九八四年追隨黃祥學習油畫及版畫。一九八〇年代專注研究攝影及黑房技巧，並開辦林旭輝製作有限公司，其燈片填修技術在行內享負盛名。一九九五年移民加拿大，二〇〇五年回港，出任挪亞方舟藝術顧問，同時創辦林旭輝藝術顧問公司。林氏曾參加當代香港藝術雙年展（1981，1983，1992）、香港藝術中心「十年香港繪畫展」（1987）、香港藝術館「城市變奏——香港藝術家西方媒介近作展」（1992）、「一九九二亞洲水彩畫聯盟展」、「當下香港——香港當代藝術家協會首展」（2010）等展覽。

10 黃祥（1937-），先後隨鮑少游（1956-1959）及鄺耀鼎（1957-1960）習畫，一九六八年畢業於法國巴黎高等美術學院。一九七七年獲「市政藝術獎」，曾任香港中文大學校外進修部油畫課程導師。一九七六年曾於閣林畫廊舉辦個人展覽。

11 「十年香港繪畫」的參展者包括 Sonia Archer、Rosamond Brown、Peter Chancellor、Dorothy Kirkbride、Martha Lesser、Brian Tilbrook、David Wiggs、陳餘生、陳福善、趙海天、趙少昂、鄭明、張志力、蔡仞姿、周綠雲、徐子雄、方召麐、韓志勳、韓偉康、靳埭強、金嘉倫、高翠珍、江啓明、顧媚、鄺耀鼎、龔佩雲、林旭輝、劉中行、梁巨廷、劉國松、呂振光、梅創基、伍起祥、吳偉榮、顏尊理、潘振華、謝舉賢、黃配江、王純杰、黃仁達、朱楚珠、胡家強、楊善深及楊東龍。

12 楊東龍（1956-），一九七三年來港定居，並開始從事藝術創作，期間未接受過任何正式的藝術訓練。一九八〇年代曾是藝穗會屋頂畫室成員，及後於一九九〇年與黃仁達、施遠等人創辦 Quart Society。主要參加聯展，包括「當代香港藝術雙年展」（1985）、香港藝術中心「十年繪畫展」（1987）、「城市變奏：香港藝術家西方媒介近作展」（1992）等。

13 Quart Society 由楊東龍、黃仁達、施遠等人於一九九〇年成立，會址位於中環加冕台。

14 張義（1936-），一九五八年畢業於台灣省立師範大學美術系。一九六二年於聖士提反書院教美術，一九七六年任香港中文大學藝術系兼任講師；一九七七年任香港理工學院設計系講師，翌年升任高級講師；一九八四至一九九二年任香港中文大學藝術系系主任。中元畫會創會會員（1963），香港藝術家聯盟創會會員（1987）。一九七六年曾參與於閣林畫廊舉辦的「香港藝術家作品展」。

15 韓志勳（1922-），一九五六年加入華人現代藝術研究會，後於一九六三年成為現代文學美術協會會員，翌年與朋輩文樓、張義、金嘉倫等創立中元畫會，推廣前衛抽象藝術及文學。一九六九年成為美國「洛克菲勒三世基金會獎學金」的首位香港得主，領取獎學金到美國一年。除藝術創作以外，曾於香港大學校外課程部（1968）、香港中文大學校外進修部（1971）及香港理工學院設計系擔任教職（1977-1987）。

16 唐朱錦鸞，一九六九年中學畢業後赴美攻讀藝術，一九七七年於美國肯薩斯州立大學取得哲學博士學位，一九七八年加入香港藝術館任職助理館長，翌年到英國曼徹斯特大學進修，獲頒發博物藝術館管理專業文憑，二〇〇一至二〇〇六年間出任香港藝術館總館長。

17 曾柱昭（1947-），一九六八年曾於香港中文大學校外進修部修讀現代水墨畫文憑課程，一九七一年香港大學中國美術和考古學畢業，一九七五年任香港歷史博物館副館長（考古），翌年調任香港藝術館的中國美術及古代文物副館長，一九七八年任香港藝術館署理館長。八十年代任區域市政署博物館館長、香港藝術館總館長（1993-2000）、康樂及文化事務署助理署長（2003-2006），二〇〇九年起出任香港舞蹈團行政總監。亦參與舞台劇工作，曾任《逝海》（1984）、《遷界》（1985）編劇。

18 甘志強（1965-），一九九一年畢業於大一設計藝術學院，曾參與多個本地及海外展覽，一九九六年獲「市政局藝術獎」，一九九九年獲「香港藝術發展局視藝發展獎」。同時為藝術公社創會成員及香港視覺藝術協會會員。

19 鄭怡敏，別名阿金，一九九八年畢業於香港理工大學應用社會科學系，二〇〇二年獲墨爾本皇家理工大學純藝術（素描）學士學位，二〇〇七年獲香港中文大學比較及公共歷史碩士學位。二〇〇二至二〇〇七年間，於藝術公社擔任行政及策劃工作，近年於香港藝術學院及設計院校任教藝術課程，並為中學及社區團體策劃藝術活動。亦為藝術團體二三六工程會長及 C&G 藝術單位創辦人。

20 巢錫雄（1954- ），一九八〇年畢業於香港美術專科學校，一九八二年隨袁耀鍔習油畫，一九八六至一九九二年於空間工作室從事繪畫及教畫工作。二〇〇五年作品曾入選「傑出亞洲藝術獎」及「香港藝術雙年展」。曾擔任藝術公社董事，現為香港當代藝術家協會副會長及賽馬會鯉魚門創意館藝術顧問。

21 研畫會於一九七五年成立，成員主要來自香港中文大學校外進修部的現代繪畫研究室成員，包括徐志鉅、林斯玲、龐嘉楚、吳麗明等人。

22 生命觸覺畫會於一九八五年創立，會員包括吳劍明、王純杰、游榮光、曹鳳姿、劉中行、陳法興等人。

23 夏碧泉（1925-2009），別稱夏爺。一九五七年定居香港，自一九六〇年學習雕塑，一九七五年「市政局藝術獎」得獎者，美國版畫協會、香港版畫協會及香港視覺藝術協會會員。夏氏曾獲二〇〇三年「香港藝術發展局藝術成就獎」（視覺藝術）。

24 1a 空間於一九九八年由蔡仞姿、陳浩沛、杜子卿、馮美華、郭家、顏淑芬等本地藝術家發起，為非牟利視覺藝術組織，旨在推動香港及國際當代視藝的創作及探討。

25 油街藝術村為一九九八年政府物料供應處遷走後，政府以短期租約及低廉租金將前政府物料供應處大樓出租，不少藝術團體如進念・二十面體、1a 空間、藝術公社、錄映太奇，藝術家甘志強、「蛙王」郭孟浩等相繼進駐，漸漸形成油街藝術村。一九九九年政府收地重建，租戶暫遷長沙灣屠場及舊啟德機場，後遷往土瓜灣前馬頭角牲畜檢疫站（現稱牛棚藝術村）。二〇一三年，政府完成翻新毗鄰油街藝術村的前香港皇家遊艇會會所，並開放一個由藝術推廣辦事處管理的全新藝術空間油街實現，提供舉辦藝術展覽及活動場地。

26 何志平（1949- ），一九七二年美國史塔生大學理學士畢業，一九七六年美國溫德堡大學醫學院醫學博士畢業，一九八一年獲美國眼科醫學委員會眼科專科文憑，一九八三年獲美國眼科學院院士。一九八四至一九九四年任香港中文大學眼外科講座教授，香港沙田威爾斯親王醫院眼科主任，一九八六至一九九二年任香港醫學會副秘書長兼理事，一九八六至一九九一年任香港眼科學會會長，一九九〇至一九九三年任香港激光醫學會創會會長，香港外科醫學院理事，一九九五至一九九八年任香港特別行政區籌備委員會委員，一九九六至一九九七年任香港特別行政區第一屆政府推選委員會委員，一九九六至二〇〇二年間，出任香港政策研究所副主席。二〇〇〇年獲委任為香港藝術發展局主席及文化委員會委員，二〇〇二年擔任第二屆香港特區政府行政會議成員，並出任香港特別行政區民政事務局局長，至二〇〇七年卸任。

27 李立偉（1953- ），瑞典斯德哥爾摩大學經濟系畢業，二〇〇九年獲瑞典 Umea University 頒發榮譽博士。一九七八至一九八五年於瑞典斯德哥爾摩大學經濟及藝術史學院擔任講師，後出任瑞典當代美術館首席策展人和總監（1985-1990）、瑞典馬爾默 Rooseum 當代藝術中心首任總監（1990-1995）、丹麥路易斯安那現代美術館總監（1995-1997）、英國泰特現代美術館首任館長（1998-2001）、瑞典當代美術館總監（2001-2010）。二〇一一年起出任西九文化區管理局 M+ 博物館行政總監至今。

28 二〇〇一年的「威尼斯雙年展」有何兆基、梁志和及鮑藹倫三人參加，由張頌仁當館長；二〇〇三年，則派出 Para/Site 藝術空間負責策劃工作，並由資深的藝術家、文化工作者、設計師、建築師、教育工作者、藝評人及藝術行政人員組成 Para/Site Collective 共同創作；二〇〇五年，參展的則有陳育強和又一山人；二〇〇七年，MAP Office 作為代表，由傅德明（Norman Ford）擔任策展工作；二〇〇九年，白雙全成為參展藝術家，並由 Tobias Berger 聯同 Para/Site 藝術空間策展；二〇一一年，郭孟浩（蛙王）代表香港參展，謝俊興、曾德平及王純杰擔任策展人；二〇一三年，李傑代表香港出席「威尼斯雙年展」，並由西九文化區 M+ 博物館行政總監李立偉擔任主策展人。

29 皮力（1974- ），一九九六年畢業於中國中央美術學院，一九九九年受英國文化藝術委員會邀請參加策劃人培訓項目，二〇〇〇年獲中央美術學院美術史系碩士學位，二〇〇二年擔任「中國當代藝術獎金」評選的藝術總監，二〇〇五年與 Waling Bores 創建 UniversalStudios-Beijing，同年擔任電影《青紅》監製，電影獲第五十八屆康城電影節「評委會大獎」。二〇一三年獲委任為香港西九文化區 M+ 博物館高級策劃人。現時任職中央美術學院人文學院藝術管理系講師、美術史博士研究生主持，《現代藝術》雜誌特約主編，美術同盟網站創始人，北京博而勵畫廊負責人。

30 榮念曾（1943- ），一九四八年從上海移居香港，曾於美國俄勒岡州太平洋大學，一九六七年畢業於美國加州大學柏克萊分校建築系，一九六九年於美國哥倫比亞大學修讀電腦及城市規劃課程。一九八二年創辦進念．二十面體，並曾任香港特別行政區中央政策組非全職顧問、香港科技大學藝術中心藝術總監等職位，現為香港當代文化中心總監、國際演藝評論家協會（香港分會）永久會員。

31 黎明海於二〇〇六至二〇一〇年間出任香港美術教育協會主席。

32 朱達誠（1942- ），一九六五年畢業於湖北美術學院，一九七八年於中央美術學院當研究生，畢業後任湖北美術學院雕塑藝術室主任。一九八四年朱氏移居香港，曾於香港大學校外課程部及香港中文大學校外進修部任教，以人像雕塑聞名，作品包括李小龍及孫中山像。亦為中國美術家協會及中國雕塑學會理事，前香港藝術公社董事會主席。

33 梁兆基，八十年代從事平面設計，曾擔任廣告公司美術總監，後投身傳媒行業，從事新聞工作十多年。曾任藝術公社董事，現為香港藝術網絡總監。

34 陸儼少（1909-1993），學名陸同祖，字儼少，與李可染被譽為「南陸北李」。一九二六年入讀無錫美術專科學校習中國畫，後拜師馮超然。一九五一年入讀上海文化局所辦之連環畫研究班，同年被分派到同康書局任繪圖員。一九五六年任上海中國畫院畫師及安徽省一藝術學校繪畫系系主任，一九六二年至一九六五年於浙江美術學院（即現在中國美術學院）兼課，一九七九年任浙江美術學院教授。一九八〇年曾與萬青力遊廬山並往其上海的寓所短住。一九八三年任深圳畫院顧問，一九八七年到香港中文大學講學。浙江山水畫研究會會長，中國美術家協會理事。

35 黃炳培（1960- ），又名又一山人，一九八〇年畢業於香港工商師範學院設計應用系，投身廣告創作，先後加入現代（香港）廣告公司、精英（香港）廣告公司等。一九九四年以又一山人的名義，為導演王家衛的電影《重慶森林》設計海報。一九九六年移居新加坡，獲英國 Bartle BogleHegarty（亞洲）廣告公司聘為亞洲創作總監，自一九九九年回港以後成立了多間事務所。除廣告設計外，亦活躍於藝術創作。二〇〇〇年起開始以香港的紅、白、藍三色相間尼龍帆布袋作為元素、創作出一系列藝術作品，二〇〇一年起推出一系列以「香港建築」為名的個人創作系列。二〇〇五年代香港參加威尼斯雙年展。二〇一二年以作品《無常》獲「香港當代藝術獎」。二〇並先後為香港大學、香港中文大學、香港理工大學、香港城市大學、香港浸會大學、香港藝術中心等機構的藝術及設計課程擔任講師。

36 林文傑（1947- ），一九六七年獲加拿大湖首大學理學士，一九六八年獲加拿大英屬哥倫比亞大學理學碩士，一九七〇年獲加拿大多倫多大學哲學博士，一九七七至一九九三年任教於美國貝勒醫學院。二〇〇五至二〇〇七年間出任香港藝術發展局藝術推廣委員會主席，二〇一一年起出任香港浸會大學創意研究院管理委員會成員。

37 798 藝術區位於中國北京市大山子區，又稱大山子藝術區，原為國營 798 廠等電子工業的老廠區所在地。八十年代起由於產量縮減，開始出租閒置廠房，其低廉租金吸引眾多當代藝術家工作室和文化機構進駐此地，連帶畫廊及餐飲酒吧等於區內發展，成為知名北京景點和蘇豪區，吸引大量外國遊客及政要名人到此參觀。二〇〇四年起，區內每年舉辦「北京大山子國際藝術節」，至二〇〇七年轉為「798 藝術節」。中國當代藝術家毛栗子、岳敏君、艾未未等均曾於區內舉辦展覽。

38 藝術公社於一九九七年成立，前身為香港青年藝術家協會，創會成員包括王純杰、陳廣華、鄭慶成、甘志強等人，早期會址設於西環石塘咀，後遷往油街藝術村、長沙灣屠房及牛棚藝術村，於二〇一二年結束營運。藝術公社曾經為香港其中一個重要的獨立藝術空間，推動當代水墨發展的同時，亦通過藝術創作探討社會議題，曾舉辦「特首造像．觀念肖像展」（2002）、「圍講．維港」（2004）等展覽。

39 Tony Cragg（1949- ），生於英國利物浦，一九七三年取得英國溫布頓藝術學院學士學位，一九七七年獲英國皇家藝術學院碩士學位，一九九四年成為英國皇家藝術學院院士，二〇〇九年獲英國皇家藝術學院頒發榮譽博士學位。一九八八至二〇〇一年間，出任德國杜塞爾多夫藝術學院教授，其後擔任柏林藝術大學教授至二〇〇六年，並於同年返回德國杜塞爾多夫藝術學院任職。曾多次參與「威尼斯雙年展」（1980、1986、1988、1993、1997），其中在一九八八年該屆成為英國館代表。二〇一一年於法國羅浮宮舉辦個展。

白朗露

簡介

白朗露（Rosamand Brown），一九三七年生於英國，一九五八年獲南斯拉夫貝爾格萊德大學文學士學位，後於貝爾格萊德國際大學教授藝術。一九五八年入讀英國倫敦中央美術學校，一九五九年卒業，後轉往美國，一九六〇至一九六三年在美國白金漢學校任教藝術。

一九六三年，白朗露偕夫計劃環遊世界。他們從美國起行，轉往日本，後抵香港並在此地定居。來港早年，她受制於居住環境，作品以風景寫生及水彩為主。

居港十八個月後，白朗露結識雅苑畫廊的經營者 Dorothy Swan，並通過她的介紹認識陳福善、呂壽琨、陳餘生、尤紹曾、張義、文樓、王無邪、周綠雲及 Sheila Isham 等本地藝術家，自此開始於本地藝壇活躍，一九六九至一九七三年間曾於香港大學校外課程部任教。

歷年來，白朗夫人曾參與多個本地重要展覽包括「香港藝術中心開幕展」（1977）、「香港藝術一九七〇－一九八〇」（1981）、「第一選擇」（1986）、「十年香港繪畫」（1987）及「城市變奏：香港藝術家西方媒介近作展」（1992）等。

白朗露早期的寫生作品。

白朗露訪談錄

訪問者　陳安琪小姐、陶穎康先生

2013.11.21

■

訪　你是一九六三年的聖誕節初臨香港？

白　是的。我丈夫是建築師，而我則為畫家和藝術教師。當年我們還是二十出頭，先坐火車橫越美國抵達三藩市，然後乘輪船到日本橫濱再北上東京，手持雙程票環遊世界。

由於日本有豐碩的文化及出色的博物館，我們原計劃在那裡逗留兩至三個月。然而，丈夫和我均不諳日語，故此難以找到工作。他只能為日本建築師打工，又或自費擔當他們的學徒。後來，我們決定離開日本轉赴香港，出發點跟多年來為生計而到香港的人無異。抵港後，丈夫先找到工作；因為新學年早於九月開始，我則花了一段時間才覓得教職。

訪　初到香港時，你有空間和餘暇去作畫嗎？

白　我在美國教了三年繪畫，乍到香港時，適逢 Dorothy Swan 開設雅苑畫廊[1]。當時我與丈夫居於一房單位，跟很多同輩的香港畫家一樣，我得在飯桌上繪畫，作品以水彩為主。來港十八個月，我結識了 Dorothy Swan，並於一九六五年讓她看看自己的畫作。看過我的作品後，她問我會否有意辦展覽，後來更介紹我認識韓志勳。

韓志勳是我其中一位要好的朋友，通過他的介紹，我認識了陳福善、呂壽琨、陳餘生、尤紹曾[2]、張義、文樓[3]、王無邪、周綠雲及 Sheila Isham[4]。其中，我曾在 *Asian Art News* 雙月刊的訪問時提到 Sheila Isham 是位優秀的畫家。她居港約三年，曾於香港中文大學教授藝術。

當年我帶著塑膠彩來港，幾乎所有人都想向我買！即便是水墨畫家如夏碧泉、呂壽琨、劉國松[5]及周綠雲，他們也想學習塑膠彩。後來，我和 Sheila Isham 費了一段時間，終於說服藝林文具有限公司入口塑膠彩。回想起來，過去五十年我一直向藝林買顏料和繪畫工具。時間過得真快。

另外，你們知道 Dorothy Swan 的一些事情嗎？

訪 從文獻得知 Dorothy Swan 熱衷於藝術，一九六二年開辦雅苑畫廊，同時在拔萃女書院任教。

白 她的家族創立了在美國家喻戶曉的 Swans Down 麵粉廠，她亦從她父親手上繼承了一大筆財產。Dorothy Swan 擁有藝術學士學位，到亞洲前曾於紐約一家畫廊任職，故此對畫廊的營運有一定經驗。來港後，她在漆咸道開設畫廊，並以所在街道名稱將畫廊命名為"Chatham Galleries"，中文則名為雅苑畫廊。畫廊是一間漂亮的老宅邸，庭園內放著雕塑品。後來，她與一位在船運公司任職的蘇格蘭人 David Brown 共諧連理，兩人移居到蘇格蘭，雅苑畫廊亦因無人接手而結束。

當年香港美術博物館遠在中環的香港大會堂，所以 Dorothy Swan 的雅苑畫廊是藝術家喜愛的去處之一。

白朗露早期的水彩作品。

訪 一九六七年爆發的「風暴」，對你的生活、工作或創作有影響嗎？

白 我在該年買了這房子。我和丈夫並非高薪厚祿，但一九六七年正是買房子的最好時機，否則我們也買不到。當時我們仍住在一房單位，但家庭增添一位新成員後極需額外房間。考慮到當時的環境，我們決定買獨立屋而非公寓單位，因為丈夫認為機會錯過了便不再。我們走上種植道四處遍尋，當年這裡幾乎什麼都出售。最後，我們向香港上海滙豐銀行借貸，買下這房子。以當時的價格，現在連睡房也買不了！

很多人在一九六七年離開香港，丈夫的一位華裔朋友更曾致電他：「你要我的車子嗎？晚上我會到機場，你來啟德機場取車匙吧！」就這樣，我們買了房子和車子。

訪 「風暴」過後，你的朋友有回到香港嗎？

白 大部分人都回來了，但不少人在一九九七年以前再次離開香港移居外地。

說回畫廊，Dorothy Swan 離開後至華圖斯（Sandra Walters）[6] 在一九六九年抵港時，中間有一段空檔期。華圖斯跟 Dorothy Swan 的分別，在於前者除策劃展覽外，同時亦為藝術顧問。總括而言，財政乃營運畫廊的重要因素，在賺錢的同時又要確保質素，實非易事。

訪 你曾在香港大學校外課程部任教，可以多談一些關於它的資料嗎？因為我們難以找到有關該課程部的文件記錄。

白 香港大學校外課程部的美術部由我丈夫的建築師朋友白自覺（Jon Alfred Prescott）[7] 創辦，成立之初極缺乏合資格的藝術導師，我亦到那裡教了頗長時間。在美國時，我曾教授涵括塑膠彩、水彩及墨的「實驗性水性顏料」課程，香港大學校外課程部方面也希望開辦同樣課程，由我和朱楚珠[8] 任教。後來，白自覺將這「實驗性」的課程改為常設課程，並聘請了 Martha Lesser。

當年的本地學生太習慣於模仿，令教授強調想像、探索和個人性的藝術時變得極為困難。我在英美教學時從未遇上這問題，這是很有趣的差別。當時我還年輕，跟 Martha Lesser 共事是難得的經歷。她常鼓勵學生要大膽嘗試新事物。

訪 有說香港大學校外課程部是一九七四年成立的視覺藝術協會的搖籃。

白 此話不錯。

訪 你還記得教過的學生嗎？

白 很不幸，我記不起各人的名字，只能想到他們的樣貌。事實上，要在香港從事藝術工作極為困難。六十年代英美等地的藝術生態活躍，日本東京亦不遑多讓。反觀香港，在六十年代作畫的人則舉步為艱。我真的不敢相信，幾乎每位香港人口裡總說著錢，但我還是喜愛居於此地，這與結識了一班藝術家朋友有莫大關係，即使大家不常見面。

訪 我們在一九七七年香港藝術中心開幕展的場刊中找到你的名字。

白 何弢[9]是香港藝術中心的首席建築師，他和我的丈夫在六十年代同樣曾於美國哈佛大學求學。香港藝術中心的成立為香港藝術家帶來了轉變，讓大家多了一個去處和見面的場所，中心辦的不少展覽我都看過。這份場刊上的人，大部分我都認識。

訪 場刊印有你的中文名字白朗露，是你自己抑或其他人替你起的？

白 其他人起的。我知道自己有一個中文名字，但鮮有用上。

訪 在六七十年代尋找展出場地是一件難事嗎？

白 我算是幸運的，參與了幾個聯展。當年亦有一位寫得一手好文章的藝評人金馬倫（Nigel Cameron）[10]，現在似乎已找不到像他一樣的人物了。雖然有人說他過於嚴苛，但事實上，寫藝評是吃力不討好的工作。

開拓台灣及中國內地當代藝術的先驅、張頌仁[11]掌有的漢雅軒（Hanart TZ Gallery）、藝術門（Pearl Lam Galleries）、我兒子的 Ben Brown Fine Arts 及高古軒畫廊（Gagosian Gallery），一眾優秀畫廊都進駐中環的畢打行。我兒子 Ben[12]在香港出生，所以本地藝術家對他意義重大。

現在一切都在改善，香港有更多畫廊，愈來愈多人變得富有，但金錢和品味兩者兼備的人卻不多。

訪 你收藏了不少香港藝術家的作品，可以介紹一下嗎？

白 我在英格蘭的住處收藏了很多張義和周綠雲的作品，韓志勳、朱興華、陳餘生、李慧嫻及黃仁逵等的作品也有。

注釋

1　一九六二年 Dorothy Swan 創辦的雅苑畫廊，位於尖沙咀漆咸道 103 號。中元畫會成員不時在此聚會並舉辦展覽，畫廊於一九六七年結業。

2　尤紹曾（1911-1999），一九三六年畢業於上海大學。曾於海運大廈開設三集畫廊（1963-1967）、一九六九至一九八九年間淡出畫壇，九十年代再度活躍於藝術圈。與韓志勳、金嘉倫和文樓同為中元畫會創會會員。

3　文樓（1933- ），一九五八年畢業於台灣國立師範大學美術系，一九六〇年來港發展，翌年加入現代文學與美術會，一九六三年與金嘉倫、韓志勳等人組織中元畫會，後於一九六五年領取美國國際教育學院的獎學金到美國留學。一九六七年偕友創辦《盤古》雜誌和創建實驗學院，提倡藝術家應在創作上關注社會及弘揚民族文化精神。一九七〇年再獲資助赴美訪問。回港後先後出版《美術季刊》（1973）及《文學與美術月刊》（1974），並為香港文學藝術協會、香港雕塑家協會、中國美術家協會、香港中華文化促進中心理事會等機構的重要成員，一九九〇年更被委任為香港特別行政區區旗和區徽的設計者之一。

4　Sheila Isham（1927- ），一九四八至一九四九年於瑞士日內瓦大學就讀，一九五〇年畢業於美國 Bryn Mawr College，一九五四年畢業於德國柏林美術學院，隨 Hans Uhlman，習畫。一九五五年 Sheila Isham 隨外交官丈夫 Heyward Isham 到各地美國領事館履職。一九六〇至一九六五年間居港，於香港中文大學教授當代藝術，一九六二至一九六五年間隨馮康侯習書法。

5　劉國松（1932- ），一九四九年移居台灣。一九五六年畢業於台灣省立師範大學美術系，一九六〇年任台灣中原大學建築系講師，一九六六年曾獲美國洛克菲勒三世基金會資助赴美。一九七〇年及一九七五年分別任美國威斯康辛州立大學及愛荷華大學客座教授。一九七一至一九七七年任香港中文大學藝術系講師並擔任系主任（1972-1976），一九七三年香港中文大學校外進修部辦現代水墨文憑課程，一九七七至一九九二年任香港中文大學藝術系高級講師。一九七八年任台北市立美術館籌備委員。一九九二年任台灣東海大學客座教授，一九九六至一九九九年任台南藝術學院造型藝術研究所所長，二〇〇四年任香港中文大學訪問學人，為五月畫會創會會員之一。

6　華圖斯，Sandra Walters（1944- ），早年隨家人於法國巴黎定居，一九六九年偕夫到香港，一九七三年與友人創辦 Arts Promotion 售賣藝術品，並先後於香港大會堂、法國文化協會、怡東酒店私場地舉辦藝術展，一九七三年在香港大會堂舉行的「現代大師展」中更展出畢加索、夏卡爾、達利、米羅等人的作品。一九八四年與金董建平合作創立藝倡畫廊，至一九九〇年與文華東方酒店集團另組文華東方美藝廊，同時成立 Sandra Walters Consultancy Limited。

7　白目覺，Jon Alfred Prescott（1925- ），英國利物浦大學建築系學士，建築師。曾於 Regent Street Polytechnic（現為英國西敏寺大學）任講師。一九五八至一九六二年任香港大學建築系講師，一九六七至一九七二年任香港大學校外課程部藝術課程主任。曾為 Gollins Melvin Ward 國際事務所東亞地區、Prescott Stutely Design Group 之合夥人，香港建築師學會會長（1971-1972）。

8　朱楚珠（1942- ），生於上海，香港長大，早年隨嶺南派畫家習畫，後到美國求學，一九六三年獲美國紐約康奈爾大學藝術學士，一九六四年獲美國哥倫比亞大學藝術碩士，一九七三年返港定居，先後任教於香港大學藝術系、香港中文大學藝術系及香港藝術中心。

9　何弢（1936- ），一九六〇年獲美國麻省威廉斯大學建築系文學士，一九六四年獲美國哈佛大學建築系碩士，一九七九年獲美國麻省威廉斯學院頒授人文學榮譽博士銜。一九六一年任美國哈佛大學設計辦事處建築助理，翌年任美國波士頓重建署建築助理。一九六四年返港，並於一九六八年成立何弢建築設計事務所。先後出任香港中文大學藝術系兼任講師（1965-1967）、香港藝術中心視覺藝術委員會主席（1972-1977）兼總建築師、美國哈佛大學設計研究院客座評論員（1975）、香港大學建築系榮譽講師、香港城市大學校董會成員（2001-2006）。為香港建築師學會、世界城市及區域設計學會以及美國平面設計學會之會員、美國建築師學會榮譽會員，以及香港特別行政區區徽設計師之一。

10 金馬倫，Nigel Cameron（1920- ），一九六二年定居香港。一九六五年起任香港博物美術館顧問，一九七〇至一九八五年出任《南華早報》藝術評論員，一九七二至二〇〇〇年金馬倫在該報評論文章，於一九七五年到八十年代初期策辦「第一選擇聯展」，並多次在交易廣場舉辦大型展覽。

11 張頌仁（1951- ），早年隨馮康侯習書法、研究詞源學，後到美國麻省威廉斯學院攻讀哲學及數學。一九七七年與黃仲方等創辦漢雅軒，八十年代開拓分店：香港漢雅軒 2（1983）、紐約漢雅軒（1988）、台北漢雅軒（1988），黃氏於九十年代初期結束並退出畫廊業務。歷年來，張頌仁曾策展「後 89：中國新藝術」巡迴展（1993-1998）、聖保羅雙年展中國特展及香港館（1996）、威尼斯雙年展香港館（2001）。現為獨立策展人、中國美術學院跨媒體學院客座教授、亞洲藝術文獻庫董事、國際藝評人協會香港分會會員等。

12 Ben Brown，一九九一年英國牛津大學畢業。一九九一至二〇〇一年於英國蘇富比任職，後出任當代藝術部門總監，二〇〇一至二〇〇三年間於英國 Waddington Galleries 擔任聯席董事總經理。二〇〇四年 Ben Brown 於英國倫敦開設畫廊 Ben Brown Fine Arts，二〇〇九年在香港開設分店。

何兆基

簡介

何兆基，一九六四年生於香港，一九八九年畢業於香港中文大學藝術系，一九九四年赴美國密切根州鶴溪藝術學院進修（主修雕塑），二〇〇三年獲澳洲皇家墨爾本理工大學頒授藝術博士。

一九九七年，何氏於香港理工大學設計學院任教，至二〇〇〇年轉到香港藝術學院任教及負責課程策劃，後出任學術總監一職。二〇〇九年起，他於香港浸會大學視覺藝術院任副教授及視覺藝術碩士課程總監，另亦出任香港藝術發展局審批員（視覺藝術、藝術教育）、民政事務局藝術發展諮詢委員會視覺藝術小組委員、課程發展處及考評局聯合委員會委員（新高中視覺藝術科）、康樂及文化事務署博物館專家顧問等公職。

歷年來，何氏曾參與多個本地及海外重要展覽，更先後於一九九六及二〇〇一年代表香港參加第二十三屆聖保羅國際藝術雙年展及第四十九屆「威尼斯雙年展」，並獲頒香港藝術發展局「藝術發展獎」（1997）、亞洲文化協會「Starr Foundation Fellowship」（2000）、意大利「Civitella Ranieri 獎助金」（2001）等獎項，二〇一二年更獲英國皇家雕塑家學會選為海外附屬會員。

「鬼遇」，ParaSite，1997年。

何兆基訪談錄

訪問者　黎明海博士

2013.11.14

■

黎　先說一下你的藝術成長道路，你曾經提到在大學的時候你想修讀哲學課程，是嗎？

何　最初的確有想過，但在中學的時候成績又不大理想，於是在大一藝術設計學院修讀過一段時間，覺得自己其實是比較喜歡設計，所以又去了夜校讀預科，為的就是要報讀香港中文大學藝術系。

黎　說到中文大學，不得不提你的老師張義，他對你的評語十分中肯，特別是說你總是願意「一夫當關，不推卸」。你曾經在香港藝術中心擔任行政工作差不多有十年，你怎樣形容那段時間？

何　在藝術中心的那段日子讓我真正思考藝術教育。之前三年我一直在香港理工大學任教，工作穩定，又有時間進行創作，但那時香港的藝術教育一直存在很多問題，主要是選擇不多，只有一兩所大學開辦藝術課程，像我這些中學成績不好，考不上大學，但對藝術非常有興趣的人，就沒有很多別的途徑去進修藝術。適逢當時藝術中心跟澳洲墨爾本皇家理工大學（RMIT）合作開辦藝術課程，讓讀書成績較差的同學，也多了一個修讀藝術的選擇。

直至二〇〇〇年，RMIT開始由課程部轉型為香港藝術學院，大量招聘人手，讓我感到很鼓舞，因而毅然投身藝術中心。雖然我也有作過一些掙扎，始終在理工大學的教職比較穩定，但當時理工大學主要還是以設計課程為主，也有阮曼華、李慧嫻、廖少珍[1]等導師教一些藝術基礎課程，但在教育上可發揮的機會較少。

黎 你也曾經在香港理工大學教過雕塑吧？

何 沒有。雕塑課程是再早一點的時候，梁巨廷、畢子融還在理工學院時的其中一門專修課程，其他還包括版畫等，到我進入理工大學的時候已經沒有了，因為當時理工大學的課程正值步向數碼化，很多傳統的手作藝術工作室被收回，技術人員也要開始學習電腦，我亦因此感到沒有什麼留戀，反而視新成立的藝術學院為一個新的發展機會。

黎 在香港藝術學院從一個部門轉變成為一所藝術學校的這個過程中，你的參與程度有多大？

何 開始的時候它是分為藝術、應用藝術和媒體設計三個部門，我原本想申請一個教職，面試的時候，我見的是當

時的展覽總監何慶基和新任院長李淑仁[2]，他們最後卻聘請我為藝術部的統籌。從此，我便要思考很多在藝術這個範疇中的課程發展空間等問題，也由舊時的RMIT課程中只負責統籌、招待、安排食宿等工作，到轉型後真正要作一些課程上的安排，招聘相關的藝術人才當學院的導師，開辦不同媒介的專科課程等事務。

我真正參與開辦的課程主要是藝術文憑課程，因為最初幾屆的學生主要是一些已經在外面的學院和夜校等讀過設計的人，到後來我們想辦一些很基礎的藝術課程，讓比較少接觸藝術的人也有機會修讀正規的課程，由基本學起。後來甚至想兼顧連預科也沒有讀過，但又對藝術有興趣的學生，因此又開辦了一個證書課程，中五畢業便可以報讀，課程比較綜合導向，讓他們完成證書課程後，又可以憑興趣去選讀學院裡的藝

術、應用藝術和設計等不同種類的文憑課程。

我由最初只負責統籌藝術文憑課程，直至差不多二〇〇三至二〇〇四年的時候成為學院整個課程部的總監，也開始負責更多包括應用藝術和設計課程的規劃，和跟理工大學合辦的銜接學位課程等行政事務。

黎　林淑儀[3]在這本關於你的作品《有限身》的書中對你的評價，也是「致力推動本地藝術教育的一代藝術家兼藝術工作者」。這裡又提到很好的一點，就是你在二〇〇〇年前還可以同時兼顧創作和行政工作，但後來你的作品和展覽都好像相對較少，你現在覺得你仍然兼顧得來嗎？

何　這很看兩者的比重，最初我在時間和精神上的確還可以兼顧，但現在行

《在雙球上步行》，1995年。

政那方面的工作愈來愈繁重，很難再花很多的時間於創作方面，我只好稍為犧牲這方面的發展，說不定有一天我覺得不再值得去作這方面的犧牲，就要作出取捨。

黎　我看你早期還有參加很多國際性的大型展覽，譬如「聖保羅雙年展」和「威尼斯雙年展」，其實你是很有機會成為一個國際級的藝術家，但二〇〇〇年後大概因為行政工作的關係，好像很少舉辦一些大型的個展。

何　對，但這不全然因為擔任行政工作的關係，而是因為我漸漸覺得這些機會不是自己去拚搏就會得來的，而是要很懂得宣傳和包裝自己，可是我本身並非一個擅於交際應酬的人。

其實，之前那些機會大多是因為「九七回歸」而多於個人能力的關係。因

為香港快要回歸中國，讓世界都忽然聚焦香港這地方，想看看香港的藝術家對這事的看法，所以吸引了很多外國策展人邀請香港的藝術家參展。聖保羅那一次也是張頌仁不知從什麼地方看過我的履歷，忽然找上我，邀請我代表香港參加「聖保羅雙年展」，我那時候還只是在兼職教書，也沒有聽說過這個展覽，但還是答應了，挑選了八件舊作品參展。那次場面果然是很盛大，其後張頌仁也介紹了很多外國的策展人給我認識。

後來也有一個由高名潞[4]策劃，稍為大型的展覽——「Inside Out: New Chinese Art」，我選了《在雙球上步行》參展，這是我在美國讀書時創作的作品，結果有很多評論作過分解讀，說腳踏雙球表示了香港「一國兩制」的處境。其實我在一九九三年的時候已經完成《在雙球上步行》，跟「一國兩制」根本沒有半點關係。

《倒置景觀》，1996 年。

《延伸高度》，1998 年。

黎　那件作品表達的其實是你的個人創作歷程吧？

何　那件作品對我的意義很大，我跟張義學習雕塑的時候，便開始思考身體和物料之間的關係和轉化過程。那兩個球體原本是作為一件雕塑作品，但在這個思考過程中，我想表現它們是如何由樹幹變成兩個經過雕琢的球體，再從兩個球體轉化為一種身體經驗，也就是踏在上面玩耍，最後變成一個錄像作品，那對我在媒介的開拓和創作上是一次很有意義的經驗。而那段錄像也不只是作為一個紀錄，而是對身體、物料和創作的關係的一個思考。

黎　你剛才提到因為「九七回歸」的關係，讓香港藝術成為一個國際焦點，而你曾經也發表過一篇名為〈我如何看「九七」前後的香港藝術〉的文章，當中論及國際都會與本土意識，還有本地文化與中國傳統。我個人認為八十年代與九十年代的藝術家取向很不同——在八十年代中後期成長，像麥顯揚和黃仁逵這一批藝術家大多扎根於香港，本土意識比較強；而在八十年代末至九十年代成長的那一批藝術家則很渴望爭取到國際地位。而你其實也曾有很多機會走出香港，躋身國際的，但卻選擇了留在香港發展，而且你的作品傾向本土意識，又包含很多中國文學和哲學思想的元素，你是否也屬於那批成長於八十年代中後期，較以香港作為文化主體和載體的藝術家？

何　我在香港成長，只是在美國讀了兩年碩士課程，雖然後來也有參加國際展覽的機會，但卻從未想過要到紐約等地方發展，也沒有想過要當一個國際級的藝術家，我想這也是因為中國文化和本

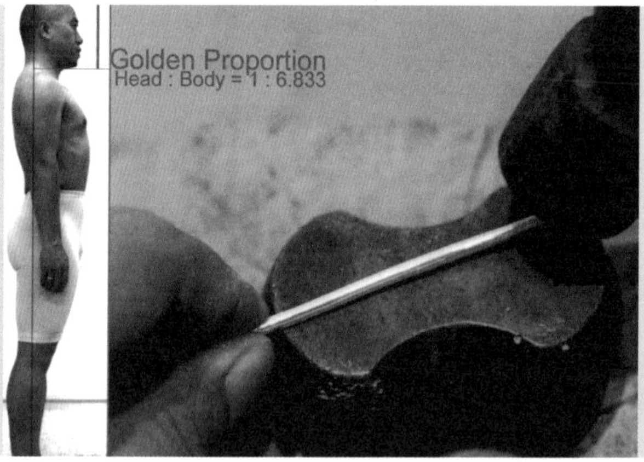

《黃金比例》，2000 年。

土文化對我的成長有很深刻的影響。我在中文大學主修藝術，副修中國文學，尤以古典文學和哲學為主，所以我的作品也有一點這樣的元素，我也沒有必要迴避這種影響。

黎　很多在九十年代發展的香港藝術家都陸續放棄本土市場，但你仍然固守香港為發展基地。

何　其實晉身「國際」與否，是別人挑選你，不是你自己說了算，我也沒有意圖刻意爭取別人的認同。

黎　你在《有限身》的內頁裡，引用了晏殊[5]的《浣溪沙》；二〇〇三年的 *Body Frame* 裡也有一首你自己寫的新詩，頗富文學性，這是刻意的嗎？

何　那首新詩不是為那件作品而創作

的，而是之前我在藝術中心做展覽時寫下的，後來才放到這個作品。

黎　*Body Frame* 這個作品給我的感覺是刑具和懲罰的意味，這是你想表達的意思嗎？

何　是的，因為我一直覺得這個概念很有意思，發明這些工具的人想透過一些外加的東西作為一種懲罰，去控制你的行為和限制身體的自然發展，在哲學的層面上，這也是人類的處境。這些工具除了用於懲罰罪犯，也有些用作訓練人的行為，例如英國維多利亞時期的訓練淑女應有坐姿的工具等，我們的生活其實都充滿這一類的枷鎖，我想在作品裡加入這些元素。

黎　你剛才談到你的創作歷程時提及張義，又提及一點現象學的理論，你在創作技巧上承傳了張義，而在概念上是比較受梅洛龐蒂的影響，對嗎？

何　可以這樣說，但也不全然是。張義固然在技巧、手法和物料的運用上對我有很大啟發，但也有其他方面，例如他也經常研究和跟我討論相學、紫微斗數、陰陽五行等，從中也會了解他對藝術的看法，這些富傳統中國文化和神秘學色彩的概念對我的創作影響深遠。

至於現象學和其他哲學思想，則主要是受到我在美國唸書時所看的書所影響，因為外國學生在做報告的時候都會引用很多典故和理論，於是我也嘗試找一些合乎和支持自己創作理念的論據，而現象學中所論及的「身體」，是我一直很感興趣的題材，也是當時西方學界一個很熱門的題目，所以我也開始接觸很多這方面的書籍。

黎　你那篇〈我如何看「九七」前後的香港藝術〉，是從一個策展人的角度看香港的藝術發展，我起初還以為是何慶基寫的。

何　我其實也有很多方面的，只是很多人只看到我在藝術教育方面的成就。其實這一篇也是我作為藝術家總結我這些年在世界各地參與展覽時所觀察到的，對香港藝術發展的一些感受。

黎　你擔任二〇〇三年「香港藝術雙年獎」評審時，曾說過雙年展需要更多不同的場地展出一些另類的作品，我也覺得雙年展選出來的作品都比較保守。你現在仍然持同樣的看法？

何　比賽形式難免如此，一定是平均分較高的人容易勝出，所以應該在雙年展以外加設一些另類的比賽和展覽作為平衡。

黎　我覺得現在的雙年展很多參展作品都是學生的畢業作品，未能反映香港藝術的真貌。

何　很難說，香港有很多好的藝術家，有些曾經參加過雙年展的又不想再參加；也要看策展人本身想以怎樣的角度挑選哪一類型的藝術家。

黎　你對西九文化區有何看法？

何　在西九文化區還未正式啟用前的時候，他們也舉辦過不同類型的活動和展覽，例如「M+進行：充氣！」，我感覺他們在努力嘗試藉此作為一個測試，引起群眾的關注，這種鋪排也是對的。

　　另外，很多人對西九文化區的收藏政策有意見，那是因為他們之前沒有對外交待收藏政策，以致公開發表後引來很多反對聲音。但我個人十分理解，他們並非純粹把西九文化區作為一個本地文化藝術區，而是想以西九文化區作為亞洲的一個藝術集中地，所以它的收藏品不會只以本地藝術為主。這個政策本身是沒錯的，我不認為西九文化區一定要以收藏香港藝術品為主，但需要跟香港藝術館等作更多的溝通和配合，使兩方面的藝術品也可以得到收藏和重視，恰當地分配資源。

黎　你同時任職課程發展處（新高中視覺藝術科）和香港考試及評核局委員會委員，你對前線的藝術教育有何抱負和看法？

何　現時新高中視覺藝術科課程的大方向是正確的，但當然還需要一段時間讓老師們適應，考試制度也需要時間不斷地調節。新課程的轉變讓學生有更多機會接觸和討論藝術，雖然在藝術技巧訓練上會稍為落後，但技術未必是最重要的，我個人認同新政策重視思維和眼界上的開拓這種方向。

黎　你好像已經有一段時間停止創作，是否覺得藝術家不應以舉辦展覽為創作目的，而應該在得到好的題材和靈感時才創作新的作品？

何　我近年的創作產量是比較少，但沒有間斷，我也維持每兩至三年在嘉圖畫廊辦一次個展，但展覽只是作為個人的一個目標。我一直很想嘗試在商業畫廊以外的場地舉辦展覽，特別想在教堂辦一次展覽。

黎　香港最近有很多巴塞爾藝術展這類大型商業展覽，會影響你思考藝術和商業的關係嗎？

何 有的，曾經有一段時間很想在商業上作出嘗試，但我在嘉圖畫廊已經辦過三次展覽，銷路也不特別理想，在香港其實就只有三個收藏家有收藏我的作品，因此也想在其他更大的場地作嘗試，展出一些大型作品。

黎 你在《有限身》曾經回顧「隨遇而安」、「不枉此生」等，你當時是四十歲，現在你五十歲了，又有什麼感受呢？

何 我想快一點退休，專注創作。最近十年的精神和時間都很匱乏，但心裡還是很渴望創作，雖然也曾舉辦過一些展覽，但抒發不了個人創作的欲望，我希望在人生完結前可以多花時間於創作上。

黎 你有否收藏一些香港藝術家的藏品？

何 多是來自朋友之間互相交換的作品。

注釋

1 廖少珍（1952- ），一九七六年畢業於香港中文大學藝術系，一九八四至二〇〇〇年任教於香港理工大學設計系。於二〇〇〇年成立弘藝版畫工作室，香港視覺藝術中心藝術專修科版畫課程策劃兼導師。

2 李淑仁，一九八五年香港中文大學學士（英文），並先後於一九八八及一九九二年在該校取得英文教育學位及工商管理碩士，二〇〇〇至二〇〇五年間任香港藝術中心藝術學院院長，後轉任香港學術及職業資歷評審局研究、顧問服務及培訓總主任及高級評審主任，亦曾出任香港藝術發展局藝術顧問、前教育統籌局課程發展議會英語教育委員會委員、香港教育劇場論壇會員等職位。

3 林淑儀，畢業於香港大學，主修比較文學及藝術），一九九七年加入香港藝術中心策劃成立媒體中心以推廣獨立電影、錄像及新媒體計劃與課程，二〇〇一年晉升為傳訊與拓展總監，二〇〇三年出任節目總監，二〇〇九年出任總幹事一職至今，二〇一一年擔任香港藝術中心首部製作獨立電影《大藍湖》的行政監製，二〇一三年獲邀參加美國國務院主辦的「國際訪問者計劃」，歷年任香港賽馬會創意藝術中心董事局成員、康樂及文化事務署場地伙伴計劃委員會成員、香港藝術行政人員協會董事局主席、香港藝術發展局視覺藝術審評員、香港獨立短片及錄像比賽評審委員、香港大學通識課程客席講師等職位。

4 高名潞（1949- ），一九八一年畢業於天津美術學院，一九八四年獲中國藝術研究院文學碩士，一九九四年獲美國哈佛大學文學碩士，一九九九年修畢該校哲學博士課程。早於八十年代已活躍於中國藝術圈，一九八五至一九九一年間出任中國美術家協會官方雜誌《美術》編輯，一九八九年在中國美術館策劃「中國現代藝術大展」，並先後到美國薩凡納藝術設計學院（1999-2000）、美國紐約州立大學（2000-2004）出任教授，現為四川美術學院美術學系特聘教授兼系主任、美國匹茲堡大學藝術史系終身教授。二〇〇九年成立高名潞現當代藝術研究中心，身兼策展人、藝評人、學者等多重身份。

5 晏殊（991-1055），字同叔，北宋前期婉約派詞人之一。

何慶基

簡介

何慶基，一九五六年生於香港，一九八〇年加拿大撒省大學藝術學士，一九八一年加拿大撒省大學高級人文學文憑，一九八三年美國加州大學戴維斯學院藝術碩士。

一九八七年，何氏聯同蔡仞姿、黃仁逵、麥顯揚、陸恭蕙等籌劃「外圍．流動藝術展」，一九八八年至二〇〇一年出任香港藝術中心展覽總監，任職期間曾策展「香港偶拾」、「李鐵夫作品展」、「藝術化生活」、「找尋藝術」、「香港文化展覽系列」、「強勢以外——亞洲當代藝術」等多個展覽。

除策展工作外，他亦活躍於藝術行政範疇，一九九五年為香港藝術發展局創局成員之一，二〇〇四年協助創辦上海當代藝術館並擔任了兩年創館館長，二〇〇七年出任西九文化區博物館顧問小組成員，二〇〇九至二〇一一年間任西九文化區諮詢委員會委員，同時亦身兼亞洲文獻庫及文化葫蘆創會董事、國際藝術評論人香港分會的創立人、《文化現場》董事會主席、以英國倫敦為基地的國際刊物 *Afterall* 顧問委員等職位。

自美國回港後，何氏曾於一九八五至一九八八年間於香港大學校外課程部任教，二〇〇三年起為香港中文大學及香港藝術中心藝術學院擔任客席講師至今，現為香港中文大學文化管理文學碩士課程主任，並不時在本地及國際性刊物如《信報》、*Art Forum*、*Newsweek*、*Art in Asia Pacific*、《當代藝術新聞》等發表文章，為少數具國際知名度的香港策展人。

《越界》，1991年9月第11期。

何慶基訪談錄

訪問者　黎明海博士

2013.2.5

■

黎　你在藝術圈的多重身份，成為我們這個研究不可或缺的人選。你既是創作人，又是本地重要的策展人。我翻過幾本舊日的藝術雜誌如《外邊》[1]、《越界》[2]等，都有你的名字。《越界》的編輯應該是張輝[3]擔任。《外邊》跟《越界》性質相近，但只辦了一段很短時間。

何　可能他們當時想申請經費資助，故此便寫了我的名字。這是很普遍的做法。

黎　你曾在《新聞透視》節目中發表了一些關於西九文化區M+博物館新收藏的中國當代藝術品（由瑞士收藏家Uli Sigg[4]饋贈）的意見。你可否從這點開始，談談你對西九以至本地藝術、文化意識的看法？

何　那不如從頭說起吧。一九八五年我學成歸來時，很多人都認為香港是文化沙漠，這觀點令我很氣憤。讀過人類學的人就知道，有人的地方自然會有一套自成的文化，那香港又怎會沒有文化呢？看看我那本《身份何在——何慶基的策展工作與藝術》（2004），從我所受的訓練得以窺見，我深受Funk Art、人類學等學術理念所影響。我對文化的定義，是非常遼闊的。回港後，當時的消極文化態度令我很抗拒。

首先，我認為只要走到街上，便能感受到香港的文化，而且是很刺激的。其次，我對當時行內的階級架構很反感。八十年代，藝術界的權力分佈極不平均，那些水墨畫會如一畫會、元道畫會和文樓等人的雕塑會可謂主導了當時的藝術界，其他流派只有狹小的生存空間。當時社會的自貶，以及建制勢力內的失衡，充分反映出香港的殖民地心態。而我本人，因為受到新藝術史（New Art History）的影響，再加上人類學及加州 Funk Art 等，一套左翼的思維基本上定了形。這一套思維，亦相應地影響了我的藝術創作。最初做雕塑，我用的是爛泥樹枝，後來則轉為用塑膠。當時的藝術圈多是一班老人，年輕的藝術家好像也僅是為紐約的藝評人而創作，因而我決心創作一些紐約藝評人看不明白的作品。與其說是要令他們看不明，倒不如說希望他們和我一樣要多花時間去研究和學習才可了解。所以，這心態塑造了我很本土的風格，很抗拒西方的霸權（這裡得強調，我對西方文化藝術以至文化架構也有不少欣賞的地方）及藝術世界的不公義。

到香港藝術中心辦策展後，我便刻意挑戰權威對藝術的定義，希望解放藝術。一九八九年後，香港發生移民潮。有少數像也斯（梁秉鈞）和我，希望建立香港的文化身份，好讓那些不打算離開或無能力離開的人，能夠重新確立自己的身份，認識自身獨特的文化，認同香港是不可隨便放棄的家。同時，有件事大家心知肚明，就是政治上的畏懼：香港的一切，會隨著一九九七年香港回歸中國而泯滅。故此，我們小心翼翼地推動香港本土文化身份的認知。正如我在其他場合提過，成為策展人後，為免利益衝突，我一直壓抑個人作為藝術工作者的身份。不過，在創作上，如《坊間故事》一系列的作品，我的取材和創作是完完全全地道的。作為策展人，由「李鐵夫作品展」起，我堅持每年辦最少兩個「香港文化系列」[5]這類的展覽，目的是要讓人們知道香港一直有豐富的文化底子。這些展覽，亦驅使我作更深入的研究。如果我們以西方那種精緻藝術思維作切入點，香港的文化的確相對較弱。然而，假使我們將文化的定義擴闊，例如滲入人類學等層面的思維方法，香港藝術可以變得開闊、廣泛和豐富。以「坊間故事」為例，它的風格很漫畫，整個系列的最終目標為論述本土故事和重構本土文化。所以，M+ 其實是這種思維的延續，藝術的定義應該擴闊至視覺文化的層面，而流行文化則為主要的層面。

黎 據我在八十年代觀察所得，香港藝術中心在陳贊雲的領導下，他們走的是比較精緻和國際化的路線。你上任以後，展覽的方針則來了個大轉變，回歸本土和普及化，跟香港大會堂那種水墨的路線迥異。所以我開始學畫畫的時候，多去香港藝術中心看展覽，因為那裡的展覽比較具啟發性。

何 其實做策展時，機構既然定位在香港，便應當考慮自己扮演什麼角色。當時的香港藝術圈精英主義頗強烈，創作空間為一畫會、香港現代水墨畫會[6]、香港雕塑家協會等壟斷。陳贊雲辦「十年香港雕塑」（1988）時，邀請了我和楊秀卓，當時只有我們兩人並非香港雕塑家協會成員。那時候，他們幾乎把我拒之門外。他們認為我用樹枝和泥做的東西，不能視之為雕塑。在他們眼中，似乎只有 Henry Moore 的作品才算是雕塑。由此可見，大家的觀點之間有著難以逾越的鴻溝。還好，陳贊雲頗支持我們。然而，我跟他的分別，在於陳贊雲較具公子氣派，口味較精緻優美。

黎 對，我記得第一次看「趙無極作品展」（1982）（註：「趙無極作品展」由王潤生[7]策展），就是在香港藝術中心。趙無極能夠以華人藝術家的身份，躋身在非官方機構如此大型的展覽，當時我甚為佩服。到你上任以後，則開創了新的一頁。你策展的「藝術化生活」（1988）展覽，開創了新的潮流。

何 我就是由那時開始到處點起「火頭」。當時在香港、甚至在亞洲，策展人並未出現或被承認。即使有策展人，都是政府領銜的博物館內部的人，記憶之中只有一個全職、非牟利機構的獨立策展人。當時我有心抗衡現有機制，並發覺水墨畫已經過時，加上新一批的年輕藝術家如麥顯揚、阿鬼（黃仁逵）等湧現，促使我策展了「轉變的年代：香港新一代藝術家作品展」（1989）。實際上，這個展覽是個很高調的聲明，時移世易，新舊將要更替。除了推廣本地的當代藝術外，我不斷把外國的當代藝術帶到香港，向觀眾介紹這種新語言。總之，我希望讓觀眾走出那所謂「融會中西」的水墨世界，看看藝術世界有多闊。

黎 剛才你提到為一些從外國回流的藝術家策展，現在就讓我列舉一些展覽，看你是否還有印象。以「轉變的年代：香港新一代藝術家作品展」為例，你提到過「意識的流動」，而當中的藝術家則有陳志玲[8]、陳偉邦[9]、楊東龍、王純杰、王禾璧、楊秀卓和潘沂[10]等人。令我感到奇怪的是，這批年輕藝術家當時還未被認識，你們怎樣籌募展覽的經費？當時藝術中心的董事，又有否對他們的作品抱有懷疑？你當時怎樣認識這批人？

何 藝術圈很小，通過別人的介紹，很快就可以認識所有人。回港以後，我曾在香港中文大學校外進修部任教兩年，後又轉到香港大學校外課程部（現稱香港大學專業進修學院）全職任教。在港大任教的好處，就是不少在海外學成回港的人，都會到那邊找工作、找兼職。故此，我便很容易接觸到這批新進藝術工作者。

當時香港藝術中心仍有著很好的傳統：除了提供資金外，高層不能對舉辦的節目說三道四。他們能夠提出質疑的，就只有資金方面。如果我將金錢運用得妥當，沒有人可以挑戰我的決定。這也是香港藝術中心成功的地方。當時我們對這原則很堅持很看重。高層稍為越界，便會引來我們的強烈回應，當時大家都互相尊重。

黎 但你離任後，情況便大不如前了。現在肯出錢的便有「話事權」，選的人都是自己喜歡的。說出錢的人就是策展人，似乎也不為過。

何 對，這就是退步的象徵。當時的香港藝術中心很好，只要把錢的問題解決了，其餘一概由有關的專業界員工全權掌理。

黎 香港藝術中心現在還有展覽總監一職嗎？

何 只有總幹事，就是林淑儀了。不過，很多時候前主席和現任藝術顧問包陪麗[11]都有參與展覽決策。

黎 我認為你帶動了一片新氣象，這是非常成功及很明顯的一個現象。是你們刻意這樣做嗎？

何 不是。作為專業人士，他們的水平實在讓人受不了。另外，他們浪費了太多的資源。我們不是刻意的，但我們亦不會逃避，認為他們不對，便會指正他們，雙方的對立，就由此而來。不過，我們始終對他們構成一定壓力。以「城市變奏：香港藝術家西方媒介近作展」

（1992）為例，就是受到我們和藝術界內的壓力而策劃的。

那時候，黃仁逵那批人的本土意識未算太強，唯一能將我們拉到一塊的，就是我們都曾在外國留學，皆對當前不公平的藝術制度極為不滿。對比當時的主流藝術，我們的作品跟他們的有著很大的差異。在建制內，我們被邊緣化。而後來的「外圍：流動藝術展」也因此誕生。

黎　當時你身為香港藝術中心的展覽總監，官方同期亦有舉辦一些展覽。當中哪些印象比較深刻？

何　公平地說，這跟個人喜好和興趣有很大關連。「城市變奏：香港藝術家西方媒介近作展」、「香港人心目中的亨利．摩爾」（1986），還有香港歷史博物館那個由田邁修[12]策展的「香港製造：香港外銷產品設計史一九〇〇—一九六〇」（1988），均給我留下深刻印象。

黎　到九十年代，情勢似乎有所轉變。隨著香港藝術發展局、文化委員會等機構的出現，你們坐上了重要的崗位。那時你們有否跟民間或官辦的機構攜手合作？

何　官方很少跟我們合作，主要都是民間的機構。

其實出任了這些崗位，就不難察覺到，香港藝術發展的問題跟架構有很大關係。所以，一切改變均要由其架構著手，否則一定會出亂子。當時不僅我，整個文化圈都察覺到問題癥結所在，便提出成立香港藝術發展局的訴求。中間其實頗多波折的。

當時文化界不少人如榮念曾等，不斷寫文章提出訴求。一九八五年起，我亦在《信報》寫文章。當時《信報》是一份頗有分量、受人重視的報章，加上九十年代時我在香港藝術中心擔任展覽總監，我寫的文章確實有一定的影響力。政府因為壓力，找了個英國人做研究，但這個研究報告做得很馬虎、很敷衍，於是引來極大迴響。政府最初的意見，是建議成立演藝發展局，後來因為壓力而屈服。當時的文康廣播司周德熙[13]較為開放，政府最終同意成立香港藝術發展局，找了我和其他人商量。不是自吹自擂，那團隊人才濟濟，圈內有分量的人都有份參與。

大家都抱有理想。當時的陣容很強盛，不僅是文化界的，連行政的職位都能找到滙豐銀行的大班艾爾頓[14]出任，主席則由何鴻卿爵士[15]擔任，還有陸恭蕙等人，很厲害。我那時先參與籌備工作小組，後來成為一九九五年第一屆視覺藝術和策略委員會主席，負責寫五年計劃。

那計劃頗能反映出藝發局的思維和理想，但現在的變化很大，原有的理想已被束之高閣。

黎 那後來到西九文化區議題的出現，你有否參與討論？

何 中間有段轉折的。離開香港藝術中心後，我到特區政府的文化政策委員會任職了兩年高級政策研究主任。後來我去了上海，未幾又回來。西九文化區的計劃出台後，罵聲四起，當然少不了我的批評聲音。政府將原來的計劃推倒重來後，我也加入了於二○○九年成立的西九文化區管理局諮詢會，參與了西九文化區的發展方針等研究。

黎 我曾聽聞香港藝術館曾計劃效法郵政局，將整個機構私營化。是否有相關的討論？你有否參與在其中？

何 香港藝術館公司化是文化政策委員會的意見，何志平得悉我們的決定後，膽顫心驚，因為博物館內部的人對此很抗拒。後來，何志平再成立一個博物館委員會重新審議我們的報告，怎料經過兩年討論後得出同樣的決定。之後，他們一拖再拖，到曾德成上台後便宣佈維持現狀。

我曾多次提出，沒有一個專業的博物館人士會反對公司化。公司化的意思，就是政府負責出錢，博物館則獨立運作。不少策展人均贊成這提議，有誰不樂見這政策？當中涉及到的政治因素，我本人不太清楚。可能只有那些謀求「鐵飯碗」而不願冒險的公務員才會反對吧！除了那些不願做事的人，我實在想不出有誰會反對。

黎 對於兩年一屆的「當代香港藝術雙年展」，你又有何看法？

何 我當過一次評審，當時已經建了新館。我也曾跟你提過當中的問題，就是場館太大、本地藝術圈太小。每兩年辦一次的原意，是希望仿效英國的皇家藝術學院的「夏天展」（Summer Show）那類。然而，香港的藝術圈太小了，根本無可能每兩年就湧現一批令人興奮的藝術家。至於已成名的藝術家，他們又不太願意參加公開評審的展出，害怕不被接納會影響名聲。出任評審時，我發覺作品質素低得很，但又要填塞得獎者。當時見過譚志成，我也提出要重新審視雙年展的模式。在香港，不論你有決心推動與否，這種現行的模式根本行不通。

黎 所以，我以為當時的「城市變奏：

香港藝術家西方媒介近作展」，就是要改變此制度。我認為發出邀請總比自行遞交作品、再由他人挑選的制度較佳。始終如你所說，有些藝術家不太願意以後者的模式參展。可惜的是，「城市變奏：香港藝術家西方媒介近作展」只於一九九二年做了一次。

何 就是公務員心態作祟。邀請評判，遇事時可以找評判作擋箭牌；如果自己策展，辦得不好時，受靶的人就是自己了。那麼他們為何要冒這個險呢？

黎 大概兩三年前，鄧海超曾辦了「開放對話：開放．對話」，邀請客席策展人策展，包括麥顯揚那個展覽。對於這種做法，你又有何看法呢？

何 第一，怕做決定。第二，太民主，什麼都任由大眾公開討論。坦白說，一個資深的策展人絕不會接受委員會的評審，更何況那些委員大部分並非資深的策展人。作評審卻連料子也沒有，只會受參與者白眼，更遑論尊重評審專家的決定。

那批官方策展人，其實在自己的領域，是有一定專業知識的。身為策展人，不論喜歡與否，就是負責下決定的，不能把責任推予別人。做得好，自然受到讚賞；表現不佳，受人批評亦正常不過。假如無這股勇氣，那麼策展人就不做為妙了。只懂事事由人決定、只負責辦開幕酒會、把球踢給評審委員會，根本沒有意思。

如果你有堅實的信念，就會勇往直前，根本不會出現這情況。遇到挑戰，自然會昂然挺首跟人對辯、解釋，闡述自己的立場。所以，策展人一定要有鮮明的性格。

受人讚賞自然是最好的，其次就是被批評。最慘的，就是無人理睬。我不太介意被批評，因為這意味著其他人會認真看待我做的事情。遇到批評，不論是筆戰、辯論等等，都不太重要的。只要是經得起考驗的思維、能夠闡述自己的觀點立場就可以了。

黎 所以，我感覺香港的展覽或策展方面的工作，似乎仍困於窮巷，未找到出路、新的路向。

何 其實也要面對一些困難。我記得在《三角誌》雜誌第十九期寫過一篇文章〈本地策展路難行〉，是關於策展的困難。在公營博物館策展，每每遇到不少掣肘。以朱錦鸞為例，任何官方代表都要遵照這守則，即使她打算寫篇文章反擊別人的批評，也要得到上級的批准。假若上級說不，她就什麼都不能做，只有挨打的份。

再者，以前民間的非官方機構如香港視覺藝術中心（Visual Arts Center），可以聘請一名全職的策展人，但現在則再沒這套了。至於 Para/Site 藝術空間，它已淪為外國人經香港找工作的職業介紹平台，資源不足但搞活動總要外國響亮名字，這跟它當初成立時的理想和思維有很大的距離。另外，1a 空間等機構實在太貧窮，難留得住人才。另一方面，客席策展人不是訓練正式策展人的理想渠道。展覽始終不定期，辦成一個展覽後，可能要等幾年才有另一次機會。然而，策展乃一個持續的過程，如同創作一樣，需要不停地摸索發展。

黎　你剛剛提到 Para/Site 藝術空間及 1a 空間等。八十年代時，由於官僚制度令人受不了，逐漸出現自發組成的「另類藝術空間」。身為一位藝術工作者或策展人，你會否認為空間的不足，大大限制了你發展的機會？

何　我絕對認同，所以我們才辦《外邊》雜誌。後來，黃仁逵開了一間酒吧 Quart Society，就是用來飲酒兼展出畫作，後來因為無法繼續營運而倒閉了。

黎　當時會否有一批藝術家處身在夾縫之中，既沒有向你們這班較敢言的人靠攏，又不能進入官方的架構，最終淪為一群失落的藝術家，就像那些從台灣師大（國立台灣師範大學）回港的年輕人。有時我禁不住想，夾在兩批人之中的他們，究竟到哪裡去呢？他們好像在掙扎，沒有讓他們展出，甚或創作的場地？甚至有些無法掙扎反抗，最終被迫消失了。

何　我相信一定有這樣的人。有些人可能是我們接觸不到的。其實，那時很難花時間去找尋散落在香港的藝術家。當時的渠道不太多，我們有個機制，就是容許任何人在周五下午到我的辦公室，希望可以遇到一些透過我的網絡找不到的藝術工作者，特別是年輕藝術工作者。實際上，我策展過的香港當代藝術展不算太多。始終，資金等等的限制造成遺憾，特別是不知名的當代年輕藝術工作者，極難找贊助，儘管我自己也希望多辦一點。

黎　除了參加雙年展外，那些人就沒有什麼其他展出的渠道了？

何　可以這樣說。始終自身的傾向，或多或少影響了我的策展方向，正如我不會看書法一樣。可能當中有些人，我不太喜歡他們的風格。至於個展，我很少策劃，記得幫麥顯揚辦過一次。其實我也有關注一批來自內地的藝術家如楊東龍、蔡義遠[16]等。另外老一批畫寫實畫的，如馬家寶[17]，我覺得研究香港藝術也不能忽視這一輩的藝術工作者。但作為一個策展人，應該恪守一貫策展方向，不能什麼都辦，否則性格含糊，反正人家已在做的東西，也沒需要去重複。

黎 對，你找到李鐵夫[18]，自然會順著脈絡想到馬家寶，不可能跳躍式地辦。

何 要不然就會開出太多分枝，愈辦愈亂了。

黎 話説回來，大概八十年代時，你好像做過類似的研究，訪問過一百多位藝術家，並把資料存於香港文化博物館。

何 沒錯。因為九十年代初期很多人移民外地，我們害怕有關老一輩藝術家的資料會因此而散失，便展開了有關研究。坦白説，我不認為香港藝術中心有足夠資金和能力應付該項研究。做這個研究，可算是因為有高度的焦慮而已。因此我們大膽進行口述歷史，訪問一些老藝術家，做了一個很基本的研究。

《過渡》試刊之一，1995 年 3 月。受訪者為編輯顧問之一，圖片由黎明海博士提供。

黎 他們把資料藏起來，跟著不了了之？那版權誰屬？我也問過譚志成為何沒有對外公開資料，以供後續的研究人員參考。

何 後來文化博物館的嚴瑞源[19]問我要那批訪問，現在是屬於他們的，但香港藝術中心好像亦留了一個副本。不過現存於香港藝術中心的資料也不知會被丟到哪裡去了。

黎 不知是否年齡決定心態，我自己也跟你差不多。觀乎一些年輕的同事，他們可以一年辦五六個個展，真的超乎我的想像。一會兒在台灣、一會兒在內地、一會兒在香港……真要命。我寧可十年八載只做創作不辦展覽，這樣才輕鬆。

何　辦展覽不是問題，但藝術應為個人情感思維的表述，以及要清楚界定誰是觀眾。我的觀眾，是跟我關係密切的人。

黎　除香港藝術中心外，你還加入過其他藝術團體，當中令我最印象深刻的，就是辦《外邊》雜誌。我認為《外邊》作風挺大膽的，衆多藝評中，論點最為尖銳、一針見血的。後來，Quart Society 又辦了一段很短的時間，大概只有半年。

何　當時阿鬼（黃仁逵）比較懶散，在酒吧就是喝酒、玩音樂。所以 Quart Society 純粹是個供我們聚首、間中展出作品的地方而已。

過渡目錄　試刊之一，1995年3月

6	陳清僑	論都市的文化想像	
15	黎鍵	保存・推廣・延續・振興	
19	羅卡	香港電影考古學之一章	
27	梵谷	舞蹈的規範與自由	
31	春江	不動不動還是動	
35	Susan Sontag	在薩拉熱窩等待果陀	Waiting for Godot in Sarajevo
43	武林	香港舞台上爬能承受的輕	
47		後《胭脂》的不點達	
52		物語	
65		學歷倫的雜想	
75		給兩個市政局的新議員	
80	馬建	再現的生活與生活的再現	
84		羅點雙遊	
90		辦一份中國人的報紙	
95		香港的同志（酷異）政治	
99		影象：物權何時反？	
107		「文化研究」的另類方案	
113	Y. R. Dominguez	論都文化	

《過渡》試刊之一，目錄，1995 年 3 月。
圖片由黎明海博士提供。

《外邊》其實沒太多資金，作者都是義務替它寫文章，還好營運成本不太高。Quart Society 的主要搞手，是阿鬼和麥顯揚，我們只是去喝酒，跟他們聚一聚。

黎　你在《外邊》發表過一些作品，但你有否參與過編務上的工作？

何　沒有。只是寫文章和精神上支持。有些東西，雖然上面寫有我的名字，但實際上我未有直接參與。因為有些機構想爭取撥款，所以便多填寫幾個人的名字。這情況頗普遍的。

黎　我也比較過《越界》和《過渡》[20]兩者的方向，前者的受眾偏向內行人，簡單而言，都傾向以深入淺出的方式，基本地概述藝術方面的知識。《過渡》雖然想走大眾化的路線，但很快就停辦了。

除了《越界》、《外邊》、《過渡》等雜誌，這段時期都出現了不少藝術評論等雜誌，你還記得其他相關的雜誌嗎？

何 《打開》[21]是進念・二十面體[22]辦的，他們投放了不少資金，大概維持了一年。這本雜誌當時頗受爭議，因為當中有不少內容涉及評論文化政策，被人抨擊為「搞政治」。我自己也沒太積極參與，只寫過一兩篇文章。其實，那時為香港文化評論的高峰期，《信報》是眾多議論平台之中，最受注目的一個。看《信報》，一定先翻看它的文化版，而《明報》、《星島日報》等其他報刊也挺活躍的。因此，說香港沒有文化評論，是不公道的，只是往昔不再而已。

黎 香港藝術發展局也資助過一些雜誌如《香港視藝》[23]、*a.m. post*（現分拆出 *art plus*）等，那時你還在藝發局嗎？

何 不在了。第一屆完了，我便離開香港藝術發展局。

黎 它所資助的很多雜誌都不能維持很久。即使是 *a.m. post*，現在已經轉型了。原因何在？

何 不能長久持續出版的原因，主要跟市場有關。香港藝術發展局的目標，是希望這些雜誌能夠做到自負盈虧。在香港，你不能期望一本雜誌能在短短兩三年內，就能達至自負盈虧。因為我們缺乏的是讀者，而培育一批讀者，又是一件耗時甚久的工序。除了讀者外，還要建立作家群，但寫藝評的薪水又微薄。我替《信報》寫文章，他們付五毫子一個字，據說當時已是頗可觀的，原來有些人還比我低。

黎 香港大多數人並無閱讀文化雜誌的習慣，怎樣才能培養出一批評論的作者和讀者呢？否則，文化雜誌很難持續地辦下去。

何 問題其實頗複雜。首先，我們缺少作者。能夠寫一手好中文的人，已經不多，中文寫得好而又有文化修養的更少，懂藝評方法學的人，少之又少。故此，這已是一大致命傷。第二，跟雜誌和社會的趨勢有關。即使是《信報》，自從易手後其文化版早已為生活品味潮流那些東西取代，變得很膚淺。

黎 是否跟中國人社會有關？寫評論怕開罪別人，但不能正中要害的評論，又算什麼評論呢？

何 我自己也有批評其他人，但我也關注藝評人那種自大心態：自恃為上帝，為人間分黑白。我也曾經歷不少掙扎，思考過怎樣才算是藝評？是否要為他人界定好壞之分？由於我所接受的訓練涉及到意識形態、社會學角度及情境考量等，寫了一陣子評論後，我慢慢發展至從更遼闊的政治、經濟、意識形態等處境來評論一件藝術作品，好壞不是最重要，而是要關注其創作動機、作品能否達到創作的目的？為何可以或不可以？背後反映出什麼意識形態？其實，回港後不久我已向這方面探索。我很厭惡評論單單由好或壞出發，而我回港時的藝評水準很差。

黎 本港的藝評僅僅做到介紹作品而已。

何 不外乎描述為主，再附以感性的文字及一堆晦澀的名詞。因此，我便選擇了左翼、貼近馬克思主義的手法，想讓其他人明白藝術不只是藝術而已，它與周遭的政治、社會等環境密不可分。這一直影響著我的寫作風格，自己亦不斷嘗試開拓新的領域。

黎 我在英國留學時，認識了一位叫 Peter Fuller 的藝評人，他的文章經常用到馬克思主義。看他的文章，真的可學到不少東西。在香港，根本找不到這種質素的藝評人。

何 根本沒有人懂這些。剛回來的時候，他們都看不懂我的文章。辦私房菜前，劉健威亦寫過很多文章。當時每逢我們二人進行筆戰，《信報》的銷情必定上升。

黎 購買劉健威的書，主要是看他寫國畫那方面，當代的則較少。在國畫方面他很敢言，由香港藝術館到一畫會，皆無所遺漏地被他批評過。

何 寫國畫，他是有一定根基料子的。不過，他在當代藝術範疇卻可以再深入點。

黎 在《新聞透視》節目中（《藝術．垃圾》），你提到過一九六七年，這個香港政治和文化的轉折點。另外，一九八四年簽署的《中英聯合聲明》、一九八九年的「八九民運」以及一九九七年香港回歸中國內地，你又如何看待這四個年份？

何 先談一九六七年，它對設計、文藝社群性的活動影響較大。經歷「六七風暴」後，英國採取較懷柔的手段，以建立本地的文化身份。當時，現代水墨那種東西兼容，但又沒有觸碰到共產黨意識形態的藝術，很符合英國人的管治思維。

那時還有「香港節」[24]，找泰迪羅

賓來唱歌、辦選美會等那類活動，藝術不是主要活動。故此，「六七風暴」最影響流行文化的發展。至於一九八四年的《中英聯合聲明》，讓整個社會都被一種不安的氛圍籠罩著。一九八九年的「八九民運」，就把港人所有的負面情緒引發出來，文化身份的討論亦乘時而起。我和也斯等人，舉辦了很多有關文化身份的研討會。而流行文化方面，魯金[25]、吳昊[26]等亦出版了不少著作，講一些廟宇（《妙言廟宇》）。

還有《黑玫瑰對黑玫瑰》及它所帶來的懷舊潮流。至於一九九四年辦的那個「香港六十年代：身份、文化認同與設計」，亦引起很大的迴響。當時公眾的反應頗強烈。一九八九年的危機感、恐懼、對自身文化的訴求等，令即便是年輕一代如梁寶山、梁志和[27]等，也提出了很多有關自身文化的定位問題。對這個議題的探討，涉及到幾代人的參與。回首前事，九十年代算得上是香港文化的高峰期，發生很多很刺激的事情。

黎　但也有不少人離開了香港，形成了一段資料上的真空。

何　蔡仞姿和韓志勳也移民了。不過不要緊，江山代有才人出。九十年代，攝影是發展得最成功的。

黎　一九九七年後是否復歸平淡？

何　這是較客套的說法，我認為「死吓死吓」（半死不活）較貼切。其實當中又牽涉到很多問題。一九九七年前，我們有一個很明確的宣言，將中國共產黨和「我」界定得清清楚楚，河水不犯井水。回歸後，不論喜歡與否，身為中國一部分已為既成事實，同時令自身的定位更為困難。加上一個強大的中國，雙方的角色好像對調了，造成身份認同上出現了落差。當然近年亦有不少藝術工作者到了內地發展。也有些人選擇另闢蹊徑，然則又未找到自己的路向。至於政府方面，又一屆比一屆差。這種意志的消磨，令一九九七年後的藝術生態如同一潭死水。

黎　現在的人似乎較關心個人的事物，跟我們當時重視社會性的很不同。

何　我不認為他們漠不關心、自私、完全由自我出發。最大的問題，是社會缺乏議題，未能提供一種視野、遠見，能夠使人憧憬未來。我們過去勇於爭取，全因當時仍有實現計劃的希望。現在連希望也沒有了，自然難以吸引人在這些議題上再花費時間和精神。

黎　最近鬧哄哄的議題，就是「委派」

李傑[28]到「威尼斯雙年展」參展。然而，可能我未有深入了解他的作品，所以對李傑的印象頗模糊。他似乎常在喃喃自語，流於自我獨白。這是否九十年代藝術工作者的特徵？

何　李傑的作品，一方面是獨白，另一方面亦訴說著家庭、私隱等軼事。自一九九七年以後，退隱於自身成為主流的創作風格。李傑有些作品，我是挺喜歡的，但感覺他的創作總是不斷地重複。在M+博物館及「威尼斯雙年展」這些議題上，社會的反應雖有點過敏，但這也反映出我們無法掌握命運，還是由外邊人操控的沮喪。本地的發展，卻為外國人所把持。

黎　你跟張頌仁所辦的《後八九》（1993），所傳達的訊息則比較明確，所關心的，也跟時代的轉變有關。不過，以個人為出發點，會否成為新時代的趨向？

何　八十年代中期，中國內地前衛藝術的影響力頗大。一九八三年至一九八五年這幾年間，他們辦過不少出色的展覽，在《八五新潮》的大旗幟下，出現林林總總的有趣展覽。也是這個潮流，引起了我的興趣，與內地的藝術工作者、評論人建立了關係。

內地在八十年代的展覽不時令人驚喜，但香港藝術界跟內地藝術界的關係仍未建立，我們又能以《後八九》作平台，將內地的前衛創作出口到世界，當時搞這樣的展覽十分困難。反觀今日的香港，魄力、影響力已大降，文化上的角色、方向路線亦變得模糊不清。

黎　那麼，你提及你到上海工作，是一種「自我放逐」。當時你抱著什麼心態？有經歷兩地文化差異所帶來的震撼嗎？

何　我的離開，對文化界造成一定的震動。我的離開，其實有幾個原因。首先，香港不能給我提供足夠的機會。其次，博物館的籌辦和建設，是我一直渴望參與的。所以，這算是一生難得的機會，不能錯失。在他人的眼中，因為我一直為推廣香港文化而努力，我當時的決定令部分人感到被出賣了。不過，這地方不重視我，我便得要找尋容身之所。

黎　後來，上海方面（上海當代藝術藝術館）曾作出挽留，希望你能多留三個月。為何你卻決意回港？

何　因為在內地做事，實在要作太多妥協了。當然，作為策展人，妥協是免不了的。然而，妥協是有底線的。當情況令我難以接受，便唯有辭去工作。另一方面，由於跟家人分隔兩地，我只能在周末乘飛機回家。由上海飛到香港，已經耗去大半天，只剩下一天跟家人相聚。

中間經歷的痛苦，我可以容忍，專業上的妥協，才令我難以接受。挺到開幕後，我便決心離任了。

黎　這也不難理解。另外，你曾將香港當代藝術發展分成數個階段：六十年代，有李鐵夫的弟子及陳福善等人……

何　六十年代，水墨的領軍人物自然是呂壽琨。至於西畫方面，則由三十年代起逐漸成形，出現了李鐵夫、余本、李秉等畫西畫的人。無可否認，水墨在那段時期對本地藝術的震盪，較西畫來得大。到七十年代，開始有一批新人湧現，有蛙王（郭孟浩）、蔡仞姿這班藝術家開始留意到西方的裝置藝術等，然而聲音很微弱，人才較單薄。

黎　有白連[29]、鄺耀鼎[30]等。

何　還有在香港中文大學校外進修部任教的金嘉倫[31]。那時他畫的普普藝術，很前衛。海外留學回港的人之中，有一批人進了大學任教以後，就變得不太活躍，只專注辦自己的事情。另一批，如蛙王（郭孟浩）、王禾璧、梁家泰[32]等人，則把行為藝術、攝影等帶到香港。所以，這段時期為香港當代藝術的「發酵期」。

黎　「發酵期」是指未成熟？

何　應該說，是起點，在醞釀、摸索中。到八十年代中期，阿鬼（黃仁逵）、韓偉康、陳志玲等人陸續出現，伴隨着當代藝術而衍生的藝評等亦漸漸成形。因此，八十年代中晚期出現的人物，可算是香港第一代的當代藝術家。

黎　接下來就是九十年代。

何　當時香港藝術中心的角色非常重要。他們既小心翼翼地扶持當代藝術，同時亦不斷向政府、香港藝術館那邊施加壓力。這段時期又出現了新一批藝術家如梁寶山、梁志和等人。

不同之處在於，九十年代這批人主要在香港接受訓練，或先在本地受訓，絕大部分來自中大，接受近似的教育，然後再到外國進修一兩年。反觀八十年代，大部分藝術工作者如我、阿鬼、韓偉康等，都在外國打滾了很多年才回港。因為大家在不同國家或地區接受教育，所以藝術風格和思維極其不一致。我們這些屬八十年代的，思維較直接而深入地了解西方藝術的種種，至於九十年代的，他們則貼近本土。加上一九九七年香港回歸中國，令他們的本土情意更濃。就我而言，由於我修過英國文學等，西方的學術訓練對我有很大的影響，對西方文化的認知也跟他們有別。這跟孰好孰壞無關。浸淫於不同的文化，大家所走的路向因而迥異。

黎　我認為八十年代初那批人物，好像對藝術較有熱誠、自信，很希望向他人證明自己。

何　他們身處的環境，跟九十年代大相徑庭。在那個年代，創作環境不太理想，稍為軟弱一點，根本無法生存。假若無人欣賞你的作品，無人買你的作品，在缺錢缺觀眾的情況下，靠什麼堅持創作？那麼，要支撐下去，就要對創作非常有熱誠，性格要鮮明強硬。因此，當中一批人便轉投到其他事業了。剩下來的那班，就是最倔強、最撩事鬥非的。到九十年代，在藝發局的庇蔭下，藝術圈有另一種思維個性了。就是

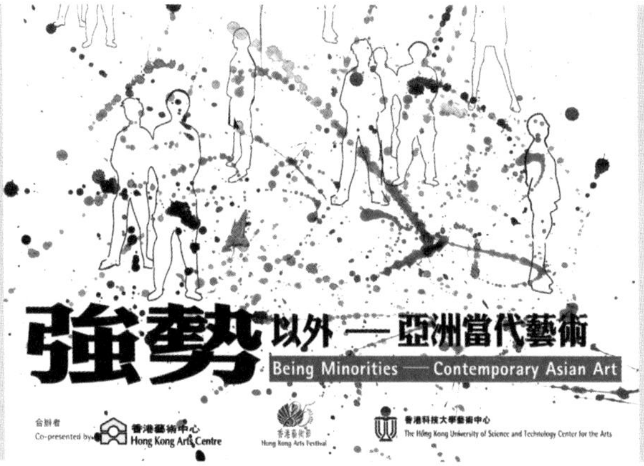

由受訪者策展的「香港文化系列」之一、「強勢以外——亞洲當代藝術」，香港藝術中心，1997 年。圖片由黎明海博士提供。

倚靠政府的資助，投訴沒人給自己錢搞創作的心態慢慢浮現。

在那年代（八十年代），沒有個性和堅持實難以生存、繼續創作。

黎　後來，你在文章中提到香港回歸後，多元的表達空間、政治的創作議題大幅減少了，至於另類的展出空間，也慢慢萎縮。你是指 1a 空間、藝術公社等機構的角色嗎？

何　這跟政府撥出的經費有關。時移世易，政府的機制比以往強大，排斥了很多規模較小的機構。在過去，看展覽不外是到香港藝術中心或香港藝術館。

黎　未有香港藝術館前，就到香港大會堂看展覽。

何　所以是時勢造就格局。現在雖然有

很多展覽，但數目實在太多太分散，索然無味。機制現存的問題，就是不懂定位。至於另類空間，除卻消失了的藝術公社，只剩下1a空間、香港藝術中心、Para/Site藝術空間……

黎 Para/Site藝術空間已經變了質。

何 對，香港藝術中心也迷失了方向。

黎 我已經有兩年沒有到香港藝術中心看展覽。過去總是專程去香港藝術中心，現在即使路過，又猶豫不決，不知要不要進去看看。試過有幾次，我去了才發現一個展覽也沒有！

何 而1a空間就長期缺錢，即使有展覽水準也大受局限。我們似乎未有一個較穩定的空間培養個性鮮明的策展人，有的都送給了外國人。

黎 正如你提到，政府作為撥款機構，總免不了將一些不合意的思維、想法過濾了。如藝發局，他們就是以入場人數為衡量準則。

何 籌組香港藝術發展局時，我們就警告過文化界要小心不要太倚賴政府的撥款，否則只會淪為兼職公務員，為了眼前利益，察覺不到長期倚靠人家供養來生存的危險。記得自二〇〇七年以後，我就再沒有向香港藝術發展局申請資助。近年，不少藝術工作者對香港藝術發展局甚為依賴：收到十萬港元撥款，就辦成本十萬港元的展覽；獲發五萬港元，就辦五萬港元成本的；無撥款，就不辦任何展覽。八十年代則相反，機制未成氣候，事事要親力親為，辦展覽隨時要賠本賠精力。那批人堅持的原因，純粹出於對藝術的熱愛。

黎 在二〇一二年的訪問〈香港本土藝術，怎麼了？〉中，你提過香港藝術面臨的困境：藝術家缺乏創作空間，展出機會少；藝術教育不足，無法培育優質藝評人，使藝術工作者難以和觀眾溝通。

何 其實策展的機會不算少，只是沒有觀眾罷了。至於藝術教育層面更是弱得不堪入目。教藝術史的人就知道，香港的藝評水準很低，一看就知道寫的人缺乏專業訓練。

黎 最後，你經歷了不同的藝術時代，除了個人的作品外，你有否收藏其他人的作品？

何 沒有，一件也沒有。由於牽涉到道德和專業操守，我們這些策展人是不能也不會這樣做的。當然，有時候會有例外。例如替內地藝術家辦展覽，他們會送我一些作品。由於拒絕他們的好意並不禮貌，故此我便要向上級請示、匯報。也有特別情況是藝術工作者急需金錢，如唸研究院時有同學沒錢過聖誕，便買了些他的畫，雖然當時我也很窮。在一九八八年我當上了藝術中心展覽總監後，從不會主動提出收藏作品的要求。

黎 但你已經退了下來，在策展界方面沒任何實質職務，那麼你有收藏香港藝術家的作品嗎？

何 我有收藏外國藝術家的作品，香港的則沒有。漫畫、浮世繪等學生時代的收藏，至今我還保留著。攝影方面，唯一的收藏是邱良所贈的。現在當然可以收藏，只是一直以來，自己並無刻意去搜羅藝術品。

黎 你仍會到位於中上環，或荷李活道一帶的畫廊去看看嗎？

何 有的，不過悶得很，全都是那些哈哈笑、嬉皮笑臉的東西，真的很討厭。

黎 聽聞愈來愈多國際級的畫廊到香港辦展覽，但我不太清楚他們的心態。

何 所謂國際級，只是生意規模大一點、價錢貴一點而已，性質根本一樣。

黎 相信他們的注意力，不會在香港的藝術家身上。

何 我多到嘉圖畫廊看香港藝術家的作品、看當代藝術。以往到外地，我多參觀博物館看當代藝術，較少到商業畫廊。二十多年來，我到過不同的地方，自然有零散的收藏，在上海的時候又買了一些與我的藝術館無直接關係的舊物品，如豐子愷[33]的漫畫……

黎 我猜你對舊東西應該較感興趣吧？

何 對，但當年因身份關係，錯失了很多機會，現在我只收了很少。當策展人時，因為考慮到專業身份，也考慮到可能影響機構的形象，自己要避忌，不能只說句「問心無愧」便算數了。現在退了下來，雖然不再受到束縛，但也沒有收藏東西的習慣。

黎 那麼，你寫文章時，不就要到處找資料、借資料嗎？

何 一定免不了，我始終不是收藏家。辦完「藝術化生活化」，畢竟是第一個展覽，為了留個回憶，我才買了一件展品，那人不是什麼著名藝術家。辦《後八九》時也買了張細小的李山作品，現在仍留起來作紀念，當然這兩件作品都通知了上層並獲批准。

黎 跟買一個雄雞碗[34]的意義差不多。那麼，你仍有留意新進藝術家的作品嗎？

何 有，但比過去少留意了。因為我覺得當代藝術很枯燥，每每僅為自我和金錢的展示。現在，我較專注從研究人類學以及社會學研究藝術的社會功能。時至今日，藝術變得狹窄，淪為自我和市場的陳列工具。因此，我希望多做研究，從而再發掘和再恢復藝術原來的功能，也投放了更多時間在社區藝術方面。

黎 像「藝術在醫院」[35]嗎？

何 那是很早期的事了。周四晚，我會在獨立媒體平台談那些地區地標（「眼冤地標？區議會的文化想像」）。現在，我的目標是推動社群藝術。在八十年代，不管在香港或亞洲，能夠找到一份辦當代藝術的工作絕非容易。我能夠擔任這職位，且享有很大的自由度，所以我認為自己頗幸運的。因此，我希望多寫一些文章、書本作回饋。另外，我也很享受執起教鞭的日子。現時，我最大的心願為訓練下一代，以及整理我過去做過的工作。有趣的是，我過去的策展工作，在外國頗受重視，也有些研究和討論。

黎 我經常跟學生說，香港本土其實為我們提供了許多創作的素材。以你為例，在九十年代時便創作了八十多張的「坊間故事」系列。當時究竟有何動機驅使你創作了這一系列的作品？

何 九十年代初我在北京看到《點石齋畫報》，我覺得畫報所描繪的清朝末期社會的荒唐景象，跟香港差不多。那時香港社會真的很瘋狂，古靈精怪，集體性的歇斯底里。那時的新聞，什麼集體自殺、廁紙荒等等，實在是天方夜譚，令人難以置信。於是，我便下決心以「講故事」的形式，並輔以中文，做一些紐約藝評人看不明的作品。後來我還改用上香港口語，就是希望連內地人也看不明白。

其實這個系列，跟「盧亭」那個展覽差不多，就是滲入了揑造歷史作為一種隱喻。由於自己一直對「隱喻」很感興趣，加上最初為研究香港的文化身份，逐漸涉獵到神話學、鬼故等，便在作品中愈加愈多個人的元素、作個人修訂等。比如說，舊日每逢十一國慶，就會有人到中環的中國銀行，向它門前那隻石獅子淋潑黑色墨水。後來，我又「加鹽加醋」，說那隻石獅子會在晚上跳下來咬噬途人，所以要用黑色油去將其鎮壓，但其實香港確有一個傳聞，謂舊滙豐銀行屋頂有隻石馬，每晚都會跳下來飲水。總之，就是以神話作隱喻，暗示其怎樣將人吞噬。我的手法，就是要將現實變成神話，嘗試將魔幻寫實地陳述現實，甚至比現實更真實。後來，發展至那個《盧亭》，都是以扭曲現實甚至虛擬的故事來反映現實。我所受的教育、訓練和創作態度，基本上已經決定了我的思維，而這些作品，就是在策展以外，以另一種形式來體現。到了一個階段，我甚至不必多想怎樣創作該系列，因為香港那時真的瘋狂得很。一周內，接連有好幾個小朋友跳樓自殺，實非常人能想像得到。所以，我甚或要創作一些較輕鬆的作品，以平衡一下心理。創作「坊間故事」的好處在於不太費時，每天下班回家，我在書桌前埋頭苦幹一兩個小時就畫得成，跟寫日記差不多。大概畫到一九九七年前後，那系列有幾張就刊在《信報》，後來就沒畫了。最後一張應該是《坦克車入城》。

其實我有個很奇怪的想法。身為一位策展人，我竟對展覽抱有懷疑，亦曾寫過一篇叫〈展覽的禍害〉的文章，批評藝術已淪為自我膨脹或金錢買賣的商品陳列。我很高興我仍能夠把藝術視為很親密的私人東西，只是與友人欣賞。能夠保留藝術的親密性和個人性，其實是一份福氣。

注釋

1 《外邊》為馮敏兒於一九八六年創辦的文化藝術雜誌，夾附在《電影雙週刊》贈閱，經過五期實驗號後獨立出版，前後共出版九期。

2 《越界》為一九九〇至一九九四年間由曹誠淵出資刊印的文化藝術雜誌，早期以月刊形式出版，並先後改為週刊及雙週刊，首任編輯為列孚，後由張輝執筆。

3 張輝，一九八四年香港中文大學社會學系畢業，一九八七年獲英國文化協會獎學金到英國進修舞台製作、設計及管理，一九九〇至一九九三年間擔任文化雜誌《越界》的總編輯，一九九四年為首屆「比利時布魯塞爾國際藝術節」藝術顧問，一九九五年擔任文化雜誌《過渡》的總編輯，一九九七至一九九九年成為 china.com 和 hongkong.com 的網站出版總監，一九九九年移居上海。

4 Uli Sigg（1946- ），早年獲哲學博士（法學），曾任職記者及編輯，一九七九至一九九〇年於德國迅達集團任職，先後出任亞太區經理、集團執行委員會成員及董事，並協助集團於中國創辦合資公司。九十年代曾於多家跨國公司任職，後更出任瑞士政府駐中國、北韓、蒙古大使，自九十年代開始收藏中國當代藝術品，及後於一九九七年創辦中國當代藝術獎。二〇一二年將其一千四百六十三及四十七件中國當代藝術藏品分別捐贈及出售予香港 M+ 博物館，現擔任中國發展銀行顧問、美國紐約現代藝術博物館國際委員會委員、英國倫敦泰特現代藝術館國際諮詢委員會委員等職務。

5 「香港文化系列」為九十年代中期的一系列展覽，當中「李鐵夫作品展」、「月份牌王關蕙農」、「邱良回顧展」及「香港六十年代：文化身份的設計」等，以探討港人文化身份為目的。

6 香港現代水墨畫會於一九七七年成立，同年舉行首屆畫展，成員以首兩屆「現代水墨畫展」參展者為主。畫會定期舉辦展覽，並以研究和拓展水墨畫為宗旨，現任會長為陳君立，其他會員包括馬桂順、梁棟材、陳成球、管偉邦等。

7 王潤生（1938- ），一九五七至一九六〇年間分別入讀英國聖馬丁藝術學院及倫敦藝術戲劇學院，一九六七年畢業於意大利 Universita delle Arti，主修法語文學，一九七九年獲聯合國教科文組織國際詩歌協會聯合會頒授人文學榮譽博士銜。一九七七至一九八二年間出任香港藝術中心展覽籌劃主任。

8 陳志玲（1958- ），一九八〇年獲英國列斯理工學院文學士，一九八四年獲美國蒙坦拿大學藝術碩士學位。一九八六至一九八八年間曾於香港理工學院太古設計學院出任講師，並曾贏得「美國華裔藝術家比賽」及參加「當代香港藝術雙年展」、香港藝術中心的「轉變的年代：香港新一代藝術家作品展」（1991）等展覽。

9 陳偉邦（1961- ），一九八六年獲美國印第安納大學藝術學士，一九八八年獲美國天普大學泰勒藝術學院藝術碩士，回港後曾任教於中文大學校外課程部、香港藝術中心及香港大學校外進修部，教授美術史、平面設計及立體設計、油畫、素描等科目，及後於一九九九年取得香港理工大學文學碩士（設計），現為香港藝術中心課程統籌及高級講師。

10 潘沂（1961- ），一九八六年獲英國肯特大學文學士（藝術），其後獲香港理工大學理學士（多媒體科技）及英國布里斯托大學教育博士。早年從事藝術創作，曾參加一九八七年藝穗節「有無打撻」裝置表演、一九八九年香港藝術中心「轉變的年代：香港藝術家西方媒介近作展」展覽及一九九二年香港藝術館「城市變奏」展覽，並先後任職於李奧貝納廣告公司、Bozell 廣告公司、AOL 香港、新浪網及香港專業進修學校，現為香港教育學院文化與創意藝術學系助理教授。

11　包陪麗，一九七二年美國華盛頓大學文學士，一九七五年美國華盛頓大學藝術碩士，一九九二年返港，曾任香港芭蕾舞團董事會主席（1997-2007）及香港藝術中心監督團主席（2006-2012），現為香港藝術中心名譽主席及藝術節目委員會主席，二〇〇五年參與推動「香港公共藝術計劃」，讓藝術作品能於香港藝術中心及其地公眾地方展示，並於二〇〇四年獲香港舞蹈聯盟頒發「香港舞蹈年獎」，二〇〇六年獲香港特別行政區政府頒發銅紫荊星章，二〇一二年獲「萬寶龍國際藝術贊助大獎」。

12　田邁修（Matthew Turner, 1953- ），設計史學家。生於英國，一九九三年於英國倫敦皇家藝術學院獲得博士學位。一九八一至一九九四年任教於香港理工學院太古設計學院，一九九五至二〇一一年擔任英國愛丁堡龍比亞大學藝術及創意工業學院設計系主任和教授，二〇〇五至二〇〇六年擔任香港藝術學院院長，二〇〇九至二〇一〇年任香港浸會大學視覺藝術院訪問學者，二〇一三年起於香港理工大學擔任賽馬會社會創新設計院首任駐院思想家。曾策劃「香港六十年代：身份、文化認同與設計」（1994）和「香港製造」（1998）等本地展覽。

13　周德熙（1943- ），一九六七年畢業於香港大學，畢業後加入香港政府任職行政主任，一九八八至二〇〇二年間曾任貿易署長、工商局局長、文康廣播局局長及衛生福利局局長等職位，退任後任中國人壽保險股份有限公司的獨立非執行董事、澳門博彩控股有限公司的獨立非執行董事、會德豐有限公司的獨立非執行董事等，二〇〇二年獲香港特別行政區政府頒授金紫荊星章。

14　艾爾頓爵士，一九六四年投身銀行業，一九六八至一九七七年任職於中東滙豐銀行，一九七九年被調派至香港滙豐銀行，並於一九九九年獲委任為主席及滙豐控股集團董事，直至二〇〇五年退休。曾在香港擔任多項公職，包括香港總商會主席、地下鐵路有限公司董事局成員、賽馬會副主席、藝術發展局委員（1995-1997）等，現為中東滙豐銀行非執行主席及羅兵咸永道會計師事務所高級顧問，曾獲香港城市大學榮譽博士（2003）及香港特別行政區太平紳士（2003）、香港特別行政區大紫荊星章（2004）、英國 CBE 勳銜（2005）及亞洲銀行家終身成就獎（2005）、香港演藝學院榮譽院士（2011）等名銜。

15　何鴻卿爵士（1930- ），早年於上海生活，先後獲美國天主教大學經濟學學士及倫敦大學法學學士學位，畢業後於米德蘭銀行任職數年，六十年代起從事金融投資房地產業務，並任滙豐銀行董事。此外，何氏亦兼任不少公職，如香港藝術發展局首任主席、稅務上訴委員會委員、司法人員推薦委員會委員等。一九九三年受封為下級勳位爵士，其後又獲香港大學頒授榮譽院士及博士名銜。

16　蔡義遠，九十年代初與楊東龍、黃仁逵、馮國樑、許靜璇、施遠等在中環加冕台2號地下創立 Quart Society，一九九四年與楊振基、楊東龍等參與「九四工作室開放計劃」，曾從事電影美術指導、平面設計及監製工作，亦曾於香港藝術學院任教了兩年短期油畫課程。

17　馬家寶（1927-1985），九歲起隨父親學習國畫，一九四九年起隨李鐵夫學習西洋畫，一九六〇年至一九六四年間曾搬到長洲創作，一九六四年獲華聯書院聘為美術系系主任，負責教授素描、水彩油畫、油畫人像等課程，同年於九龍設家寶畫室。一九七四年於北角開設馬家寶美術專科學院，提供素描、水彩、油畫、國畫及油畫靜物、風景人像人體等課程，以教授寫實主義為畫派方向。

18　李鐵夫（1869-1952），一九一六年入讀紐約國際藝術設計學院（International Academy of Arts and Design），曾隨 John Sargent 及 William Chase 習畫。一九三〇年到香港定居，至一九五〇年回廣州，出任華南文藝學院名譽教授、華南文學藝術工作者聯合會副主席。

19 嚴瑞源（1942-2009），一九七〇年畢業於香港中文大學歷史系，一九七四年獲英國牛津大學文學碩士。曾任職古物古蹟辦事處（1981-1987）、區域市政總署博物館館長、香港文化博物館總館長（1996-2003）。退休後擔任北京首都博物館高級管理顧問。

20 《過渡》是成立於一九九〇年的越界文化機構出版的文化藝術刊物，由越界文化機構主席張輝擔任總編輯，一九九五年三月首次發行，編輯顧問有何慶基、文潔華、盧偉力、梁秉鈞等人。

21 《打開》為一九九八至一九九九年間由香港藝術發展局撥款資助、附夾於《南華早報》的雙語文化藝術週刊雜誌，由楊裕平任總編輯。

22 進念·二十面體由榮念曾於一九八二年成立，以「經典重現」、「傳統創新」、「多媒體劇場」及「社會劇場」為四大藝術方向，積極發展電子媒體及跨媒體等新類型的藝術創作，並推動國際文化交流，曾獲邀前往歐、亞、美等六十多個城市演出。

23 《香港視藝》獲香港藝術發展局資助於二〇〇〇年十月創刊，以雙月刊形式出版；每期雜誌內容包括本地中國傳統藝術和當代藝術推廣介紹及評論、本地及海外藝術活動資訊、香港美術史研究及介紹、中西藝術理論以及新藝術、實驗藝術、藝術家介紹等，發行人為羅冠樵、王守清、金嘉倫，並由文樓、鄭家鎮及劉若儀擔任顧問，二〇〇一年八月出版第六期後停刊。

24 「香港節」為香港政府於一九六九年、一九七一年及一九七三年舉辦的全港性大型節目，旨在鼓勵市民大眾，特別是青少年，參與各項娛樂活動，培養對香港的歸屬感，同時緩和當時因「六七風暴」而產生的社會情緒。首屆香港節於一九六九年十二月九日至十五日舉辦，並得到商界以及港、九、新界各個社團協助，活動包括大型花車巡遊、燈飾展覽、歌舞表演、體育活動等。其後一九七一年及一九七三年兩屆的活動形式、內容大致相近。香港政府於一九七三年後再沒有舉辦同類活動。

25 魯金（1924-1995），原名梁濤，筆名魯言、魯金等，從事新聞工作超過五十年，抗戰勝利後定居香港，曾擔任三聯書店的「古今香港系列」叢書主編，並為廣東省、香港及澳門多份報刊擔任編輯和撰述工作，編寫及出版十多部《香港掌故》，其他著作包括《九龍城寨史話》、《港人生活望後鏡》、《中區街道的故事》、《妙言廟宇》、《魯金札記：中國民間羅漢小史》、《香港街道命名考源》和《九龍街道命名考源》等，亦曾擔任「全港校際香港歷史文化考察報告比賽」評審委員。

26 吳昊（1947-2013），原名吳振邦，香港中文大學學士、香港大學哲學博士，一九七九年加入電視廣播有限公司擔任助理創作總監，一九八一年獲晉升為節目策劃部助理經理，期間曾編寫《網中人》、《親情》、《家變》、《上海灘》等劇集，一九八九年轉職香港浸會學院傳理學院擔任講師後升任至副教授，一九九五年起先後出任香港浸會大學電影電視系系主任及副教授，二〇〇九年退休後擔任該校電影學院客席講師。同時為本地掌故專家，著作包括《香港老花鏡》、「香港掌故」系列、「老香港」系列、《太平山下》、《歲月留情》等。

27 梁志和（1968-），一九九〇年畢業於香港中文大學藝術系，一九九七年獲香港中文大學藝術碩士學位。一九九五年獲夏利豪現代藝術獎雕塑首獎，一九九六年獲市政局藝術獎，翌年獲亞洲文化協會獎學金。一九九六年與李志芳、文晶瑩、黃志恒、梁美萍及曾德平創辦 Para/Site 藝術空間，二〇一二年起獲委任為西九文化區管理局博物館委員會及臨時購藏委員會成員，現為香港城市大學創意媒體學院助理教授。

28　李傑（1978- ），二〇〇三年香港中文大學文學士（藝術），二〇〇六年香港中文大學文學碩士（藝術），二〇〇〇年起參與多次本地及海外展覽，曾入選「香港藝術雙年展」（2001、2003、2005），二〇一三年代表香港出席威尼斯雙年展，並曾獲香港國際藝術展「藝術世界之未來獎」（2012）等獎項，作品為比利時 Stedelijk Museum voor Actuele Kunst 及香港藝術館等收藏。

29　白連，Douglas Bland（1923-1975），一九四一年於英國牛津大學修讀藝術。一九四八年定居香港，於九龍貨倉任職，是香港藝術家協會創會會員。

30　鄺耀鼎（1922-2011），一九四九年修畢美國肯薩斯大學風景建築學碩士。一九五六至一九五七年間到英國、法國及意大利學習繪畫。一九五七年返港擔任拔萃男書院藝術科主任，其後於香港大學建築系兼任講師、以及在香港大學校外課程部及香港中文大學校外進修部任繪畫課程導師，並於一九七八至一九八五年任香港中文大學藝術系講師。與李國榮同為一九五七年成立的香港藝術家協會成員，曾為香港博物美術館（現為香港藝術館）顧問。

31　金嘉倫（1936- ），一九六〇年在台灣師範大學藝術系畢業，先後參與「今日香港藝術展覽」（1962）、越南政府舉辦的「第一屆國際藝術展」（1962）等展覽，並於一九六五年遠赴美國，在芝加哥藝術學院攻讀繪畫碩士。一九六六年畢業後回流香港，獲聘到香港中文大學藝術系兼職教授平面設計，後於一九六七年轉任香港中文大學校外進修部藝術課程主任，直至一九九六年退休。

32　梁家泰（1946- ），一九六五年畢業於美國萊斯大學，一九七〇年在該校完成工程碩士課程。一九七六年回港，並創立個人攝影室 Camera 22，一九九一年獲香港藝術家聯盟頒發藝術家年獎並於一九九二至一九九四年間擔任香港專業攝影師公會會長，為香港攝影文化協會創會會員及首屆主席。

33　豐子愷（1898-1975），一九一九年畢業於浙江第一師範學校，師從李叔同及夏丏尊。一九二〇年到日本，曾於上海專科師範學校、中國公學、立達學園等任教。一九二四年，朱自清把豐氏的《人散後，一鈎新月天如水》發表到文藝雜誌《我們的七月》，一九二八年發起在開明書店並任職，一九三六年「九一八」事變後與朱自清、郁達夫、魯迅等發表《文藝界同仁為團結禦侮與言論自由宣言》，五十年代屢把英文、日文及俄文著作翻譯，一九五三年出任上海市文史研究館館務委員、中國美術家協會上海分會副主席（1954-1961）、上海中國畫院院長（1960-1966）、立達學會常務委員之一。

34　雄雞碗在南方民間是很普遍的家庭用品，以廣東地區最為常見，陪伴了不少港人成長。

35　「藝術在醫院」由何慶基和梁以瑚等人發起，在香港藝術中心及香港基督徒藝術家團契園泉的協助下，於一九九四年正式成立，經費由凱瑟克基金及利希慎基金資助，歷年在香港各醫院、療養院、康復中心等舉辦藝術相關活動，推動社群藝術。

李慧嫻

簡介

李慧嫻，一九五〇年生於香港，一九七二年畢業於羅富國教育學院，一九七三年完成葛量洪教育學院三年制美術專修班，一九七九年獲倫敦大學教育學院美術教育文憑課程，一九八三年領取香港理工學院陶藝高級證書，一九八六年修畢英國利物浦大學教育（榮譽）學士，一九八九年獲英國卓涵學院頒授碩士（教育管理），二〇〇七年取得嶺南大學文化研究碩士。

一九九〇年，李氏受聘於香港理工學院設計學院，日間除負責教授設計文憑課程外，亦參與設計、籌辦美術及設計教育（榮譽）文學士課程。同時，她也在晚上於該校任教美術及設計教育（榮譽）文學士課程，以及陶藝高級證書課程。香港理工學院一九九四年升格為大學後，李氏從文憑課程調職到學位課程任教，除原來的晚間學位課程外，同時負責教授產品設計基礎課程。二〇〇一年，她在藝術推廣辦事處開辦的藝術專修課程（陶藝）出任導師。

一九九二年，李氏與黃炳光、馬素梅、李梓良、梁冠明、珍比露（Jane Burrell）、馬可妮（Katherine Mahoney）創立香港當代陶藝協會，並曾出任主席一職。歷年來，她曾參與多個展覽包括「單純空間：中國當代女性陶藝家作品展」（2001）、「第二十一屆亞洲國際美術作品展」（2006）、「本，式，生活：香港當代陶藝協會會員作品展」（2007）等，並曾獲「市政局藝術獎（陶瓷）」（1985）、「中國當代青年陶藝家銀獎」（2005）、「香港六藝卓越女性」（2013）等獎項。

《理順》，2009 年。

李慧嫻訪談錄

訪問者　黎明海博士

2013.10.16

■

黎　你退休後轉當兼職導師已兩三年了，創作的時間和自由一定比以往多，生活變得自在嗎？

李　我一直都住在香港理工大學附近，近年理大擴建，新的教學大樓位置很近我的居所，僅需十分鐘便可抵達，故向來時間都比較充裕。轉當兼職導師後可以全職創作，每周只有一晚到理大教授一課。但我沒有完全放棄教學，喜歡跟學生在一起，同時又可與學界保持聯絡。不論全職或兼職、教學或兼職，我一向都自由自在。

黎　你是哪一年加入香港理工學院[1]？

李　從一九九〇年起至二〇一〇年轉當兼職，剛好二十年了。

黎　那麼，你可說是見證了香港理工學院升格為大學的過程。當時的設計系，可說是本地設計師的搖籃。對比升格前後，設計學院的課程和理念有什麼改變嗎？

李　不論是理工或理大都一直擔當着設計教育的旗手角色，教員方面一向很國際化。近年更明顯。只是，對比舊日，英國教員的比重稍減。未升格為大學前，他們既提供文憑及證書課程，又提供學位課程，即設計（榮譽）文學士課程。當時我教授文憑課程（Diploma in Design），不少同事都是唸藝術碩士出身，如廖少珍、陳志玲、關贊源[2]和阮曼華等，課程的理念源自包浩斯（Bauhaus）那套，將藝術、工藝及設計三者融會貫通。文憑課程的學員以打好基礎和實驗為主，到他們升上學位後，接受的是設計專科訓練，以培育他們成為設計師為目標。文憑課程與設計學位課程最大的分野，就在這一點。

課程辦得很不錯，不僅為學員提供五年很充實的訓練，也培育了不少本土人才。兩年文憑課程另加三年學位課程，首兩年的文憑課程極為重要，強調學員在設計學上的基本功、實驗及創意，畢業生在僱主之間也有很好的口碑。學位課程後來循大學資助委員會的方針發展，從功能性轉向學術性。後來，文憑課程改為自負盈虧的模式，再轉變成今日的高級文憑、副學士等社區課程。伴隨着互聯網的發展，教學模式亦有很大的轉變。

我未加入香港理工學院前，法偉豪（Michael Farr）[3]為設計學院院長，他對本地設計教育影響深遠。一九九〇年我到香港理工學院任職時，由馬力德（David Meredith）[4]出任院長，後為郭希素（Hazel Clark）[5]接任。改為學位課程後數年，設計學院從英國建築聯盟學院聘請傅哲強教授（John Frazer）[6]出任院長。他屬改革派，一方面希望設計學院學術有所提升，另一方面亦做了不少變革。他認為互聯網的出現令世界起了極大的變化，他把整個設計教育改頭換面，將舊有的平面設計、室內設計、產品設計、時裝設計等重新整合，提倡跨界別的重要性，例如將室內設計加入環境設計元素，易名為環境及室內設計（Environmental and Interior Design）；產品設計改為工業及產品設計（Industrial and Product Design）；至於平面設計，則成為視覺傳播（Visual Communication）。此外，又將時裝設計納入紡織學院（Institute of Textile and Clothing）。最後，更新開了廣告設計學位，令整個學系改變了。

不過，當時的社會及市場似乎未能完全迎接這些轉變。以行內為例，他們極為重視畢業生的技能，而技能卻與大學教育資助委員會強調的學術相悖。今天，理大仍在學術及技能兩者間謀取平衡。

黎 以藝術家的身份廁身於以設計為主的課程與領域，你如何定位？

李 升格前，香港理工學院在夜校課程中提供高級證書課程，如絲網印刷、陶瓷（Studio Ceramics）、產品設計、攝影等。九十年代初，政府發表了數份 *Education Commission Repcrts*，其中一份提及要增加更多美術學位老師。當時三所教育學院（羅富國教育學院、柏立基教育學院及葛量洪教育學院）未有頒授學位，香港理工學院的設計學院便籌劃向政府申辦有關科目的學位課程。

由於我曾在羅富國教育學院、柏立基教育學院及葛量洪教育學院任教美術與設計教育課程，加上具有英國倫敦大學教育研究院的美術教育資歷，一九九〇年理工學院的設計學院聘請了我。受聘於香港理工學院後，日間除教授設計文憑課程（Diploma of Design）外並參與設計、籌辦美術及設計教育（榮譽）文學士課程。此課程為教育學院的畢業生提供三年兼讀夜間銜接課程，讓他們升格為學位畢業生。當時香港教育學院仍未開辦美術科學位課程，香港理工學院可算開創先河。

就這樣，我在日間教授文憑課程，晚上則教授美術及設計教育（榮譽）文學士課程。香港理工學院升格為大學後，制度上出現了一些轉變，通過內部審核後，我從文憑課程調職到學位課程任教。除了原來的晚間學位課程外，我還負責教授產品設計基礎課程。

黎 講到香港陶瓷發展，不得不提香港理工學院開辦的高級陶瓷證書課程。那時你還未加入香港理工學院，你知道這課程的背景嗎？

李 郭樵亮先生[7]、吳稚冰女士[8]、陳炳添先生等人在課程發展方面影響很大。吳稚冰女士曾被政府派到外地唸了四年陶瓷設計；陳炳添老師在高級師資訓練證書課程（Certificate in Advanced Course of Teacher Education，簡稱 ACTE）教授雕塑和陶瓷，他們貢獻良多。

當時的視學署總督學郭樵亮先生，邀請剛從英國回來的麥綺芬女士[9]在教育署美工中心教授陶瓷，參加者全都是美術科老師。碰巧香港理工學院亦開辦了陶瓷課程，我是第一屆學生，老師有麥綺芬、曾鴻儒[10]及 John Rose[11]。John Rose 有藝術及設計背景；曾鴻儒在加拿大大學唸陶藝，他將當時加拿大的陶藝新觀念帶給我們；麥綺芬在英國修讀陶藝，於七十年代末回港。他們三人將西方當代陶藝的概念思潮引進了課程。修讀了這個課程，我才知道什麼是「陶瓷」（Studio Ceramics）及「當代」陶瓷。

黎 當時每周有多少課節？

李 每周三晚，每晚三小時。兩年收生一次，每次只收十五人。我們雖為兼讀，但所投放的時間與全日制的差不多。

黎 你記得第一屆陶藝高級證書課程的同學嗎？

李 有陳錦成[12]、盧瑋莉[13]、黃炳光[14]、梁詠詩、李春禮、許小紅等；學生共十五人，以中學老師、設計師為主，亦有警司、大廚及工作室助理等。

黎 你在哪一屆當老師？嚴惠蕙提到你對她的影響頗大。

李 最後一屆的第二年（1990-1991）。主要是指導學生創作畢業習作（Graduation Project），著重學生在概念創作方面的發展，可能嚴惠蕙說的是這一點。

黎 當局為何停辦陶藝高級證書課程[15]？

李 不大清楚，當時傳聞會把課程轉到工業學院那邊，後來卻停辦了。課程停辦後，三五年間我不斷收到電話查詢何時重開課程，可見這課程有一定的影響力；不少現今活躍於陶瓷界的人士如嚴惠蕙、黃美嫻[16]、尹麗娟[17]都是這課程最後一屆的畢業生。香港藝術中心未與澳洲墨爾本皇家理工大學（簡稱RMIT）合辦陶瓷文憑及學位課程前，香港理工學院的陶藝高級證書課程對培養本地陶藝工作者的重要性更顯著。

黎 一九八一年起，香港陶瓷的質素迅速提升。

李 對，當時香港藝術館辦了一次「當代美國瓷藝展」（1984）。另一方面，香港大學美術博物館也辦了「五國陶瓷展」等，令人耳目一新。

黎 後來，你參與香港視覺藝術中心（Hong Kong Visual Arts Centre，簡稱VAC）的專修課程。

李 嚴惠蕙、羅士廉[18]和我應連美嬌[19]的邀請，一起設計課程。

黎 你們希望在香港視覺藝術中心的專

修課程中，重塑香港理工學院陶瓷高級證書課程的精神嗎？

李 曾經有這種想法，但基於資源及時間，並不可行。

黎 聽說學生的篩選也挺嚴格的。

李 不錯，因為我們希望提升陶瓷（Studio Ceramics）的水平。那是進階課程，加上學費便宜，所以第一屆報名者眾，面試把關較嚴。

黎 那是二〇〇一年的事了。不過，它的長遠發展卻不如理工的陶瓷高級證書課程。

李 兩者不能相提並論，始終它沒有一個明確的學制，每周上課兩晚，為期九個月。

黎 那批學生好像只有十人。每年辦一屆嗎？理工那批學生和香港視覺藝術中心的學生有何差別？

李 前者以設計師及老師為主，後者則來自五湖四海，今年更有幾位香港浸會大學視覺藝術院的畢業生。

黎 陶藝教育方面，陶藝是香港中學會考的一卷。到 Coursework 考卷出現後，陶藝慢慢淡出舞台。加上香港教育學院的陶藝教育不足，只有一科而已，畢業生甚至連開窰也不懂。這自然影響陶藝在中小學美術教育的普及。是否需要重新檢視香港的陶藝教育？

李 我認為今天陶藝科在中小學不必以專科來發展，可視陶泥為一種實驗性或表達意念的物料。時下的學童則著重透過平板電子產品來學習，令他們欠缺觸覺方面較廣的訓練。我認為這種情況不大理想。

黎 有幾所中學，如聖潔靈女子中學等，其陶藝教育辦得很不錯。浸信會呂明才中學、銘基書院、聖士提反書院等，也辦得很好。

李 當下是跨媒體時代，我們難在通識和專科兩者取得平衡。

黎 現今似乎沒有麥綺芬、曾鴻儒等推動力強的人物。另外，你也參與成立香港當代陶藝協會。

李 對，香港當代陶藝協會在一九九二年註冊，我是七位創會人之一[20]。

黎 就是在結束了香港理工學院的陶瓷高級證書課程後，你們師生七人成立這協會嗎？

李　我們想在陶瓷（Studio Ceramics）開創一番新景象，加上當時社會氣氛如香港藝術館等方面的配合，驅使我們走在一起，辦些有新意的展覽。當時我們希望在香港大學馮平山博物館舉辦展覽，由於港大傾向只接納團體申請，故此我們七人便匯聚成社，組織了這個協會，期盼以協會推動當代陶藝。回首過去，我們有點自視過高啊！

黎　你們辦了什麼活動？

李　我們曾分別跟香港大學馮平山美術館及香港視覺藝術中心合辦全港中學生陶藝比賽。一九九六年，香港藝術館邀請我們合辦「香港陶瓷一九八五—一九九五」展覽。自那次之後再沒有合作了。另外，我們亦申請過第三屆「藝

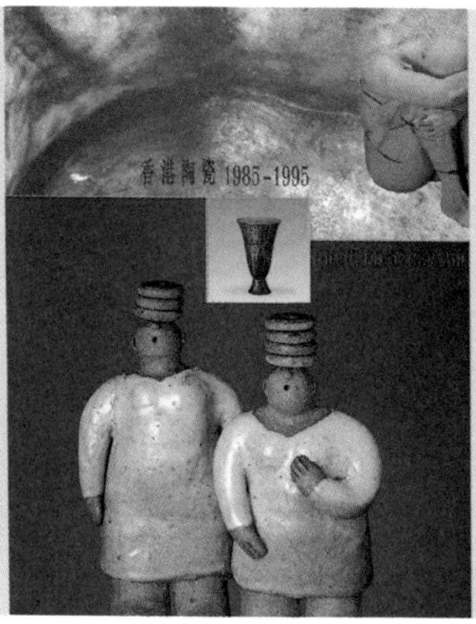

「香港陶瓷 1985-1995」，香港視覺藝術中心，1996 年。

遊鄰里計劃」[21]展等等。

黎　你擔任過香港當代陶藝協會的會長嗎？

李　擔任過。第一任會長為李梓良[22]，之後由珍比露（Jane Burrell）[23]接任，之後便到我了。馮笑嫻[24]、嚴惠蕙、陳錦成、盧瑋莉等也當過會長。

黎　你們有像香港視覺藝術協會般吸納新人入會嗎？

李　有，過去每年招收一次。申請者還得通過作品集審閱。由現有成員推介一至兩名作候選會員，他們將作品集交上後，再由我們逐一考慮。當然，我們並非所有申請均接納，記得第一年只收了羅士廉一人，後來則愈見寬鬆。現今我們約有三十名會員。

黎 當社會出現老化問題時，我們更需要吸納新秀和年輕人。

李 吸納新人方面，我們做得不夠好。成員各有自己的事務，很難分配時間及精神到協會上。在初段我們還能維持每年辦一次展覽，後來發展到兩三年才辦一次。

黎 那麼，你們的會員是否來自五湖四海？

李 是。有海外畢業的如李梓良、梁冠明[25]、馮笑嫻等；有教育學院、理工、中大畢業的；近年也有RMIT（澳大利亞皇家墨爾本理工大學）的畢業生。有老師、設計師，又如陳錦成、羅漢華[26]、黃美莉[27]等有自己的工作室。其實，香港理工學院的陶藝高級證書課程也有同學會。但他們只有辦展覽時才聚到一起，主

李慧嫻及其陶藝作品。

要由盧瑋莉負責統籌。

黎 這組織是否比香港當代陶藝協會的成立還要早？

李 對。各學生辦完畢業展後，有意繼續創作陶藝的便聚在一起辦展覽，例如「十人展」、「泥足深陷展」等。嚴惠蕙、尹麗娟那一屆我最為印象深刻，因為他們強調運用泥作概念性的創作。嚴惠蕙、黃美嫻、尹麗娟等人畢業後辦了一次名為「不是杯碟」的展覽，當時幾乎要和創作拉杯的人決裂。

黎 現在陶瓷高級證書課程已停辦，香港視覺藝術中心的陶藝課程也非學科性的。現今陶藝界的新血是否主要來自RMIT？

李 對，絕大部分是。新一輩大都出身

自RMIT。

黎 感覺上，他們似乎被黃麗貞[28]、尹麗娟等導師的影響較大，未找到個人風格。

李 課程已辦了超過十二年，辦得很好，早幾屆還有位劉桂英同學奪得第三屆韓國陶瓷雙年展金獎。

黎 他們好像愈走愈遠。

李 香港浸會大學視覺藝術院的成立，對他們或有些影響。

黎 讓我們談談你的作品。我一直認為你的作品語帶相關，帶有很強的本土性，甚至有人將你標籤為女性主義者。

李 我不會標籤自己，也希望不會被別人標籤。

黎 你的創作，是否與素人藝術、鄉土藝術有密切的聯繫。

李 是，但鮮有人問及這一點。當年我參加葛量洪教育學院第三年美術專修科的畢業展，呂壽琨先生也有親臨參觀，他對我說：「你的作品反映了人文主義精神。」當時我不甚了解，後來才慢慢明白他的意思。雖然香港並非一個鄉土味重的地方，不知為什麼我卻有著鄉土情懷。

我也弄不清楚從哪裡吸收到人文主義的養分，或許影響來自黃新波[29]時期的木刻版畫及德國表現主義的版畫吧？其中不少作品都帶有濃厚的鄉情。小時候，有些書局賣的日記簿以黃新波時期的版畫為插圖，偶有描述貧農被壓榨的情境，記憶猶新，可算是我最早接觸的「人文」藝術。

黎 葛量洪教育學院的老師大部分在英國受訓，你也曾到英國留學，所以你所受的藝術教育較偏重英國方面。不過，你的作品卻帶有中國的味道。

李 泥這物料具鄉土性。我亦喜歡它的「原本性」，我們就此結緣。我曾跟丁衍庸老師[30]習油畫及國畫，他家有不少唐俑及彩陶作為靜物寫生的材料，故有機會接觸陶俑、陶器。

黎 在哪裡上課？

李 是在土瓜灣及尖沙咀他的住處，最初是修習丁衍庸老師在新亞書院教授的暑期油畫班。當時我是看到新亞在《華僑日報》、《星島日報》上刊登的招生廣告後報名。上完了暑期班後，我一直在丁衍庸老師的畫室隨他習畫，直至我到英國進修才中斷。

當時香港仍為英國的殖民地，自然不時見到英國藝術家的作品，記得香港大會堂低座擺放過三個亨利摩爾（Henry Moore）的雕塑。愛上陶瓷後，也愛看漢俑、唐俑、非洲木雕等。

黎　其實中國陶藝的發展十分完整，有出色的景德鎮等。你有從中借鏡嗎？

李　我喜歡廟宇瓦脊上的石灣陶偶。小時候，愛看街上賣藝人的雜耍和節慶街坊會社辦的神功戲。

黎　作為外行人，他們的上釉及造型難度，有否影響你對技術的追求。

李　要說影響，大概就是瓦脊上的陶偶以泥胎的顏色為膚色，不上釉。至今，

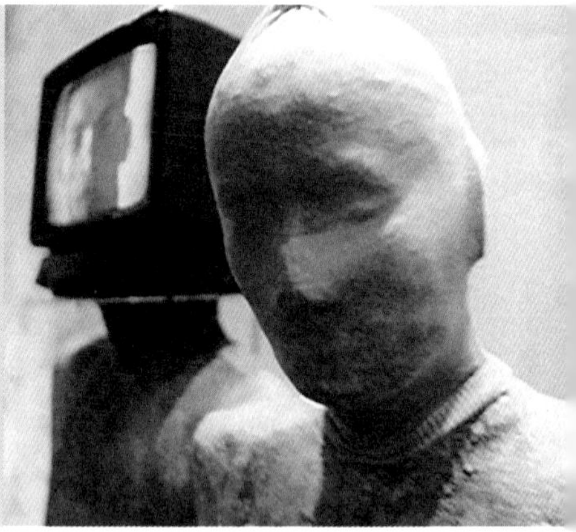

《無相》，1994年。

《飲茶！飲茶！》，1994年。

我仍依從這源自石灣的傳統。

黎　你的作品的表面較為粗糙，是否將砂混到泥裡去？

李　沒有，我在英國進修以來，一直採用含砂量高的陶泥。

黎　理工學院陶瓷高級課程的師生如嚴惠蕙等，在創作手法上都表現了高超的技巧。不過，你卻走另一方向，作品偏向粗糙和原始。

李　可能我較喜愛笨拙的感覺吧。其實，我的作品正好反映出我的個性及生活態度，這些都與我的創作不可分割。

黎　沒有生活感受，根本無法創作你的那些胖女子作品。朱興華的水墨畫描繪香港的地道生活，你的陶瓷作品也反映

了香港的地道生活。你有刻意強調本土性嗎？

李 創作時，本土性油然而生，因為創作源於生活。

黎 除了胖女人等作品外，你也曾做過大型創作。

李 對，例如《假面》、《覓食》及《向咪高風致敬》等，持續三數年。那幾年，每天下班後我總留在工作間找朋友當模特兒倒模壓揑；需要不少學生協助才能完成。後來由於收納空間有限，除了《覓食》外全都丟掉了。

黎 不細看，根本不能察覺它是你的作品。

李 當時正值「九七回歸」前後，受社

《茶餐廳雜耍團》，
2004 年。

會氛圍及政治環境影響，或多或少感到有點不安，也有些話想說。自覺陶塑人物造型一定要與真人般大小才能替我發聲，《向咪高風致敬》、《假面》及《覓食》便是這段時期的創作。

黎 你從何時起創作「胖女子」系列？

李 那要由一九八三年香港理工學院畢業作品說起。第一代人物作品的處理手法跟現在大有分別。

黎 你有創作過茶具嗎？

李 沒有，因為我總是有話想說，器皿幫不了忙。

黎 這件為第一件作品，創作時有何想法？

李 當時為了要準備理工陶瓷班的畢業作品，我到處找靈感。有次到香港藝術中心看電視播放錄像，觀眾稀稀疏疏各自獨坐一隅，黑暗中感到每人都寂寞無比，那影像至今還歷歷在目。從那時起，我開始在巴士站、茶餐室等場所留意那些獨個兒，思考個體生活的感受，逐漸喜以陶偶說出香港的故事。至今，所作的人物大都是「個體戶」，彼此間沒有身體上的接觸和聯繫。還有，以前總覺得陶瓷一定要上釉，如今，釉色於我已不重要，陶偶大都是素色。

黎 你的作品總掛上一些陶藝以外的物料。

李 在陶偶上配上現成的小件帶給我很大的樂趣，喚醒小時候玩「煮飯仔」的情懷。由於教授產品設計的原故，我很喜歡收集日常的生活用品，適當時，又

《港農》，2002 年。

會將這些物品用在創作上。

黎 這種配合，在近年的創作變得蓬勃。那麼，你有想過到內地找些人替你做一些早期工序嗎？

李 暫時未有這種想法。不過，如果創作大型陶偶，如早前為港鐵公司做的委託計劃，我便得到佛山找幫手，始終香港缺乏資源。

黎 你的作品，也常使用現成物品。

李 除用泥創作外，我也愛用現成日用品做作品，如《男女大相同》、《男女大不同》等，不過，觀眾大都只聚焦在我的陶泥作品上。離開全職工作後，我能有更多時間探索人和物的關係。

黎 我們一直觀察香港藝壇的發展。

八十年代由於「九七回歸」的問題，大家很關注香港的發展，不少藝術機構如藝術公社、Quart Society、1a 空間、Para/Site 藝術空間等也在那段時期湧現。

李 對，那些年由於回歸的關係，令國際聚焦香港。不過，「九七回歸」後的香港藝術最初猶如迷失方向，總不能長期依賴以「九七」為題材來爭取國際的關注。

黎 八十年代中至九十年代中，體制以外的藝術發展異常蓬勃。

李 發展至今，藝術家轉趨以個體形式出現的更多，而非以機構為主導，如藝術公社、Para/Site 藝術空間等。又由於本土發展空間有限，在雙年展、三年展全球化的影響之下，新一代的藝術工作者自然有不少步向國際化。

黎 對，我們老一輩的，總是將最好的展覽留給香港，覺得這裡才最家鄉。

李 我也這麼想。不過，更多時是礙於資源、題材的關係。

黎 這次研究中，八十年代的受訪者皆帶有很強的本地性。

李 可能因為「九七」後本土意識抬頭。話雖如此，回歸後，藝術家的文化身份同時也在不知不覺間北向磨合。

黎 即香港藝術家成為中國藝術家？

李 展覽時，不少主辦單位將「中國」置於「香港」一詞前。「九七回歸」時，某類型「香港藝術」在國際上頗有賣點；回歸後，情況有別，中國的「香港」藝術，更受注目。

黎 那麼，你對現今香港藝術的發展又有何看法？

李 比以往多元化，拓寬了我對藝術的詮釋。設計教育的發展也一樣。過往的設計教育多以包浩斯為藍本；現在的課程結構不會再作如是想。一如 Adobe Photoshop 軟件，它釋放了設計的純粹性，讓更多人得以參與。創作多年，我也逐漸走到「什麼都可以成為藝術」、「誰都可以成為藝術家」的狀況。

黎 但藝術家有技藝。雖然誰都能畫畫，卻非誰都能成為畫家。

李 我也相信技藝，但不追求文藝復興或景德鎮那種昇華造詣。我對美有要求，然則卻非最重要的考慮。對我而言，藝術不是純粹的內心、精神活動，我會和生活掛鈎。現今許多藝術家的創作，愈來愈重視參與性和親民性。「為藝術而藝術」這套恐難存在。

黎 M+博物館的管理層打算把香港藝術劃分為本地及國際兩者，在他們的眼中，你的作品大概屬前者吧？

李 絕對！陶藝一直位處當代藝術邊陲，並非主流藝術，較不受重視。加上我的作品常用廣東話語帶相關的手法，帶有很強的本地性，假若從創作環境切割，外邊的觀眾未必能明白箇中情懷。

你提到香港藝術館，身為博物館顧問之一，我曾要求恢復香港藝術家的展覽館及展開對本地藝術的研究。

黎 他們雖自稱為香港藝術館，卻沒有

「藝遊鄰里計劃V：講男講女。東拉西扯——李慧嫻作品展」，香港視覺藝術中心，2012年。

香港藝術家在其中，很可笑。

李 曾要求他們重新釐定收藏政策，不要只偏重中國藝術或「國際藝術」。另外，他們與M+博物館的分工也要清晰。

黎 香港藝術館的角色一直較為被動。以當代香港藝術雙年展為例，它雖為本地藝術界的盛事，卻欠缺具一定名望的本地藝術家參與。

李 過去有些屆別給人側重藝術課程學生畢業展的印象。

黎 你還有擔任其他職位嗎？

李 我是香港版畫協會、香港版畫工作室及樂天陶社的義務董事。平時，我會應邀出任比賽評審及到學校推介香港陶藝。

黎　今後會多辦展覽嗎？

李　會量力而為。去年參加了「全國首屆當代陶藝展」及第五屆「藝遊鄰里計劃」的「講男講女．東拉西扯——李慧嫻作品展」。今年則在香港城市大學作個展「講男講女——繼續拉扯」。

黎　你曾為香港藝術發展局擔任委員嗎？

李　沒有，只當過評審員。香港藝術發展局有其重要性，始終不少團體得依靠他們的撥款，有資助才能發展下去。

黎　我也向香港藝術發展局申請資助。相較其他撥款，他們的限制和審批相對寬鬆。

李　真的嗎？可能我是早年申請，我認為他們的規限頗繁複。即使送贈出版了的書籍，也要提交名單。

黎　不會吧？真的聞所未聞。可能現今的政策已有所轉變，不斷自我完善。曾有一段時間，他們的委員較被動，希望新一屆委員會帶來轉變。另外，我注意到你不時邀請藝術界以外的人士，如嶺南大學翻譯系的學生，為你的作品寫中英文文章。

李　難得他們願意參與，旁人的文字能讓觀眾多一個角度去認識我的作品，也輔助我進一步了解自己。另外，《閑來無事》一書，我邀請朋友以文字對照我的作品。獨樂樂不如眾樂樂。

黎　你有收藏香港藝術家的作品嗎？

李　很少量，都是陶瓷細件，包括李善琨[31]、黃麗貞、羅士廉、尹麗娟等的作品。

注釋

1 香港理工學院於一九九四年十一月二十五日獲大學及理工教育資助委員會頒授自我評審資格，正式取得大學地位，正名為香港理工大學。

2 關贊源，一九八五年獲美國芝加哥藝術學院藝術學士。修讀學士期間，曾到意大利研究藝術和建築，一九八七年獲美國芝加哥藝術學院藝術碩士。曾參加本港及美國多個展覽，一九八九至一九九一年間任職香港理工學院設計學院，於夜間課程教授絲網印版畫。

3 法偉豪，Michael Farr（1924-1993），早年從事設計研究，五十年代曾先後於期刊 *The Architect's Design* 及 *Design* 擔任編輯工作，六十年代曾於英國工業設計委員會（Council for Industrial Design）及英國設計與工業協會（Design and Industry Association）工作，並建立自己的設計顧問公司。自一九七六年起出任香港理工學院太古設計學院院長，直至一九八八年退休返回英國。

4 馬力德，David Meredith，在英國取得文學士及教育碩士學位，並為英國皇家攝影學會及英國皇家文藝學會院士。從事美術及設計教育多年，於一九八六年加入香港理工學院太古設計學院擔任副教授，並於一九八九至一九九六年出任系主任。

5 郭希素，Hazel Clark，於英國布萊頓大學取得設計史哲學博士學位，曾任職教師及行政人員。九十年代加入香港理工大學設計學院擔任副教授，直至二〇〇〇年離任。現為紐約帕森設計學院（Parsons The New School for Design）設計學及時裝學教授。

6 傅哲強，John Frazer（1945- ），又名傅哲強，早年於英國建築聯盟學院及英國劍橋大學完成教育，畢業後在英國劍橋大學建築學系擔任講師，創辦 the Technical Research Division 研究能源（屋宇），其後於建築聯盟學院以及阿爾斯特大學（University of Ulster）先後任教。一九九六至二〇〇三年出任香港理工大學太古設計學院院長，專注環境設計、時裝、圖像方面的研究及教學工作，並建立設計技術研究中心（the Design Technology Research Centre）。離開香港理工大學後加入鏗利科技（Gehry Technologies）負責研究工作，後轉至澳洲昆士蘭科技大學擔任設計學院院長。現為歐洲研究院（European Graduate School）數碼設計教授。

7 郭樵亮（1931- ），一九五二年畢業於羅富國師範專科學校，先後於長洲官立中學（1952-1955）及香港仔官立小學（1955-1957）任教，後於一九五七年調職至香港教育司署視學處任私立學校行政組助理督學。一九六二年獲政府訓練獎學金（Government Training Scholarship），入讀英國 Ravensbourne College of Art 繪畫系。一九六六年自英國畢業回港，到葛量洪師範專科學校任教美術科，一九七一年轉職到教育司署視學處任督學，一九八七年獲升為美工科首席督學，至一九九一年退休。除行政工作外，歷年曾多次參與畫展。

8 吳稚冰，一九五七年畢業於羅富國師範專科學校，一九七二年取得英國雷文斯本設計與傳播學院美術與設計學位，一九六五年到教育署美工組擔任督學，負責推廣美術教育及撰寫學校美術課程大綱，一九八〇年轉職至羅富國教育學院擔任講師。

9 麥綺芬（1949- ），一九七一年香港大學畢業，主修英國文學、比較文學，一九七四年於英國 Oxshott Pottery 習陶，一九七六至一九七九年間於英國 West Surrey College of Art and Design 學習陶瓷與紡織。八十年代起專注陶瓷創作，曾於香港藝術中心舉辦多個展覽，先後在香港理工學院、香港中文大學校外進修部及教育司署視學組陶瓷課程任教。一九八五年成立樂天陶社，會址位於藝穗會。現已移居英國。

10 曾鴻儒（1954- ），一九七六年畢業於加拿大St. Lawrence College。一九七八年回港，同年任教於香港理工學院設計系，一九八三年在李惠利工業學院教陶藝，及後在香港理工學院教授陶塑高級證書課程。一九八四年獲市政局百年紀念大獎。並曾為視覺藝術協會會員。

11 John Rose（1949- ），一九七六年移居香港後於香港大學教授繪畫，並定期在香港藝術中心舉辦展覽（1978、1980及1982年），一九八三年移居美國洛杉磯後開始從事雕塑創作。

12 陳錦成（1953- ），一九七四至一九八三年間修讀香港理工學院舉辦的平面設計、立體設計、陶藝及絲網版畫證書課程，二〇〇四年及二〇〇六年分別完成澳洲皇家墨爾本理工大學和香港藝術學院合辦的文學士課程及純藝術碩士課程。一九九六年成立自得窰工作室，二〇〇〇年獲香港藝術發展局頒發視藝發展獎。

13 盧瑋莉，一九八三年獲香港理工學院頒發陶藝高級證書，一九八六年榮獲陶藝茶具創作比賽冠軍獎，二〇〇六年於香港公開大學取得環境保護理學士。曾任職於多間公私營機構兼任陶藝導師，現為香港陶藝學會主席、香港當代陶藝協會會員、香港陶瓷研藝協會榮譽會員。

14 黃炳光（1944- ），一九七一及一九七二年先後畢業於柏立基及葛量洪教育學院，一九八三年獲香港理工學院高級陶瓷證書，一九九二年獲英國胡伐威頓大學教育學士學位。一九七二至一九九四年間於赤柱聖士提反書院任教，一九八七至一九九三年在香港理工學院陶藝科兼任導師，一九八七年獲市政局藝術獎。一九九四年移居加拿大，為香港視覺藝術協會、卑斯省陶藝家協會會員。

15 陶瓷高級證書課程（Higher Certificate in Studio Ceramics），一九八一年由香港理工學院太古設計學院開辦，屬夜間兼讀課程。課程隔年招生，申請者需持有基礎設計文憑（Diploma in Design Foundation）或同等資歷。學員每星期上課三次，每次三小時。課程歷時兩年，學員通過參與導師講課、研討會、工作坊等，學習有關陶瓷製作的基本知識，包括坯體製作、設計、上釉、燒製等。

16 黃美嫻，早年從事平面設計工作，一九八九及一九九一年先後獲香港理工學院頒發平面設計高級證書及陶藝高級證書，改為從事陶藝創作。九十年代曾於香港藝術館擔任課程導師，並完成李惠利工業學院珠寶設計證書課程，二〇一一年獲香港中文大學頒發文學碩士。現為香港當代陶藝協會會員，並設有工作室 Joy with Clay，開辦陶瓷課程。

17 尹麗娟，曾於香港理工學院（現為香港理工大學）修畢設計文憑及高級陶藝課程，一九九七及一九九九年於香港中文大學藝術系取得學士及碩士學位，一九九九年獲「夏利豪基金會藝術比賽」雕塑組冠軍、二〇〇〇年獲「亞洲文化協會獎助金」、二〇〇二年獲香港藝術推廣辦事處選為「藝遊鄰里計劃II」藝術家，二〇〇三年獲香港藝術發展局頒發「海外駐留計劃獎金」，二〇〇四年獲「香港藝術雙年展優秀獎」。現為香港浸會大學視覺藝術院講師。

18 羅士廉（1967- ），一九九〇年香港中文大學藝術系畢業，畢業後主要從事陶藝創作，曾於一九九二至一九九五年間任職香港視覺藝術中心技術員。自一九九三年起先後出任香港藝術中心陶藝課程、香港藝術推廣辦事處之藝術專修課程以及香港大學專業進修學院陶藝證書課程之兼任導師。現為香港當代陶藝協會會員。

19 連美嬌，一九八七年畢業於香港中文大學藝術系，前香港藝術館館長（現代藝術），曾於汕頭大學及香港城市大學任教藝術管理及策展課程，現為藝術推廣辦事處館長（社群藝術）。

20 除受訪者李慧嫻外，創會成員包括黃炳光、馬素梅、李梓良、梁冠明、珍比露（Jane Burrell）及馬可妮（Katherine Mahoney）。

21 「藝遊鄰里計劃」始於二〇〇〇年十一月，為康樂及文化事務署舉辦之社區藝術計劃，邀請本地藝術家到港九、新界的文娛場所舉辦展覽，旨在將藝術帶到社區，為市民提供接觸藝術的機會。「藝遊鄰里」首個展覽為本地藝術家黃志恒與梁志和合作策劃的「城市曲奇」展覽（2001年6-7月），活動至今已舉辦了五屆，最近一次展覽為「墨即是色——區大為作品展」（2013年3、4月）。

22 李梓良（1959- ），一九八四年獲美國加州工藝學院藝術學士，曾於香港藝術中心任教。一九九二年李氏出任香港當代陶藝協會創會會長，近年專注油畫創作。

23 珍比露，Jane Burrell（1944- ），生於英國。一九六四至一九七八年期間曾居西非加納，於當地修讀繪畫及素描課程，研究當地陶藝、蠟染及木版水印等藝術，一九七八年移居香港，於香港大學校外課程部修讀繪畫及素描課程。一九八七年獲市政局藝術獎，一九九二年被邀為香港視覺藝術中心留駐藝術家。曾為香港當代陶藝協會創會會員及副主席。

24 馮笑嫻，一九七六及一九八二年先後畢業於羅富國教育學院及葛量洪教育學院，一九八五年獲香港理工學院高級陶藝證書，一九八八年獲英國倫敦聖馬丁藝術及設計學院藝術學士學位，一九九〇年獲英國皇家藝術學院文學碩士，及後於澳洲墨爾本皇家理工大學取得藝術博士學位。歷年來曾獲香港藝術館「一九九五香港藝術家系列」、「二〇〇九 優秀茶具設計大獎」，以及於二〇一一年（首屆）中國高嶺國際陶瓷藝術展獲國際評審委員頒發提名獎。現為香港教育學院文化及創意藝術學系副教授。

25 梁冠明，一九八五年獲英國曼城理工學院學士學位，一九八七年獲英國 North Staffordshire 理工學院碩士學位，主修工業陶瓷。回港後開設梁冠明陶藝室，亦為香港藝術學院兼任導師。香港當代陶藝協會創會會員。

26 羅漢華（1966- ），一九八三年隨曾鴻儒習陶，一九八五年開始全職陶藝創作並開設個人工作室教授陶藝，一九八八年起在香港工會聯合會任教陶藝，歷年多次參加茶具文物館陶瓷茶具創作展覽（1989，1993，1998，2001），並曾獲夏利豪基金會現代藝術比賽現代雕塑組亞軍（1996）及季軍（1998）。

27 黃美莉（1947- ），一九七一至一九七六年間於香港不及室書院習繪畫、書法、篆刻，一九七六至一九七八年前往英國學習手製陶瓷，八十代先後於台北陶林及廣東石灣習陶，並於一九八四年創辦陶土坊教授陶藝。一九八八至一九九〇年出任香港義務工作發展局陶藝導師，並於一九九六及一九九八年起分別出任香港藝術館及香港教育學院持續專業教育學部陶藝導師。現為香港手工藝協會、香港美術家協會、香港美術教育協會、香港美術家合作社會員。

28 黃麗貞（1964- ），一九八六年畢業於葛量洪教育學院，一九九〇年修畢高級師資訓練證書課程，一九九一年獲英國東安基亞大學教育學士，一九九七年獲香港中文大學藝術碩士，曾於香港理工大學、香港大學及美國比弗學院任職客席講師。現為香港藝術學院課程講師及學科統籌。

29 黃新波（1916-1980），一九一九年移居香港。一九三四年考入上海美術專科學校西洋畫系，把其木刻作品寄予魯迅求教，並與劉峴成立無名木刻社，獲魯迅為其編印的《無名木刻集》作序及資助。一九三五至一九三六年赴日本進修木刻，任《新詩歌》、《東流》、《留東日報》編輯。一九三七年加入上海木刻工作者協會，因抗日戰爭到香港。一九三八年在香港《酒樓月刊》創刊號發表抗日漫畫，同年到廣州擔任《救亡日報》特約通信員及副刊編輯。一九四一年到港，參與中華全國漫畫家協會香港分會活動，任《華商報》副刊美術編輯，並在《大眾生活》、《青年知識》等週刊發表木刻作品。一九四六年與黃蒙田、陸無涯等成立人間畫會。一九五六年任中國美術家協會廣州分會主席，後受文化大革命影響，身體狀況大不如前，一九六四至一九六六年兼任廣東畫院院長。一九七七年舉辦「黃新波版畫原作展覽」，展出其一九六二至一九七五年間的木刻作品。同期發表木刻作品的包括黃永玉、黃少強、賴少其等。

30 丁衍庸（1902-1978），字叔旦，在港友儕及學生稱其「丁公」。一九二六年東京藝術學校西洋畫科選科畢業，先後在上海藝術大學、廣州市市立美術學校、重慶國立藝術專科學校、廣東省立藝術專科學校等任教。一九四九年來港，五十年代曾於德明中學、香江書院、珠海書院（1954-1959）等院校任教。一九五六年應錢穆之邀，與陳士文籌備新亞書院藝術專科，後出任藝術系兼任導師。先後於德明書院（1961-1963）、崇華書院（1964）及清華書院（1972-1977）任藝術系主任，亦曾於香港中文大學校外進修部教授國畫課程（1973-1978）。在油畫、水墨畫皆有涉獵，曾著有《中西畫的調和者高劍父先生》、《八大山人與縣代藝術》等。

31 李善琨，本地陶藝家，一九九三年起隨陳松江習陶藝。

梁寶山 周俊輝

簡介

梁寶山，一九八〇年生於香港，二〇〇三年香港中文大學藝術系文學士，二〇〇六年獲該校頒發藝術碩士銜。

一九九八年梁氏加入 Para/Site 藝術空間，擔任藝評寫作班導師及《PS》期刊總編輯。二〇〇四年加入香港獨立媒體，並分別於二〇一一及二〇一二年成為工廈藝術家關注組和香港文化監察成員，關注工廈藝術家的權益和創作空間。並經常於《信報》、《明報》、主場新聞等媒體發表文章和撰寫藝術評論。

除撰寫藝術及文化評論文章，梁氏亦積極參與社會運動及行為藝術創作，於二〇〇七年的「七一」遊行中倒後遊行，於保衛皇后碼頭運動中誦讀及焚燒《我城》，二〇〇八年她在時代廣場禪步，以行動爭取和提高公共空間的意識。其他個人作品有一九九四年的「女人與血」系列、一九九六年的《小玲之死》、二〇〇二年的「單打」系列。梁氏亦曾參與多個聯展，包括「日本國際行動藝術節」、「物有 QK：陳育強標本集成」、「男作業——關於男性與藝術」、「多大事件」等。

梁氏曾參與編輯及出版的書籍有《他人的故事——我們的註腳：香港當代藝術研究（1990-1999）》、《從過渡跨越千禧——七人視藝評論自選文集》、《七一孖你遊香港》、《殖民地的現代藝術——韓志勳千禧自述》、《梁寶山：活在平常》等。

「伙炭：藝術工作室開放計劃 2012」宣傳單張，2012 年。

周俊輝，一九七四年生於香港，一九九六年香港中文大學文學士，二〇〇〇年香港中文大學藝術系哲學碩士，二〇〇二年英國利茲大學文學碩士，香港中文大學文化研究博士生。

周氏以從事繪畫為主，其作品以電影油畫系列最具特色。二〇〇〇年他首次參與藝穗會舉辦的「香港乙城節」，其後曾參與多個聯展，包括「亞洲錄像藝術系列八——《原始當代》」、「香港國際當代藝術博覽會二〇〇七」、「香港製造」、「面值十歲，香港藝術 一九九七－二〇〇七」、「Hong Kong Eye」等。

周氏曾獲多個藝術獎項，二〇〇二年，作品入選「夏利豪基金會藝術比賽」，二〇〇三年獲頒發「許氏國畫創作獎」、「丁衍庸紀念藝術獎」、「翁凌宇藝術創作獎」、「海上動感藝廊」平面組獎，二〇〇四及二〇〇六年兩度獲得「Sovereign Art Prize 入圍獎」。

周氏二〇〇三年加入火炭藝術村，為 615 藝術工作室成員，二〇〇四年起曾於香港理工大學設計學院、香港藝術學院、兆基創意書院、香港中文大學等院校兼任藝術講師。周氏同時積極關注及投入本地藝術生態，二〇一一年擔任工廈藝術家關注組主席，二〇一二年以藝術從業員身份參加香港立法會「體育、演藝、文化及出版」功能組別選舉。

梁寶山　周俊輝　訪談錄

訪問者　黎明海博士

2014.3.3

黎　我先說為什麼會請你們兩位坐在一起，其實最重要的那個脈絡，應該是從工廈藝術家關注組[1]那方面開始，我印象中你們走在一起是因為有著相同的訴求，應該在二〇一二年的時候，你們組織了工廈藝術家關注組。

梁　該是再早一點。

周　是啊，二〇一〇年的春天遊行。二〇〇九年活化工廈政策推出後，到二〇一〇年的新年，觀塘的一群音樂人合作成立自然活化合作社，遊行以後收集了一些聯絡方法，我當時亦交換了自己的聯絡方法。那時主要舉辦遊行的是觀塘的地下樂隊，從那兒開始連起了一些不同區域的工廠內，不同媒介的人，由二〇一〇年開始，便一起成立了這個工廈藝術家關注組。

黎　正式的成立年份是二〇一〇年？

周　我們在二〇一一年有社團註冊。

黎　二〇〇九年政府推出「活化政策」，打算把棄置的工廈空間重新運用。

梁　不是，完全不是這樣，它其實是為催谷樓市。一九九八年，因為樓市大跌，政府已經開始籌備智囊團和一些顧問報告研究如何催谷樓市。一九九八年後，政府更改用地，將工業用地改為綜合發展區，或改為商業用地。至二〇〇九年，政府面臨很多工業樓宇與其用途不吻合，即有大量工業樓宇的土地已經劃為商業用地，對政府來說這個不合符最大經濟效益。故政府推出「活化政策」，但「活化政策」並非為藝術家而設的。

黎 當然它並非為藝術家，但問題在於在整個經濟發展來說，由一九九八到二〇〇三年，香港的樓市的確是處於谷底的，而時任發展局局長的林鄭月娥推出政策時，樓市已經開始回升，如果純粹為了激發樓市，亦毋須推出此「活化工廈政策」。

梁 她其實是有將整個城市變得更新的想法。

黎 這個情況會比較好一點，如果說到重建，最大得益者是那批超過三十年樓齡的工廈，它們可以重新轉變用途，所以現在很多工廈改裝成為酒店。但如果未滿三十年的樓宇，其用途則不能轉變太多，就正如你剛才說的，他們是想重新運用那些土地或那個空間。

周 但大部分的工廠都已經超過三十年，最新的也可能有八年多。

黎 兩座有藝術家空間的華聯工業中心和華樂工業中心有多久了？

周 華聯工業中心建於一九八三年，所以剛好三十一年，全部都超過三十年。

梁 沙田的工業區其實是香港最後一批工業區，火炭則比石門那邊更早一點，但石門那邊已經全部轉為工貿樓宇。

黎 工廈藝術家關注組最初是一個參與者的角色，因為他們有一個類似座談會或研討會。

梁 再早一點，二〇〇四年的時候，我做了一系列的資料搜集，寫了一些文章，用我自己的時間線去想。原本都想不理會，因為即使說完都未必有人明白。我原本不認識觀塘的黃津珏[2]，他經一些社運界的朋友找我幫忙，因為 Hidden Agenda 在第一個會址那裡時，也就是活化政策推出後，被迫遷走。他們打算在二〇〇九年末舉辦一連串活動，包括記者招待會及告別音樂會，所以黃津珏就叫我一起幫忙。

黎　「幫忙」的意思是因為當時未有任何的關注組？

梁　還沒有。他叫我出來幫忙說些話。

黎　這不正是你擅長做的嗎？

梁　不是，當時我不打算參加的。最初最有影響力及組織力的都是觀塘那邊的地下樂隊，而且是採取行動研究，一邊做問題調查，一邊收集數據。

黎　他們都是上電視比較多？

梁　是啊，因為他們行動比較高調。我們則用知識向政府證明我們的概念是正確的。

黎　我的工作室都在工廈，所以在推出活化政策時也注意到那個問題，政策推出後，在某層面上使工廈的價值提升了，無形中造成了租金上漲，藝術家亦可能逐漸被邊緣化而走到別的地方。這種情況是否促使你們組織關注組，希望改善這個情況呢？

周　我認為最初可能真是因為價錢問題，但在後來的討論中，租金及賣價並非重點。當然有很多數據，例如在二〇〇九至二〇一一年之間，整個樓市雖然上升，但是工廈的升幅特別大。也有數據顯示於二〇〇九至二〇一一年期間，香港豪宅的升幅是四十多個百分比，而工廈卻是七十多個百分比，比起其他的用地或樓宇用途，工廈升幅最快。而我們後來討論的不單是金錢的問題，還有條例執行的問題。我們經常都偷雞摸狗地經營這些場所，因為那些東西全部都是不合法的。譬如 Hidden Agenda，消防處會來調查，一天查三次，地政署又會來調查，或者娛樂牌照又會有人來查等等，這些全部都好像是不合法。但不合法的情況到底是我們做錯了事還是法例有問題？在「活化工廈政策」[3]中，由過去需九成業主同意才可以強行拍賣，但現在已經變了八成，為何這些可以改，但我們要求修改的條例，例如消防和土地用途，就不可以改？為何工業用地不可以舉行展覽？展覽在工業條例內是屬於商業行為，這些問題就不可以改，但一關乎樓價的政策為何就可以改？故此後來我們論及政策的問題多於價錢問題。

黎　但現時的情況也沒有改變過，對吧？工廈的樓價隨樓市的復甦而推高了，但藝術家生存的空間或工廈生存的空間卻愈來愈狹窄，現在好像沒有了那個關注組而改為文化聯席會議了？還是否存在？

梁　其實還存在的，不過那個班底都是差不多的人。

周　因為很多時候我們回應的問題不單是工廈的問題，如果我們的組織只是工廈藝術家關注組，發言時好像名不符實，就算你論及條例，但最終的問題是我們沒有文化局，沒有宏觀的文化政策，所以在「活化工廈政策」內才沒有文化關注，這是癥結所在。但只是以工廈藝術家關注組的身份去談及這些問題時，很多時候都不能被理解，又或者出現身份矛盾。其實文化監察跟工廈藝術家關注組的班底都是差不多的成員。

黎　可否說說你們那個班底當中有哪幾個比較活躍的人物？

周　有黃津珏、我、梁寶山和李海燕[4]。

梁　我們的組織很特別，大家的背景混雜，比較早期就是新蒲崗和觀塘這幾個區的。黃津珏組織樂隊，是觀塘的那一群，主席李海燕是舞評人兼資深行政。我們當中有些人唸政法及公共行政，並非藝術家，讓我們不單從藝術家的角度去思考，也有很強的學術支援。

我是通過社運圈的朋友認識黃津珏的，而她也是嶺南大學文化研究系碩士及校友。

黎　我看得出九十年代之後的發展頗為跨媒介，而且與文化的接觸較多。其實八十年代有一群人也做一些非主流的藝術展覽或活動，例如 Quart Society，他們與當時被奉為主流的「新水墨」那一群藝術家有些不同，但他們仍然關注藝術。

梁　那是由於社會轉向。但除此之外，二〇〇〇年後整個香港的文化政治也有面貌的轉向。由保育運動至工廈運動，到現在他們去耕作，也是一個面貌的轉向。

黎　你的寫作及評論明顯涉及很多社會議題，或是一些社會關注的事情。而周俊輝在創作方面，除了尋找身份的系列作品外，這些社會運動對你的創作則沒有那麼直接的影響，是嗎？

周 其實我一向都在逃避，不想把兩件事情重疊在一起。但最近都會有這樣的情況。譬如選舉，我從來也不會說選舉是一件作品，創作作品的時候不需要那麼迂迴，或者有社會關注，或者是政治考慮，不需要特地製造一件作品去提倡。我以前會特地把兩件事情分開，但現在難免會有重疊的地方。

黎 自從工廈藝術家關注組成立以來，梁寶山一直很積極參與社會運動，很多人都知道她的作風。而你呢？我覺得你好像在工廈藝術家關注組時比較傾向參與與社會議題有關的事。

周 是的，其實一直都充滿矛盾。工廈藝術家關注組在開始的時候想找我當主席，但同時間我又是業主，會有利益衝突。然而，正因為是既得利益者，所以出來說話才特別有說服力。這個聽起來好像是藉口。

黎 但在當代藝術圈內，很多藝術家會參與或舉辦社會活動。例如約瑟夫·波伊斯[5]，他本來也是參與社會運動的前線人員，所以我不認為身份是一個很大的問題，你不會因為參與社會運動而減少了在藝術方面的成就。

周 是的。但撇開是否藝術家的問題，我無論去參與工廈的事情或者選舉，都不是作為一個被迫害者或是被邊緣化的人出來反咬你一口，我並無此意。甚至有時我們會覺得這是否過分仁慈呢？即使面對敵人，我們都不想正面攻擊他們。但我們在整個過程都會覺得有一點這樣的偏向——不需要討論事件，只要找那個目標人物出來聲討就可以了，或者使自己變成被迫害者讓人同情。但我們不想這樣做。

黎 但在工廈藝術家關注組之後，也就是二〇一二年以後，你出來選立法會議員，最初的目的是要趕霍震霆[6]下台嗎？但機會很渺茫，因為他有「鐵票」。參與立法會選舉，票數懸殊，目的一定不是要當選，那最初的動力是什麼呢？

周 政府的行政架構中沒有文化局，立法會算是有文化氣息，但議員從來不提文化，於是我想不如走進立法會，說出這個想法。但從廣義來看，我們覺得現時的選舉制度根本就不公平。當初也有爭論參與選舉會否認可了這個制度，但我們既然深知不會贏，所以根本不存在這個問題。

黎 你可以團結一批藝術人士，甚至是少量的文化人，但要令投「鐵票」的人改變意向實在頗難。

梁　我現在這樣看，雖然舉辦這麼多年，都沒有成功感，工廈仍繼續活化，繼續重建，即使佔領中環，功能組別仍會存在。但如果當年工廈的問題不是大家一起上街爭取，很多改變都不會發生。例如，你看政府如何推行既定的文化政策。如果不是藝術界有很大的反對聲音，政府未必會作出讓步。雖然當不上立法會議員，但我們並非做不了改變，我們已有了一定的社運經驗，但更需要有改變社會的意志，要不然便不能堅持下去。

黎　我也同意要出來發聲，沒有人走出來辯論的話，情況可能會更糟。至少，現在馬逢國[7]也要懂得「兼聽」。

周　很難說哪一個較好。如果沒有競爭，霍震霆仍然會做下去。但換作馬逢國，也不知是好是壞。當時傳聞，馬逢

周俊輝參與立法會「體育、演藝、文化及出版界」功能組別選舉，2012 年。

國是文化局局長的第一人選，第二是黃英琦[8]，第三是許曉暉[9]。無論如何，文化局雖然沒有出現，但政府卻給人在操控政局的感覺，不能把馬逢國安插到文化局，便讓他坐立法會的功能議席。

黎　當時文化藝術圈內的人對這件事都頗關注，你們有什麼期望呢？是否有文化局會好一點？

周　文化界的前輩在回歸很早以前已經有討論。以工廈為例，大家往往誤會活化工廈能幫助藝術家和創意產業，但奈何政府沒有文化相關的部門去商討這些政策。我們唯一擔心的是文化局會變成宣傳部。但若為了這個政治隱憂而沒有成立文化局，我又覺得說不過去。很多地下樂隊寧可永遠在地下發展，不讓政府發現，但這就永遠沒有社會身份或職業。當該區需要重建或拆卸的時候，你

的聲音也不被重視。因此我們不能只埋首地下創作，要在立法會的層面提出我們的訴求。因此，設立文化局比擔心它會否成為政治隱憂更重要。

梁 行政長官選舉後，特首梁振英馬上推出「五司十四局」[10]，當時有立法會議員跟我們溝通，希望為文化局而作出政治妥協。後來，整個政治形勢變了因人廢局。但理性地看，文化局的角色到底是怎樣？內地的文化局與宣傳部也是兩碼子的事。

黎 但看看澳門的文化司，它的確做了一些意識形態的管控。如果香港採用澳門的模式，便有機會出現微型的「中宣部」？

周 梁振英當選後其實也有公佈過一些文件，大概有三個板塊，其中一個板塊就是西九龍文化區，另一個是康樂及文化事務署一直負責的。看來，尤其是西九龍文化區的部分，創意產業的意識很強。至於是否有政治上的滲透，在那三個板塊未看到很強的意識。簡單來說，我覺得康樂及文化事務署轄下的博物館與西九龍文化區的M+博物館出現競爭是一件好事。

梁 西九龍文化區現在也是一個大問題。例如，我們經常問西九文化區是否公營機構？它向誰負責呢？它在立法會有民政及綜合小組監察，但你看不出它跟政府的文化政策有何關連。這就是沒有文化局的後果，導致康樂及文化事務署跟西九龍文化區各自為政。

黎 你們對西九龍文化區又有什麼期望呢？

周 說真的，一直以來，不論是工廈以至選舉，以及很多關於文化的議題，我都盡量避談金錢。為何這樣呢？當然錢很重要，資源如何分配也很重要，但金錢往往淪為將人分化的工具。每談到M+博物館時，太多人只著眼於購藏時所花的金錢。

黎 我絕對同意你的觀點。西九龍文化區拿著資源，卻沒有認真思考如何發展、推動香港藝術，這是最大的問題。

梁 香港政府雖然出資興建迪士尼樂園，但它淪為一個獨立王國，而西九龍文化區亦朝著這方向發展。我想把問題拉得遠一點去看。你想想，六十年代興建大會堂後，港英政府刻意培養「香港人」這文化身份。回歸以後，西九龍文化區實際上是一個「新香港」的工程。它的選址，正正在整個高鐵網絡的最南站，是把香港和中國內地連貫在一起的國族主題。若我們只顧爭論購藏的問題，則會看漏了政府的整個大藍圖，以及我們所掉入的陷阱了！

黎　你們的組織會否跟他們談判？

梁　整個格局已經固定了。它在中國南端，正在塑造一個「新香港」。最讓人憂心的是，香港跌進一種很浪漫的方向性的方位。

黎　現在，讓我們轉一轉話題，說一點個人的發展吧？在 Para/Site 藝術空間時，你（梁寶山）曾幫忙編《PS：視覺藝術及文化雜誌》[11]，後更出版了八十年代香港藝術家系列的書目。在那階段，你在 Para/Site 藝術空間的參與度是否較大？

《PS：視覺藝術及文化雜誌》，1997 年 7 月第 1 期。

梁　那個階段的確是，後來由於到了英國唸書，我慢慢淡出。我算是 Para/Site 藝術空間的第二代了。

Para/Site 藝術空間成立於一九九六年，第一代人不得不面對的議題正是「九七回歸」，創作不時援引後殖民理論。我在一九九八年加入，恰好是一個很明顯的分水嶺，我們那一代做的事，跟第一代 Para/Site 藝術空間的議程很不一樣。

我在 Para/Site 藝術空間那幾年間，比較持續進行的兩件工作為舉辦藝評班及出版。一方面，由於藝術評論不足，加上藝術家又不便自評，我們便開辦藝評班並作出版；另一方面，因為沒有人做香港藝術史的研究，我們便從二〇〇二年起，先後為馮美華（「一切從此開始」2002）、楊秀卓（「楊秀卓紅色二十年」2002）、陳育強（「物有 Q〔蹺〕K〔蹊〕」2003）、何慶基（「身份何在——何慶基的策展工作與藝術」2004）舉辦回顧展。展覽前，我們作過一些全面的研究，並編纂了書籍，希望那些歷史可以留下。

黎　《PS》這雜誌為免費派發的藝術刊物，屬深化展覽的藝術工具，而派發量也只是一至二百本。編《PS》時，你有什麼導向或目標嗎？

梁　這雜誌結合藝評班同步進行，而且每期定了不同的主題，如表演、「威尼斯雙年展」、女性藝術家等，希望促進一些討論。我認為《PS》較零散，反觀為馮美華、楊秀卓、陳育強及何慶基辦回顧展時出版的幾本書，時至今日還有參考價值。尤其是楊秀卓那本《楊秀卓紅色二十年》，這可是他唯一的出版物。

黎　你的文筆訓練，與在《信報》任職

《楊秀卓紅色二十年》，Para/Site 藝術空間出版，2002 年。

藝術記者的經歷密不可分。其實，畢業後你是否傾向當一位藝術家而非藝術記者？

梁　讀書時，我已決定不當藝術家，專注藝術評論。

黎　作為火炭藝術村董事會主席，以及火炭工業村的業主之一，你（周俊輝）認為火炭藝術村是怎樣成形的？不少報導提到因為地點距香港中文大學不遠，藝術學生畢業後便在此地區開枝散葉，陸續建立起工作室。這個報導正確嗎？

周　部分正確吧。到工業區設工作室，主要是考慮到空間較大且租金便宜。

黎　但同期在長沙灣亦有不少空置的工廈，為何沒有人到那邊發展？

周　因為在七十年代末八十年代初，沙田和火炭的規劃有一點失預算。火炭廠房約一千呎，對六十年代末七十年代初的工業規模而言，面積實在太小且空間不足，放一部機器就已經沒有多餘位置了。那時的規劃是希望大家都會做一些輕工業，甚至山寨廠，但卻失了預算。

對剛畢業的藝術學生而言，我們根本負擔不了三千呎甚至一萬呎的單位。在地區上，火炭雖不屬市區，但五分鐘車程可到達沙田，能跟外面的世界接觸。自然而然，視覺藝術生態慢慢在火炭成形。至於樂隊為何要留在觀塘而非火炭？因為接近地鐵沿線才能吸引觀眾。除卻「伙炭藝術家工作室開放日」外，我們則不太需要招攬觀眾到我們的工作室，甚至害怕觀眾。試想想，若每天有觀眾到場參觀，還如何創作？

黎　翻查資料發現，原來早於八十年代，已有一位叫何兆明的香港中文大學藝術系畢業生在火炭設工作室。

周　不，只是他的家人在火炭開設鞋廠，他把自己的藝術功課作品都放到旁邊的單位。據我所知，畢業後他沒有從事創作，而是在一所中學任教，臨終前一直當老師。

其實，華聯工業中心早於八十年代已有師傅做舞台、場景等，他們至今仍然留守，只是一直較低調，沒有參加開放日而已。昔日，場景等都在華聯工業中心製造，現今則在深圳完工後運到華聯工業中心，再送到舞台去。

我在二〇〇三年搬入華聯工業中心615號，二〇〇七年正式加入「伙炭藝術工作室開放計劃」委員會。「伙炭藝術工作室開放計劃」的前身為「二樓五仔」[12]，「伙炭」一詞是我提議的，後來更在二〇一二年被推為主席。二〇一二年，我們得到「藝能發展資助計劃」[13]的贊助，遂成立有限公司來管理這筆資金，希望有一個較持續的架構，並由七位藝術家組成董事會。另外，我們亦用上部分資金僱用了一位秘書，以協助運作。

黎　在得到資助的情況下去營運一個原本頗為鬆散的機構，容易嗎？資助有幫助嗎？

周　單靠贊助款項去支持一個持續一年的計劃，實在十分吃力。

每年的開放日由於要印製目錄、海報等的關係，因利成便，我們亦會收集數據做一些統計，更新組織的成員名單。

黎　「伙炭藝術家工作室開放計劃」會否成為一個推動小社區的藝術組織？

周　這是無心插柳的。可能我們著力推廣公眾藝術的緣故，每年到開放日的觀眾大都是平日極少看展覽、去博物館的人。至於藝術家方面，大家的相處相對融洽，未有出現其他城市的情況，如藝術家推高樓市、受其他行業討厭等。另外，火炭雖先後有過漢雅軒、Blue Lotus、King's Gallery、a.lift 等畫廊，但它們沒有如北京 798 藝術區等主導著整個藝術社區的情況，本地的藝術交易仍集中於港島區。

黎　提到畫廊，你們認為畫廊對推動香港藝術及對香港藝術家有積極的作用嗎？眾多畫廊之中，似乎只有嘉圖畫廊較多代理香港藝術家的作品。

周　在藝術市場上，嘉圖畫廊代理香港藝術家作品算是他其中一個賣點。不過，他跟本地藝術家的關係是否這樣密切呢？

黎　張頌仁的漢雅軒亦辦過不少本地藝術的展覽。

周　但漢雅軒的方向也很不確定。

黎　香港現在有 Art Basel Hong Kong，加上幾間國際的畫廊來港，整個藝術生態似乎很蓬勃。你們認同這個現象嗎？

梁　香港一向都是資本主義社會，金錢都流向這裡。以中國內地藝術品在港交易為例，交易又在香港進行，大家都明白這跟香港藝術沒有直接的關係。宏觀所見，這是西九龍文化區出現後的副作用，連藝術也淪為地產財團的工具。

黎　你曾在北京開設工作室，你們這一代藝術家是否不需要地域的概念呢？又是否不會再以香港藝術家作自我的定位？

周　是。我的作品太多本土元素，所以沒有什麼公信力。事實上，我從一開始便想擺脫香港人就得畫帆船的印象，但愈想擺脫，那件事就愈實在。根據我的經驗，與國際的聯繫愈緊密，與本土的聯繫亦會變得更緊密。

梁　我們經常說全球化會造成一體化，但全球化說的是結構同等（structural equivilence）。以二〇〇八年 Art Basel Hong Kong 的海報為例，他們用上紅色燈籠、大排檔、在街市殺魚等香港特色的視覺形象，連國際人士也能看得明白。這是視覺藝術因應全球化的回應。

黎　最後，你們有收藏香港藝術家的作品嗎？

梁 有啊。

周 我也有，但自己完全沒有收藏的策略，不在意升值與否。藝術家之間亦會交換作品，又或互相購買。我收藏的不少皆為一呎以內的東西，李傑、靳埭強[14]和呂振光等的作品也有。

注釋

1 工廈藝術家關注組的成立，為以工廈為創作基地的本地藝術家爭取權益，短期目標為抗衡政府於二〇〇九年推出、向商業利益傾斜的「活化工廈政策」，並長遠關注香港藝術生態健康發展，維護藝術在香港價值體系應得的地位和尊重。

2 黃津珏，現為本地獨立樂隊 Fragile 成員及表演場地 Hidden Agenda 負責人。

3 二〇〇九年香港特別行政區政府推出活化工廈政策，將工廈重建或整幢改裝，以滿足市場對寫字樓、酒店和其他商業設施的需求。

4 李海燕，畢業於香港中文大學英文系，後修讀環球商業碩士及藝術行政碩士，曾任香港舞蹈聯盟行政主管及工廈藝術家關注組成員，現為獨立藝術行政人員及學徒藝術家、火炭華聯工業中心 221 工作室負責人。

5 約瑟夫．波伊斯（Joseph Beuys, 1921-1986），第二次世界大戰期間曾加入希特勒青年團，戰後的一九五三年畢業於杜塞爾多夫藝術學院，一九六一年獲該校聘為教授，一九六七年成立德國學生黨。歷年來活躍於行為藝術、偶發藝術、裝置藝術及觀念藝術創作以至社會運動等，並提倡「人人皆可為藝術家」。

6 霍震霆（1946- ），畢業於美國南加州大學，曾任香港立法會議員（體育、演藝、文化及出版界）（1998-2012），現為霍英東集團主席、中國人民政治協商會議全國委員會委員、香港業餘體育協會暨奧林匹克委員會會長、香港足球總會會長，並先後獲太平紳士、香港特別行政區政府銀紫荊星章（1999）、金紫荊星章（2004）等名銜。

7 馬逢國（1955- ），一九九八年起任立法會議員及立法會資訊科技及廣播事務委員會副主席，二〇一二年起任立法會「體育、演藝、文化及出版界」功能組別議員。為香港藝術發展局電影及媒體藝術小組委員會增選委員（1997-1998），民政事務局文化委員會成員（2000-2003）、香港演藝學院校董會副主席（2004-2006）、香港藝術發展局主席（2005-2010）。亦為香港影業協會創會會員兼副理事長（1987-2011）、香港電視專業人員協會副會長（2003-2009）。現為香港中華文化促進中心副主席、饒宗頤文化館管理委員會委員、商務及經濟發展局創意香港——創意智優計劃審核委員會副主席。

8 黃英琦，一九八一年獲美國加州布蒙拿大學文學士，二〇〇三年香港大學教育碩士（教育行政）。於一九八六年取得香港高等法院執業律師資格，一九九五年至一九九九年間出任市政局議員，一九九六年創立香港當代文化中心，一九九八年創立香港兒童音樂劇團，二〇〇〇至二〇〇三年出任文化委員會成員，二〇〇〇年至二〇〇七年出任灣仔區議會議員，期間曾擔任灣仔區議會主席四年。二〇〇四至二〇一〇年間先後協助成立西九龍民間評審聯席會議、兆基創意書院，並出任西九龍文娛藝術區核心文化藝術設施諮詢委員會博物館小組成員、表演藝術委員會委員及成立 MAD（創不同）平台，現為執業律師、香港兆基創意書院校監、西九文化區管理局諮詢會成員等公職。

9 許曉暉，香港中文大學工商管理學士及劍橋大學工商管理碩士，後在清華大學和哈佛大學接受行政訓練，二〇〇二年加入渣打銀行，二〇〇七年晉升為東北亞業務策劃及發展主管，曾出任香港銀行公會秘書、香港總商會財經事務委員、香港總商會中國委員會召集人之一，以及中央政策組非全職顧問，現為香港民政事務局副局長。

10 「五司十四局」是二〇一二年梁振英競選政綱中提出「重組政府架構」的建議，由原來的三司十二局變為三司二副司十四局（統稱五司十四局），為政務司司長、財政司司長各設立一名副司長，以分擔司長的工作，另外重組各局，新設文化局及資訊科技局，後來議案在立法會遭否決而未能通過。

11《PS：視覺藝術及文化雜誌》於一九九七年七月由 Para/Site 藝術空間發行，初為 A3 紙張對摺的單色印刊會員通訊，二〇〇〇年起改革成 A5 紙張大小單色印刷專題雙語季刊，內容既有專題、訪問和評論，並強調排版和設計的實驗性，每版大概印刷一千多本，二〇〇四年起演變為不定期刊，根據 Para/Sitet 藝術空間的網站所見，最近一期為二〇〇六年春季第二十七期。

12 二樓五仔成立於二〇〇二年，位於火炭華聯工業中心 A 座 221 室，成員皆為香港中文大學藝術系本科畢業生，包括白雙全、馬智恆、梁展峰、鄧紹南、林東鵬、盧家彥及李傑。工作室曾於二〇〇三年協助組織火炭工業區的藝術家，開展「伙炭工作室開放計劃」。現時各成員已獨立發展。

13 藝能發展資助計劃由民政事務局於二〇一一年開始推行，旨在補足現有的公共藝術資助計劃，支持藝術工作者及中小型藝團舉辦有助本地文化藝術發展的項目，資助範疇涵蓋表演藝術、視覺藝術、跨界別藝術等，目前已經推出了三輪申請。

14 靳埭強（1942-），一九五七年定居香港。一九六九年獲香港中文大學校外進修部商業設計文憑，畢業後先後與友人創立大一學院（1970）、香港正形設計學院（1980）等。一九七三年兼任香港大學校外課程部之基本繪畫綜合課程講師，三年後亦加入一畫會並協助藝術教育的推廣工作。一九八一年獲市政局藝術獎。歷年來除擔任一畫會主席外，亦曾出任香港藝術發展局委員、香港設計師協會主席、國際造型藝術家協會香港分會副主席等職位。

林嵐

簡介

林嵐，一九七三年生於福建省福州市，現居香港。一九九七年獲香港中文大學藝術系文學士，分別於一九九九年及二〇〇〇年在該校修畢藝術碩士及教育文憑課程。

林氏主要從事大型雕塑及裝置藝術創作。二〇〇三年起，曾於香港、孟加拉及澳洲等地舉辦個人展覽，並參與多個本地及海外聯展，包括多屆「香港藝術雙年展」、二〇〇六年台灣「阻越之間」、二〇〇六年「國際防風林環境藝術創作展」、二〇〇八年「尋找麥顯揚」、二〇〇九年於德國漢堡舉辦的「Subvision 藝術節」和二〇一三年「亞洲平台——瀨戶內海三年展」等。她曾於多個機構擔任駐場藝術家，包括香港版畫工作室、汕頭大學長江藝術與設計學院、加拿大多倫多 Tree Museum、紐約 Urban Glass House、澳洲墨爾本皇家理工大學等。

林氏亦致力於社區藝術的策劃及參與，是二〇〇三年香港藝術推廣辦事處舉辦的「藝遊鄰里計劃」重點藝術家。二〇〇四年她成立非牟利團體 AiR Association Limited，以推動本地及海外藝術家的交流，以及統籌社區進駐計劃。二〇〇五年 AiR 舉辦「現場灣仔——國際藝術家交流工作坊」，亦為該機構的首個活動。本書的受訪者王純杰、梁以瑚、蔡仞姿、樊婉貞及鮑藹倫曾出任該計劃的顧問，林氏於二〇〇九年策劃 社區項目「微觀經濟」，二〇一三年獲香港藝術中心邀請舉辦有關個展「林嵐合作社——織織復織織」。

林氏現任香港藝術學院高級講師、雕塑系課程及藝術高級文憑課程統籌。

《喃喃》，2000 年。

林嵐訪談錄

訪問者　陶穎康先生

2013.8.19

■

訪　可以先說說你是怎樣加入藝術圈嗎？

林　我通過一個很正常的途徑入行：在香港中文大學讀了七年書，包括學士、碩士、教育文憑。不過有過一段奇遇，就是遇上師父張義。這經歷很重要，此後，人生的每件事情都與此相關，那算是我入行的玄機吧！

小時候在內地，我愛看《紅樓夢》、《三國演義》等小說，也喜歡接觸古舊的東西，包括中國古物、中國歷史等，都是很傳統的。碰巧師父是一個六十年代的人，所以跟他聊起古董、文物、詩詞歌賦他都特別起勁。大學一年級時，師父雖然負責素描科，但他沒有動手教，只負責首尾兩堂課請所有的同學喝奶茶，教學都是由李尤猛[1]負責。所以當時我不覺得他是老師。三年級時，我選讀他的雕塑課程，全因為師兄師姐都說，在中大沒有讀過張義的課程是一大損失。

訪　我經常聽到一些人談及中大的師徒制，師徒制是否真的存在？

林　不，中大沒有師徒制，只有張義才真正收徒弟，但是並非隨便承認的。我們幾個人都有師父相贈的信物。他老是說這是一種緣分。我是一個自律性很強的學生，不能容忍老師什麼也不教，只好每次上課都很認真地帶問題去請教他，甚至想辦法迫他去工作室做示範，很少學生會做得這麼「絕」。想來，也許正是這樣才把我們的師徒情給迫出來。

訪　你跟張義相處多年，他對你有何影響？

林　回想當時，我覺得師父真的很好，世界上除了父母，沒有什麼人會無條件地對我這麼好。最初跟隨他的時候，我不願意叫他「師父」，因為他不像其他老師那樣示範教授，只顧談天說地，在當時的我眼中簡直是「令人討厭」。但是他每次帶來的書都讓我愛不釋手。後來，他介紹我是他徒弟時，我當然也很欣喜。跟著他三年，從早到晚都待在他的身邊，可以看到一個我從未見過的藝術家生活。

師父學習中國工筆畫出身，後從事雕塑，一方面我可以跟他暢談有關中國畫以及中國書法，另一方面也可以知道他當年如何把東方經驗注入西式的雕塑中，以六十年代香港「東體西用」的藝術形式來說，他的確很成功。後來在我的作品中一直都保留著中國山水的氣息，與此還是有點關係。

坦白說，你不需要跟隨張義學什麼，只要跟著他到處走，看著他怎麼生

活，就已經足夠了。他以身作則，讓我知道藝術家應該怎樣生活，同時也看到他的不足之處（其實每個人都有），並引以為鑑，自己加以留意。很多人都問過我，師父到底教了我什麼。我說，他對我最大的影響就是什麼也沒教。

訪　記得你在《走讀藝術》一書中，也曾提及你跟張義學習的經歷，大都以「飲飲食食」為主，你的師父在閑談中「塞錢落你袋」（意指傳授知識或教誨），令你獲益良多。

林　對。但是那要一定的自律性。現在當我去分享當藝術家的心得，常說兩邊要平衡。現時部分美術教育不是太硬框式，就是太鬆散、太放任，讓學生誤以為怎樣做都可以。不少學生以為從事藝術創作都要通宵達旦，喝醉了才去畫畫，一切隨心而行。他們的想法未免太

浪漫了吧！。我很講求自律，認為從事藝術創作與做人一樣，給自己一定的限制，思想才可以不停地超越那些限制，這才是最重要也是最美好的狀態。

訪　這個想法跟你師從張義有關還是你個人的生活模式所致？

林　自己的生活模式也是這樣，從小到大都很自律，做事情一定要整齊，創作時，工作室可能會凌亂一點，但完成作品後一定會清理好。我想在這方面也有受到師父的影響。

訪　除張義外，你的中學老師林康玉惠對你也有深遠的影響。這是在藝術方面，還是其他方面？中學的時候，你有修讀會考美術課程嗎？

林　除了你所說的這兩位老師，小時候我在內地讀書時參加的一個課後素描班也很重要。那時候上課很辛苦，要求很嚴格。如果畫不好就不能下課。素描方面的根底，就是在那段日子培養起來的。到香港後，底子自然比其他中學生厚。後來我在中學時期報考了設計與素描，但是大部分時間花在素描上。

至於康老師對我的影響，是在於她無間的鼓勵，令我更加努力。她的博學也使我在中學期間就接觸了書法、國畫和油畫，打下了很好的藝術基礎。加上她是一個很漂亮的老師，很吸引我。基本上，中學那段日子對我最有影響的，都是那些長得高貴的女老師，她們的共通點就是喜歡藝術。這樣，我便覺得原來喜歡藝術，可以令人那麼高貴，便立志要學好藝術，將來做中學老師，成為有氣質的女人。

訪　後來你便修讀藝術教育文憑，這跟康老師的影響有關嗎？

林　修讀教育文憑與此無關，是母親勸我修讀的。由於我跟隨張義後，思想已改變，不想做中學老師了。取得藝術碩士學位後，很想全職創作藝術，但呂振光老師勸我不要這樣做，有其他生活經驗對創作也很重要。當年是一九九九年，根本沒有「本地全職藝術家」這一回事。畢業後我很彷徨，不知道何去何從，甚至想過投考女消防隊長。不過，這計劃遭家人反對，母親便勸我修讀中文大學的教育文憑，將來至少可以有一份安定的工作。

讀教育文憑那年，我一直觀察自己，看看是否適合從事這個行業。結果，我發覺自己不適合中學教育那套模式。事實上，我也不是一個改革者，不覺得個人之力可以改變香港這種教育系統，何況「自由」對我來說實在太重要了。所以修畢這個課程後，自己反而有點沮喪，更不想進入中學教育系統。

訪　你曾經有一段時間從事幼兒教育？

林　對。既要「自由」也要「吃飯」，就只好選擇了兼職幼兒教育的工作餬口，其餘大部分時間都放在創作上。當時在朋友的介紹下，我去了「喜蓮」工作室教畫。在那兒過得很開心，自由度很大，甚至可以編一個類似「兒童藝術史」的課程去教導那些小朋友。看到小朋友很開心，加上自己的教學與其他老師有別，也有很多成功感。

後來，何兆基看完我在歌德學院的個展後，問我有沒有興趣到香港藝術學院工作？當然有，但是我在二〇〇一年九月辭職後直到二〇〇二年五月，才正式進去。其間有幾個月沒收入的真空期，所以當黎明海找我做半職的流行文化研究助理時，我也欣然答應。那是真正進入社會大學的階段：可以學到一些非藝術的知識，例如怎樣打一封正式的信件。當年的我像一個對社會一無所知的孩童。後來一做就做了兩年多。

訪　你在一九九七年完成藝術學士學位，一九九九年藝術碩士畢業。當時香港回歸後不久，接著就遇上金融風暴。至於藝術方面，何慶基則在香港藝術中心策劃了一系列探討香港人身份認同的展覽「香港文化展覽」系列（1997）。作為畢業生，你當時如何看待香港的藝術情況？有什麼機遇可言嗎？

林　我並沒有想太多，正如剛才所說，離開中文大學後，才知道我對外界發生的事知道得太少了。當年我學習的是中國媒介，雖然不知道何慶基辦的那些展覽是什麼一回事，但至少讓我知道可以用這樣的方式講故事。《盧亭》這個展覽對我的影響很大，那時候，我真的以為有魚頭人身的「盧亭人」存在！以前繪畫對我來說就只是那些很漂亮而寫實的素描、國畫、書法等，這時才知道藝術的表現手法可以這麼廣。

當時我也很欣賞曾德平[2]，看了他在調景嶺的作品記錄和參觀了他在 Para/Site 藝術空間的展覽。他在很小的室內空間做了一個竹棚，內裡好像還有水和半隻船，梁志和則在地上刻字然後進行拓印，這都讓我覺得很震撼。當時我未能看得懂這些展品，但是一直記在腦海中。

訪　當時的社會環境，對藝術家尤其是你們這批剛畢業的學生，有何影響？

林　一九九九年畢業時，我遇到一個很好的業主。工作室的租金由五千五百元慢慢上升到二〇〇三年時的七千元，接著爆發沙士（SARS）。我們跟業主說負擔不來，他便把租金下調回五千五百元，後來多年來也沒有加價。最初有五人合租，後來合租人換了又換，最後只剩下兩個人。

剛畢業、在觀塘時的日子很刻苦，每天需得做幾份工作。由於我只是兼職，工資很低，同時，又參加了很多藝術展，並沒有工資，所以需要到不同的中學負責校外活動來補助租金和材料。晚餐經常是工廠區麵包店收店前買一送一的三點五元雞尾包。後來，我成為藝術學院的半職教員，再加上去教育學院做半職研究助理，才可以養活自己。當時沒有畫廊代理香港新人的作品，能存活下來，我算是很幸運的了。

訪　二〇〇三年的「沙士」對你的創作也有很大影響？

《給想飛的人》，2003 年。

《給想哭的人》，2003 年。

林　對。我的第一次個展，是「藝遊鄰里計劃II」（2002-2004）的其中一個展覽。我本希望沿用以前的作品，以「遊樂場」的方式去處理。二〇〇二年七月，我已經要策劃展覽，也採購了那些用作造遊樂場的木材。後來，二〇〇三年三月沙士爆發，做木雕時我聽到電台上的人經常哭哭啼啼。在這個環境下，自己心情也很亂，很擔心。

後來我的腳受傷了，居然沒有膽量到急症室看醫生，因為當時醫院是最高危傳染的地方。那樣的社會氣氛讓我感到好像走到了世界盡頭。由於學校停課，兼職也停了，沒有收入，手停口停，那段時間可算是人生最苦的時候。那時候沒有錢吃飯，母親甚至要拿電飯煲到工作室做飯給我吃，這段經歷很難忘。期間，我不斷修改作品，以四件藝術品表達我對沙士的感受。受社會氣氛影響，靈感不斷湧現，我也很專心地進行創作，只花了四個月便完成作品。現在，我經常跟人家說自己再也做不出那樣的作品，因為只有在那段時間才有那種感覺。

那時候，我才意識到生命中任何會動心或動情的事都能成為作品。這十年來，我對那種手到拿來的感覺漸漸熟悉了，所以經常找一些新事物去挑戰自己的感覺，產生陌生感才能再做下去。我實在無法重複過去的藝術創作。相對於金錢，我比較想得到樂趣。如果有些項目我覺得沒趣味可言，我就不會有興趣去做。

訪 是否這種心態，令你的作品較難在畫廊出售？

林 對，很難。一些畫廊聯絡我，而且對我的容忍度也很大，很熱心的那種。可是找上林嵐，基本難以有利可圖。很多人以為我略有名氣，作品可以賣個好

《給想逃的人》，2003 年。

《給想藏的人》，2003 年。

價錢，但我少有在商業畫廊出售過作品，只有一件，還是朋友收購的。所以，你可以說是性格決定命運。無拘束的生活實在太重要了。

訪 在二〇一三年的「織織復織織」展覽中，你的其中一件作品是凡捐款五百元，藝術家便會幫捐款人刻字。這個方法對我來說很新鮮。

林 我的確很厭倦由一般畫廊建立的那套系統。我喜歡尋找新事物，所以即使希望出售藝術品，寧可「出賣勞力」，也不希望通過畫廊系統。從另外一個角度來看，我很關心創作和金錢之間的關係。是否窮人就不可以創作、不可以享受藝術？於是我以此出售大家負擔得起的作品。我是個很固執的人，自己的堅持也是一種證明：即使窮，也可以從事忠於自己的藝術創作。不要老是說因為

家裡窮，要賺錢養家，便放棄藝術。

訪 你這番話，讓我想起二〇〇五年的時候，你到孟加拉舉辦個展「Travel with Rickshaw」，更找了一批人力車夫參與開幕禮。當時畫廊是否很厭惡這批人？

林 不是厭惡，而是基於社會慣例、階層分類，他們是不許入內的。那個展覽在法國文化協會畫廊舉辦，有身份的人才可以進入。雖然展覽對公眾開放，但那些車夫需要得到邀請才可以入內，這讓我看到當地社會的不平等。雖然我不是基督教徒，但令我感恩的是，經過這個展覽後，其中一位車夫對我說將來會讓孩子讀藝術。他更寫了一封信給我，說這件作品使他看到人生的意義，他太太還畫了一張畫給我。但我的回信卻被退回了，因為他們已經搬走。

我經常想，人類對待其他生物已經很過分，在人類社會之中還要分成白人、黑人及黃種人。即便在同一個國家，也有上中下階層的人。我真的覺得很累。其實藝術可以使人變得很簡單，不是嗎？

訪 從圈外人的角度來看，香港的藝術圈似乎有點「離地」的感覺，屬中上社會階層的玩意。每一次的開幕禮，都是邀請紳士名流到雞尾酒會，普通人根本不願意走入會場。

林 參與是很重要的。當他們自覺是其中一分子的時候，自然就會去參與。所以「織織復織織」的展覽開幕，那些女工姐姐和他們的工友也都蒞臨展覽了。

訪 你在這個展覽中不但幫助那些車衣女工重拾自信，找到路向，也讓我們知道藝術可以為社會服務，即便部分人仍抱有「一切為藝術服務」的心態。

林 那是因為在美國的遊歷讓我想到更多。從紐約回到香港後，我更不喜歡「公共藝術」（Public Art）這個用詞。記得在二〇〇七年底，我在香港中央圖書館參與了一個研討會，跟現場聽眾提到希望自己的作品不是「公共藝術」（Public Art），而是「為大眾的藝術」（Art for Public）。但是與「藝術在醫院」這類社區藝術又不完全一樣。從另一個層面來看，那應該是一種「藝術共享」（art sharing）的態度。

現在，我的團隊以合作社（collaborative）形式運作大型作品，所有人員可以隨時加入或離開，保持自願、享受合作社的創作精神為主。每次展覽都以同一名義參與，內部的分工清晰。鳴謝時，也很清楚地列出每位隊員的崗位及工作，只有這樣才算是各有分工，各有責任。很多藝術家，都覺得自己是英雄，每每將幕後人員的名字都抹去，然後只有他和作品的相片出現。不過，世上哪有這麼厲害的藝術家？通過策劃展覽，我開始明白到團隊合作是怎樣的一回事。單打獨鬥肯定不行。

訪　這個想法，是源於二〇〇五年那個「現場灣仔——國際藝術家交流工作坊（香港）」嗎？

林　對，是從那個時候開始明白的。當時我接觸了很多世界級的藝術家，年紀和名氣較大的更謙虛，反而年輕藝術家永遠覺得自己是最好的。通過這次機會，我也認清自己並非那麼厲害，需要很多人的協助才能成事。人家幫助過你，你得承認人家曾經出力。互相尊重，合作才能長久。

那次我是沿用 Triangle Art Trust [3] 一貫的藝術家交流模式，即是將十二位海外藝術家、十二位本地藝術家安排在同一個地方，一起生活兩個星期，交流、創作，最後展出。只是把地方放在市中心而不是郊區。但是在香港實行這種模式的難度很大，因為租金的壓力。後來我在深水埗發展出另一種時間較長（一個月）、人數較少（四個海外四本地）、沒有大壓力（沒有大展）的第二種模式，不過還需要花費大量人力和物力。策劃了兩屆後，看到人和地的限制，再加上沒有了陳沛浩，我也沒信心去進行第三屆，只好凍結。只有當我有新的想法時才會繼續做。

訪　第一屆計劃完成後，似乎沒多少個藝術家回到社區，計劃未具延續性。

林　這也令我很失望。我早年在台灣體驗過這種社區模式，實踐過，感覺很好，

「現場灣仔——國際藝術家交流工作坊（香港）」，2005 年。

便從二〇〇四年開始把這種模式帶到香港。然而，當年不少藝術家都問我同一問題：「我為什麼要跟阿伯阿嬸一起做事？」現在，藝術家與社區共事靡然成風，但當年邀請他們參與時卻有些心理關口要過：他們視藝術創作為自己的事，為什麼硬要將藝術家與社區扯上關係？

訪　這是否與民氣轉變有關？經歷了「天星碼頭」[4]、「菜園村」[5]這些本土事件，是否讓年輕人發展出這種想法？

林　對，可能當時太早做這類的計劃，當時的藝術界還不普遍有這樣的想法。於是我也很快對香港的藝術生態失望。不過，想起也很正常，氣候也很重要。創作了孟加拉那個項目後，使自己更堅信藝術是可以為社會做點事的。二〇〇七年時，我拿了亞洲文化協會（Asian Cultural Council）的獎學金去了美國。

Jaffa Lam Laam's recent work as an artist in residence ended with a stint in a jail cell, writes **Kevin Kwong**

Roam to roost

Roam to Roost', *SCMP*, 19th February 2008.

當時美國早已凝聚了那股氣氛，更令我堅信在二〇〇四年的想法是正確的。

訪　我手上有篇關於二〇〇八年社區藝術計劃的文章，文中提到部分藝術家無法融入社區，不能夠與社區內的人進行對話。

林　對，那件事令我非常沮喪。二〇〇八年，自紐約回到香港後，我更有信心去實行剛才提到的第二次國際交流計劃——「深水埗4×4」：同一個月內有四位本地藝術家和四位海外藝術家交流，共做了兩個月，有十六個藝術家參與。相比第一次在灣仔，這次少了些參與的藝術家，將更多資源放在創作研討過程上。另外，配對計劃包括找一些機構在技術層面上為藝術家提供協助。而且作品的發佈是以討論會來表達，並非慣性的大規模視覺展覽。但是這種不具視覺震撼的發佈的確欠缺吸引力。看來，有適當的壓力可能也有好處。

後來，我覺得與其繼續推別人去做，倒不如自己做好了。真的那麼難嗎？這驅使我從二〇〇九年五月起，開始和其中的一個配對機構——香港婦女勞工協會合作了。

訪　你創辦 HKAiR（Artists-in-Residence 藝術家駐留計劃）的時候，沒有其他人與你一起合作統籌。這個機構以什麼形式運作？你如何去尋找資金？

林　運作方面，我很感激陳沛浩[6]和黃小燕[7]的協助。二〇〇四年初，我與曾德平辦了一個海外駐場的分享會，分享他在孟加拉以及自己在台灣的經驗。分享過後，黃小燕甚為感動，更介紹民間博物館的陳沛浩給我認識。陳沛浩是個文化人，很樂意與我分享他對社會的看法。通過這些分享，也令我開始了解視覺藝術圈子內的不足之處。HKAiR 得以成功，陳沛浩功不可沒。後來，他在二〇〇八年離任，我也決定停止 HKAiR 的運作，原因是找不到他的繼任者。我只是一個創作人，不可能應付這麼多行政方面的工作。我現在仍在尋找這樣的人。另外，資金方面也主要靠香港藝術發展局和私人贊助。

訪　這亦反映了香港很缺乏藝術行政方面的人才。

林　對，這個人要很有承擔。所謂「有承擔」，就是你要眼觀八方，既可以處理行政，能與藝術家們溝通，擁有共同的理念，亦同時要了解當代藝術發展的情況，最重要的是，這個人還得是藝術狂熱分子。我不是一個好的行政人員，是很笨的那種：付出腦力和勞力，還要經常自掏腰包墊支，唯一擁有的是苦甜參半的人生體驗。我想 HKAiR 可能以打游擊的方法才能生存下來，將來的事看著辦吧。經歷了兩屆，我發覺很多藝術家都想別人去服務你（其實我也想），但有多少人願意為別人服務呢？但是近十年來，藝術行政人員似乎有比藝術家擁有更高權力的趨向，可能會吸引多一些人入行吧！

訪　HKAiR 根據什麼準則去邀請藝術家參與？藝術家好像都不能自薦參與？

林　靠行內專業人士推薦，因為我們希望在最初一兩屆建立口碑。我們通過不同渠道，例如黃小燕在亞洲藝術文獻庫認識很多香港老中青藝術家，外國的藝術家則靠 Triangle Art Trust 網絡。我們挑選的人都是奇奇怪怪的，例如袁堅樑（丸仔）[8]當時剛入行，很新，而且是做行為表演的。問題不在於我們怎樣挑選藝術家，而是如何去配搭這些藝術家。最後的名單我們團隊討論了很久才達成共識。

訪　「藝術家駐留計劃」進行期間，或能達到推廣藝術的目的，但藝術家離開以後，便難以達到藝術植根於社區的效果。我在深水埗長大，現在區內雖有薩凡納藝術學院、賽馬會創意藝術中心及美荷樓青年旅舍，區議會甚至打算在美荷樓旁邊的空地發展藝術展覽場地。但很多時候，居民的反應是「我們需要的是房屋、溫飽，不是藝術」。藝術似乎只是過眼雲煙。

林　我很同意你的看法，我們本意是希望以一件事件推動大家去思考，去行動，也並不是非要在灣仔和深水埗實行不可，只是覺得當時那個社區比較適合我們的計劃。從二〇〇四年的「利東街（喜帖街）」事件開始，灣仔好像是一個「戰場」。雖然當時的社區人士十分歡迎我們的出現，但同時那亦是一種地方勢力的角力，在這情況下，我們也不知道藝術事件是否被人當作一隻棋子。然而，亦因此才有機會在那裡舉辦活動。後來，灣仔大部分面貌已塵埃落定，不再需要我們，我們也無法繼續下去。這是唇齒相依的狀態。

我想像的香港藝術從來都是游擊戰。因為在某個地點營運一個機構，要養活這麼多人，著實很辛苦。假若要做到「藝術植根於社區」，一個租金便宜的地方、出色的團隊以及帶領者都是很重要的。政府雖然有前者，但是沒有具藝術文化視野的團隊以及有魄力的帶領者，一切都是徒然。

訪　你所說的，就像現在的西九龍文化區，不同的利益團體各有盤算。M+博物館採購了瑞士收藏家希克的不少藏品，但像你們這樣的香港藝術家，所獲得的展覽機會卻不多。即便本地藝術家的作品有多出色，受惠的也只是他們。

林　直到現在，西九文化區還是與我無關，我也從未有從中受惠。也許那些著名的外國策展人還沒在現場看過我的作品吧，他們都太忙了，我也沒和他們有私交。來看我展覽的都是本地藝術館的人，再把作品的圖片給他們看。但是像我們這種一定要在現場才能感受到力量的作品，他們錯過了一次個展，也許要再等十年後的個展才會知道我們的存在吧！

訪　你談到現在很多國際畫廊進駐香港，令香港人有更多機會接觸高層次的藝術。然而，這些國際畫廊大都將香港視為進入中國市場的踏腳石，真正能受惠的本地藝術家有限。

林　是的。我經常到外國駐場，受教得益於各種各樣的展覽，深知好作品對藝術家的刺激也很重要。但是很多人沒有機會到外國親身接觸當代大師的作品，令作品水平長期原地踏步。故此，這些國際畫廊在香港開業，除了業界大開眼界，也使藝術學生們看到大師們真正的精彩細節，明白書本上無法解釋的藝術魅力。這是那些畫廊的好處。至於現時他們到底代理了多少本地藝術家呢？我還沒看到。但是他們推高了本地畫廊租金，使一些代理本地藝術家的小型畫廊要關閉或搬遷到偏離市區，倒不是新聞了。

訪　最近梁寶山的一篇文章〈狂城亂馬·藝術失調〉(2013)提及愈來愈多畫廊進駐香港，令荷李活道的古董舖逐漸消失，令本地文化被國際資本吞噬。

林　我認為畫廊的出現與世界的氛圍有關，不只是香港而已。藝術畫廊的分佈反映了資金的轉移，這非我們所能控制。反而是政府的政策不要老是對著幹。高官不認識文化不要緊，我們可以再培訓一下。但是他們偶爾在外國看到那些工廠被改造，就說要將香港的工廠活化，結果所有工廠區的租金全給推高了。他們既不明白文化產業背後的運作，也不知道怎樣去培養藝術家和相關人員。只憑「熱心」是行不通的。

如果從政者、當權者可以聆聽一下我們的真心話，那就好多了，但他們也沒給我們足夠的時間。記得有次一位尊貴的議員到賽馬會創意藝術中心參觀，他提出在下午五時至六時讓藝術家表達意見。但對大部分有正職的藝術工作者來說，還未下班，怎麼來？

另外，在自由市場的機制下，由於中國內地的稅制對藝術品實行監控，國際畫廊設在香港，既可以為中國內地藝術家提供好處，又可以使亞洲的資金都集中到香港，所以就出現了現在這種滾雪球的情況。另一方面，這些投資者也與我們一起爭奪火炭、柴灣、葵涌等的工廈單位作倉庫，他們每次可以買下幾個單位。相反，很多租用的藝術家都捱不住貴租而相繼離開或搬去更小、更僻的地方。雖然國際畫廊的出現，可以讓本地人看到高水準的畫作；但另一方面，那些唸藝術的學生心存夢想，也都跟著畫廊所需的畫風去做事，反而錯過了應有的創新勇氣的求學期和畢業後那幾年追夢的寶貴光陰。其實，那些畫廊未必能在香港生存太久，再過幾年，可能政策改變（例如上海自由貿易區的免稅政策）或負擔不起租金便會撤走，所以我對這些畫廊的期望並不大。更何況，他們也未必想看本地藝術家的作品。

訪 政府早前談到要成立一個文化局，藝術文化圈中亦曾經對此有過一些遐想。

林 我從來都沒有這樣想過。文化局的事情只是虛火，這些人知道文化是怎樣形成發生的嗎？以為下一個指令，就能成為一個會生金蛋的產業嗎？

我曾在德國漢堡做的作品中戲言：只有沒有文化的城市才會設立什麼文化區。你看看柏林、東京、紐約等城市，為什麼他們沒有文化區？因為本身就是文化大都會。大家都知道文化作為高質素都市的象徵，不是靠空降高官就能解決。

訪 曾經有人提議在西九文化區設立一所藝術學院，作為培訓藝術家的搖籃，獨立營運。

林 現在香港已經有三所提供藝術課程的學院：中文大學藝術系，浸會大學視覺藝術院，香港藝術學院，還有香港理工大學的設計學院、香港城市大學的多媒體學院等等，以及SCAD（薩凡納藝術學院）這類私立學院。但是這些畢業生的出路又如何呢？除非從現有的藝術學院發展，否則再成立一所新學院又有何用？

最重要的不只是培養藝術家，還要培養藝術行政人員、藝術評論家和策展人，甚至與藝術相關的法律、保險、運輸等相關人員，只有將真正的藝術生態鏈串聯起來，才是我們的福祉。社會上已經有太多沒有出路的藝術畢業生。若再成立一所藝術學院，只會有更多學生，到最後還不是讓他們自生自滅？

訪 你經常參加不同的藝術家駐留計劃，例如去了東京。每次你從外地回來，會怎麼看待「香港藝術」這個概念？究竟何謂「香港藝術」？

林 「香港藝術」對我來說就是香港人做的藝術，或是從香港人的角度去看事物。這十年來，我在外國出好作品的機會比在香港多，因為在外地創作時都特別專心，沒有其他事務的煩惱。曾經有位策展人來香港挑選藝術家，她看過我的作品後表示不能挑選我，原因是她喜歡的作品都不是我在香港創作的。我那時才知道，作為香港的藝術家，如不在香港做作品，就變成很不香港了，這也讓我很無奈。

其實只要是長期住在香港的藝術家，不論你的創作在哪裡發生，你的創作都算是「香港藝術」，可以代表香港。例如我在二〇〇五年在孟加拉所做的作品，創作意念建基於香港人的身份，以香港人的心態去看孟加拉車夫事件。不過，那位策展人卻不視它為「香港藝術」。

作為當代藝術家，地域問題的發生只是因為有些創作是特定場域。雖然我們在特定的地點，探討當地社會的環境和現象，其實仍是以個人的背景投放感情。反過來說，雖然是外籍藝術家，但在當地生活多年，已經融入當地，也可以算是本地藝術家。正如我十二歲就到香港，在這裡生活了二十多年，我當然是香港藝術家。到了我們這個年代，地域問題不應再被視為問題。即便是威尼斯雙年展，各國對國家或地域都有更廣闊的看法，例如法國館找中國的王克平[9]，德國館找艾未未做展覽。

訪 不過，台灣館在最近的威尼斯雙年展（2012）中邀請外國藝術家為代表，引起了很大爭議。

林 從比例上來說，三分之二的外國人，相對以前台灣館的作法的確是多了。反對聲音來自：那兩位外國藝術家並非在台灣長大，也不是當地的納稅人，為什麼要讓他參展而搶了本地人的資源？另外台灣在區域中敏感的地位也使他們更加重視台灣人的聲音。反而香港的情況很不一樣，很多外國人很容易在這裡住下來，久了，我們也覺得他們是香港人。我覺得一些藝術家經常要到外國辦展覽，就像流浪民族，對策展人來說應該也是很有趣的事。

訪 你有收藏一些本地藝術家的作品嗎？

林 我有跟人家交換，也有收藏。當作是鼓勵吧！但是，盡量選些體積較小的藝術品。因為我的作品實在太大，工作室已經沒有太多地方擺放其他人的作品。

訪 我最近讀《三角誌》，留意到Para/Site藝術空間、活化廳[10]、Soundpocket[11]等團體都會找駐場藝術家。事實上，你比他們早很多年就在做這些事。

林 慢慢地，他們就會明白當年我為何那麼沮喪。我相信每個人都有不同的能耐，他們應該都比我強。希望政府能真正地幫忙。

完成「灣仔現場」（Re-Wanchai）後，本希望政府讓我們在當時的綠屋馬上推行藝術交流駐場計劃。當我們提交了整份建議書後，政府卻聲稱為公平起見，必須對外公開招標。如果當時我們得到政府的支持，香港現在可能已經有一個民辦官資（意指：免租）的藝術家駐場基地了。從二〇〇五年至今，香港已浪費了八年光景。這是一個要大家承擔的社會責任，不可能由我們幾個人背起。

我常想，藝術家駐場計劃雖好，但在香港很難行得通。一般人以為有錢和場地就能成事，但是我們建立的是另類的、真正讓外國和本地藝術家來了解香港本地文化的網絡。當時花了五年時間去建立社區網絡，讓藝術家和社區、藝術學生、藝術教育建立關係。雖然無法完整地保留下來，但是我的合作社作品中仍是緊握著這種信念。沒關係，事情已過去了。希望將來香港藝術生態和社會的改變，可以讓以上的夢想遍地開花吧！

注釋

1 李尤猛(1966-),一九九一年畢業於廣州美術學院油畫系,一九八五年來港,一九九五年獲香港中文大學研究院藝術碩士銜,二〇〇〇年獲香港藝術發展局「視藝發展獎」,二〇〇二年入選香港藝術推廣辦事處「藝遊鄰里計劃」,二〇〇七年獲美國「Vermont Studio Center(留駐創作營計劃)獎」。一九九一年起先後任香港中文大學藝術系兼任講師、中文大學校外進修學院講師及香港大一藝術設計學院導師,亦為香港現代畫協會、香港福建書畫研究會及香港國際藝術交流協會理事。

2 曾德平(1959-),一九八〇年獲香港理工學院設計文憑,一九八八年在香港理工學院平面設計系畢業,一九九乚年於英國帝夢福大學取得視覺藝術碩士銜。一九九一年於理工學院設計系擔任助理講師,後升任副教授。一九九六年與李志芳、梁志和、文晶瑩、王志恆、梁美萍創辦 Para/Site 藝術空間,二〇〇八年於香港理工大學設計學院創辦正念設計研究實驗室。二〇〇一年參與策劃「第四十九屆威尼斯雙年展」香港館,二〇〇三年為威尼斯雙年展香港代表之一。

3 Triangle Art Trust 為一九八二年成立的國際性機構,旨在推動不同地區的藝術家及藝術機構間的交流。

4 由於中區第三期填海工程關係,政府於二〇〇六年計劃把有四十八年歷史的舊中環天星碼頭及碼頭鐘樓拆卸重建成道路及商廈用途,事件引起本地民間團體和市民不滿,觸發示威和靜坐,是次事件亦提高市民對香港歷史文化及集體回憶的關注和重視。

5 香港政府於二〇〇六年三月宣佈籌建廣深港高速鐵路,以配合中國高速鐵路網絡,然而工程涉及清拆菜園村,引起該村居民不滿,事件觸發市民對政府投放 669 億港元興建廣深港高速鐵路香港段的質疑,以及更廣泛的城鄉共存和生態保育等議題。

6 陳沛浩(1964-2013),一九八四年於香港浸會學院廣告及公共關係課程畢業,後於一九九二年任《越界》雜誌平面設計師,一九九三年到香港理工學院設計系任研究助理,後轉任香港科技大學藝術中心節目統籌。曾與黃啟裕及連廣佳在一九九四年組成創作組合 K-Theory,一九九八年參與創辦 1a 空間,二〇〇二年為民間藝術館計劃發起人之一,亦曾為亞洲非政府組織創新高峰會成員及亞洲藝動網絡工作委員會成員。

7 黃小燕,香港理工大學設計學院學士、碩士,香港中文大學人類學碩士,二〇〇二年加入亞洲藝術文獻庫擔任首位全職研究員,二〇〇五年晉升為首席研究員及項目總監,任內曾策劃的項目包括亞洲藝術研究獎助金計劃(2005, 2007, 2009)、「當代彙檔:記存亞洲藝術的今天、昨日與明天」文獻紀錄國際工作坊(2005)、「檢閱國際藝術雙年展」網上數據庫、「未來的材料:紀錄當代中國藝術一九八〇 - 一九九〇」文獻及網站(2006-2010)、以及「當代比較」網上文選計劃(2010)等,同時為國際藝評人協會香港分會會員、錄映太奇董事局成員、HKAiR 副主席。

8 袁堅樑(1975-),又名「丸仔」,香港理工大學電子計算學系理學士,在學期間任《理工學生報》文藝版執行編輯及理工大學文社幹事,一九九五年起涉獵裝置藝術、劇場、舞蹈、行為藝術等,一九九九年開始發表其單人表演創作,現為共生舞團藝術總監,曾出版《丸仔拉符呢拾年行為藝術》(2010)一書。

9 王克平(1949-),星星畫會發起人之一,一九八四年起移居法國巴黎,作品以木雕為主。

10 活化廳在二〇〇九年三月註冊為非牟利團體,由十多位本地文化藝術工作者共同營運,將「藝術」與「社區」結合,冀望提高本地藝術中的社會意識,並將當代藝術介紹到社會大眾的日常生活中。

11 Soundpocket 聲音掏腰包在二〇〇八年由楊陽成立，通過宣傳、教育、促進及收集的角色，致力推動本地聲音藝術發展。

梁以瑚

簡介

梁以瑚，一九七二年畢業於加拿大卑詩省大學，一九七八年回港，一九八四年起於大一設計學院擔任講師，一九八五年起兼任香港中文大學藝術系講師，二〇〇一年出任香港藝術發展局視覺藝術小組委員會委員，二〇〇二年擔任顧問及審批。她不時舉辦個展和參與聯展，包括「九流畫展」(1985)、一九九九年的「婆媽匣子——以物喻情」(1999)、二〇〇一年的「不·可呈示——宗教的藝術對話」(2001)、「女也——女性藝術作品展」(2001)等。

梁氏一直以來積極關注社區中的弱勢社群，於八十年代創立圃泉基督徒藝術家團契，並在白石羈留中心開展「越營藝穗計劃」，為來自越南的船民組織不同類型的藝術活動，二〇〇八年舉辦「越營藝穗」展覽，展出船民創作的藝術品。二〇〇一年她成立全人藝動，並擔任創會主席，致力幫助及鼓勵弱勢社群參與藝術活動。

另外，梁氏亦提倡「藝術治療」的意念，於一九九四年創立藝術在醫院，跟不同藝術家及義工合作，在香港各醫院內舉辦不同形式的藝術活動，並於二〇〇二年註冊為非牟利慈善團體。

《請輕輕把窗戶打開……看，後……請關上》。

梁以瑚訪談錄

訪問者　陶穎康先生

2014.2.27

■

訪　你於一九七二年在加拿大卑詩省大學畢業，後於一九七八年左右回港。那段期間，除你以外，還有一批在外國唸藝術的藝術家如何慶基、蔡仞姿、黃仁逵等回來？

梁　是的，大家都以西方媒介的創作為主。

訪　雖然呂壽琨在一九七五年逝世，但你們回港時，「新水墨運動」、一畫會、元道畫會這批藝術家在官方體系內較為活躍。你們這群學習西畫的藝術家回港後，對當時的藝壇有什麼感覺？

梁　我跟他們有點不同。我唸藝術史出身，專門研究現代中國畫而非香港的水墨。期間當然會涉獵到呂壽琨、王無邪等人物，但我想當年自己的興趣傾向台灣那邊，即劉國松、五月畫會[1]，那個流派。讀書的時候，我覺得他們的流派比較有趣。

訪　回港後，你有跟劉國松等接觸嗎？

梁　有！後來我更到了香港中文大學任教。

訪　大家雖都使用東方媒介，但五月畫會跟元道畫會和一畫會卻存有差異。

梁　完全不同。我想當年的五月畫會在國際上的認受性較呂壽琨的一畫會高，其中幾個重點就是前者的裝置創作等比較強。劉國松到香港中文大學任教後，兩群藝術家多少有點互不相容。

我於一九七二年學士畢業，回港一年後再到加拿大攻讀碩士。一九七三年左右，開始在香港與劉國松接觸，當時他已是香港中文大學藝術系系主任。我在香港中文大學藝術系遇過很多教畫的老師，芸芸眾人中，唯獨對丁衍庸最為心悅誠服。結果，我就跟丁衍庸學起中國畫來。

訪 你指的「跟」，是指參與香港中文大學藝術系的課程，還是他們的校外進修部？

梁 是上他的畫室學畫。當時我們這批自海外回流的人都較為驕傲，自覺有機會在外地留學、接觸很多西方事物，回港後就以為本地很多東西都不濟。但接觸過丁衍庸的作品後，我感到很震撼，想不到畫畫可以這樣從容！他可以談笑風生，邊吸煙邊跟學生聊天邊畫畫，每一張畫仍是這麼出色。我突然覺得，這是該去學習的態度。

當時香港仍然有一類很傳統的中國山水畫畫家如張碧寒[2]等，我也曾拜訪過那些自己認為最好的畫家，列席過他們的課堂一至兩個月。不過，只有丁衍庸最值得追隨。

訪 但無可否認，你們從外國回來的藝術家在八十年代做了很多改變，不少新興的民間會社，抑或半官方組織，甚至較後期的香港藝術發展局你們亦參與其中。

梁 蔡仞姿、祁大衛、何慶基等，以至藝穗會也辦了不少活動。當時我亦做過表演藝術，很希望將 Happening 等帶到香港，讓人知道藝術不只局限於畫室，也可以走入群眾。

訪 一九八五年，你到香港中文大學任教。

梁 其實，當年我從未想過教書，一心希望做藝術創作。我在香港算是很享受生活，有空便畫畫、照顧小朋友、辦展覽、做表演藝術，對這城市沒有負擔。

不過，有一年聖誕夜的凌晨時分，我在尖沙咀海旁看到一批身穿黑衣、坐在欄杆上的年輕人的背影。我看不到他們的腳，加上一個個黑影，那一幕令我極大感觸，覺得他們如同迷失了的年輕人。我想到自己的下一代、香港的下一代，便自問可以為他們做什麼。

訪 你在大一藝術設計學校教什麼課程？

梁 我教藝術史，因為很多東西都很有關連，歷史背景都牽涉在內，但這班學生覺得課程十分沉悶，畢竟他們想學的是實用技巧嘛。我曾對著學生們哭了起來，說：「你們來學什麼？你們不想認識你的城市和文化，來做什麼？」

我在加拿大也曾教書，但我從沒有哭過。下課鐘聲響起我便離開，學生交不交功課我也不太在意。那為何我會流淚呢？然後自己便知道，香港是我要留下來的地方，與這城市的年輕人交流是我的使命。

訪 當時的社會事件如《中英聯合聲明》草簽、「八九民運」等，會否對你有影響？

梁 「八九民運」期間我在香港理工學院任職。「六四事件」令我斷然辭職，決定不當全職老師。

從大一藝術設計學校轉到香港中文大學任教後，系內的「台灣幫」和「香港幫」之間的鬥爭令我生厭，決定到香港理工學院任教。初時，我以為理工學院仍然由英國人掌理，可能會公平一點，沒有那些政治鬥爭，怎料自己太天真。順帶一提，我在理工學院認識了何慶基。

「八九民運」後，我決定只教兼職，在理工大學待到一九九七年後。

訪 自一九八九年起，你也開始參加一些比較社會性的藝術活動。

梁 我在一九八八年起與香港中文大學藝術系的同學成立了園泉——香港基督徒藝術家團契，然後用「園泉」這個名字展開了探訪越南難民營的活動。我們曾探訪一些被虐婦女、兒童之家等不同的群體，嘗試以藝術去服務他們。後來，我們將活動擴大成「越營藝穗計劃」（1989-1991）。

訪 活動前，你需經過多重的申請嗎？

梁　不。有了這個想法後，我先聯絡一些已經在越南營內辦起活動的非牟利機構，然後問他們：「我提供一些藝術的活動給你們服務的群體，可以嗎？」他們便帶我們入營，警務處覺得我們很有點子，就直接與我們聯絡。其後，我們從國際救援基金（International Rescue Fund）申請到一筆資金，讓我們得以繼續辦下去。

訪　當年你們到訪過多少個難民營？

梁　有很多，十多個！所有有關的文件和存檔，我都送到荷蘭的 International Institute of Social History。這個機構很特別，因為它們特意保存那些受政治逼害、在他們自己國家不可能保存的歷史資料。

訪　經過「越營藝穗計劃」後，你在一九九四年與何慶基合作辦起藝術在醫院？

《輕輕把我尋回》。（右）
《愛椅》。（左）

梁　是的。由於遣返政策的關係，越南難民營陸續關閉，一九九二年左右我們便不能再辦下去。這次經歷，讓我發現在接觸一些低下層的或受創傷的人時，藝術的魔力原來這麼大。故此，我開始探訪老人院、傷殘醫院、慈善護養院等，並冀望將工作發展得更大規模。有一次，在一個聚會上碰到一位威爾斯親王醫院癌症病房的主管醫生。我說他們的醫院黑漆漆的，他便邀請我去畫些畫。

我記得很清楚，威爾斯親王醫院的癌症化療室和電療室設在地牢裡。我沒有乘升降機，只沿著一條昏暗的樓梯往下走，到達等候室時，那裡燈光昏暗，一張張的長椅坐著等待治療的病人及其家人，他們的臉上沒有流露出一絲希望，氣氛令人窒息。於是我想到幾張畫未必能改變這些等候室的情況，便建議醫院讓我作一些改變。

那時候，我在理工學院也有教授室內設計，教書令我在藝術設計的知識面愈來愈廣、愈來愈多，知道燈光可以改變、牆壁的顏色可以改變、椅子的佈置等全部都可以改變。就這樣，我開始在威爾斯親王醫院畫畫，一九九三年更找時任香港藝術中心展覽總監何慶基幫忙。

訪　就是他剛剛癌症康復後？

梁　是。我們一起到醫院參觀，認為可以幫整個病房重新裝飾。

訪　但要實行這個想法有一定的難度，畢竟醫院對衛生或防疫的標準都很嚴謹。

梁　當時大概是復活節假期前後，那個病房數天都沒有病人，我們二百多位學生、藝術家和小朋友等在那幾天趕工，完成了數十幅壁畫。

訪　然後，你再慢慢將這個計劃擴大？

梁　對，我跟何慶基說要成立一個機構，並於一九九四年四月正式註冊。早期，機構仿效越營藝穗（Garden Streams Art in a Camp）的營運模式，附屬於園泉——香港基督徒藝術家團契，即園泉——藝術在醫院達十年。後來，我們發覺「園泉」始終為基督徒機構，不少人認為參加藝術在醫院不代表認同基督教。最後，藝術在醫院分拆出來成為獨立團體。

我們第一個計劃就在威爾斯親王醫院的癌症病房展開，很多畫都畫在近天花上，因為我要病人抬頭就看到這些畫。我們畫了很漂亮的草原，希望給他們一個盼望。另外，由於我們不能到燒傷中心畫畫，便用上木衣筴把船、飛機等掛在房間裡面。由於在醫院不能做戲劇，我們便多辦一些說故事形式的活動。

訪　顏料方面應該有特別要求吧？

梁　對，我們全都用上 Winsor and Newton 的無毒顏料。

訪　題材方面，需要與醫院商議嗎？

梁　需要的，我們先要跟醫院說明。

訪　另外，你們亦辦起醫院畫廊。不過，醫院似乎很難作為一個很正式的展覽場地，對嗎？

梁　有一兩個場地是可以的，我想最好的畫廊應該在柴灣的尤德醫院和伊利沙伯醫院大堂，而且我們服務的對象仍然是到醫院的人。

訪　我在藝術在醫院的網站看到，要成為你們的義工，得先上衛生防護課程。

梁　是啊！因為非典型肺炎（SARS）後，大家的衛生意識都提高了。

訪　沙士（SARS）期間，你們的工作是否也有受到影響？

梁　或多或少有點影響。

訪　以藝術在醫院來說，你是創辦人之一，而你們的工作亦已擴展至香港以外的地區如中國內地及東南亞地區。你們會接受贊助去維持機構的工作嗎？

梁　我不太喜歡商業贊助。為什麼仍然是這麼小型、這麼艱苦的去經營呢？正是因為我不太喜歡商業機構的所謂贊助而受他們的掣肘。我要維持藝術的完整性。

訪　以前，香港藝術中心有提供一些經費給你們嗎？

梁　只提供一張桌子而已，現在好一些，讓我們在中心有間小小的辦公室。不過，全賴何慶基替我們跟政府及有關方面的溝通聯絡。

訪　那麼凱瑟克基金[3]和利希慎基金[4]呢？

梁　他們直接給予金錢支持。不過，最早期是嘉道理基金[5]，藝術在醫院全賴他們才站得住腳。

訪　從哪時開始，你們慢慢地把計劃由香港發展到其他地區？

梁　事實上，我從沒想過把計劃擴大，一切都是機緣。譬如說，我去印度痲瘋病院，源於別人知道我在香港的工作，便邀請我去。泰國的愛滋病院也有邀請我。我不知道為什麼他們會找我，自己也很不明白。

訪　是否因為辦藝術在醫院等的活動，令你有一段時間少辦展覽？自一九八六年的「女畫人自白」後，你要到一九九八年的「再還素描——十二位香港女性藝術工作者」起才再次活躍於展覽。

梁　對啊，都不知道為什麼。我每天都在畫畫，不過是醫院的壁畫。

訪　你的第三個機構，就是二〇〇一年開始的全人藝動（Art for All）[6]。

梁 我從藝術在醫院的前線退下來，直至退到幕後，我便創立全人藝動。我發現藝術在醫院限制了我，令我只能在醫院裡辦事。因為打著藝術在醫院的旗號去一所南亞裔的學校辦活動，別人會說：「為什麼藝術在醫院會去這裡？」

有很多群體需要藝術的魔力，所以我選了南亞裔、受虐婦女、女性抑鬱症病人等群體，因為他們比醫院更需要藝術。有見我在醫院作了這麼多努力，認知性亦不斷提高，加上培育了一批藝術工作者接棒，我便淡出藝術在醫院，創立了全人藝動。

訪 除了在香港，你在其他地區做一些社區藝術工作。對比起其他地區，你認為香港的社區藝術發展如何？

梁 我在中國內地和南亞地區做社群藝術，主要希望發揚自己的藝術理念。在香港工作了這麼多年，自己算是辦得成功，亦儲備了一些經歷和經驗，便很渴望與其他人分享。我去了很多痲瘋病院和精神病醫院等，非藥物治療以藝術效果最好。那邊的發展和香港有什麼不同，我回答不了，因為每次都是別人邀請我到外國去，只了解一鱗半爪。

若說整體發展，譬如柬埔寨，那些群體備受極大壓迫，所以他們的社群藝術發展很有感染力。印度辦社群藝術的人，會推著一輛很簡陋的手推車，逐一前往各鄉村用藝術談扶貧、號召村民去抗議污水問題等。他們很有感染力，但香港沒有人能達到這水平，因為大家還未到生死關頭。由於受到壓迫，他們就要爆發；相反香港是一個相對溫和的社會，所以人們對政治的敏感程度相對較低，藝術工作者的感染力亦相對較小。

上次「反高鐵」期間圍著舊立法會苦行的人，他們的藝術行為有感染力，可以媲美剛才我提及在東南亞發生的事情。不過，他們是藝術工作者嗎？

訪 印象中早期沒幾個藝術工作者。

梁 就是，但他們所做的卻很有社群藝術的感覺，能夠改變一些景象。後來，藝術工作者亦相繼加入，他們的行為就多了一些元素。

訪 你提到社群藝術，剛才提到的「反高鐵」事件和現在最活躍的那批，都是圍繞著新界東北的發展，你會看到一些所謂的「城鄉藝術展」，有邀請一些鄉民參與。

梁 「反高鐵」事件後，所有視線都轉移到保衛菜園村，有更多藝術工作者和文化人參與，但菜園村的藝術行為造就了兩批人：一批是藝術文化人去了當農夫，另一批好像在熱情過後不知道往哪裡去了。

訪　自「菜園村」事件後，其實你看到香港的社會運動，例如保育中環天星及皇后碼頭等等，多會與藝術連繫。社會運動一旦有藝術家的參與，就好像會令整個運動「昇華」。但又真的如你所說，事情過後就會沉寂一段時間。

梁　對啊，往哪裡去了呢？不過，現在開始有一點點延續性，譬如菜園村的那群人當中有些去了馬屎埔，有些去了粉嶺北，有些早前到了一所棄置的小學做藝術活動，但影響力有限。若你想問藝術能否改變一個社會或了解社會性的藝術，你一定要找楊秀卓。

訪　我們也訪問了他。

梁　我很佩服楊秀卓可以堅持。作為一個藝術工作者，他是言行一致的。

訪　雖然社區藝術愈見普及，但仍有部分藝術家對這類工作抱懷疑態度。

梁　這很視乎一個藝術家怎樣定位自己。若他認為自己的藝術使命是要為社會發聲，或許會做出一些很社會主義的事情；如他認為藝術該為藝術，我也覺得並無不可。

訪　以你的角度來看，公共藝術或社區藝術兩者有什麼分別？

梁　兩者是不同的。公共藝術是一件擺放在公眾地方、讓很多人去看去欣賞甚至互動的作品；社區藝術則以藝術的行為／作品去凝聚社會上的人，如可以的話，更可以改變那個社會，令他們重新思考社群／群體應該有的是什麼。

訪　但很多社群藝術在活動過後未有延續性。

梁　很多社群藝術沒有提升人的素質、思考能力和美感。現在有很多人辦社群藝術，純粹是辦活動，沒有理會其他東西。

訪　有時候，這些活動予人的觀感是一次性的。假若要達至延續性，便需要資金上的支持，但這正是很多團體所缺乏的。

梁　千萬不要只為錢去做事。你固然需要資金去支持貫徹理念，但假若藝術家只為薪金、報酬而出手相助，這完全是另一回事。

如果他對這個社群有承擔，很想通過藝術行為和活動去幫助他們，令他們得以發展自己，那藝術家就會做得很好。若辦一個純粹只尋開心的活動，未有留下任何正面的影響，這便不是一個成功的社群藝術。

訪 除了這些較民間的機構，你在二〇〇一年加入香港藝術發展局當視覺藝術小組委員會委員。

梁 對，要建立和維繫網絡嘛，有些藝術工作者認為這很重要，有些則不屑。但我還是覺得有此需要。

訪 二〇〇三年，你出席「威尼斯雙年展」。現在有說西九龍文化區的 M+ 博物館銳意發展為專注展覽「國際香港藝術」的場館，而香港藝術館則專責辦「本地香港藝術」。作為曾經出席威尼斯雙年展的藝術家，於你而言，什麼是「國際香港藝術」，「本地香港藝術」又是什麼呢？

梁 為何要這樣做？我認為不應分開兩者。藝術，最重要的是做好自己的藝術，不要去想什麼是「國際」。做得好，你自然會達到「國際」水平，別人也會來找你。不是說要做「國際」，你便只做那一類藝術品，這是絕不可能。倘若做不好自己，或未能盡藝術家的本分時，你想不出任何東西，甚至連家門也踏不出。

以我自己為例子，剛才你問我為何到外國辦這麼多活動，其實別人知道你有成績時，便會來找你。

訪 這亦引申出另一個問題：什麼是「香港藝術」？在七十年代，我們可能認為新水墨「中西共融」的特性很能代表香港；八十年代後，愈來愈多人從外國回來，他們有較強烈的本土意識，又或創作風格偏離傳統媒介；到現在新媒體的興起，加上全球化的環境下，香港的文化底蘊未必再是七十年代的「中西共融」。在這個時候，什麼才算是「香港藝術」？

梁 很可惜，我只能告訴你，現時香港的年輕人已經失去了中國文化。今日的香港文化很可能是網絡文化，又或是日本、韓國和中國三者的混合體。什麼是「香港藝術」？先做好自己吧。以徐冰[7]為例，他很少為國際市場創作作品，大多是從自身文化和對周圍環境轉變而作出回應。我很欣賞徐冰這位藝術家。

訪 他的作品《何處惹塵埃》很感人。

梁 對，正是那種作品。蔡國強[8]的作品很進取地擁抱世界，而非強調自己的中國人傳統。徐冰雖沒有蔡國強那種爆炸力，卻由此至終都強調「自己是一個中國人」、「文字對我來說的那種荒謬……」等。他沒有想過為國際市場去創作，但將來的國際認受性會很強。

訪 做藝術家是否要關心駐足之地去創作？

梁 此言不錯。

訪 又或，在這個時代，香港藝術這個概念已經不再重要？尤其當大家的生活都變得國際化。

梁 不，身份是重要的。你要知道自己的駐足之地是個怎樣的地方，別人才知道你駐足之地方是怎樣的地方。

「老爹媽回憶匣」，香港視覺藝術中心，2012-2013年。

訪 有時愈往外地走，尤其在外國長期生活時，自己的身份便會變得愈明顯。

梁 不錯，你有到過外國嗎？

訪 有，待了年半左右，不算很長時間。

梁 你覺得什麼是香港的味道？你會否很懷念雲吞麵的味道？

訪 可能自己對吃的興趣不大，所以在外國生活時不太懷念香港的食物。反而，我的想法跟林東鵬[9]在主場新聞的文章〈專訪林東鵬：在高牆和雞蛋之外〉提到的差不多：在外地即便看到不公義的事或新聞，可能也不會有什麼感覺；但看到香港的，則會憤怒、關心等。那時候，我便知道哪裡是我的家。

梁 正如我看到坐在尖沙咀海傍欄杆上

的年輕人一樣。我為何會這樣？為何我會對著學生哭起來？同樣地，雲吞麵就是我熟悉的味道。我常跟別人說自己接受西方教育長大，一九七三年我在內地遊歷了一個多月，在北京一間國際賓館櫃裡看見可口可樂時，居然歡喜若狂地買了來喝，然後說：「這個是我遺失了的味道！」然後我又想：「為何是可口可樂？為何不是豆漿？」

我的文化，除了雲吞麵外，就是可口可樂。我的身份就是這樣，是混雜的，一直這樣成長到今天。

訪 你有收藏一些香港藝術家的作品嗎？

梁 有，在我能力範圍內給予一些支持和鼓勵。

注釋

1 五月畫會由劉國松與台灣師範大學美術系校友於一九五七年組成，畫會名字源於巴黎的「五月沙龍」。在六十年代，五月畫會的成員提倡大膽的畫風、主張自由的繪畫題材、概念、繪畫方式等，推動台灣的藝術從古典靜物風格轉向現代藝術，為發展台灣現代繪畫的前衛藝術團體。

2 張碧寒（1909-1995），早年就讀上海滬江大學，曾隨吳湖帆、馮超然、徐邦達、張大千等畫家交往。其後來港，曾於一九五七至一九六二年以及一九六四至一九七三年於香港中文大學藝術系任教，兼教校外進修部國畫班。

3 凱瑟克基金是由約翰．凱瑟克爵士（Sir John Keswick）及其女兒美琪．凱瑟克（Maggie Keswick Jencks）於一九七九年創辦的本港慈善組織，向一直以來被社會福利制度所忽略的範疇（例如精神復康服務）以及社會上各項社福計劃的經常性開支提供資助，服務涵蓋兒童、安老、社區、教育、復康、善別六大範疇，遍及香港及中國內地。現時基金的焦點項目包括 Maggie's 癌症關顧中心以及白普理寧養中心。受訪者所參與的藝術在醫院亦為受資助機構之一。

4 由利希慎家族於一九七三年創立，歷年集中資助教育、文化、環境、醫療及社會福利四大範疇的社會活動。

5 嘉道理基金為成立於一九七〇年的本港慈善組織，主要推動兩大項目：嘉道理農場暨植物園（KFBG）及社區伙伴（PCD）。KFBG 主要在香港、中國內地及鄰近地區推行自然保育及生態環境教育，而 PCD 則與中國大陸的貧困、弱勢社區及邊緣社群合作發展項目。

6 全人藝動為受訪者於二〇〇一年創辦的非牟利慈善組織，旨在為社會上的弱勢社群提供與藝術接觸的機會，並透過舉辦各類社群藝術活動，協助參加者發掘興趣及融入社會。組織近年為藝術家、教師及社工等界別的人士舉辦社群藝術訓練，又與大專院校展開研究計劃。

7 徐冰（1955- ），一九七七年入讀中央美術學院，於一九八七年取得碩士學位。八十年代刻印自創的漢字，並編集成《析世鑑》，又稱「天書」，作品於一九八九年在北京中國美術館展出，獲霍英東教育基金會「一等獎」，並於一九九三年的「威尼斯雙年展」中展出。一九九〇年移居美國紐約，至二〇〇八年回北京擔任中央美術學院副院長。

8 蔡國強（1957- ），一九八五年畢業於上海戲劇學院舞台美術系。一九八六年移居日本，期間曾就讀於築波大學綜合造型研究室，並開始從事有關火藥的藝術創作。自一九九五年起定居紐約至今。自一九八五年起開始參加展覽，分別在一九九五及一九九九年舉辦之「威尼斯雙年展」獲得「本尼斯獎」及「國際金獅獎」，二〇一二年更獲頒「世界文化獎」的繪畫類終身成就獎，曾擔任二〇〇八年北京奧運會開幕及閉幕典禮視覺及特別效果總監以及二〇〇九年中國國慶煙火總設計師。

9 林東鵬（1978- ），二〇〇二年獲香港中文大學文學士（藝術），二〇〇四年獲聖馬丁藝術學院文學碩士（藝術），二〇一〇至二〇一一年間先後於香港藝術館、視覺藝術中心、香港科技大學及香港中文大學藝術系兼任教學工作，並擔任香港藝術發展局評審員（視覺藝術）。林氏曾獲「香港藝術發展局獎學金」（2003）、英國亨町藝術獎全年最佳年輕藝術家（2005）；「傑出亞洲藝術獎」（2006）、「香港當代藝術雙年獎」（2009）、「亞洲文化協會獎學金」（2012）等。

梁美萍

簡介

梁美萍，一九六一年生於香港，一九九一年畢業於法國巴黎高等美術學院，一九九二年赴西班牙巴塞隆拿國立藝術學院交換實習。二〇〇〇年美國加州藝術學院藝術碩士，二〇〇九年香港中文大學文化研究哲學博士。現任香港浸會大學視覺藝術院助理教授。

一九九四年獲頒發「宏利新進藝術獎」，二〇〇一年獲「香港藝術雙年展獎（裝置）」，二〇〇二年獲紐約「亞洲文化協會頒發獎助金」，二〇〇三年獲澳洲 ART Asia Pacific 藝術刊年選選為「亞洲當代藝術傑出藝術家」。梁氏曾任職《經濟日報》文化記者和編輯。二〇〇六年起，她以匿名身份到深圳大芬村當行貨畫學徒，此後其「香港製造」系列亦逐漸成形。梁氏先後參與及舉辦多個展覽，包括「M+ 進行：油麻地」(2012)、「孟買香港二〇一四公眾藝術交流計劃」等，並於二〇一三年代表香港參加「利物浦雙年展」。

《日常》，2009 年。

梁美萍訪談錄

訪問者　黎明海博士

2014.3.5

■

黎　你曾到巴黎修讀藝術，可以從這一時期說起嗎？

梁　很多人，包括我自己，也幻想巴黎是當時藝術的殿堂。以前學國畫時，老師曾展示過幾張參觀羅浮宮時拍的照片，然後跟我說：「世界很大，如果你喜歡學西洋畫，一定要去這個地方。」

當時我什麼也沒有想，沒有想過去美國，一心一意去巴黎，認為可以在那兒找到印象派或表現主義等這些中學時期接觸到的作品。到法國學畫時，那幾年我也一直在學畫抽象畫或表現主義。到畢業時，我的一個朋友在車禍中死了，令我覺得死亡離我們這麼近，自己也沒心情作畫。我買了一些茶包來喝，喝完就把它們放在桌邊讓太陽曬乾。結果，我有一個衝動，就是用上混合媒介的方法，以茶包作為繪畫的顏料，並把它們縫在一起成為一件作品。想不到別人看過我的作品後，竟然比看到我的畫時感受更多。後來，老師跟我說這一件作品比較有「我」的特性，原來自己對物料的敏感程度比畫畫好。當時即將畢業，便開始製作更多混合物料的作品。

黎　你在一九九二年回港，當時正值移民潮。你心裡有掙扎嗎？

梁　沒有，我純粹覺得在外地生活夠了便回來，沒什麼特別原因。

黎　回港後，你一定避不開「九七回歸」的話題吧？

梁　不錯，那時候已經有很多人在談論回歸這話題，但由於我在一九八三年便離開了香港，所以回來時有一種陌生感，對本地近十多年來所發生的事情不太了解。不過，最能夠印證自己身份的一定是「八九民運」。一九八九年正值法國大革命二百周年，不少中國留學生都回國支援民運，部分人再沒有回來。在法香港留學生也是第一次聚在一起，討論到底怎樣回應這件事，我還跟住在樓下的牙醫借了一些布和醫生袍，在上面寫口號。我第一次覺得香港人的心是走在一起的。「六四事件」後，法國政府讓中國留學生自動延長了一年居留權。

當時我住的地方附近，不少學生離開中國後都住到那裡，令我感到與中國很接近。有些人更將「八九民運」期間拍攝的錄影帶在飯堂的電視播放，讓我們了解當時到底發生了什麼事。當時大家都很激動，有些人更把自己在兼職賺來的四千多元都捐了出去。連最窮的人也把身上的錢捐出來，我也不怎覺得害怕，決定回香港。若非中國，我也不會

《鏡船》，上海世博會，2010 年。

想到香港的問題。

一九九二年回港時，爸爸在美國，他曾經向我提到移民的問題。那時我還未結婚，也沒有男朋友，我把移民表格都填妥了，但就是一直沒有處理過這個問題。

黎　自法國回港後，你的首個個人展覽「梁美萍混合媒介作品展」（1994）就在藝穗會舉辦？

梁　對，在酒吧裡，藝穗會對我很重要。

黎　八九十年代時，大家都通過藝穗會開始接觸觀眾，這是個很重要的起步點。

梁　我已記不起誰跟我說可以到藝穗會辦展覽。當時的展覽空間很小，所以我便辦了一個，展出一小部分混合媒介作品。

黎　那麼，你有參與藝穗節嗎？

梁　我不知道自己的展覽是否屬於藝穗節的活動之一。其實，當時我也不太清楚這是什麼節目，到《經濟日報》工作才知道更多。

黎　當時的藝穗會很活躍，為年輕藝術家提供了不少機會。

梁　早年不少年輕藝術家需要尋找場地辦展覽，藝穗會的協助極為重要。相比法國文化協會等，他們更會把目光放在這群年輕人身上。藝穗會為本地機構，與本地藝術家同聲同氣，聯絡也較多。由於它位於中環，所以觀眾仍是以外國人為主。

黎　藝穗節的節目除視覺藝術外，還有音樂、戲劇等。這些組合有否影響你日後的跨媒體創作？

《迷你樓 G 座 7 室》，2011 年。

梁　絕對有。另外，我的第一件裝置作品，就在藝穗會創作。展覽空間就在劇場和舞蹈室，環境影響了空間採用的性質和聯想。

黎　在八十年代至九十年代間，藝穗會和香港藝術中心對當時的藝術家是否十分重要？

梁　香港藝術中心有明確的策展概念，角色極為重要。事實上，我只在藝術中心辦過數次展覽，其中參與過何慶基辦的「九七博物館：歷史社群個人」，這個談身份的展覽。他給我的感覺很社區性。何慶基離任後，香港藝術中心便不再有很強烈的社區實驗性。

黎　當時你既為藝術家，也是藝術編輯。你如何分辨這兩個身份？

梁 其實，極少人知道我當過藝術編輯。當時我負責排版等工作，並審閱藝術家投到報館的文稿，逐漸認識了一些行內人如何慶基、蕭競聰[1]等。由於《經濟日報》希望把文化版辦得更好，我就多接觸本土的文化圈。這兩年讓我認識了本地藝術圈人士，通過與他們接觸，我大概知道他們是怎樣看待文化的。

後來，我丈夫有一些生意在美國。那時候父親著我再考慮移民的問題，我想到反正要隨丈夫到美國經營生意，就當坐「移民監」，在當地留一至兩年吧！我想再讀書，便以綠卡在當地多留了兩年多。事實上，我並非因為憂慮回歸問題才移民。

黎 一九九六年，你在 Para/Site 藝術空間與張思敏[2]辦了一個為期兩年的展覽。你們幾人是否 Para/Site 藝術空間的創會成員？

Para Site 藝術空間創會成員：左起：李志芳、梁志和、文晶瑩、黃志恆、梁美萍及曾德平。圖片由 Para Site 藝術空間網站提供。

梁 其實，當初他們找了一個地方說要辦一個展覽。展覽結束後，我已經到了美國。想不到他們把場地租下了，更因友情關係自然成為會員。由於我有一段時間留在美國，所以沒有直接參與實務，之後便慢慢淡出。

黎 Para/Site 藝術空間的人最初之所以聚在一起，就是因為需要一個辦展覽的地方？

梁 對，或是做一些政府不容許的事，如把場地鑽壞等。

黎 你們這個會有章則、綱領等嗎？

梁 早期沒有，後來則不得而知。

黎 那麼，你們是如何籌集資源？

梁 當時也沒說明是籌集。我們只是攤分租金，沒有其他開支牽涉在內。

黎 九十年代中期起，不知道是否與回歸有關，新一輩藝術家也開始留意國際化的問題。相比之下，八十年代的藝術家如何慶基、黃仁逵等，則聚焦本土。

梁 我不知道。一九九七年以前，由於回歸的關係，香港成為全球焦點，本地藝術家也因而得到很多展覽的機會、更多的注目。以我為例，不少外國策展人在回歸前後邀請我參加展覽，並為我提供一個更開放的展覽空間。

黎 剛才你提到組織 Para/Site 藝術空間的人當初是為了做一些政府不會做的事，所以需要一個地方去做相應的創作。你自美國回港後，也參與了數屆「當代香港藝術雙年展」，最近更當了評

梁美萍創作行貨畫，2014 年。

審。你認為香港藝術館對觀念和裝置藝術等，現在是否有不同的配合？

梁 當局以前總要我們自行填寫所屬範疇，還記得有個組別叫「其他」。做陶瓷的人，既填雕塑又填陶瓷，總之就是很擔心填錯填漏。

黎 八十年代，藝術館主力推介新水墨，時至今日，部分獲獎作品為觀念性或較大型的裝置。你覺得當局是在配合藝術的演化嗎？

梁 我只看作品的水平。我當評審時收到的作品，不少均為功課式作品，即集體性質的同一個主題或技術地完成項目似的。記得我當評審的那一屆（2009），獲獎作品既沒有雕塑也沒有陶瓷。

黎 在個人創作方面，你曾說過在外地

參與雕塑展覽時，整個社區的人也會配合你去完成展覽品。相比香港，外邊的人對你是否較尊重？

梁　話又不能這樣說，但對於我的一些大膽構想，外地博物館或藝術機構的態度確實較開放，並且會盡力配合。即便在中國內地，我與當地人士的合作也很暢順。

黎　談到你的個人創作，早期作品傾向日常生活和感覺的反照，但近年作品更多以大型的社會性作品為主。為何會有這方向上的改變呢？

梁　我也不知道，轉變是慢慢的，但我相信修讀文化研究或多或少對我有一些影響，讓我用批判性的思考去重新審視一些問題。不過，到了這幾年，我又回到純粹認為一件事「有趣」而去做一件

梁美萍與「珠江三角系列 I：香港製造」，Osage，2014 年。

作品的心態。創作時，我不會再去想它是否一個大議題。如「珠江三角系列 I：香港製造」這次展覽，我到大芬村[3]學習畫行貨畫，並且與當地的行貨畫畫家創作了一些圍繞香港迪士尼樂園、「六四」晚會、「七一」遊行等主題的作品。你可以視之為我對當前社會議題的視覺回應，但開始時只不過是好奇而已。

黎　你在中國內地畫這類議題，他們不會覺得你在「搞事」嗎？

梁　不會，他們對畫的內容沒好奇心。

黎　你以前常即興、直覺地去創作，也拍攝過不同的片段如流浪漢、國旗等。你是否因應自己的觀念而做這些創作？

梁　主要因應自己的興趣。例如，我連續三日遇到同一位流浪漢後，覺得挺

特別，便去拍攝，同時發現可以從流浪漢身上反映出一些不同的事。最初，我沒有計劃要拍出多少個國家和多少個片段，不知不覺間，最後竟然拍了約二十個城市！後來有人叫我去做展覽，便把這些影片做成了一件作品。

黎 你最近連油畫、錄像、雕像的作品也有，基本上所有的媒介你都在行了。

梁 我根本沒有想過媒介的問題，只是哪一種適合便會用上，媒介是元素的一個方式進行，不管在不在行，我大概什麼也不在行才對。

黎 很多人喜歡你的作品，但你自己有收藏其他人的作品嗎？

梁 有，大多都是學生的作品。我的學生中有一位是弱能兒童，我覺得他的作品很好，便用六千元向他買下。他也很開心。另外，我有一些收藏是朋友間的來往。自己喜歡的就會收藏。

黎 另外，你曾提及本地策展人來來去去總是那幾位，希望政府可以作主導，提拔數個具才能的藝術家，那麼我們便不需要依靠策展人去辦展覽，避免展覽架構及權力被扭曲。其實，你同意策展人這角色的存在嗎？

梁 我同意，但前提是策展人需要跟參與展覽的藝術家相熟，熟識其作品。假若策展人和藝術家相熟，他們便早能摸索出一個互動模式。即使我們之間沒有策展人，但整體還是需要有人擔當策展人的角色。但人們究竟有多關心策展人的工作和職責？策展人是否只負責行政？詮釋？佈展？這是兩碼子的事。事實是策展人在概念上運行的時候，其實就在創作，對嗎？策展在今天還談權力嗎？可能是很單純的又同時是複雜的吧！香港也有新的策展人出現，也許是文化行政項目的推行，油街社區美術館就在培養新的一代或開拓策展的更多可能性，策展也好玩起來了。

黎 對新進藝術家而言，策展人的主導性是否很強？

梁 不覺得。

黎 那對西九龍文化區你又有何看法？

梁 我住在西九龍文化區旁，住在那邊舊樓的南亞人很多已經搬走了，我家樓下的店鋪都由南亞人聚集的網吧變為日本和韓國餐廳等。所以，我認為西九龍文化區是一個壟斷地租的項目，如何既發展又保留舊有的事物？

黎　他們未搞文化已經先搞壟斷？

梁　我們不能否認這一點。我們在外圍發展，而他們只關心內裡的事。整個計劃由政府主導，店舖全都租給付得起錢的人，最後就會做成壟斷。

西九龍文化區附近都住了不少外國人和內地上層人士，連我這些住在附近的也感到很有壓迫感，到處都變得很一樣，可以想像未來的銅鑼灣就在附近，政府不是在複製嗎？城市與城市之間的，街道與街道的國際化麼？其實並不多元，卻很異化。

注釋

1 蕭競聰，一九八四年修畢香港理工學院基礎設計文憑課程，一九八七年獲美國北伊利諾大學藝術學士（繪畫），一九九〇年於該校修畢文學碩士課程。一九九六至二〇一三年出任香港理工大學設計學院助理教授及設計學系課程主任，後升任副教授，同時為獨立策展人及民間博物館計劃創辦人之一。並於一九九八至二〇〇一年出任香港美術教育協會會長。二〇〇三年與友人成立唔知做乜嘢設計聯想會和民間博物館計劃。

2 張思敏，曾擔任香港藝穗會視覺統籌，後於一九九六年參與創辦 Para/Site 藝術空間，曾先後參與「張思敏、梁美萍裝置展」（1996）、「夜燈——張思敏攝影展」（1998）、「藝術超級市場——Para/Site 藝術空間一九九八年籌款展覽」等展出。

3 大芬村位於廣東省深圳市，村內有六百多家畫廊及畫家萬餘人，形成以提供仿西方油畫生產、收購及外銷的藝術品供應體系。

uniart
ANNUAL GRADUATION
EXHIBITION 2011

畢子融

簡介

畢子融，一九四九年生於澳門，三歲隨家人移居香港，一九六八年自羅富國教育學院畢業，一九七三年完成葛量洪教育學院的專科課程，同年修畢香港大學校外課程部美術設計基礎證書課程。一九七七年考取「中英交流基金獎學金」到英國進修，一九八〇年獲英國倫敦大學頒授藝術教育文憑，同年前往美國紐約銀行街教育學院及帕森設計學院進修美術教育行政暨管理碩士，於一九八三年畢業。二〇〇一年修讀英國李斯特大學學校管理課程。

畢氏在一九七九年加入香港理工學院設計系任職講師，後出任兼讀課程主任，一九八八至一九九二年升任該校太古設計學院高級講師，一九九三年為澳門文化司旗下之視覺藝術學院策劃設計課程，後成為澳門理工學院屬下之藝術高等學校首位華人校長。二〇〇一年他在澳門創建東南學校中學部，並先後出任澳門客席學校評核員（2005）、香港考試評核局新高中視覺藝術科委員（2012）、澳門中西創新學院客席教授（2013）等職務。

一九八二至一九八五年間，畢氏曾出版或策劃《形美集》、《繪描藝術》、《草圖與正稿》等九冊美術及設計參考書籍。

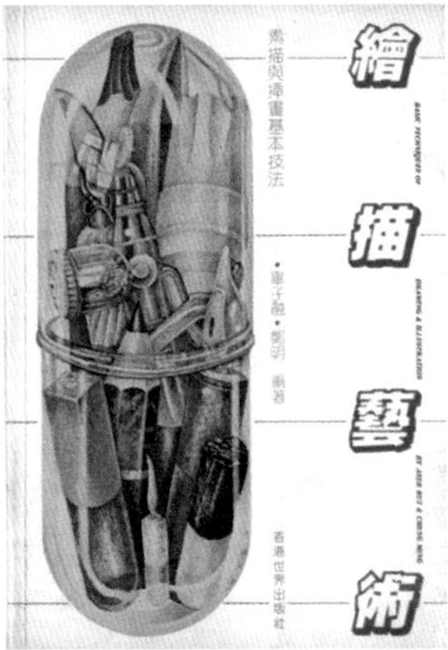

《繪描藝術》。

畢子融訪談錄

訪問者　黎明海博士

2013.7.9

■

黎　你先在羅富國教育學院修讀體育，然後到葛量洪教育學院唸書，是修讀高級師資訓練證書課程（Certificate in Advanced Course of Teacher Education，簡稱 ACTE）[1]嗎？

畢　那時還叫第三年制（Third Year）[2]，未易名為 ACTE。

黎　還記得葛量洪教育學院的老師嗎？應該有陳炳添吧？

畢　還有李國榮[3]、李國樑[4]等。坦白說，我也記不起他們教了什麼，也沒有什麼值得提及。他們的教學既沒有邏輯也沒有制度。葛量洪教育學院的教職員大多是中學老師出身，教學有成績便獲調職至教育司署，再由教育司署調往教育學院任教。以行政人員作教育學院教員，是錯誤的決定。教學時，他們都在東拉西扯，喜歡教什麼就教什麼。眾多老師中，真正有系統的就只有陳炳添老師。他教立體、雕塑及陶藝這三大範疇。梁太梁杏寬則教手工。我知道她也教紮染，李慧嫻是她的學生。我和李慧嫻同班，她很沉迷手工，後來成了陶藝大師。其後，我的成長被環境控制了，沒有時間就畫素描，有時間就畫大畫。由於曾唸水墨課，所以我也曾畫水墨畫。

黎　跟呂壽琨先生學的？

畢　跟呂壽琨、譚志成及王無邪。他們開辦了一個一年制的周日水墨畫課程，我仍保留相關的證書。

一九六八年自羅富國教育學院畢業後，我到聖伯多祿英文中學教體育及其他雜科。一九七〇年，我利用工餘時間到香港大學校外課程部修讀美術及設計證書課程，上Martha Lesser、何弢等人的課。大約一九七一年，聖伯多祿英文中學的兩位美術老術碰巧都因事告假，校長梅元碩知道我在學美術，便著我去代課，並遇上時任視學處助理督學郭樵亮到校視學。得到郭樵亮的鼓勵，我報讀了葛量洪教育學院並獲邀接受面試，想不到監考官竟是在香港大學校外課程部教我素描的顧理夫（Michael Griffith）[5]！他是當年的首席督學。

談到香港大學校外課程部，我不得不提白自覺（Jon Alfred Prescott）。白自覺是美術科主任，也是一位建築師。其實，他乃開創香港美術及設計的第一人。王無邪和何弢先後獲他聘請出任教職。至於顧理夫，他的角色也舉足輕重，有份推動美術科課程、美工教育資源中心、學生畫冊等。

一九七三年，我從葛量洪教育學院畢業。一九七七年，由於得到「中英交流基金獎學金」（Sino-British Fellowship Trust Scholarship）[6]支持，我到英國倫敦大學教育研究院讀書，攻讀美術教育文憑。林漢超是首位在英國修讀美術教育的香港人，我則緊隨其後。林漢超的名聲與郭樵亮並列，前者負責羅富國教育學院，後者在教育司署視學處任職。及至一九八〇年，在英國畢業後，我綜合自己所學並得到香港理工學院的學生協助，在一九八二至一九八三年出版了《繪描藝術》，想不到極受歡迎。除香港外，竟也賣到台灣、南洋等地。

為何我用上「繪描」一詞？素描是傳統叫法，假若用上「素描」一詞，其他人總以為要用鉛筆畫、單色的。現在內地仍採用「素描」一詞，但西方已改稱為「繪描」，因為它乃帶有繪畫成分的素描。所以，drawing 這個字不應該譯作「素描」，是翻譯錯誤。有人將之歸功徐悲鴻[7]，因為他將西方繪畫系統引入到大陸。至於「素描」是否由徐氏翻譯，這便沒有人去查證了。

「繪描」一詞不是我起的，也非由我推動，是香港教育界推動的。當年佳藝電視有一個教畫節目，由我們的師姐主持，後找人寫文章結集成《繪描初階》（或稱《繪描之初階》）一書。此書令我印象深刻，每人寫一點光、影、執畫筆的手法，非常初階。「繪描」這名詞由此而生。

我在香港教繪描，都是在香港理工學院任職時（1979-1992）以及在香港大學專業進修學院（1994-1998）辦的那些興趣班。學生學得開心，我也教得開心。一旦教藝術，我便得很嚴謹。我教藝術品，就不可以教你做商品、不可教你技巧。藝術要教的是思考。年輕人未必懂，年輕人上學就只顧著要老師教他技巧。

左起為朱興華、畢子融、Jon. A. Prescott。
圖片由畢子融先生提供。

香港人的思想和創作皆很狹窄，老師怎樣教你就怎樣畫，不會去想原因。drawing 沒有定義。根據百科全書的定義，只要用筆去畫，任何筆、任何方法、畫在任何表面，全都叫 drawing。它指的是創作中的過程，帶思考性。從我角度看，一個好的政府、好的國家應該讓市民有進修美術的機會，但這正是香港所缺乏的。八十年代，我在香港理工學院辦過很多課程。

黎 當時王無邪先生是否計劃在香港理工學院辦藝術系？

畢 不，是港英政府才對。當年開設了香港演藝學院，社會人士陸續提出為何不在香港開設一所視覺藝術學院。為回應訴求，政府曾派一位要員走遍全港，以官方代表的身份視察各院校的地方、師生、圖書館及工場等資源。最後，就只有香港中文大學、香港理工學院及香港藝術中心這三所院校有藝術及設計教育資源。該位政府要員到香港理工學院參觀時，就由王無邪老師和我負責接待。這個人一開始就提到港英政府在考慮應否多開設一所藝術學院，我個人當然贊成。他只說「哦」就回去了。這大概是一九七九年後、八十年代的事了。

他四出視察、訪問，最後寫成報告。我看過報告後很憤怒。他在報告寫道：如果再開辦藝術學院，只會造成資源重疊。一句說話便否決了整個計劃。藝術學院跟藝術系有別。大學要求你寫多少篇論文、出版些什麼，這是錯誤的。在工科、藝術科，最重要的不是研究藝術品，而在創造藝術品。

黎 不然的話，我們早就有一所獨立的藝術學院。其後，曾有一群人要求在西九文化區建立一所視覺藝術學院。

畢 已經沒有希望了。那些是搞政治的人，不是我心儀的藝術家。我心儀的藝術家是王無邪老師，但他也在我面前抱怨了一句：「我也應該看不到西九了。」這句話真令人心傷。他這麼說，即西九難以在十年內完成。我現在只有希望王無邪老師延年益壽，看得到西九建成。

黎 當年李慧嫻在香港理工學院任職，辦了幾屆陶瓷高級證書課程，訓練了新一代的陶藝家。那時你有參與這個課程嗎？

畢 沒有。陶瓷高級證書課程有五屆，每兩年才招生一次，前後共十年。

其實後期，我在香港理工學院也算做了很多事。王無邪老師於一九八四年移民前，所有兼讀課程都是由出身自室內設計的林維璋[8]管理。林維璋最初管高級證書課程，升職後，一些日間課程也由他接手。我亦曾替他分擔一些證書課程。後來，羅顯揚[9]又幫忙管理日校的文憑課程，我便集中打理夜校。在我離開理工前，所有高級證書課程也由我管理，學生達二三百人。高級證書共有七張，包括插圖、立體、平面設計、首飾、陶藝、版畫六張高級證書，另加一張普通證書。插圖課有教授水彩，而版畫則由韓志勳教授。因為工作室空間有限，部分課程如首飾、陶藝和版畫兩年才招生一次。有一年班就沒有二年班，有二年班就沒有一年班。總之要待一批學生畢業後，我們才能再招新生。

課程雖有藝術元素，但畢業生大多成了設計師，所以算不上是藝術家。眾多證書課程中，以陶藝和首飾的成就最大，效率和成果都很好。

在我離職前，政府要結束夜校。我們的學生多，又有好的資源，為什麼仍要殺校？要是沒有殺校，就沒有今日的香港專業教育學院。因為如香港理工學院設計系存在，香港專業教育學院只能局限於二三流的角色，報考的人寥寥可數。當年它的班房十室九空，學生多是玩票性質。當年工業學院不夠老師，得找香港理工學院的老師去幫忙，我便是其中一位。當年我晚上到觀塘教插圖，印刷系那班老師都很好，常請我提意見。後來，大概是一九八八年，我收到指令，工業學院要求停辦香港理工學院夜校課程。

黎　我覺得當時的夜校辦得很成功。

畢　說到陶藝，不得不提 Michael Kidd。他是英國人，很看重曾鴻儒和李慧嫻。我負責陶藝證書的批核，並邀請了李慧嫻擔任導師。至於教學，則由 Michael Kidd 負責。一眾管理層，以王無邪老師最好。他很負責任，有水平，懂得調動老師。我離開理工後，香港大學校外課程部的電腦設計課程後來也交由我主理。

還有一件關於香港理工學院的事我想你知道。在我離職前，政府因為要加強香港專業教育學院的認受性，便將香港理工學院的高級證書和普通證書取消，七所工業學院及兩所科技學院合併後便成為受益人。當時香港專業教育學院在九龍塘、觀塘及灣仔摩理臣山設有分校，並開辦了設計課程。

後來香港理工學院因為改制關係，把所有資源集中開辦學位課程，連日校的文憑課程也被取消。David Meredith 接替法偉豪（Michael Farr）出任系主任後，將兩年的高級文憑改成三年的學位，之後又進一步改為榮譽學位。香港不少社區學院如香港理工大學專業進修學院、香港大學專業進修學院等，都在發白日夢，想將他們所謂的學士課程轉成榮譽學士課程。大家都知道榮譽學位要求學生寫論文，但沒有圖書館及教學資源，學生如何寫論文？設立一個榮譽學位課程，既要學生寫論文，也得讓外人查閱才行。外人不能查閱，你封他為博士也行。

夜校課程結束後，他們重新組織成現在的美術及設計教育（榮譽）文學士課程，由蕭競聰主理。

黎　當時為何又開辦了一個學士課程？

畢　因為要維持學生人數。我覺得對香港最有利的，就是能銜接師範第三年課程。我離職後，便由 Margaret Charlesworth[10] 接手，後再由李慧嫻接任。Margaret Charlesworth 至今還在香港。

黎　你於一九九二年離開了香港理工學院，兩年後它亦升格為大學。其實，香港專業教育學院（IVE）近年的方向不斷轉變，一直希望辦學位課程。

畢 不論IVE怎樣變，都是市場帶動而已。更何況它怎樣改變，都擺脫不了技術學院的標籤，僅屬二三流專上院校。香港學生會以IVE學位課程為首選嗎？香港理工學院曾經為一流專上學院，現在則被外界批評質素下降。當然，這是以整所大學而言，並非針對個別院系。

除香港理工學院的工作，我也是香港藝術館之友[11]創辦人之一。當年香港藝術館之友在香港藝術館的地下室有一個房間，不過因為給很多有錢人領導著，所以辦得很辛苦。暑假時，我找鍾大富[12]、廖少珍等人辦一些課程。當年劉鳳霞[13]也幫忙過「香港藝術館之友」，譚美兒[14]等全部都出身於此。後來，整個模式都移到香港視覺藝術中心。

黎 你一直在推動香港的版畫和陶藝。

畢 我是香港版畫協會[15]創辦人之一。它跟視覺藝術協會（Visual Arts Society，簡稱VAS）創立時期相若，我與友人成立了四工畫室，連唐國徽[16]也是我們的學生。四工畫室有四位男士，其中一位做石版畫的陳輝明[17]又是香港版畫協會的成員。我們做過石版，比廖少珍還要早。當年香港大學校外課程部在香港大學本部有個石版室，有多部石版機，我們的石版就是從那裡來。美國版畫家Joan Farrar曾在那裡教過石版製作，周綠雲也是她的學生，所以周綠雲也教過版畫和石版畫。沒有人知道周綠雲懂得且能教石版畫，我也是她的學生！

黎 讓我們談談香港的畫會吧。你有否參與過一畫會？

畢 一畫會由呂壽琨先生的學生成立，但我不是以畫水墨畫為主，故未有參加。我始終心繫視覺藝術協會，創會的十一人包括我、布錫康[18]、雷佩瑜[19]、柯韶衛[20]、陳餘生、呂豐雅[21]、黃彥漢、潘玟諾[22]、劉錦洪[23]、余佳芳[24]和李秉罡[25]。至於夏碧泉，他是創會會員而非創會者之一。為我們擔任顧問的有韓志勳、王無邪、張義、何弢和白自覺。

一九七三年，金嘉倫協助籌辦最後一屆香港節。有人說：「不如搞藝術家大聚會吧！」地點就在香港大會堂外面那條走廊。到了周末，每人拿幾張畫去，我也拿了三四張去擺著。記得這次是全港性展出，各區也有一張名單，很多人。大會撐了一些架讓我們把畫擺到那裡。記得唐景森放了些大圖章，那時我還未認識他。就這樣，我就渾渾噩噩的坐在那裡，人流多便覺高興，大家都享受藝術似的。擺了兩大，視覺藝術協會就成形。那時很時髦，就叫視覺藝術協會吧！後來，視覺藝術協會改成香港視覺藝術協會，不記起是哪年提出的。

陳餘生是大師兄，他說千萬不能有門戶之見。什麼是門戶之見？當年的中國畫就是門戶之見了。我不知他是否針對水墨，但我覺得很中聽，就和應了。總之，就是十一個傻人。十一個傻人中雖有不少為香港大學校外課程部畢業生，但 VAS 卻是由「香港節」促成的。

黎　這件軼事連陳餘生也沒告訴我。我問陳餘生：「為什麼找你當會長？」他說：「當時要借地方，就選了大東電報局那裡。有誰可以出錢？就是我了。」所以他就當了會長。

畢　不，我們沒有在大東電報局開會，我們到他的家開會。每次開會，我們都

唐景森（左三）、譚志成（左四）、畢子融（左五）與 Martha Lesser（右一）。圖片由畢子融先生提供。

吃吃喝喝。早期 VAS 的會員都是一班湊熱鬧的人，陳餘生說得對，說我們是「藝術丐幫」，總之肯畫、肯創作就可以了。當年 VAS 的會員未有名氣，有名氣的就不會入 VAS。

黎　但後來拿「市政局藝術獎」的，有不少都是 VAS 的成員[26]。

畢　只是時機而已。不過，VAS 當年那群人很有血性。我們愛藝術，也能代表香港精神。當年香港中文大學藝術系門關緊鎖，香港大學又未有獨立的藝術本科。那時白自覺人很好，很鼓勵我們。香港藝術中心落成前，其展廊一直租借聖佐治大廈的美國銀行，何弢當年很努力地籌辦香港藝術中心，我亦曾替他搬運桌椅、展櫃等。美國銀行、法國文化協會、歌德學院等機構均很支持何弢。

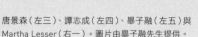

黎 除VAS外，你好像也有參與過其他畫會如國際造型藝術家協會香港分會[27]？

畢 沒有，只是臨時幫幫忙而已。VAS是我唯一參與的畫會。至於文樓先生辦的香港中華文化促進中心，我算是其中一個活躍分子。回歸前後，他們組織了不少展覽，都是搞些內地的聯繫。

黎 除香港大會堂、香港藝術中心、三聯展覽廳[28]等這些展覽場地外，VAS當年也到很多不同的地方辦展覽，對吧？

畢 最早在商場，其中一個是銅鑼灣的怡東酒店，他們當年設有畫廊。至於香港太空館對面的香港喜來登酒店，他們的商場也有畫廊作展覽用途，VAS成立前，我們曾在那裡做了一次展覽。VAS規劃每年辦一兩次展覽，包括一次大展一次小展。小展有固定的形式，譬如每位會員都做雕塑。有一年，VAS在商務印書館辦過一個叫「新形式」的展覽（1991），場刊是黃色的，由游榮光[29]設計。該次展覽，我們故意讓平時畫水墨的會員去做雕塑，平時做雕塑的做其他藝術媒介，總之要做「新形式」。

黎 你曾在報章提及那些商場展覽，如K11購物藝術館，只將藝術當成裝飾。不過，VAS以往也曾在另類的展覽空間展出。

畢 K11購物藝術館的展覽有目的，簡單而言乃為商言商。我們老一輩的一看，驚覺「妹仔大過主人婆」（喧賓奪主）。妹仔就是那些貨品。當年我們在商場擺一件藝術品，它就是藝術品，商場將整道走廊讓出給我們，不會叫我們配合它的環境。現在你去逛香港的商場如K11，顯然就是要藝術品配合環境，不要礙著它的商品銷售。商場的設計讓藝術品放在那些縫隙位，那麼擺出來的東西就稱不上藝術品。請來的那些所謂「藝術家」，選材都是商品式的藝術品或仿製品。有些人或會爭論：「仿製品不是藝術品麼？那些雕塑既有第一件仿製雕塑，也有仿製品。」澳門新八佰伴也有一件羅丹（Auguste Rodin，1840-1917）的《思想者》。看著那件《思想者》，你沒理由會很滿意吧？如果這樣也滿意，那我為何要到巴黎羅丹館看原作？

黎 那麼，你怎樣看香港的文化政策或藝術教育政策？

畢 我說得很坦白，香港沒有文化政策。四字以蔽之「若有還無」！那些官員口中所謂的政策，根本算不上政策。我們有香港藝術館，但大政策呢？沒有。什麼叫大政策？就是國家政策。在外國，政策可劃分成國家級、省級、城市級。那香港有沒有國家級政策？沒有。國家級政策，就是所有大的決策、行動，有錢的出錢，有力的出力。國家可以找文學家王蒙[30]當主席，而香港哪有王蒙？最終只能找個官僚出任主席。

所謂的國際藝術家，也是騙人的，就是上拍賣行而已。到過「威尼斯雙年展」，就算是國際藝術家嗎？我也不會因為作品曾擺在藝術館，就自視為出色的藝術家。至於西九文化區的事，則由各管理層去處理，我不會去關心。

黎　但怎樣推動香港藝術呢？什麼是「香港藝術」？

畢　要推動「香港藝術」，很簡單，就是由香港政府帶頭推動藝術。香港政府

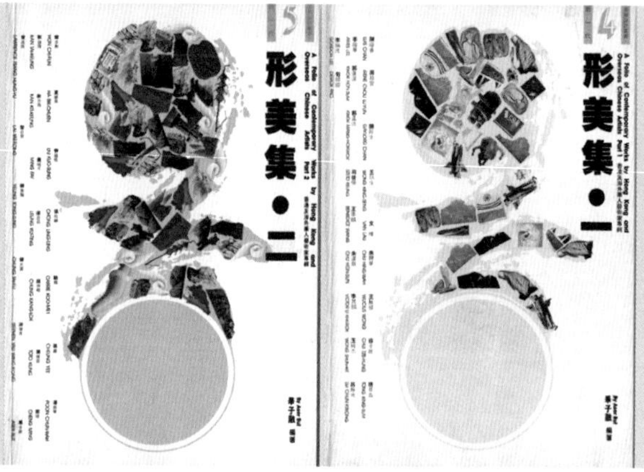

《形美集．一》。（右）
《形美集．二》。（左）

不推動，「香港藝術」也不成話了。

黎　你在二〇一一年那篇〈藝行活頁之香港美育癥結（三）〉中，提到香港的藝壇沒有象徵性的人物。老的老、死的死，買少見少。以後會否都這樣失去傳承？

畢　你也知道，社會現今普遍覺得現在的香港不如八十年代的好。我經歷過七八十年代的教育，也在當年開拓自己的事業，但我倒沒覺得現在不好。只是沒有以前那麼好而已。當然，我也看到傳承的問題。要傳承便難以創新；要創新又會打破傳承。日本很奇怪，傳承與創新都能兼顧，其人民也較有「血性」。現在我們香港人就真的沒什麼「血性」。現在的政府沒有大決策，某種程度是缺德。

黎　你說的「血性」是指對藝術的

熱誠？

畢　他們做事有熱誠，只是對藝術沒有熱誠而已。血性是有羞愧之心，香港政府就是不知醜。或者，你可以稱他們為自得其樂的政府吧。

黎　我也覺得香港的確愈做愈差，反而澳門辦得不錯。

畢　可以這樣說。我最近去過中山，看到他們的時裝設計教育辦得很好。所以，早兩天我回到曾任教的聖伯多祿英文中學當嘉賓，告訴學生千萬不要像某些香港人般看中國內地。他們可不是蝗蟲，是「醒獅」，一醒就不得了。他們的中等專業學校已經在走我們 IVE 的路線。人家連中學也在走大學的辦學路線，兩代後，香港就不如別人了。參觀的時候，中山那些校長很著緊，星期天也在招呼我們，很熱情。現在，澳門已經不懂招呼香港人的了，可能僅是給你面子而已。

黎　你多年來跟香港藝術家、設計師合作，有收藏香港藝術家的作品嗎？

畢　有，但藏品都放到澳門。

黎　有誰的作品？

畢　有陳餘生、夏碧泉、魚王陳法興[31]、蛙王郭孟浩，還有李瑞光[32]的作品。李瑞光去美國時沒有拿走，我就收藏了它。我收的以陶藝最多，有陳炳添、曾鴻儒、黃炳光的作品等。我的藏品可以擺個小型展覽，是友誼展。

黎　收藏的動機，是因為這群人是你的朋友，還是你欣賞他們的作品嗎？

畢　兩者皆是。有時我們內部搞拍賣，也有互相饋贈。

注釋

1　高級師資訓練證書課程（ACTE），一九八〇年開辦，接受完成兩年制或三年制正式師資訓練、並擁有兩年教學經驗的非學位教師申請報讀。課程歷時一年，內容包括教育、教育科技、語文學習、學科及術科輔助性學習等共同課程，學員必須選修一專修科課程，而此專修科課程亦需為申請人接受兩年制或三年制正式師資訓練時所選修之專修科課程。

2　第三年制，始於一九六八年，當時稱為 Specialist Third Year Course，以培訓教授中四、中五術科、實用科目及工科的非學位教師，而擁有兩年教學經驗的教師也可申請報讀。課程其後曾多次更名。

3　李國榮（1929-　），一九四五年在廣州僑民第二師範學校完成中學課程，一九四八年來港後入讀羅富國師範專科學校（1967 年易名為葛量洪教育學院），一九五〇年畢業。一九五六年到葛量洪師範學校教授設計、繪畫和美術史，並在一九五七年先後於英國文化委員會（英國文化協會前身）及香港會參加畫展。一九五八年取得獎學金到英國 Brighton College of Art and Craft 修讀一年美術教育，留英其間曾受國際藝術家協會邀請於倫敦辦個展。回港後先後於葛量洪教育學院（1959-1973、1980-1984）及羅富國教育學院（1974-1979）任教，一九八四年退休。

4　李國樑（1920-2009），字維陵，一九三五年到香港讀書，一九四八年於重慶完成大學課程。一九五九至一九七七年任教於葛量洪教育學院，曾任香港大會堂美術博物館創辦委員會顧問（1961），並出任香港中文大學入學資格考試美術科考試委員（1963-1974）。李氏曾以筆名李維陵發表《荊棘集》等著作，亦為《與香港藝術對話：1960-1979》的受訪者李國榮的二哥。

5　顧理夫，Michael Griffith（1921-　），Bromley College of Art 畢業。一九五二年來港，任教育司署督學教育官，一九六九年任高級教育官，一九七一年任美工科首席督學，一九七五年退休並離開香港。曾為香港博物美術館顧問。

6　「中英交流基金獎學金」（Sino-British Fellowship Trust Scholarship），一九四七年由 Isobel Cripp 及 Dr Elizabeth Frankland Moore 成立，前身為英國援華聯會（British United Aid to China，簡稱 BUAC）。中英交流基金成立初期，旨在為留學英國的中國學者提供獎學金，協助他們完成學業。後來，計劃發展至中國內地、香港以及英國的學者皆可申請，前往英國及中港兩地交流，促進中英文化及學術交流。

7　徐悲鴻（1895-1953），一九一六年入讀震旦公學，一九一八至一九一九年任教於北京大學畫法研究會及孔德學校。翌年入讀法國巴黎美術學校，八年間曾往返西歐各地，中途曾休學。一九二八年回國，任教於南國藝術學院及南京國立中央大學藝術系（1928-1938）。一九三六年與顏文樑、汪亞塵等組織畫會默社。一九三八年十月曾到香港辦畫展助賑。一九四三年主持籌辦中國美術學院，一九四六至一九四九年任國立北平藝術專科學校校長，一九五〇年任中央美術學院院長。

8　林維璋，英國工藝美術師和設計師學會會員。一九七六年加入香港理工學院設計學院擔任助理講師。一九七七年升任講師。一九八三年升任高級講師。一九八六年升任主任講師，多年來主理夜間課程為主。

9　羅顯揚（?-2006），一九七八年加入理工學院設計學院擔任講師。一九八五年升任高級講師，主理設計文憑課程。前香港發明家協會（現稱香港發明協會）副會長、香港工業設計師協會榮譽會長、羅顯揚產品設計事務所董事。

10　Margaret Charlesworth，獲英國國家文憑（設計）、英國特許設計師協會（Chartered Society of Designers）會員。一九七九年加入香港理工學院設計系擔任講師。一九八二年升任高級講師，主理設計文憑課程。一九九三年轉為負責美術及設計教育兼讀制學位課程，至一九九六年離任。

11 香港藝術館之友在一九九一年註冊為慈善團體，旨在推廣香港藝術館舉辦的活動，以提高社會大眾對視覺藝術的興趣。

12 鍾大富（1956- ），一九八一年畢業於香港中文大學藝術系，一九九〇年獲東京國立藝術大學藝術碩士。一九八五年獲市政局藝術獎。現任香港中文大學藝術系兼任講師。

13 劉鳳霞，一九八七年香港中文大學藝術系畢業，後取得香港中文大學哲學博士（中國藝術史）。曾先後於香港藝術館、香港視覺藝術中心及香港文化博物館任職，現為藝術推廣辦事處總館長。

14 譚美兒，一九九一年香港大學藝術系畢業，一九九九年獲澳洲悉尼大學頒發博物館學高級文憑，二〇〇四年獲亞洲文化協會香港分會頒發利希慎基金獎助金，同年香港大學文化研究文學碩士畢業。曾於茶具文物館（1992-1994）及香港藝術館（1994-1996）出任助理館長；後於香港藝術館（2006-2008）及藝術推廣辦事處（2010-2012）出任館長。二〇〇八至二〇一〇年期間，分別於民政事務局轄下的西九文化區辦公室及於西九文化區管理局工作，二〇一二年任職香港藝術館總館長至今。

15 香港版畫協會於一九七六年創會，創會會員包括黃坤明、莫雪華、袁子釗、劉欽棟等十數人，首任會長為黃坤明女士，創會顧問一職由廖修平教授擔任。協會早期以培養專業版畫家為宗旨，近年專注普及版畫及教育下一代，包括與藝術推廣辦事處合辦「版畫家留駐計劃」。協會於一九八〇年代開始與國內版畫家開展交流活動，會員曾多次參加「全國版畫展」，並與四川、上海、江蘇等地之版畫家舉辦聯展。

16 唐國徽（1954- ），一九七六年先後於香港大學校外課程部及香港中文大學校外進修部修讀藝術課程，同年進入大一藝術設計學院進修。一九七七年獲「全港青少年美術獎」優異獎。一九八一年獲頒市政局藝術獎。

17 陳輝明（1939- ），一九七三年修畢香港大學校外課程部藝術與設計證書課程，一九七四年與畢子融等創立四工畫室，曾任香港版畫協會主席。

18 布錫康（1947- ），生於香港，曾修讀香港大學校外課程部藝術與設計證書課程。視覺藝術協會創會會員。

19 雷佩瑜（1949- ），一九七三年修畢香港大學校外課程部藝術與設計證書課程，視覺藝術協會創會會員。

20 柯韶衛（1945- ），一九七三年修畢香港大學校外課程部藝術與設計證書課程，並曾入讀香港中文大學校外進修部。視覺藝術協會創會會員。

21 呂豐雅（1947- ），一九七二年修畢香港大學校外課程部藝術與設計證書課程。一九八一年呂氏獲市政局藝術獎，曾加入香港視覺藝術協會並出任第二屆會長（1978-1983）；1997年創辦香港視藝人協進會，至二〇〇五年該會與香港現代畫協會合併為香港視藝聯盟、香港水墨會策劃總監。同時為賽馬會創意藝術中心的策劃總監（2005-2007），並出任行政總裁至二〇〇七年。

22 潘玟諾（1938- ），一九七一年修畢香港大學校外課程部藝術與設計證書課程，一九七五年市政局藝術獎得獎者，視覺藝術協會創會會員。

23 劉錦洪（1947- ），一九七二年修畢香港大學校外課程部藝術與設計證書課程，視覺藝術協會創會會員。

24 余佳芳（1949- ），一九七三年修畢香港大學校外課程部藝術與設計證書課程，視覺藝術協會創會會員。

25　李秉罡（1948- ），一九七七年畢業於俄亥俄州 Columbus College of Art and Design，一九七九年獲 Syracuse University College of Visual and Performing Arts 藝術碩士。一九九〇年至二〇〇四年於紐約視覺藝術學院任教，曾為視覺藝術協會會員。

26　歷年香港視覺藝術協會之「市政局藝術獎」得獎者包括夏碧泉（1975）、郭孟浩（1975，1998）、潘玟諾（1975）、鄭明（1977）、李其國（1977，1992）、唐景森（1977）、畢子融（1979）、呂豐雅（1981）、陳餘生（1983）、鍾大富（1985）、黎日晃（1985）、黃炳光（1987）、朱興華（1989）、王純杰（1989）、胡文偉（1989）。

27　國際造型藝術家協會（International Society of Plastic and Audio Visual Arts，簡稱 ISPAA）成立於一九六二年，總部設於日本大阪。協會成立目的是希望推廣現代藝術，提高亞洲各地藝術水平，並透過舉辦巡迴展覽，促進各地藝術家交流。香港分會成立於一九七一年，會址位於銅鑼灣銀幕街，成員包括陳餘生、靳埭強、夏碧泉、徐子雄、周綠雲、唐景森、畢子融等人。

28　三聯展覽廳於一九八一年成立，設於中環三聯書店讀者服務中心四樓及五樓，除經常為重要新書舉行展覽和發佈會外，還供香港、內地和海外畫家舉行展覽，先後辦過王世襄的「明式家具珍賞展覽」（1985- ）、黃永玉的「《永玉三記》插圖展」（1983）、「青海藏傳佛教文物展」（1987）等展出。

29　游榮光（1957- ）早年隨靳微天及劉國松習畫，七十年代中期起專注水彩創作，曾於世界各地參與多次聯展，並多次在藝術比賽中獲獎。為香港現代水彩畫協會、亞洲水彩畫聯盟、香港視覺藝術協會等藝術組織之會員，一九九四年起移居加拿大。

30　王蒙（1934- ），生於北京，一九四八年加入中國共產黨，一九五三年開始寫作並以短篇小說《組織部來了個年輕人》成名。一九五七年被劃為右派，於六十年代調到新疆，至一九七八年才回到北京。歷年來曾任北京市作家協會副主席、《人民文學》主編、文化部部長、中國作家協會副主席及中國共產黨第十三屆中央委員。作品有《青春萬歲》、《活動變人形》、《失戀的季節》等。

31　陳法興，別稱「魚王」，前香港電台美術總監，繪畫創作多以魚類作為題材。現於賽馬會創意藝術中心設有工作室。

32　李瑞光（1954- ），生於香港。早年於加拿大蒙特利爾留學，獲約翰．阿伯特社會科學（城市設計）文憑及協和大學藝術學士。一九七九年獲美國福特基金會獎學金前往美國葛蘭布魯克藝術學院修讀碩士及擔任助教。一九八一年於麻省理工學院講學，其後前往美國哥倫布藝術學院任教油畫及描繪兩年。回港後於一九八四年加入理工學院設計學院，擔任講師。曾為視覺藝術協會會員。

陳中樞

簡介

一九五二年生於香港，一九七一年及一九七四年先後畢業於香港美術專科學校及大一藝術設計學校。

畢業後，陳氏在一九七六至一九七九年間於香港美術專科學校任教，一九八五年至一九九四年間在大一藝術設計學校擔任教職，一九七九年起開辦山月畫室至今，一九九五年移居加拿大，後於二〇〇七年回流返港。

歷年來，陳氏曾舉辦八次個人畫展及於香港、中國內地、澳門、台灣、日本、韓國、新加坡、馬來西亞、印尼、泰國、法國、美國及加拿大等地參加十餘次聯展，並先後任香港現代水彩畫協會會長、匯彩美術會會長、香港美術家協會理事，現為香港當代藝術家協會召集人及創會會長，星期一工作室會員及加拿大藝術家聯盟（AFCA）簽署會員，作品曾入選「香港藝術雙年展」（2005）、「中國全國美展」，一九九八年及二〇〇一年在加拿大獲多個公開比賽獎項。

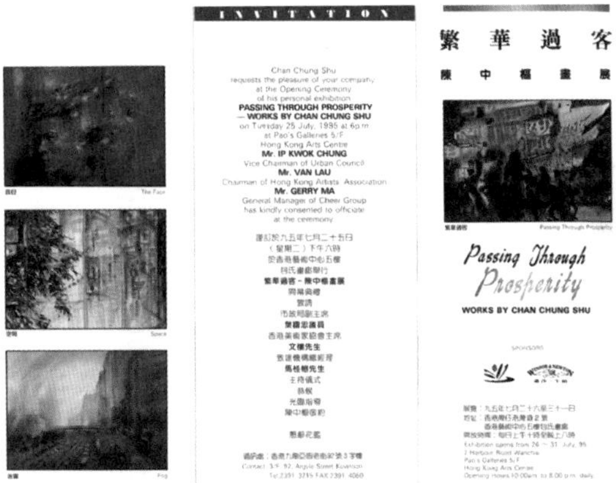

「繁華過客——陳中樞畫展」，香港藝術中心，1995年。圖片由黎明海博士提供。

陳中樞訪談錄

訪問者　黎明海博士

2013.4.18

黎　你於六十年代在香港美專唸藝術，嶺海藝專跟香港美專有甚麼分別？

陳　香港美專由陳海鷹[1]、羅拔、吳烈等人創辦，而嶺海藝專則由梁蔭本、陳藻澤等從香港美專分支開去。兩者都是私立美術學校，著重傳統寫實基礎。我在一九七一年畢業於香港美專，我的同學如黎潤釗、王創華、麥少峰等都有留校幫手，一九七五年他們離開了，合力創辦了「聯合畫苑」，但時至今日他們都拆夥了。一九七五年陳海鷹校長找了我回去任教，一九七九年我也離開了，同年成立了山月畫室至今。

黎　八十年代時，我曾打算到香港美專學畫，但感覺他們的課程結構比較鬆散，有點像畫室的感覺。

陳　非也，香港美專是一間私立的美術專科學校，設三年制證書課程，學科分為素描、油彩、水彩班，由不同的老師執教；同時，他們也教授美術導論、透視學、解剖學、色彩學等。畢業時，我們還要寫論文及遞交作品參與畢業展的。發展至後期，因為學生流動性大，並非每人都會上三年的課，這樣課程制便出現了問題。後來，我在香港美專教授時，他們的課程便演變成這模式：開始時，先學一段時間的素描，然後轉學水彩，接著則是油彩。至於美術導論課，陳海鷹則不定期開辦，把所有人集中在一起授課。

當我還是學生的時候，不時有藝術家到學校探訪，比如美國藝術家Steward及黃蒙田等，後者更經常講授理論有關的東西。

黎　不如談談你那一代的老師吧。

陳 黃潮寬教油畫，黃顯英[2]教速寫和透視，陳漢齊[3]教水彩，劉兆源、陳培道、林浩佳等教素描，余思牧、陳海鷹教美術理論。畢業時，黃潮寬老師[4]離世了。

黎 你在一九七一年畢業，但怎樣才算畢業？有說是要唸了幾年才算畢業。

陳 是三至四年。開始時，我們從星期一至五都要上課，後來改為每星期上三天的課，我們有分日班和夜班。

黎 畢業後，你到大一藝術設計學院進修，是希望學習設計方面的技能嗎？

陳 是的。畢業後我才知道只會畫畫不能糊口，只有到電影院畫廣告，又或去畫佈景以至行貨畫。不少同學都去了畫行貨畫。當年畫行貨畫能賺到很多錢，

攝於受訪者的個展「陳中樞作品展：靈光深處」

可以月入幾千塊甚至過萬元，但我的性格就是不適合畫行貨畫，而當時我正在印刷廠工作，最後便去了學設計。其實，我對設計的興趣也不大，只是想學一門手藝而已。

大概在一九八五至一九九四年間，我也在大一藝術設計學院教日校。

黎 在大一設計學院就讀時，呂立勛有教過你嗎？

陳 有，另外還有梁巨廷、靳埭強。我在那裡唸平面設計、包裝、廣告、產品設計、現代藝術等，吸收了很多養分，這也解釋了為什麼我能跟呂振光等「新派」有共同話題。

黎 當時在香港，新水墨畫派幾乎壟斷了整個畫壇，你在香港美專學到的東西，有甚麼機會可以發揮呢？

陳　這就要自己辦畫展。後來，呂振光問我們為什麼不參加「當代香港藝術雙年展」，我說即便參加有入圍的機會嗎？新水墨和抽象主義壟斷了「當代香港藝術雙年展」。譚志成館長獨尊一批新水墨的藝術家。

在當年的畫壇，中文大學藝術系、中文大學校外進修部和香港大學校外課程部分屬不同派系。嶺海藝專和香港美專總被說成是傳統、保守的，有一段時期真的壁壘分明，我們極少機會參加官方的展覽。

後期我跟他們多了接觸，是因為香港現代水彩畫協會[5]。呂振光辦海外水彩展覽的時候找我，我便開始跟他們多了交往。我是比較奇怪的，夾在兩邊之間，慢慢地大家的芥蒂開始變少了。

黎　到八十年代中期，新水墨的壟斷已經為不少人所質疑。何慶基、蔡仞姿、韓偉康等人，便開始做一些比較前衛的創作。

陳　從前，自己極少參與畫會，第一個參與的是香港現代水彩畫協會，後來更成立了亞洲水彩聯盟，這是一個有多個亞洲國家和地區具代表性的水彩畫會合作並設秘書處負責行政運作的藝術聯盟。我參與了香港現代水彩畫會一段時間，會裡還有游榮光、呂豐雅、梁志明、羅偉顯等人。後來，我也參加了匯彩美術會、星期一工作室、香港美術家協會、加拿大藝術家聯盟等等。

黎　你是否曾擔任香港現代水彩畫協會會長？

陳　對，一九九四至一九九五年度，會員由不同背景人士組成。

黎　當中部份成員分拆出去成立視覺藝術協會。

陳　我移民後，不少人都移民了，慢慢地呂豐雅便將這會社改為香港現代畫會[6]。接著，他要跟視覺藝術人員協會合併，其間出了一些風波。有見及此，我便退出了。由於退會者眾，香港現代水彩畫協會便被迫結束了。自加拿大回來後，不少舊會友都提議重組畫會，我們便創辦了香港當代藝術家協會[7]。

黎　你認為畫會在推動香港藝術方面，扮演甚麼角色呢？

陳　我覺得香港的畫會門派分歧很大、成見很深。當香港政府對藝術沒甚麼支持時，藝術圈的人更應團結起來才對。不過，香港的藝術圈就像散沙一樣。辦畫會的目的，就是希望不同派別的人士也有機會共聚一堂，達至和而不同，而非互相猜度。對我個人發展而言，畫會的影響則不大，始終辦不辦會社我也會繼續畫畫。

黎 你有一段時間離開香港移民到加拿大。移民是為了兒女嗎？

陳 主要是的，不少因素令我作出這決定。其中一種想法是，回歸後中國大陸這麼多藝術人材南來，香港藝術家的地位將會不保。另外，「六四事件」的發生，也算有一點點關係吧。當時香港的環境的確很亂，友人梁志明[8]申請移民後也勸我着力一試。我跟妻子商量後，也認為一試無妨，就這樣跑去領事館填了申請表。這大概是一九九四年的事。後來我的申請獲批，自己曾打算將一手創辦的山月畫室結束，不過最終由學生繼續打理下去。

黎 你在一九九五年到加拿大，二〇〇七年回港。其實，你也沒有想過要回香港吧？

陳 我真的不知道。

黎 你在加拿大有再教學生嗎？

陳 我們在地牢開班教學，以小朋友為主，我用上山月畫室這招牌，叫山月加拿大分教處。由於我居住的溫哥華高貴林區聚集了不少華人，我們在那邊也辦了不少東西，自己亦參加了幾年加拿大藝術家協會（Federation of Canadian Artists）的活動，拿了一些獎項。另外，我也跟羅偉顯[9]、黃炳光、梁志明等一起辦畫展。這張就是在英屬哥倫比亞大學辦的活動。

黎 你當時在溫哥華，是否每星期也有一次聚會？

陳 因為住得遠，我並非中堅份子，偶爾才出席。參與聚會的主要有陳萬雄、梁德祥、黃炳光、梁志明、顧媚、林鎮輝、鍾大富等人，大概有二十多人。

黎 聚會是純粹聊天，沒有講座也沒有雅集嗎？

陳 只是聊天而已，畫展期間才有講座。相比香港，溫哥華地方大，不能像香港打個電話就可以相約出來。在遙遠的地方聚會，感覺反倒親切一點。

黎 香港藝術家在溫哥華是否大部份也從事藝術創作，經常會有些展覽？

陳 會的，我們會聚在一起辦展覽，辦過許多年。在那邊，香港藝術家之間的聯繫緊密，同時也有一些規模較大的機構如溫哥華華人藝術家協會、列治文中國書畫學會等聚集了香港、中國內地及台灣的藝術家。同時也有很多當地的藝術組織，如加拿大藝術家聯盟（FCA）。

黎　當地的政府又怎樣看待外來藝術家？

陳　當地的民間藝術中心比較開放，但要打入溫哥華藝術館的層次，則極為困難。

黎　加拿大畫廊制度很健全，有畫廊代理香港藝術家的作品嗎？

陳　有的，在多倫多，游榮光的作品有幾家畫廊代理，而梁志明，黃志添嘅作品在溫哥華市中心也有。另外，羅偉顯在溫哥華、滿地可、美國亦有畫廊代理，也在那裡辦了幾個展覽。

黎　為何你會在二〇〇七年末回港？

陳　由於女兒要回港唸書，所以妻子也一起回來，而我亦不打算獨自留在那裡，便舉家回港了。

黎　對於西九龍文化區的發展，你也有參與討論嗎？

陳　早陣子我跟一班藝術家去與西九龍文化區M+博物館管理層開會，除了質詢他們選購館藏的準則外，也有跟進他們在收藏本地藝術作品方面的工作。

黎　他們第一批的收藏令我感到奇怪。為甚麼要買一批中國內地的藝術品，然後放在香港呢？

陳　更何況這批作品極具爭議性。他們所選的都是後八九的那一批藝術家的創作，並非中國主流的藝術家。當國內國外對他們的評價仍存有極大爭論時，M+博物館竟然要以他們的東西作主導。不用說我們這類藝術家一定會被淘汰了吧？藝術館應該要有各種不同的東西，多角度、立體地去審視香港的藝術發展歷史。

M+博物館公佈了選購館藏的列表，當中有幾個人是我認識的：周綠雲、呂振光、陳餘生、朱興華等。我們追問他，還會有其他人嗎？他們就推說還會陸陸續續地收藏。他們只坐在寫字樓裡，不跟我們接觸，又怎知道有哪些人存在呢？

黎　他們主要和張頌仁打交道。

陳　就是和張頌仁和奧沙藝術空間的

人。他們雖然重要，但香港還有很多藝術家，包括一批被認為是較傳統的畫家。你可以說他們的作品風格舊式，但他們可是確確實實地存在過。無論是陳學書、馬家寶、江啟明還是歐陽乃霑[10]，他們確實影響了不少香港畫壇中人。想要撇開嶺海藝專、撇開香港美專，是不可能的。就正如「新水墨」一派的確發揮到它的特點，這是無可否認的。

黎 就像當年在呂壽琨的年代，還有丁衍庸。當年因為某些政治原因，丁衍庸一直未被提及。到了現在，人們才發現丁衍庸很厲害。你跟西九龍文化區M+管理層商討時，他們有說會如何跟進嗎？

陳 我問他們，M+博物館以「當代」定位，但當代也有兩個層面的解釋：一，就是就時間性來說，所有在現在發生的作品都是當代；另一種，就像一個畫派一樣，要是某種類型的作品才能算是當代。最後，他們就說是以時間作準，總之在這個時代，好的東西就是了。然後我說，我們不是古人吧？

黎 最後一個問題，你在香港藝圈已經四十多年了，有否收藏一些其他畫友、藝術家的作品？

陳 我很少收藏同行的東西。但有別人送我的，交換的也有，但自己比較喜歡欣賞多於收藏。

注釋

1 陳海鷹（1918-2010），一九三三至一九五一年隨李鐵夫習畫。一九四九年設立香港美術院，一九五二年創辦香港美術專科學校，並出任校長。

2 黃顯英（1928-1994），一九六二年畢業於香港美術專科學校，一九六四年於香港大會堂舉辦首次個展，並於香港美術專科學校任教至一九七六年，七十年代主持藝術之友寫生活動，八十年代成立香港畫家聯會並出任首三屆會長，一九八七年隨任真漢習畫，同時參與庚子畫會活動，一九八八至一九九四年間主持「香港畫家畫香港」寫生活動及畫展。黃氏曾於新加坡、溫哥華、東京、廣州、成都等地參加展覽，作品曾三次入選全國美展。

3 陳漢齊（1931-），一九五七年畢業於香港美術專科學校，及後從事美術教育工作五十多年，一九五八至一九七五年任教於香港美術專科學校，一九六七年創辦漢齊畫室，曾任香港畫家聯會會長、香港水彩畫會創會委員，作品曾於香港、北京、武漢、新加坡、溫哥華等地展出，曾於一九八〇年與一百零八名學生於香港大會堂舉辦聯展，現為紅荔書畫會成員及中華陳氏書畫家協會副會長。

4 黃潮寬（1894-1971），一九一〇隨伯父移居美國波士頓，一九一六年入讀紐約州水牛城美術學院（The Buffalo Fine Arts Academy），一九一九至一九二一年於賓夕法尼亞州藝術學院學習，一九二二年前往歐洲遊學，一九二六年返回中國，翌年加入美術研究組織「赤社」。一九三一年及一九三二年先後創辦青華藝術社及美術學院，一九三四年前往上海廣州嶺南學校上海分校任教，一九三六年加入香港美術會，一九三七年參加全國美展，同年起到嶺南中學任教美術至一九六〇年，一九三九年加入中國文化協進會。五十年代，黃氏多次與李流丹、陳海鷹、陳福善、梁蔭本等人於本港舉辦聯展，六十年代開辦畫室授徒，並於香港美術專科學校及嶺海藝術專科學校任教，一九六四年應國務院級中國美術家協會之邀請，隨伍步雲、鄭家鎮、黃般若、任真漢等人前往中國內地交流考察。

5 現代水彩畫協會成立於一九八八年，創會成員皆為一九八七年參加台北「亞洲水彩畫精品展」的香港畫家，包括呂振光、呂豐雅、游榮光及陳耀邦，並由呂振光出任首任會長。同年協會組團前往馬來西亞吉隆坡參加「第三屆亞洲水彩畫聯盟年展」，並成為亞洲水彩畫聯盟香港區代表組織，此後協會每年均派員參加聯盟舉辦之年展。協會曾於一九九〇年及一九九六年於香港主辦亞洲水彩畫聯盟年展。

6 香港現代畫會於一九九七年修正會章，並正名為「香港現代畫協會」。

7 香港當代藝術家協會成立於二〇〇九年，由巢錫雄、陸潤城、高寶怡及受訪者等六人籌組，並由受訪者擔任會長。創會會員包括黎明海、林旭輝、周俊輝、劉婉卿、曾潤漢、李志清等十數人。協會於二〇一〇年一〇月舉辦主題為「當下香港」的首次展覽。

8 梁志明（1953-2010/11），七十年代開始習畫，一九七八年起參加展覽，曾多次入選香港當代藝術雙年展、台灣第五屆國際版畫雙年展、一九九五年杭州水彩畫大展。梁氏同時熱心藝術教育，曾於元朗大會堂、上水大會堂、元朗社區中心及屯門社區中心教授西洋畫，亦在香港藝術館主持工作坊，及後於一九九四年移居加拿大。梁氏為香港視覺藝術協會、香港現代會協會、香港藝術家聯盟、香港版畫協會、亞洲水彩聯盟等機構之成員，作品為香港藝術館、香港文化博物館、加拿大溫哥華道格拉斯學院等機構收藏。

9 羅偉顯（1939-），一九四三年隨父母親從越南到香港，曾隨馮國勳、梁伯譽、伍步雲習畫，一九六二年畢業於香港美術專科學校。羅氏曾任香港中文大學校外進修部水彩畫課程導師，於一九九〇年移居加拿大，為加拿大藝術家聯盟、美國西北水彩會、美國水彩畫會簽名會員。

10 歐陽乃霑（1931-），一九三八年移居香港，曾任教於香港美術專科學校、嶺海藝術專科學校及香港正形設計學校。為香港畫家聯會顧問，庚子畫會會員。

陳達文

簡介

陳達文，一九三二年生於上海，一九五六年畢業於羅富國師範專科學校，一九六〇年完成英國倫敦大學校外學士課程，一九七二年取得香港大學管理文憑，一九八三年赴美國哈佛大學商學院修讀管理文憑。

陳氏在一九六一至一九六八年間於香港大會堂任職副經理，後於一九六八年擢升為經理，至一九七三年離任，一九七三至一九八〇年間先後出任市政事務署助理署長及前文化署首任署長，任內本港多項重要文化設施包括香港文化中心及香港藝術館相繼落成，同時亦協助創辦香港中樂團、香港話劇團以及香港舞蹈團。一九八〇年起，陳氏曾出任影視及娛樂事務管理處處長、副憲制事務司、勞工處處長及屋宇地政署署長，至一九九四年退休。

一九九六年，陳氏獲委任為香港藝術發展局副主席，二〇〇二年起出任主席至二〇〇四年。離開香港藝術發展局後，他曾擔任表演藝術資助委員會主席（2004-2010）、西九龍核心文化藝術設施諮詢委員會成員（2006-2007）、香港公益金行政總裁、香港芭蕾舞團行政總裁、香港藝術節董事、香港藝術節協會董事局成員及香港管弦協會董事局成員等職位，二〇一二年獲香港藝術發展局頒授「香港藝術發展獎之終身成就獎」。

1963年落成的香港大會堂。

陳達文訪談錄

訪問者　黎明海博士

2013.12.5

黎　你可以說說你到大會堂任職的來由嗎？

陳　加入政府前，我曾在《南華早報》擔任記者。由於記者的工時較長，所以我在婚後離職並到羅富國師範專科學校修讀兩年制課程，一九五六年畢業。大概於一九五八至一九六一年間，我在皇仁書院和喇沙書院任教。後來，我又遙距修讀倫敦大學的中國文化學位，於一九六〇年以一級榮譽的成績畢業。

及後，政府刊登廣告招聘大會堂副經理，我申請了並成為最後入圍的三人之一。三人中，其中一位為教育司署的音樂視學官、英國人Parker，另一位則為在上海聖約翰大學畢業的沈鑑治[1]。沈鑑治熱愛中國文化，當年經常在報紙上寫藝評，後來更成了《信報》的總編輯。不過，他當時沒有得到大會堂的聘用，便到電影界發展，加入長城電影公司。

黎　你在一九六一年加入香港大會堂擔任副經理，當時你的上司為歐必達（Reinaldo. Oblitas）[2]和楊裕平[3]。

陳　歐必達除了在香港大學擔任副主任外，也是香港防衛軍少校。因為香港首次設有如此規模的公共設施，所以需要一個可以控制場面的人。在大會堂任職期間，他既要管理屬下的職員，還要處理外面三教九流的人士。

大會堂成立之初有歐必達、我和大會堂監督孫康[4]。當時的圖書館主任為John Harley[5]，從英國調任；博物館館長則為教育司署視覺藝術科視學官溫訥（John Warner）。香港大會堂轄下的博物美術館聘請副館長時，溫訥希望聘用香港人，而我也是面試官之一。牛津大學物理系畢業的屈志仁[6]是首位獲聘的申請者，他的知識面很廣，並在中國古畫和瓷器等方面做了不少研究。後來，他先後到了香港中文大學文物館和美國紐約大都會藝術博物館任職。

談到六十年代，我得說說當時的政局。在此之前，香港以嶺南文化為主。時至一九六〇至一九七五年間，由於不少難民從中國內地南下香港，香港開始受北方文化影響。當時很多北方人帶著資金和專業技能到香港，帶動了香港的經濟發展。另一方面，第二次世界大戰後，英國的版圖逐漸縮小，到六十年代僅剩下幾處殖民地。故此，他們對香港的管治亦起了變化，不再僅視香港為殖民地。加上新中國成立後，港英政府所面對的威脅更大，所以從英國派來不少有見地、有修養和有文化的政務官應對時局。

黎 曾經有幾位港督很懂藝術，例如郝德傑[7]……

陳 港督柏立基[8]是一位標準的殖民地外交官，對文化不特別感興趣，繼任的戴麟趾[9]比他活躍得多。要說對藝術最支持的，不得不提麥理浩[10]。在位十年間，他帶動香港的全面「起飛」，成立香港藝術中心也是他的建議。香港藝術中心所在的那片土地原劃作興建公園，但麥理浩強行改變土地用途，拍板興建香港藝術中心。

黎 還記得香港大會堂開幕時的情況嗎？

陳 我在一九六一年加入市政總署，準備香港大會堂的開幕工作。一九六二年三月二日開幕時，港督也到場主禮，不少未有收到請帖的嘉賓，亦有到場。當時所有人都很關注大會堂，因為那裡是聚焦點，把原來零散的文化藝術活動如音樂、舞蹈、文學、視覺藝術等集中於一地。大會堂在十樓及十一樓開設美術館，在七樓亦設有展覽廳供大眾租用。當年每談論文化，人們必然會想到香港大會堂，為文化人的集中地。同時，港英政府當年的文化政策亦很開放。

大會堂開幕初期，低座在日間不作開放。不過，我認為大會堂是公共設施，應該開放讓公眾使用。後來，我們決定開放低座，並設立餐廳。時任市政總署署長的莫理臣（Colin Morrison）[11]喜愛音樂，大會堂的第一座演奏鋼琴，也是他從英國訂購的。

黎　不少人也提到香港大會堂至今仍保留著一流的音效配置。

陳　大會堂原是由香港大學的 Professor R. Gordon Brown [12]設計，採用包浩斯建築風格，實用性高，一點多餘的東西也沒有。當年港督參考英國皇家節日音樂廳（Royal Festival Hall）的佈局，特意從英國聘用建築師，沿襲原來的包浩斯風格興建，設有高座和低座。

黎　前郵政總署是維多利亞式建築，而大會堂則為包浩斯風格。據聞在三十年代，舊大會堂也是一座維多利亞式建築。

陳　戰前的大會堂由英國商人出資與建，他們希望仿效英國的城市設市政廳，所以採用了維多利亞式風格。大會堂雖然由民間商辦，但也提供服務。後來，政府撥出土地興建中國銀行大廈、滙豐銀行大廈等，同時答應日後會建大會堂。因為舊大會堂設有禮堂及展覽廳，所以新的大會堂才會保留這些設施。

最早要求政府承諾興建大會堂的人當中，包括香港大學的一些人士及本地洋人，其中白爾德醫生（Solomon Matthew Bard）[13]更與一群土生洋人在《南華早報》要求政府重開香港大會堂。政府決定興建香港大會堂後，因為土地不足，便得在中區填海。

黎　香港大會堂成立後，有明確的營運方針嗎？

陳　我們的政策是開放予公眾租用，所以把基本租金定得很低，讓每個團體也能負擔，同時亦希望通過一些商業活動去賺點錢，便決定按票房收入百分比計算租金。外國來的舞蹈團，交響樂團等，他們支付的租金比本地團體高百分之十。大會堂的活動既要有高檔，同時也得有較低檔的。

香港大會堂開幕後，由於一般表演藝術的票價為港幣十元，觀眾多以穿著體面的中年人為主，香港大會堂低座鮮見年輕人的蹤影。故此，我認為香港大會堂一定要多辦一些活動，讓年輕人也能參加。在不影響專業活動如晚間音樂會的情況下，大約是在一九六三至一九六四年起，我們在星期日下午舉辦普及的音樂活動，為大眾提供當時最低消費的娛樂。我們剔除租金及宣傳開支，只計算演出費用，向歌藝團收取較一般情況低的費用，才得以推出一元門票。

黎　你們舉辦這個活動後，欣賞藝術的人數有增加嗎？

陳　我們最初試辦一兩場，後發展一年舉辦一百多場，既有業餘演出，也有芭蕾舞會的學生演出。我們以一元票價和低廉租金作基礎，希望讓一般市民也可以參與和接觸藝術。

陳達文（左一）攝於在香港大會堂任職期間。

黎　一九六七年前後，香港大會堂的政策有什麼轉變嗎？

陳　六十年代，香港政府對中國共產黨的戒心非常大，懼怕共產黨將馬列思想傳到香港。當年香港有不少左派學校，而香港大學不少激進學生都是愛國左派。

「文化大革命」爆發後，傳統的中國文化在內地全被打倒，一夜消失，只剩下幾部樣板戲，連交響樂也是樣板交響樂，至於舞蹈則剩下《紅色娘子軍》、《白毛女》等。內地的創作人才尤以上海那批全被壓迫，在文革時代被整得很慘，很多人才偷渡來香港聚集。因為我懂上海話和廣東話，後來在朋友介紹下，認識了這批人。

看到當時的情況，我便跟港英政府的高官說：現在只剩下台灣和新加坡還有中華文化。在港的中國人有很大的失落感，記憶沒有了，整個民族也沒有了。當華人失去了身份認同，港英政府還怎麼管治香港？一方面，作為文明社會的政府，香港政府有責任保留世界上的優良文化；另一方面，我們要讓由內地逃到香港的人及本地華人知道，港英殖民地政府非常重視中華文化。

七十年代，除了多興建幾個大會堂外，港英政府也成立了三個以中華文化為基礎的團體：香港中樂團、香港舞蹈團及香港話劇團。我讓香港芭蕾舞由學生團體轉為專業芭蕾舞團。當然，我們不可以只著重中華文化，還要講究平衡及考慮團體的專業性。除了政治考慮外，政府也為了保留中華文化，考慮讓香港幾百萬市民接受中華文化教育。

那時候市政總署的高官很容易接觸，加上其文化背景，在文化方面很聽華人的意見，明白我們的想法，了解到中華文化是世界的遺產。當時的公共圖書館只有繁體字書，因為政府認為引入簡體字書會令兒童無所適從。後來，我提出要保留香港藝術的書籍，所以圖書館便改變政策，開始為成人圖書館採購簡體字書籍。

從政府管治層面而言，「文化大革命」令華人社會的失落感很大，覺得港英政府在壓迫華人，「風暴」又再一觸即發。時至一九六九至一九七〇年左右，政府舉辦了「香港節」，一片歌舞昇平。另外，政治發展方面，政府創立了區議會。

黎　我還以為區議會是八十年代草簽的產物。

陳　這是一個政治考慮。一九六七年那場「風暴」後，政府意識到要維持管治，一定要得到全港社團的支持。當時的報紙全都刊登香港社團支持政府的廣告，讓人認為整個社會都支持香港政府，這樣局勢才穩定下來。後來，政府創立了區議會，讓更多華人參政。以前華人參政，不論立法局或行政局，全都說英語。區議會則屬草根階層，大多不諳英語。政府希望這樣可以維持穩定的管治。到了一九七〇年，政府為保留及扶持中華傳統文化，加上要招攬人才，故成立文化署[14]。

黎　那時候尚未推行免費教育，文化人才來自海外還是本地？

陳　都是本地的，當時有能力到外地唸書的人很少。

黎　在香港博物美術館那邊，當時開始有以呂壽琨先生為首的新水墨運動。你有留意這方面的事嗎？

陳　這是我和拍檔的工作。那時候屈志仁去了香港中文大學任職，繼任的王無邪又去了理工學院，我們便聘請了譚志成。他是我在羅富國師範學校的同班同學，對中國藝術非常有研究，所以我和他合力推動新水墨運動。在王無邪年代，我們推出了「當代香港藝術雙年展」，入選的藝術家都由委員會挑選出來，韓志勳、呂壽琨、張義等，全都在那時候發掘出來。當時的藝術家如韓志勳和呂壽琨都有正職，全職藝術家則有陳福善。

黎 陳福善會說英文，與外國人溝通有優勢。

陳 鄺耀鼎也會說英語。當年會說英語很吃香，但嶺南畫派的弟子大多不諳英語，雖與政府有不少交往，卻得不到外資企業的注意，得不到他們的贊助。

黎 呂壽琨有王無邪作為橋樑，雙方較容易溝通。

陳 當年都靠大會堂推動視覺藝術，上一輩的藝術家大多在大會堂舉辦第一次展覽。

黎 除這批本地藝術家外，還有一批外國藝術家 如 Julia Baron[15]、Ruth Robertson、白連（Douglas Bland）等。

陳 英國或外國藝術家的藝術活動也集中在大會堂。至於電影方面，則在大會堂舉辦與商業藝術有關的活動。最支持電影的香港人正是許仕仁[16]，當時他是唯一一個參與電影活動的華人。那年代的大會堂影響力很大，所有活動都集中在那裡。若非大會堂辦這麼多展覽，藝術評論家金馬倫（Nigel Cameron）也不會有這麼多機會撰寫藝術評論。

黎 你在一九六一年擔任大會堂副經理，到一九六八年升任經理，及至一九七三年成為市政事務署助理署長。那時候，你的工作有什麼改變？

陳 管理的範圍大了。當時很多公共圖書館已啟用，而地區性的大會堂亦遍及九龍、新界，我們也在政府建築物開設博物館。政府早年於大會堂設立包含中外藝術的藝術館，後又於九龍公園威菲路軍營開設了歷史博物館。

後來，政府設立了文化署。當時的市政事務署有三個分署：文化署負責香港及九龍文化事務，另外有市區市政署（City Services Department）及新界市政署（New Territories Services Department），三個分署的領導都是高級副署長級。大會堂經理屬助理署長級，那時候我由助理署長升任為文化署署長。在市區，我的老闆是市政局，由委任議員沙理士（Arnaldo de Oliveira Sales）[17]擔任主席。沙理士很支持文化事業，為我提供了不少支援。

黎 一九八九年香港文化中心開幕，有否影響香港大會堂的角色？

陳 當年各區的大會堂不敷應用，政府遂按需求而興建香港文化中心。

我任職文化署署長期間，政府原計劃於紅磡興建文化中心，而市政總署則提出在尖沙咀興建可容納一萬人的香港體育館。不過，由於火車總站已搬到紅磡，尖沙咀沒有足夠交通配套應付散場後的人流。故此，我提議將體育館搬到紅磡，同時把文化中心置於尖沙咀，配合對岸的香港大會堂建立一個文化區。

至於有什麼體育活動可以吸引一萬人到香港體育館呢？籃球、羽毛球皆不能，只有乒乓球能夠做到。最後，政府同意除體育活動外，香港體育館還可作多用途場館進行娛樂活動。為容納更多觀眾，香港體育館最初採用木板座椅。但我認為香港體育館既然屬多用途場館，座位一定要採用軟墊。當時還有一件趣事。紅館的座位顏色單調，當藝人舉辦活動時若空位較多，必定會很尷尬且打擊自信心。如配上五顏六色的座位，在較暗的環境下，遠看會讓人以為場內坐滿觀眾。

黎 中央圖書館是你任內的事？

陳 其時我已離開政府，但中央圖書館由我倡議成立。當時的大會堂圖書館實在太小了。

黎 你擔任文化署署長期間，舉辦了「香港藝術節」。

陳 香港藝術節由商界、旅遊協會及英國航空公司的前身英國海外航空公司（BOAC）發起。由於聖誕節過後航班剩餘大量空位，他們希望舉辦一些活動，吸引遊客到香港，讓航空公司可以多開一些航班，而旅遊協會也可以增加收入。故此，香港藝術節實際上由他們推動舉行，並由喜歡藝術的馮秉芬[18]擔當首任主席。由此可見，早期舉辦香港藝術節是以旅遊為出發點。

黎 在七十年代，你也創辦了「香港電影節」。

陳 我看到 Studio One[19]那麼成功，便舉辦了「香港電影節」。那時候資金多，也有不少人願意幫忙。當年設有電影審查政策，但電影節卻打破了這檢查制度，什麼電影都可參展。假若要先通過檢查和剪輯，外國藝術電影就不會參展。所以，我跟他們說電影節是個很重要的文化節目，要求參展電影不用檢查足本播放。「香港電影節」在大會堂劇院舉辦，每次放映只能容納四百多人，觀眾只是小眾。

黎　這與你後來成為影視及娛樂事務管理處處長有關係嗎？

陳　這是另外一個故事。那時候我擔任了幾年文化署署長，後來新界鄉議局的人士不滿新界未有類似市政署的機構，政府為安撫他們，決定成立區域市政局。有人說成立區域市政局的由來，是要讓新界人建立身份認同，所以文化事務也得交由他們管理。就這樣，市政署決定分拆為市區和新界，但問題就產生了。

如果單處理清潔和食物衛生，分區管理完全沒有問題，但文化事務絕不能這樣處理。我雖提出反對，但孤掌難鳴。當時沙田、屯門和荃灣都已建成社區性的大會堂，亦考慮到自己也參與了文化事務多年，既然大家意見不合，我就申請調職。其後，文化署署長一職由政務官余黎青萍[20]接任，她的繼任人則為圖書館館長Randolph O'Hara[21]。

調職後，我出任勞工處處長，工作了兩年多後調任影視及娛樂事務管理處處長。舉辦「國際電影節」時，每每因審查而造成諸多不便，讓我了解到電影檢查制度多麼不濟。舊日的電影檢查制度表面審查色情和暴力題材，實質為政治考慮，擔心內地的電影影響港英政府的管治。所以我在任期間，打破了電影檢查制度。

黎　後來你又擔任副憲制事務司？

陳　當時乃一九八七年。我當了一任影視處處長，基本法起草工作剛好開始。曾蔭權時任常務司副司長，負責與內地的談判工作。政府為何找常務司負責這工作？因為基本法起草工作很敏感，加上社會動盪，常務司看起來不起眼，但實際上負責中英談判。後來局勢轉穩定了，就易名為憲制事務司。當時的常務司來自英國，知道我曾參與大會堂的開幕工作，了解中國文化，加上普通話流利可以負責溝通，所以找了我擔任曾蔭權的副手。

開會時很尷尬，北京官員問我是否代表港英政府。我說我既代表香港政府，也代表香港人，希望一國兩制能成功落實。當時，我們一方面要令北京了解現實困難；另一方面要英國外交部有一個比較長遠的政策，不要只顧眼前利益。中方很聰明，知道香港政府最倚賴土地收入，所以後來成立了中英土地委員會[22]。

黎　你擔任了副憲制事務司多久？

陳　三年，直到基本法頒佈為止。

一九八九年，基本法起草工作完成了接近九成，就發生了「六四事件」。趙紫陽等領導人很開通，受西方思想影響，真心希望能辦好一國兩制。「六四事件」後，那些北京來的官員全部消失，香港新華社的人也全部離開，翌日更有多達一百萬市民上街示威。如果政府處理不善，中國政府可能會介入，當時香港政府最擔心解放軍南下。為了顧全大局，我們不會批評、攻擊新華社那批新來港的職員和基本法委員會中方成員。英國政府很聰明，加上鄧小平也希望落實一國兩制，所以香港最終風平浪靜。

「六四事件」後，香港的本土意識崛起。香港人開始害怕，害怕回歸後政府會實行獨裁統治。其實殖民地的管理和共產黨的管理同出一轍，兩者都是獨裁的。所謂「五十年不變」，本質上就是五十年獨裁不變。

陳達文獲前港英政府時任總督衛奕信爵士頒授帝國服務勳章，1990 年。圖片由香港藝術發展局提供。

黎　當時的民主制度很封閉，沒有選舉？

陳　第一個民選政府機構是市政局。它的前身是衛生局，有民主成分。

黎　你最後的公職是哪個？

陳　完成基本法制訂工作後，我回到勞工處擔任處長，後調職到屋宇地政署。

黎　一九九二年香港藝術館開館，你有參與管理嗎？我亦曾聽聞藝術館館長希望仿效郵政署，讓香港藝術館成為自負盈虧的機構。

陳　我沒有參與這方面的事。

其實，當年康樂及文化事務署文化節目組亦被批評權力太大、霸佔大會堂及文娛中心等場地，但中小型藝團卻因為得到康文署的幫助，才能夠維持下去。政府希望康文署可以縮減文化活動方面的規模，而我則認為具備規模及財力的康文署最能推動「普及藝術」政策。

我的政策可劃分為三方面：第一，增加表演藝術的場地。香港缺乏空間，所以政府興建了沙田大會堂、荃灣大會堂、牛池灣文娛中心、上環文娛中心及西灣河文娛中心。第二，提升藝團的專業水平。康文署文化節目組協助推廣一些中小型藝團，及開始培育專業藝團。第三，培養年輕的藝術工作者。

為了令藝術普及，票價既要定得低，宣傳也要辦得好。康文署在宣傳上花費不菲，一般來說即便全院滿座，收入也不足以彌補廣告開支。同時，我們不能忽略藝術教育。我在文化署工作時，已經在推動學生和長者票。因為藝術節的票價高昂，一定要取得政府和香港賽馬會的資助。

黎 現時香港的視覺藝術展覽只收取港幣十元入場費，為全世界最便宜。這個政策由你訂定的嗎？

陳 早期費用全免，後來引入收費是為了控制人流，不希望展館成為一個讓人「涼冷氣」的地方。

黎 你在一九九四年退休，但退休後你在文化發展政策方面發揮著更大的影響力。

陳 我離開文化署後，仍然與文化界有來往。退出政府後，我的第一份工作是香港芭蕾舞團行政總裁。後來區域市政總署興建文化博物館，我亦出任策劃委員會委員一職。政府知道我對文化藝術有興趣，所以就找我到香港藝術發展局工作。

黎 擔任藝發局主席期間，你推動了制度上如審批制度的改革。

陳 因為我從文化角度出發，所以著眼於普及、開放及多元發展。雖然藝發局的資金不多，但我們仍要充份發揮它的角色。在這基礎上，我提出了兩方面發展：一方面要為中小型團體和個人提供援助；另一方面要培養中型團體如香港小交響樂團、進念二十面體等使其變得更具規模。最後，政府接納了我們這個方案。

早期部分藝團如香港管弦樂團、香港芭蕾舞團由民政局撥款，至於香港小交響樂團、進念二十面體及中英劇團[24]等則由藝發局撥款。後來，所有團體都改由藝發局撥款。

黎 除審批計劃外，你還推行一個五年的「主導性計劃」。

陳 因為當時藝發局的角色較為被動，並未有真正的發展方向。藝發局得有明確的方向和策略才行。我們訂下一個議題，再找合適的團體實行。另外，我們亦確立了獨立的審批員處理撥款。

黎 大家現在對西九有很大期望，你亦參與其中。

陳 二〇〇三年，非典型肺炎（SARS）爆發後，香港經濟不景，政府有龐大財政赤字。時任政務司的曾蔭權邀請地產商提交建議書，協助發展文化事務。地產商注意到西九部分土地可撥作發展商住用途，所以他們都樂意花數以億計的金錢去設計西九藍圖。到二〇〇六年舉辦設計比賽展覽時，社會有聲音不滿西九演變成地產項目，結果政府被迫將計劃拉倒。最令我驚訝的，是那些地產商的投資雖然見財化水，卻無人表達不滿，一切風平浪靜。可能對地產商而言，計劃下馬未必是件壞事，因為他們能通過這機會了解西九的發展政策和方向，可以為將來的商住發展做好計劃，屆時賺回來的錢可以是數以百億計。

黎 後來你加入了西九龍核心文化藝術設施諮詢委員會。

陳 對。由於地產商參與西九發展，所以政府成立了諮詢委員會。委員會設有三個小組：一，表演藝術與旅遊小組；二，博物館小組；三，財務小組。我加入了表演藝術與旅遊小組，小組主席是周梁淑怡。

當時我提出西九要有兩個焦點：第一，要融合商業設施與文化設施。第二，區內的露天廣場原設有露天天幕，但我認為露天廣場不僅應該設天幕，更應配置音響設備等，讓該處可作免費表演之用。第三，我極力支持將高鐵的總站設於西九地底，因為珠江三角洲的一億人口可成為西九觀眾的來源。觀乎倫敦、紐約等城市，觀眾也是以外來人口為主。

我做了些研究，聯合國教科文組織對文化政策的定義是「政府投放物質資源和人力資源去推動文化」。然而，香港還在起步階段，政府仍未能制訂深入的文化政策。政府應著力推動日常文化，讓人們能以歡愉的心情、開放的態度去欣賞和接受多元文化。我最希望將來人們見面時，會說：「你昨晚到哪裡去？我去了聽音樂會、看展覽。」我希望文化活動成為主流而非小眾活動。

黎　香港的場地和藝術家的水平不差，獨欠觀眾這一環。

陳　我在表演藝術委員會的首三年都專注於藝術發展，其中一份報告書與藝術教育範疇有關。

黎　現屆政府曾經計劃成立文化局，對此你是否認同？

陳　不一定得要有文化局，設立文化署也行。未提出建議前，政府設有康樂文化專員。區域市政局解散後，文化署也一併消失，未有一位官員負責推動文化政策。後來龍應台來香港，談到要成立文化局。人們便認為既然台灣有文化部，香港怎可以沒有。不過，現在政治形勢改變，人們害怕文化會淪為思想控制的手段。另外，說香港沒有文化政策是不對的。我們有務實、注重效果的文化政策，但沒有精神文化方面的政策。中國內地的「文化大革命」正是精神文化的大革命，所以人們知道文化政策是兩面刃。

上屆特首競選期間，文化界曾提出分拆康文署的要求。我也認為文化不應與康樂一併管理。「先康樂，後文化」是不可行的，而且康樂往往被認為是指賭博那些活動。

黎　這麼多年來，除參與藝術行政工作外，有收藏一些藝術品嗎？

陳　沒有。如果進行收藏，會惹上不少麻煩。現在的康文署，以至當年的文化署都沒有醜聞。我經常說，負責文化事務的官員一定要嚴守中立，不可特別偏愛某一位藝術家。假若人家知道你有收藏，一定會投訴。

當年張大千[25]在大會堂舉辦首次的香港展覽「張大千近作展」（1962），他的作品才幾千元一幅，大幅一點的才幾萬元。如果我當初買下了，現在必定價值連城。

注釋

1 沈鑑治（1929-），一九四九年畢業於上海聖約翰大學，一九八一年獲美國世紀大學（Century University）工商管理碩士，一九八三年於該校取得國際經濟學博士，一九五六至一九五七年間於麗的呼聲任電視編導及節目監督，一九五七至一九六二年任新新影業導演，一九六六至一九六八年於香港生產力促進局任公共關係主任，一九六八至一九八六年間在日本東京擔任亞洲生產力組織行政及公眾關係部部長，後轉任《信報財經新聞》總編輯至一九九六年。為香港政府中央政策組兼職成員（1990-1992）、香港政府市政局榮譽顧問（1993-1996）、香港藝術節節目小組成員（1994-1996）、香港藝術發展局藝術評估小組成員（2004-2005）等，亦為英國專業管理學會資深會員及英國公眾關係學會會員，著作有《中國經濟論文集》（1989）、《我看日本》（1990）、《樂樂集I、II、III、IV》（1996-2002）等。

2 歐必達，Reinaldo. Oblitas，英國劍橋大學文學碩士及教育證書。一九四六年來港，擔任香港人學英國語文及文學初級導師，一九四九年升任講師，一九五三年晉升為助理教務長，同時兼任大學堂宿舍第一任舍監（1956-1961），同時為香港義勇軍團副司令官。一九六〇年起兼任香港大會堂經理，及後於市政局全職服務，於一九六八年升任市政事務署助理署長，專責文化事務。一九七三年晉升為市政事務署副署長，一九七七年退休。

3 楊裕平（1943-），一九六五年畢業於香港大學文學系，一九七〇年加入香港市政事務處文化科大會堂為高級副經理（行政及文娛），一九七五年獲政府派往英國攻讀藝術管理文憑，回港後於一九七七年參與籌劃「第一屆香港電影節」、香港話劇團及香港中樂團，同年升任大會堂經理。一九七八年移居加拿大後加入太平洋電影資料館，一九八四至一九八八年間回流香港任香港中華文化促進中心總經理，一九九二年於加拿大卑詩大學攻讀博物館研究專業文憑，一九九四至一九九七年間回流香港出任香港芭蕾舞團行政總裁，一九九八至一九九九年任《南華早報》雙語文藝雜誌《打開》總編輯，一九九九年回加拿大溫哥華，二〇〇八年成為加拿大華裔作家協會理事之一，二〇一一年起任加拿大中華文化中心文化節目總監，著作有《香港舞蹈評論集》（1997）及《藝影錄——楊裕平文化評論集》（2006）。

4 孫康，曾任香港義勇軍團少校，一九六二年加入政府出任香港大會堂監督，一九六八年升任為高級助理經理，一九七三年退休。

5 John Harry，早年於美國工作，一九六一年加入香港大會堂，出任大會堂圖書館首任館長，並曾協助規劃於九龍區開辦公共圖書館，一九六四年離職。

6 屈志仁（1936-），六十年代獲英國牛津大學文學士及文學碩士，後於香港大學肄業，師承饒宗頤。曾於新亞書院藝術系任教，後任職香港博物美術館助理館長（1964-1970）及香港中文大學中國文化研究所文物館創館館長（1971-1981）。一九八一年赴美，擔任美國波士頓博物館館長；一九八五至二〇一一年於紐約大都會博物館工作，先後出任高級顧問（1985-1988）、高級館長（1988-1997）、高級研究館長（1997-2000）、亞洲藝術部主席（2000-2011）及榮譽館長。二〇〇〇年獲頒香港中文大學榮譽院士，現為美國紐約大學古代世界研究所駐校高級研究員、香港中文大學中國文化研究所及藝術系利榮森中國文化講座教授。

7 郝德傑（1884-1951），生於英國肯特郡。一九〇七年獲英國牛津大學文學士（古典文學）。一九〇七年加入英屬馬來亞公務員團隊，任職二十多年，先後擔任理民官、勞工署副署長海峽殖民地次官、森美蘭參政司、霹靂州參政司、雪蘭莪參政司、馬來聯邦布政司，並於一九三三年十二月改任海峽殖民地輔政司，期間曾擔任署理海峽殖民地總督兼馬來聯邦高級專員。於一九三五年十二月至一九三七年四月曾出任香港總督，任內將原有的潔淨局改組成市政局、完成興建銀禧水塘及瑪麗醫院，並確立港府公務員體系的本地化政策。其後被調往錫蘭擔任總督，至一九四四年退休。退休後出任殖民地部顧問，推動英國殖民地獨立及組建英聯邦，同時為改革殖民地公務員系統提供建議。曾獲授予英國 CBE（1926）、CMG（1932）、KCMG（ 1937） 及 GCMG（1941）勳銜。

8 柏立基（1906-1999），生於英國愛丁堡。一九二八年畢業於蘇格蘭愛丁堡大學，主修歷史。一九三〇年加入英屬馬來亞公務員團隊，擔任金文泰總督秘書，及後轉為負責地方行政。一九三九年獲派往千里達。二次大戰時返回新加坡，加入情報軍團以及組織抗日游擊隊。戰後先後出任北婆羅副布政司、香港輔政司及星洲總督。於一九五八年一月至一九六四年四月出任香港總督，任內委任郭伯偉為財政司，確立經濟「自由放任」政策，同時推動社會建設，包括推出「廉租屋計劃」，興建伊利沙伯醫院、香港大會堂、船灣淡水湖及創辦香港中文大學等。返回英國後，自一九六四至一九八二年出任英聯邦國殤紀念墳場管理委員會委員，以及自一九七五至一九七八年間擔任英國保險公司誠美保險社主席。曾獲授予英國 MBE（1948）、OBE（1949）、CMG（1953）、KCMG（1955） 及 GCMG（1962）勳銜以及香港大學、香港中文大學榮譽法學博士（1963、1964）。

9 戴麟趾（1915-1988），生於英屬印度。一九三七年畢業於劍橋大學。一九三八年加入英屬所羅門群島保護地殖民地政府，曾擔任西太平洋高級專員之秘書及英屬所羅門群島防衛軍，抵抗日本入侵。戰後回到所羅門群島任職政府秘書，並於一九五〇年獲派往香港，先後擔任布政司署副防衛司助理秘書、副財政司及勞工及礦務專員、副輔政司，於一九六一至一九六四年間出任西太平洋高級專員。於一九六四年四月至一九七一年十月擔任香港總督，任內爆發「六七風暴」。暴動平息後，推出一系列政策穩定民心，包括改革勞工法例、推行「民政主任計劃」、舉辦香港節、計劃推行六年強迫小學義務教育以及興建海底隧道等。返回英國後，曾任多塞特郡市議會議員。曾獲授予英國 CMG（1960）、KCMG（1962）及 GCMG（1969）勳銜以及香港大學、香港中文大學榮譽法學博士（1968）。

10 麥理浩（1917-2000），生於蘇格蘭格拉斯哥。一九三九年獲英國牛津大學文學士（主修現代歷史）。一九三九年加入英屬馬來亞殖民地政府服務。四十年代於廈門、福州等地工作，曾參與抗日活動，於一九四七年轉往外交部。一九五〇年被調回英國，先後於捷克布拉格、紐西蘭威靈頓及法國巴黎工作，並於一九五九年被調往香港，出任港督柏立基的政治顧問。自一九六三年起，先後出任英國外交部遠東司司長、外交大臣秘書、駐南越及駐丹麥大使。於一九七一年十一月至一九八二年五月出任香港總督，任內確立「十年建屋計劃」及「九年免費教育」，成立廉政公署打擊貪污，推動政制改革，設立區議會等。於一九七九年訪問北京，為日後的中英香港問題談判揭開序幕。香港於其十年任期內經濟高速增長，確立了香港日後成為國際金融中心的地位，被普遍認為是最傑出及最受港人愛戴的港督之一。卸任港督後出任英國上議院議員，亦曾擔任英國國民西敏銀行董事、英中協會主席、倫敦大學亞非學院院長等職務。曾獲授予英國 MBE、KCVO、GBE、薊花勳章等勳銜，以及英國約克大學、史崔克萊大學、香港大學榮譽博士、英國倫敦大學亞非學院榮譽院士。

11 莫理臣，Colin Morrison，英國劍橋大學文學士。一九三九年加入香港政府，戰前負責出入口事務。戰後先後於輔政司署、郵政署、華民政務司署、工商業服務處、南約理民府、民安隊等部門任職。一九五八年至一九六〇年出任市政局主席，期間兼任市政事務署署長及立法會官守議員，一九六一年出任徙置事務專員，一九六四年離開政府。

12 Raymond Gordon Brown（1912-1962），生於南非，英國建築聯盟學院（AA）畢業。三十年代曾於英國現代建築研究社（MARS）工作，並於一九三七年取得英國皇家建築師協會（RIBA）認可。一九四五至一九四九年任英國建築聯盟學院校長，一九四九至一九五〇年任英國愛丁堡大學建築系教授。一九五〇年協助籌辦香港大學建築學院，並於一九五一至一九五八年出任該院院長，任內曾協助香港政府規劃興建香港大會堂。

13 白爾德，Solomon Matthew Bard，生於俄羅斯。一九三九年獲香港大學內外全科醫學士。一九四七年起於香港大學任職，於一九五六年晉升為醫務處主任，一九七六年退休。關注本港文化事務，一九四七年協助創辦中英樂團（香港管弦樂團前身）並兼任指揮工作近二十年。五十年代與中英學會會員共同倡議興建大會堂，曾出任籌建大會堂委員會委員，退休後出任古物諮詢委員會執行秘書（1976-1983）及香港中樂團助理音樂總監（1983-1987）。曾獲榮銜包括英國MBE勳銜（1968）、香港博物館榮譽館長（考古）（1974）、香港太平紳士（1975）、香港大學榮譽文學博士（1976）等。

14 文化署成立於一九八〇年，為市政總署轄下的一個部門，負責管理文化事務以及全港各區的大會堂、博物館、體育館、圖書館、文娛中心等公共文化康樂設施，由副署長級的官員（即文化署長）統領。署長同時負責統籌每年一度的亞洲藝術節及國際電影節。受訪者曾擔任該署首任署長。一九八五年，市政總署進行改組，接管康樂文化署在市區內的體育及康樂服務工作，文化署被裁撤，原有工作被併入新成立的康樂部及文娛部。

15 Julia Baron（1917- ），早年就讀於英國Byam Shaw School of Art、皇家藝術學院及Slade School of Art。一九五二年左右來港，一九六七年退休返英。

16 許仕仁（1948- ），一九七〇年獲香港大學文學士，一九八三年獲美國哈佛大學公共行政碩士學位。於港大畢業後加入政府，先後於民政署、保安科、經濟科、運輸科、廉政公署及前行政立法兩局非官守議員辦事處工作，一九八六至一九九五年先後出任副經濟司、副工務司、新機場工程統籌署署長、運輸署署長，並於一九九五年出任財經事務司。二〇〇〇年離開政府，先後出任強制性公積金計劃管理局行政總監及九龍巴士（1933）有限公司及龍運巴士有限公司董事。於二〇〇五年重返政府，出任政務司司長至二〇〇七年，及後擔任行政會議非官守成員至二〇〇九年。二〇一二年因涉嫌貪污被廉政公署拘捕。許氏為香港太平紳士，並曾於一九九八及二〇〇七年先後獲頒授金紫荊星章及香港大學名譽社會科學博士學位。

17 沙理士，Arnaldo de Oliveira Sales（1920- ），一九五〇年任港協暨奧委會前身、香港業餘體育協會義務秘書，一九六七年起任港協暨奧委會主席至一九九九年，一九七二至一九八〇年間任香港房屋委員會委員，一九七三年獲選為首位市政局主席，曾任亞運聯會和亞奧理事會名譽副會長、英聯邦運動會聯會主席、國際青商會世界會長等，一九六一年獲授太平紳士銜，一九九八年獲香港特別行政區授大紫荊勳章

18 馮秉芬（1911-2002），香港第一代華人企業家馮平山之子，一九三一年父親病逝後，接手兆豐行，後於一九三八年創辦馮秉芬有限公司，一九四七至一九九七年間任東亞銀行董事，一九五一至一九七二年間歷任市政局、立法局及行政局議員。曾為香港中文大學創校校董、國際扶輪社三四五〇區總監、香港聖約翰救傷隊第六任總監、香港童軍總會副會長、香港管弦樂團會長、香港攝影學會會長等，先後獲授太古紳士銜、OBE勳銜、約翰KSTJ、CBE勳銜、爵士銜、香港中文大學名譽法學博士學位等。

19 Studio One成立於一九六二年三月，創辦人包括John Pirie、Geoffrey Ridge、William Doward、Patricia Gartly、Patricia Penn、Mark Broiles、Michael Talbot、Douglas Byrne。Studio One旨在為當時社會大眾提供主流荷里活電影以及粵語片之外的另類選擇，以香港大會堂為活動

基地，放映歐美文藝電影予會員欣賞。六十至七十年代為 Studio One 的全盛時期，會員達數千人，為當時本港重要的民間電影組織之一，及後踏入八十年代，逐漸沉寂。

20 余黎青萍（1941- ），香港大學榮譽學士，一九六五年加入政府任職二級行政主任，一九六七年獲派往英國攻讀人事管理，一九九五年升任首長級甲級政務官。一九七一年任油麻地區民政主任，一九七四年加入廉政公署，後升任首位社區關係處處長，並歷任市政總署副署長（1984-1989）、前醫院事務署副署長（1989-1990）、副衛生福利司（1990-1993）、前立法局議員辦事處秘書長（1993-1994）、屋宇署署長（1994-1996）及教育署署長（1996-1998）、區域市政總署署長（1998-2000）、申訴專員公署副申訴專員（2000-2010）。二〇一〇年卸任後兼任公署的總調查主任。二〇〇二年獲香港特別行政區頒授銀紫荊星章。

21 Randolph O' Hara（1940-2011），生於緬甸，一九六七年加入香港政府，並於香港大會堂圖書館任職二級助理圖書館主任，後升任市政總署副署長（文化），一九九九年退休，後在香港芭蕾舞團任董事局成員。亦為創辦香港藝術節及亞洲藝術節的推手之一，後於一九九七年獲授 M.B.E 勳銜，同時為皇家亞洲學會香港分會會員之一，著作有 *One Man Remembers: Reminiscence on Cultural Provision in Hong Kong (2003)*。

22 中英土地委員會按照《中英聯合聲明》附件三的規定於一九八五年成立，職責是就實施附件三關於土地契約及其他有關事宜的規定進行磋商。委員會就附件三的規定所涵蓋的各類土地交易所採用的二十六份法律文件，以及根據附件三第二段的規定以立法方式把新界租約續期一事達成協議，並商定處理特殊用途契約的原則。一九九四至一九九六年，委員會先後就赤鱲角機場及機場鐵路用地、屯門內河碼頭及九號貨櫃碼頭發展計劃的批地事宜達成協議。同時，根據《聯合聲明》的規定，香港政府從土地交易所得的地價收入，扣除開發土地成本後，將由香港政府和日後的特別行政區政府均分。屬於特別行政區政府的地價收入，會存入一個由土地委員會中方代表所成立的香港特別行政區政府土地基金內，並按照該基金投資委員會所發出的指示和意見管理。中英土地委員會於一九九七年六月三十日解散。

23 市政局成立於一八八三年，當時稱為潔淨局，負責衛生事務，並設有民選議席。一九三六年改稱市政局。二次大戰後，市政局之職能隨社會發展逐漸擴大，初期負責市區的衛生、康樂文化兩大範疇的工作（1960年起擴展至全港）。局內設有各個委員會，就不同事項進行決策，並以市政事務署（後改稱市政總署）作為執行部門，同時民選議席亦逐步增加。一九七三年，市政局進行改組，成為法定機構，擁有財政自主權。主席改由局內議員互選產生，由沙理士擔任首任主席，另外局方又開展「會見市民計劃」吸納民意。同時，市政總署依舊作為市政局的執行部門，保留其作為政府部門的地位及職能。一九八六年，區域市政局成立，接管市政局位於新界區的工作。回歸後，市政局及區域市政局改稱臨時市政局及臨時區域市政局。一九九九年，時任行政長官董建華以改革市政服務為由，宣布解散兩局，隨後有關建議獲得通過，並於同年十二月三十一日實行，其職能由環境食物局及民政事務局兩個決策局取代，而市政總署及區域市政總署則由二〇〇〇年一月一日新成立的食物環境衛生署、康樂及文化事務署取代。

24 中英劇團成立於一九七九年，旨在透過製作優質劇目向社會推廣戲劇藝術及戲劇教育。劇團成立初期為英國文化協會附屬組織，及後於一九八二年註冊為非牟利獨立團體，目前為受藝術發展局資助的六大藝團之一。劇團自成立以來公演超過二百五十齣劇目，在過去二十二屆香港舞台劇獎頒獎禮中獲得逾百項提名，共奪得七十九個獎項。劇團同時致力推廣戲劇教育，多年來於本地學校製作的巡迴演出接近三千八百場，觀眾逾四十九萬人次；劇團近年亦於大專、中小學及社區開展各類工作坊及專業訓練課程。劇團曾獲「戲劇教育推廣獎」及「二〇一二香港藝術發展獎」之「藝術教育獎」（非學校組）優異表現獎。中英劇團現為葵青劇院場地伙伴，現任總監為古天農先生。

25 張大千（1899-1983），十歲開始隨母習畫，一九一一年入讀天主教會在內江辦的華美初等小學堂，一九一四年於重慶求精中學就讀，一九一七年赴日於京都學習印染，兼習繪畫，一九一九年回國後曾短暫出家，法號為大千。一九二五年於上海寧波同鄉會館舉行第一次個人畫展，後於一九二九年參加第一屆全國美術展覽會，任美展幹事會員，歷年曾舉辦海內外多個展覽，包括一九五一年捐贈三十件作品予香港東華三院舉辦個展，一九五八年更與畢加索見面，並曾獲紐約國際藝術學會公選為世界第一大畫家。

陳贇雲

簡介

陳贇雲，一九五二年生於香港，一九七四年美國東伊利諾伊州立大學文學士（繪畫），一九七六年東伊利諾伊州立大學文學碩士（教育科技），一九七七年南伊利諾伊州立大學文學碩士（攝影）。

一九八三年，他加入香港藝術中心任職畫廊總監至一九八八年，期間曾策展多個重要展覽包括「張大千回顧展」、「十年香港繪畫」、「吳冠中回顧展」、「十年香港雕塑」、「齊白石作品展」等。除傳統藝術媒介外，陳氏亦將新媒介如裝置及錄像藝術帶到香港，其中在一九八五年為蔡仞姿策展的「空間內外」乃香港首個裝置藝術展，他與蔡氏更在該展出中首次將 Installation 譯作「裝置」一詞。一九八八年，他到香港漢雅軒出任畫廊總監，任職期間曾舉辦「星星十年」（1989）等重要展覽。

有見香港政府對攝影藝術的長久忽視，陳氏曾在一九八一年與王禾璧、梁家泰和高志強等人以藝影會（Photo Art League）名義發表文章"Archaic View on Photography"（中文意譯為〈對攝影藝術的過時態度〉），要求「當代香港藝術雙年展」（現為香港當代藝術獎）增設攝影媒介，其後亦策劃多個攝影展覽，如一九八三年為首屆藝穗節策展的「香港攝影師自拍像」、代表香港藝術中心策展的「攝影的另一面——美國當代攝影家作品展」等，並曾邀請多位國際級攝影師如 William Larson、Robert Heinecken 等到香港藝術中心出席講座，對八十年代攝影藝術的發展舉足輕重。

一九八九年，陳氏移居台北後曾為當地多間機構擔任藝術顧問，自二〇〇六年起投入全職攝影創作。

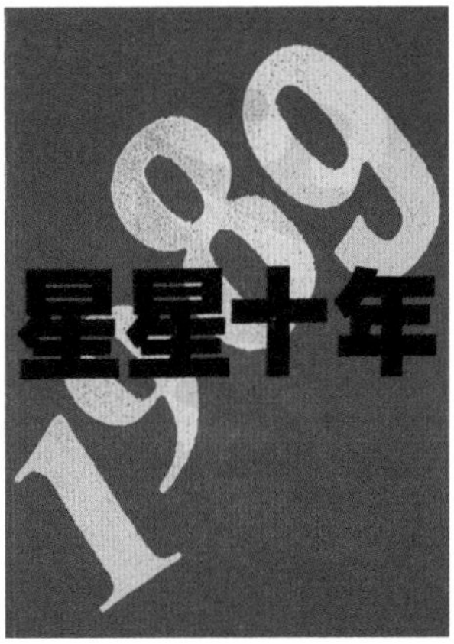

「星星十年」，香港漢雅軒，1989 年。

陳贊雲訪談錄

訪問者　陶穎康先生、陳安琪小姐

2013.12.20

■

訪　香港早年有不少攝影刊物如《攝影藝術》[1]、《攝影畫報》等，你有留意嗎？

陳　到美國讀書前，我開始對攝影感興趣，甚至以零用錢買了一部相機。不過，作為一位忙於應付會考的中學生，我未有深入研究攝影。

訪　自慈幼英文中學畢業後，你便到美國升讀攝影？

陳　不，我的學士學位為繪畫，到碩士才唸攝影。在美國留學首年，我還未找到自己的路向。當時我間中畫素描，加上就讀慈幼英文中學期間不時為學校設計海報，在友儕鼓勵下，決定修讀藝術。當時我先徵詢父親意見，得到他的同意及財政支持後，在第二年轉讀藝術系至畢業。

訪　當年的課程和導師對你日後的發展有影響嗎？

陳　有幾位老師挺不錯。美國的教育制度放任開放，教授鼓勵學生自立，主張各人應探索自己的路向。導師以訓練學生的思維為主，技法次之。我曾修讀一門設計課，導師 Jim Patterson 鮮有教導我們有關設計的東西，課堂間他總要學生討論，談什麼也行。他希望我們知道，假若我們對自身也不清不楚，又何以成為設計師？

訪　完成繪畫學士學位後，你先修讀教育科技碩士？

陳　對。當時我對攝影的興趣漸濃，但美國東伊利諾伊州立大學未提供攝影碩士學位，我便報讀了與其相關的教育科技碩士。後來，我仍心繫攝影，便轉到美國南伊利諾伊州立大學修讀了正式的攝影碩士課程。

訪 畢業後，你在 Lowell 相機公司任職相機部經理？

陳 對，工作了半年。有一天，美國伊利諾伊州維斯利安大學藝術系系主任到我的部門選購產品。閑聊了幾句後，他知道我曾修讀攝影碩士，碰巧該系又有教員離任，他便邀請我到該系暫代攝影教師一職。就這樣，我教了一年，後回到香港。

訪 你在一九七九年回港，可以說說當時藝壇的概況嗎？

陳 回港時，香港可算是「文化沙漠」。雖然經濟逐漸起飛，但政府對文化的推動不算積極，藝術一直處於弱勢。有見及此，我曾寫過文章"Archaic Attitude to Photography"（中文意譯為〈對攝影藝術的過時態度〉）批評政府的文化政策。

訪 那篇文章是以藝影會（Photo Art League）的名義發表嗎？藝影會的性質類似畫會嗎？

陳 對，那篇文章在一九八一年發表。藝影會是由一批熱愛藝術、對攝影充滿熱誠的年輕人如梁家泰、王禾璧和我等人組成。我們從外國學成回港，帶著一些新思維，與其時本地主流的唯美派沙龍攝影有別。當時雖設有當代香港藝術雙年展，但攝影卻被歸納到「素描及其他媒介」一欄，未受重視，對此我們均有所不滿。故此，我們便以藝影會的名義投稿文章到《南華早報》，希望集結各人的聲音增強影響力。

另外，我亦曾以筆名李頌雨在《新晚報》發表過不少藝術文章。

訪 你們往後還有以藝影會的名義辦活動嗎？

陳 沒有，但我們不時互相邀請辦展覽。到香港藝術中心任職前，我曾於一九八三年在置地廣場二樓中庭策劃了「香港攝影師自拍像展」，為第一屆香港藝穗節的節目，大概有二十多位攝影師參與。還記得這次展覽被藝評人金馬倫（Nigel Cameron）批評得很厲害，他指不少攝影師連自拍像也不知為何物，展出 needs a trim（意指展出作品或須再作篩選）。

訪　馮漢紀曾創立攝影中心（Photo Centre），你有參與教學嗎？

陳　應該沒有，我在香港藝術中心的工作繁重，實在分身不暇。不過，我亦曾於香港中文大學校外進修部證書課程及香港理工學院高級證書課程教授攝影，每周上一至兩晚課，後者課節更長達三小時。

訪　翻查資料，我們發現香港中文大學校外進修部只於一九七九年辦了一屆攝影證書課程，之後沒有再開辦。

陳　其實類似攝影中心等的私立學院有其重要性，畢竟並非人人皆能升讀大學的藝術系。

訪　策劃「香港攝影師自拍像展」後，你便到香港藝術中心任職？

「張大千回顧展」，香港藝術中心，1985年。

陳　那次的機會很偶然。當時我在香港理工學院任職教育科技發展主任，為紡織系導師設計教學方法，任職了三年。有一天，我在《南華早報》看到香港藝術中心刊登的招聘廣告，便決定一試。

訪　在香港藝術中心任職畫廊總監期間，你策劃了不少重要的展覽，如「趙無極作品展」（1982）、「張大千回顧展」（1985）、「十年香港繪畫」（1987）、「吳冠中回顧展」（1987）、「十年香港雕塑」（1988）等。

陳　不，「趙無極作品展」是由王潤生策劃，我是他的繼任人。我跟王潤生的策展方向有些分別。我認為除藝術外，其他媒介如設計、時裝等也應能在畫廊和博物館展出。任職香港藝術中心畫廊總監期間，我極力在不同媒介之間取得平衡。在時裝方面，我們為林國輝[2]辦了一個大型時裝設計展覽「林國輝服裝設計展」(1985)，比香港藝術館更早起步(註：香港博物美術館曾於一九六九年舉辦「基本設計展覽」)；在產品設計方面，我曾協助籌辦「丹麥設計展」，也提議辦「香港設計師四人展」(1988)，我離任後這平面設計項目由何慶基接手。我們亦跟貴州方面合作過，舉辦了一個民間工藝展，展出刺繡、蠟染、地戲面具等作品。

在藝術展覽方面，在任期間我有見政府漠視攝影藝術，遂舉辦了Ansel Adams[3]、Joel Meyerowitz[4]等攝影大師的展覽。至於我在一九八五年為蔡仞姿策展的「空間內外」，大概是香港首個裝置藝術展。

訪　就是你們二人將Installation Art譯作裝置藝術？

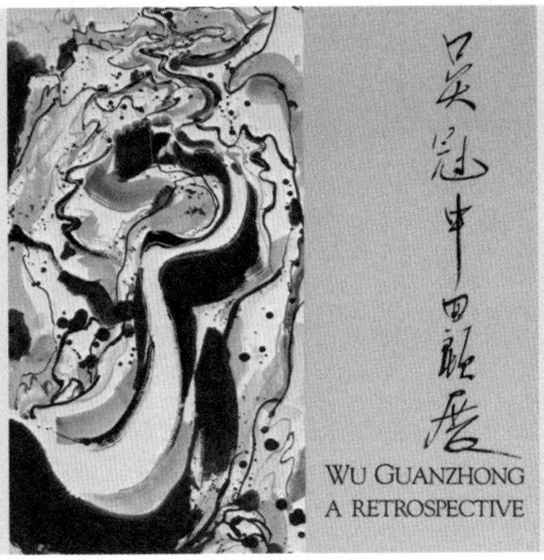

「吳冠中回顧展」，香港藝術中心，1987年。

陳　不錯。因為這媒介較為前衛，當時未有譯名。至於你剛提到的「吳冠中回顧展」，當年辦的時候也受到不少批評。一九八七年間，那時候認識吳冠中[5]的人不多。在傳統水墨流派眼中，吳冠中的水墨與正統相悖，無筆墨的趣味。其實，他們只是不了解吳冠中的線條並非單純以筆畫，而不少是用潑倒的。

訪　在香港藝術中心期間，你辦的攝影講座不時邀請外國攝影師作嘉賓講者，如Robert Heineckein[6]。

陳　「攝影的另一面：美國當代攝影家作品展」(1984)由我和王禾璧合作策展，各自邀請幾位美國學界及教過我們的老師參加，是香港少見的繪畫、攝影跨媒介展出。就這樣，Robert Heinecken及William Larson受邀來港參加展覽，也到香港藝術中心出席講座。可惜的是，受贊助資金所限，我們只能為這次展出製作單張，未能印刷場刊。其實，香港藝術中心辦的展覽，規模往往受限於所得的贊助。

訪 你的繼任人何慶基亦曾提到，要為實驗性的展覽找贊助有一定困難。

陳 提供贊助前，贊助商會先進行內部評估。作為贊助商，自然希望所贊助的展覽名氣較大、規模較大、較受注目，這是一個現實的考慮。另外，我也很欣賞何慶基的工作，雖然他跟我的策展方向很不同。他也曾跟我談及經費贊助的問題，好像他策展的展覽經常遇到找不到贊助商的困境。

訪 他所策劃的展覽較為實驗性、社會性或普及化。

陳 對，我則希望在安排精英藝術同時亦能加入一些普及元素。提到贊助，這個由英美煙草公司（British American Tobacco）贊助的「吳冠中回顧展」就是一個很成功的例子。在開幕禮上我們訂做了一個長城冰雕，上面放著車厘子。我們跟英美煙草公司的關係良好，亦希望與其他贊助商保持同樣互惠的合作精神。

訪 他們是香港藝術中心的主要贊助商嗎？

陳 他們贊助了不少次展覽，包括「四川油畫展」等。

訪 香港藝術中心的贊助商是否以外國公司為主？

陳 大部分為跨國公司，鮮有得到本地的大機構的贊助。不過，香港賽馬會對中心的支持一直不遺餘力。另外，相對國際性的展出，本地藝術展則較難取得贊助。

訪 若未能為展覽取得贊助，你們有何對策？

陳 那只好從其他範疇調動資金。

訪 你在這篇刊於《十年香港繪畫》（1987）場刊的文章中提到，「一向以來，本地畫壇並沒有產生一個主流，每當某些力量促使『香港派』的出現時，另一股反對勢力同時存在。雖然團結力量更能發揮其權威，但很多真誠的畫家卻反對被歸納於某類別中」。其實，香港藝術中心一直被不少人視為與象徵建制的香港藝術館抗衡的場所。你到香港藝術中心出任畫廊總監時，又有何定位？

陳　在香港藝術中心任職這五年間，我不時想到這問題。對比得到政府支持的香港藝術館，香港藝術中心在人力、物力及財力等方面皆處於弱勢。故此，我盡量避免重複香港藝術館辦過的展覽，並希望互相補足。

另外，中國內地經歷了「文化大革命」後，作為官方機構的香港藝術館受政局影響，在八十年代鮮有舉辦中國當代藝術家的展覽。[7] 因緣際會，香港藝術中心便利用其非官方身份，舉辦了「四川油畫展」（1987）、「吳冠中回顧展」（1987）等大型展覽。至於這個「齊白石作品展」（1988），是當年我們向中國美術館借出百件藏品展出的大型展覽，考慮到當時的政治形勢，大概香港藝術館也難籌辦。

經歷一連串政治活動後，中國社會與世界脫軌，不知國際間借展藝術收藏品的價格和程序。加上內地正大搞「四個現代化」[8]，不少文化界人士希望向外闖，碰巧香港藝術中心提供了此機遇，中國美術館遂將齊白石[9]的藏品借予我們展出。他們並無收取借展費用，只提出由我們負責三位隨行人員的食宿，其中兩位在香港待了一個多月，展覽完結後運送藏品回中國美術館。假若今天再向中國美術館借展同樣作品，我想價錢必定為天文數字，恐怕連香港藝術館也難以負擔。

談到這個「齊白石作品展」，我想起一件趣事。當時，中國美術館派他們的典藏主任將大約一百幅掛軸展品放到旅行篋內帶到深圳，再於羅湖過境關卡轉交到我們的手上。事前我請助手預約了一輛的士到該處等候，怎料司機失約了，落得我跟助手二人提著幾篋國寶級藏品呆站街上，不知所措。最後，我們總算找到一輛的士，但司機也對我們甚為懷疑，不斷探問我們藏了什麼東西在篋內。我們也沒透露半點口風，幾經轉折後終於回到香港藝術中心，這趟旅途十分驚險！

訪　這個展覽一定很震撼吧？

陳　對。這次展覽獲美國運通贊助，他們希望在正式開幕前，先為他們提供內部預展。最初我憂慮會開了一個壞先例，但後來想到他們之間也有喜愛藝術的人士，加上能為展覽宣傳，又有何不可？開幕當日有多達六千人到場，打破了香港藝術中心的入場紀錄，中心的管理層、贊助商等各方都很高興。另外，全賴贊助商的支持，我們才能為展覽增設導賞。

香港藝術中心曾設有房間作儲存歷年展覽場刊之用。每次展覽，我們大概印刷五百至一千本場刊。至於「齊白石作品展」的場刊，我們最初印刷了二千本，每本價格為二十港元。怎料展覽開幕不足一周，場刊全部售罄，我們遂再加印一千本。這展覽的一百件齊白石畫作由北京中國美術館借出，當中不乏難得一見的精品，因為這本畫冊成為收藏家必備的參考書，近日在淘寶網更被炒賣至兩萬人民幣一本。另外，現在「張大千回顧展」(1985)及「吳冠中回顧展」的場刊價格亦水漲船高。

訪 至於一九八六年的「上海繪畫：蛻變中的中國藝術」，是否由你和金董建平策展？

陳 這展覽是金董建平的主意，我們為她提供場地。

訪 除大師級展覽外，你也辦了不少本地當代藝術展如「十年香港繪畫」(1987)、「十年香港雕塑」(1988)等，背後有何動機？

「齊白石作品展」，香港藝術中心，1988 年。

陳 這兩個展覽，皆為替香港藝術中心籌款的計劃。當時我的上司為戲劇範疇出身的曾歷豪(Nicholas James)，他引入英國的管理手法令中心各部門獨立化，自行承擔財政盈虧。有見及此，我跟金董建平女士商議，其後她更成立了香港藝術中心畫廊委員會(Arts Centre Gallery Committee)，由熱愛藝術的名媛出任，協助籌款工作，並舉辦了「十年香港繪畫」(1987)。

這次展出有四十名畫家參與，每人提供兩幅畫作。我游説他們讓香港藝術中心向其中一幅賣出的畫作收取百分之六十作佣金，而另一幅則維持百分之三十，以此方式為畫廊籌措資金，並得到他們的支持。開幕時，香港藝術中心畫廊委員會更舉辦雞尾酒招待會，每位參加者收取一千元入場費。最後，我們在是次展出共籌得六十多萬港元，暫時化解危機。

訪 我們翻查當年的報章，發現一九八五年間香港藝術中心曾出現財政危機，管理層是否因而決定重整架構？

陳 這方面我不太了解。其實曾歷豪到香港藝術中心履新後，多次向我們提及中心的財政問題。

翻查文獻，香港藝術中心由港英政府撥地興建，政府承擔一半建築費用，其餘由大亨如包玉剛爵士、邵逸夫爵士等人分攤。根據原有協定，香港藝術中心需向政府償還建築費用，後來政府免除這筆款項，條件為政府不會再向中心作出任何補助。為增加收入，香港藝術中心把場地租予各協會及餐廳等，至於畫廊和壽臣劇院也會借予公眾人士作展覽或表演之用。

其實，當年曾有一批藝術愛好者上街示威，要求香港政府成立藝術中心。沒有他們的堅持，香港藝術中心也不能成事。

訪 回看「十年香港繪畫」的參展者名單，人選的確能反映當時香港畫壇的面貌。既有新水墨，又有從事西方媒介的畫家。

陳 因為參與者多達四十人，涵蓋老中青藝術家，讓展覽更能反映現實。後來，我想到既然辦了繪畫展覽，便應為雕塑媒介辦同類展出。

訪 不過，一九八八年的「十年香港雕塑」，好像出了一些風波。據何慶基所言，他和楊秀卓既非香港雕塑家協會會員，加上參展作品用上非傳統的雕塑技法，引起了其他參展者的不滿。

陳 因為展覽的主題為香港雕塑，並非個別會社的會員作品展，所以我堅持讓何慶基和楊秀卓兩人參展。既然我在「十年香港繪畫」挑選了繪畫媒介的精英，為何我不能在這個展挑選雕塑媒介的精英？

另外，這個「人體藝術新探討」（1986）也是我喜愛的展覽之一，當年我親自到各參展者的畫室挑選作品。當時香港有不少藝術家的創作與人體有關，加上西方新形式藝術湧現，我便以此為基礎去籌備展覽。部分參展者如黃祥、韓偉康等，現在似乎已移居外地。香港人口的流動性很高。

訪 另外，你也曾辦過新媒體藝術如「香港國際錄像藝術展」。

陳 「香港國際錄像藝術展」大概也是香港首次。當時我得到進念．二十面體的榮念曾、歌德學院、加拿大文化協會、日本文化協會等機構協助。

訪　你們好像邀請了一位叫 Barbara Hamann 的德國錄像藝術家到香港藝術中心辦工作坊，香港錄影藝術的先驅如馮美華[10]、鮑藹倫等人當年也有參與。

陳　對，不過這次展覽由榮念曾和歌德學院主導，我們則提供宣傳及場地支援。歌德學院的角色極為重要，當年他們的主事人 Klaus Fetter 很支持我們的展覽活動，記得這次展覽的部分作品也放到他們在香港藝術中心十三樓的會址。

我亦曾於日本東京遇到一位在日本從事身體藝術創作的澳洲藝術家 Stelarc。他在身上裝上勾子，把自己掛到天花上，全身赤裸。我很希望把這類藝術介紹到香港，但憂慮太前衛而未能被觀眾接受，故最後只邀請他到香港

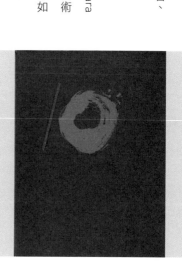

「十年香港繪畫」，香港藝術中心，1987 年。

藝術中心出席講座，講解他的作品如 *Mechanical Arm* 等。他的來港旅費更獲澳洲駐港領事館贊助。

訪　過往你亦曾協助其他團體籌備展覽，如陸恭蕙的「外圍：流動藝術展」（1987）。當年你是以個人身份，抑或香港藝術中心的名義提供輔助？我們在「外圍：流動藝術展」的場刊上，找到香港藝術中心的名字。

陳　陸恭蕙很能幹，當年年紀輕輕便當上一家跨國公司的總監。她熱愛藝術，很支持我們的活動。

訪　「外圍：流動藝術展」先後在堅尼地道十五號的「鬼屋」、銅鑼灣維多利亞公園、中環遮打道、旺角麥花臣球場及屯門仁愛廣場舉行。為何會選上維多利亞公園、遮打道、麥花臣球場和仁愛廣

場這些露天場地？

陳　大概這些場地較親民吧？香港藝術中心或香港藝術館始終予人官方的感覺，到這些場所看展覽，觀眾或許會較拘謹。

訪　不過這些場地卻受天氣影響。

陳　如果藝術家不在意，又無不可。其實我也記不起當年協助過他們什麼項目，不過在堅尼地道十五號那個展出，令我至今難忘，每位參與者如韓偉康、麥顯揚等都充滿熱誠參加。

訪　任職香港藝術中心期間，你的決策自由度大嗎？

陳　非常大，我相信極少藝術職位擁有如此自由度。只要有能力説服管理階

「人體藝術新探討」，香港藝術中心，1986年。

層，他們便放手讓我發揮。至於展覽的內容及方向，我只需要向香港藝術界負責。就這方面而言，我比香港藝術館的人員幸運得多，畢竟官方的機構有更多考慮，造成更多掣肘。

訪　何慶基成為香港藝術中心展覽總監後，他們增設課程主任一職，負責組織與展覽相關的教育活動。在你的年代，香港藝術中心有設立類似職位嗎？

陳　我任職的年代有課程部，只負責管理租金，尚未開設課程主任一職。

訪　一九八八年的「十年香港雕塑」是你在香港藝術中心最後策展的展覽？

陳　對，至於籌備中的「香港設計師四人展」由何慶基接手，展覽於一九八八年十月開幕。參加者包括靳埭強、陳

幼堅[11]、Kumar Pereira[12]和石漢瑞（Henry Steiner）[13]四位設計師，其中陳幼堅更曾為我們設計展覽場刊。

訪 你為何離開香港藝術中心？

陳 香港藝術中心重整架構後，畫廊所承擔的財政包袱沉重，故此我跟時任贊助主任的李穎賢不時聯絡商業機構，爭取贊助。由於八十年代後期香港經濟欣欣向榮，我們的工作算是進行得頗順利。以這個丹麥設計展「北海之光」為例，我們獲得嘉士伯啤酒廠贊助，他們更邀請我到丹麥哥本哈根檢視作品。

化解畫廊的財政危機後，加上一些內部問題，令我感到是時候到其他地方發展，碰巧漢雅軒向我招手。另外，自己當時亦計劃移民到台灣，算是進入人生另一階段。

訪 你提到的贊助主任是否專責處理畫廊的贊助，抑或是整個中心的贊助事務？

陳 整個中心的贊助事務，包括戲劇、音樂和畫展等皆由她負責。可能在八十年代香港藝術中心有這財政需要吧？我離任後，此職位好像取消了。

訪 離開香港藝術中心後，你到了漢雅軒任職經理？

陳 對，任職了一年，期間我跟張頌仁合作策展的「星星十年」（1989）是重要的展覽。星星畫會[14]為中國近代藝術史上的重要團體，各成員風格迥異。

一九八一年，我通過欒念曾的介紹，到北京跟王克平見面。當時，王克平的作品令我甚為驚嘆，為此我更在一份台灣藝術雜誌《藝外 Artitude》寫了篇專欄〈與星星邂逅〉（2012），記述經歷。後來，我陸續認識星星畫會其他成員如馬德升[15]、黃銳[16]等人。我還在香港藝術中心任職時，黃銳曾問到中心會否為星星畫會辦十年展。由於當時我快將離任，便找張頌仁商量在九龍塘漢雅軒為他們辦展覽，更得到他的即時同意。

訪 一九八九年移民台灣後，你就在那邊成立了一家藝術顧問公司？

陳 對，到台灣後，我發現那裡的機構極需要藝術顧問替他們搜尋藝術品。當年經香港朋友介紹，我為剛動工興建的台北凱悅大飯店搜羅藝術品，如陶瓷、繪畫、大堂的四大幅書法作品等。後來，我又參與台北市貿聯誼社的計劃，為他們遍尋了四百多件藝術品。其後我亦有為其他公司如楊英風美術館、宏泰集團招待所等擔任藝術顧問等。

訪 回首八十年代，香港經歷了一連串重大政治事件如《中英聯合聲明》草簽、「八九民運」等。這些事件對你個人，以至在香港藝術中心的工作有影響嗎？

陳 八十年代的確為一段動盪的歲月，大部分港人對一九九七年回歸深感憂慮，不少人計劃移民到澳洲、加拿大、紐西蘭或英國等地，香港更曾出現樓價大跌等情況。當然，我相信社會有部分人士如親中派別，對「回歸祖國」熱切期盼。於我而言，我自覺無力憑一己之力改變現況，即便回歸對我的生活和工作也不會有什麼大轉變。同時間，我在香港藝術中心的策展方針未有任何大改動，一直爭取在中國內地、台灣或歐美等地，在不同媒體的展覽間取得平衡。

訪 時至一九九七年，你為台北愛樂電台節目《爵士風》擔任主持？

陳 對，我對爵士樂的興趣在美國留學期間滋長。有一次，我打電話到《爵士風》分享心得，他們立刻邀請我去試音。就這樣，我當了四年半節目主持。

訪 時至二〇〇六年，你投身全職攝影？

陳 算是吧，近年我先後辦了「永恆的召喚」(2007)、「極靜」(2010)等攝影展。

另外，我每月為《藝外Artitude》這本台灣藝術雜誌寫關於藝術、旅遊的專欄，從二〇〇九年十月至二〇一二年二月寫了兩年半。例如〈與亨利摩爾喝下午茶〉這篇文章寫關於「亨利摩爾的藝術」(1986)展覽。這展覽大概是香港有史以來最大規模的展出。當年市政局借出轄下的公共空間如遮打花園等，放置亨利摩爾(Henry Moore)的雕塑，他們更動用直升機把其中一件展品送到公園。

訪 「亨利摩爾的藝術」這個展覽是誰的主意？

陳 應該是英國文化協會的想法。當時正值回歸前夕，他們聯合香港藝術館、香港藝術中心、亨利摩爾基金會各文化機構攜手籌劃一次大展。印象中，這次展出為全球第二大規模的亨利摩爾展。

當年有些人質疑是次展覽的背後動機，並視之為大英帝國撤出香港前刻意安排的晚歌。對此觀點，我不敢苟同。即便如此，又何患之有？我認為展覽的出發點純粹為藝術，加上從香港藝術中心及香港藝術館所見，觀眾反應熱烈，在各機構協辦下展覽辦得極為成功。

訪 八十年代，你在香港從事大量藝術工作，到一九八九年移民台灣。現在，你若以半個局外人的身份觀察，何謂「香港藝術」？

陳 香港藝術很有趣，一方面有一批從事傳統媒介創作的藝術家，另一方面亦有一批極受西方藝術風潮影響的人士，其中以八十年代的藝術生態最有朝氣、最為蓬勃，當年有一群真誠地推動藝術的人如華圖斯（Sandra Walters）、金董建平、張頌仁等。

至於何謂香港藝術的問題，我認為應以香港為根據地作考慮。假若藝術家離開了香港，可能他的作品也不能算作香港藝術。

訪 正如你所提到，香港人口的流動性很高，不少藝術家如王無邪、韓志勳、蔡仞姿等也曾在外地從事創作。

陳 不過他們都回流香港，並以香港為家。至於移居外地的藝術家如顧媚[17]、韓偉康等，他們的生活圈子已轉移到其他地方，不再以香港為家。假若我再辦一次香港藝術家展覽，可能不會將他們列入其中。不過，我真不知道劉國松屬香港還是台灣。

訪 過往有不少外國人在香港從事創作，但他們往往不被視為香港藝術家。

陳 我在香港藝術中心任職畫廊總監期間，也不時思量這問題。若一件作品受香港風貌所影響，又或充滿香港色彩，我大概會視它為香港的藝術品吧！其實韓偉康當年自美國留學回港，作品與香港沒明顯關連。假若以此為標準，又似乎推翻自己當年把他加進「十年香港繪畫」展覽的決定。

這問題難有明確答案。同時，全球化拉近人與人的距離，令各方不能劃地為界。訊息的傳播，也令人互相影響，差距愈縮愈短。

訪 對，正如科技不斷進步，令我們難以界定何為新媒體。

陳 也許有一天，我們不會再談論什麼是「香港藝術」、「中國藝術」等。一些國際藝術家如Francesco Clemente[18]在世界各地設有工作室，我們又怎樣界定他們的身份呢？我真的不知道。

訪 從事藝術活動多年，你有收藏一些藝術品嗎？

陳 有，有一些朋友如韓志勳、周綠雲、方召麐[19]、馮明秋[20]等送贈的作品。

■ 注釋

1 《攝影藝術》是於一九六〇年由陳復禮創辦的影藝出版社出版，後在一九六四年改組成《攝影畫報》。而一九八〇年再推出的《攝影藝術》，則為復刊。

2 林國輝（1951- ），一九七三年修畢英國哈勞藝術學院的服裝設計文憑課程，一九七六年獲頒英國皇家藝術學院文學碩士。翌年獲香港時裝設計獎，並以其英文名字 Ragence 為商標。一九八四年創辦香港時裝設計師協會，並於二〇一〇年創辦香港時裝議會。曾以香港時裝議會主席身份寫公開信，倡議西九文化區設立香港時裝中心，當中包含展覽廳、劇院及博物館。

3 Ansel Adams（1902-1984），年少時學習音樂，及後改為從事攝影行業。一九一九年加入美國著名環境保育組織塞拉俱樂部，開始以加州優勝美地為基地拍攝照片，並在一九二八年於三藩市舉辦首次個人攝影展。一九三二年與 Edward Weston 創辦攝影會社「f/64」。三四十年代定居紐約，於攝影雜誌發表文章及出版攝影指南，漸獲名氣，先後協助美國紐約現代美術館創辦攝影部（1940）及美國加州藝術學院創辦攝影系（1946），並發明「區域系統」（zone system）攝影技術，同時擔任寶麗來（1948年）及哈蘇相機公司之顧問。於六十年代，Adams 除了擔任全職攝影師，亦投身環保運動。一九八〇年獲時任美國總統卡特頒發自由勳章。

4 Joel Meyerowitz（1938- ），一九六二年開始專注街頭攝影，並於六十年代積極推廣彩色攝影。一九七八年出版甚具影響力的攝影指南 *Cape Light*。Meyerowitz 曾獲古根漢獎（1971、1978）、美國國家藝術基金會獎助（1978）、美國國家人文基金會獎助（1980）、德國攝影圖書獎（2006），並於二〇〇二年成為英國皇家攝影學會榮譽院士。

5 吳冠中（1919-2010），一九四二年畢業於遷至重慶的國立杭州藝術專科學校，後於國立中央大學建築系擔任助教。一九五〇年吳氏於法國巴黎高等美術學校肄業，並先後任教於中央美術學院、清華大學、北京藝術學院、中央工藝美術學院。一九八六年任香港中文大學藝術系畢業考試校外評審委員。分別於一九九五、二〇〇二及二〇〇九年把作品捐贈香港藝術館。

6 Robert Heinecken（1931-2006），一九五九年獲加州大學洛杉磯分校文學士（藝術），一年後獲文學碩士（藝術）。自一九六〇年起於加州大學洛杉磯分校藝術系擔任講師，教授繪畫、設計、印刷，並引入攝影課程。一九六二年升任副教授，於一九九一年退休。曾任美國攝影教育學會主席，於一九七六年獲古根漢姆基金；一九八四、一九八五、一九八八年獲美國國家藝術贊助基金會藝術家贊助及獲寶麗來公司資助使用 20×24 及 40×80 相機（1984、1985、1988）。作品被美國加州米爾斯學院藝術博物館及伊斯曼國際攝影和電影博物館等機構收藏。

7 一九八五年二月吳冠中參與在香港藝術中心舉行的「認識現代國畫」展覽暨研討會，該活動由香港藝術節主辦。一九八八年香港藝術館始收藏吳氏的作品。

8 一九六三年一月二十九日中華人民共和國總理周恩來在上海科學技術工作會議上提出「四個現代化」，主張在堅持社會主義的大前提下，實現「農業現代化」、「工業現代化」、「國防現代化」及「科學技術現代化」。一九六四年周恩來在第三屆全國人民代表大會第一次會議上提出「分二步走」：第一步為建立獨立且較完整的工業及國民經濟體系，第二步為實現「四個現代化」。一九七五年一月十三日周恩來在第四屆全國人民代表大會第一次會議重申「分二步走」方針，旨在於二十世紀八十年代踏出第一步，並於二十世紀內實現第二步。一九七八年舉行第十一屆中國共產黨全國大會，大會宣告文化大革命結束之時，亦重申要推行「四個現代化」。一九七八年十二月，時任國務院副總理的鄧小平在第十一屆中央委員會第三次全體會議提出「實踐是檢驗真理的唯一標準」，後引用周恩來提出的「四個現代化」，以及鄧小平提出的四項基本原則及建設富中國特色的社會主義，帶領中國走向改革開放。

9　齊白石（1863-1957），字渭清，又名璜，號瀕生，別號白石山人。一八八九年隨胡沁園、陳少蕃習畫，跟何紹基習書法，翌年跟蕭薌陔學裱畫。一八九四年任龍山詩社社長，翌年成立羅山詩社。一九二七年於國立北平藝術專科學校任教，一九三一年任教於私立京華美術專科學校，一九四六年任國立北平藝術專科學校名譽教授，同年任北平美術家協會名譽會長。一九五〇年任中央美術學院名譽教授、中央文史館館員，一九五六年獲世界和平理事會頒發國際和平獎，翌年任北京中國畫院榮譽院長。

10　馮美華（1952-），商科畢業後先後任職速記員和秘書，一九七二年加入政府部門，一九九八年離職前是公務員培訓處總培訓主任。七十年代中後期完成香港中文大學校外進修部第一屆電影製作文憑課程，後考獲人力資源管理文學碩士資歷。業餘從事超八米厘電影創作，參與包括火鳥電影會及創辦錄映太奇。一九九四年獲亞洲文化協會獎學金，後又在一九九九年獲香港藝術發展局藝術發展獎學金，並曾任香港藝術發展局藝術教育顧問（2002-2004），康樂及文化事務署博物館及電影顧問。二〇〇二年加入香港兆基創意書院，任職創意藝術總監，其後曾任副校監及駐校藝術家。

11　陳幼堅（1950-），一九七〇年於大一藝術設計學院修讀夜間設計課程。一九八〇年與妻子開設達爾訊廣告設計公司，一九八六年開設陳幼堅設計公司，一九九〇年起推出自家設計產品包括懷舊T恤、紙及金屬製品等，曾獲本地及海外多個設計獎項及為多個國際品牌擔任設計工作。一九九六年，*Graphis* 雜誌將他的公司評為全球十大設計公司之一，二〇〇二年獲香港特別行政區政府頒授榮譽勳章。二〇〇八年獲邀出任北京國家大劇院視覺藝術顧問，二〇一〇年在香港開設「27 畫廊」，舉辦展覽及推廣設計美術。

12　Kumar Pereira（1949-），早年於倫敦印刷學院學習字體設計，七十年代前來香港發展，先後任職於圖語設計、恆美設計，並於香港理工學院太古設計學院任教平面設計。一九八三年開設了斐冠文設計公司為私人企業擔任設計顧問，一九八八年移居澳洲悉尼，從事出版工作，及後加入 TAFE 悉尼學院恩莫設計中心任教平面設計。

13　Henry Steiner（1934-），一九五七年獲美國耶魯大學藝術碩士學位，主修平面設計。一九六一年來港，一九六四年創立石漢瑞設計公司。自一九七五年起為香港設計鈔票，一九八四年為滙豐銀行設計商標等。為國際藝評人協會香港分會會員。

14　星星畫會由馬德升和黃鋭召集，後有艾未未、李爽、王克平、毛栗子、曲磊磊、邵飛、嚴力、楊益平、鍾阿城和薄雲等相繼加入，成員在一九七九年九月二十七日於北京中國美術館門外的鐵欄杆辦起第一屆星星畫展。一九八〇年起，部分成員如李爽、馬德升、王克平、艾未未等陸續離開中國，致使畫會在一九八三年後在中國較少活動。畫會成員為掙脫文革以來官方對藝術創作的桎梏，採用了在中國被禁止的西方藝術風格如印象派、表現主義、野獸派、達達主義等，顛覆官方一直以來推崇的社會寫實風格。

15　馬德升（1952-），文化大革命期間被委派為繪圖工人，一九七九年與王克平等人發起星星畫會，為中國當代藝術的先驅。一九八三年其作品首次於瑞士洛桑展出，後於一九八五年離開中國到瑞士，翌年在法國巴黎定居，作品為巴黎市政府與博物館收藏，並以中國水墨畫首次得到法國文化部的承認與贊助。

16　黃鋭（1952-），星星畫會發起人之一，一九八四年移居日本，二〇〇二年遷到北京大山子 798 廠並提出保護包浩斯工廠建築，為北京

798 藝術區最早的進駐者、構想者和推手之一。

17 顧媚（1934- ），原名顧嘉瀰，香港著名演員、歌手。先後隨趙少昂（1962）及呂壽琨（1974）習畫，一九七七年市政藝術獎得獎者，一畫會會員。一九七六年曾參與於閣林畫廊舉辦的「三人行聯展」。

18 Francesco Clemente（1952- ），意大利當代藝術家。一九七〇年曾於意大利羅馬大學修讀建築，自一九七三年起經常旅居印度，一九八一年移居紐約，並不時與不同的藝術家、文學家合作。

19 方召麐（1914-2006），生於江蘇無錫。一九三七年於英國曼徹斯特大學修讀歐洲近代史，一九五五年畢業於香港大學，一九五六至一九五八年間於牛津大學攻讀博士課程。五十年代初期起先後隨趙少昂及張大千習畫。一九九二年獲香港藝術家聯盟畫家年獎。二〇〇〇年獲日本東京富士美術館頒授最高榮譽獎。二〇〇三年獲香港特別行政區銅紫荊星章。同時是香港大學榮譽文學博士、上海交通大學名譽教授、日本創價大學名譽博士。

20 馮明秋（1951- ），年幼時移居香港，一九七七年隨家人移民美國，一九八六年起遊走紐約、台灣、香港三地，現居香港。於一九八二年在香港舉辦首個個展。一九九九年於台北美術館辦個人回顧展，二〇〇四年成為英國劍橋大學駐地藝術家。

PROJECT HONG KONG
HISTORY
IN THE
MAKING

陸恭蕙

簡介

陸恭蕙，一九五六年生於香港，現為香港特別行政區環境局副局長。一九七九年於英國赫爾大學取得法律學位，回港後投身商界，多年來活躍於政壇及文化藝術圈，並先後於一九九二至一九九七年、一九九八至二〇〇〇年出任立法局及立法會議員。二〇〇〇年創立非牟利智庫團體思匯政策研究所，出任行政總監至二〇一二年九月。

除涉足於法律、政治及商業界別外，陸氏亦積極推動本地藝術活動。八十年代初期，她曾任香港藝穗會及香港藝術中心董事會成員。一九八七年，在香港藝術中心協助下，她與華圖斯、Lianne Hacket、謝偉頓等人於堅尼地道 15 號的大宅舉辦「外圍」展，為黃仁逵、蔡仞姿、何慶基、韓偉康、王禾璧、楊秀卓等藝術家提供歷時四十八小時的實驗性藝術展。一九九三年成為成立香港藝術發展局的推手之一，翌年亦在規劃該局的結構上扮演重要角色。

歷年來，陸氏先後任香港交易所董事、香港中英劇團董事會成員、保護海港協會主席、地球之友主席、健康空氣行動主席、中國人權主席等職位，並曾獲香港傑出青年獎（1988）、傑出傳播獎（1994）、中國民主教育基金會傑出民主人士獎（1994）及商界傑出女性（2006）、法國騎士國家勳章（Chevalier de l'Ordre National du Mérite, France, 2011）等獎項。

陸氏一直活躍於藝術品收藏，並曾出版《地下陣線：中共在香港的歷史》（2010）等書籍。

「外圍：流動藝術展」，香港藝術中心，1987 年。圖片由陳贊雲先生提供。

陸恭蕙訪談錄

訪問者　陳安琪小姐、陶穎康先生

2014.3.27

訪　據我們手上的資料顯示，你在英國取得法律學位後，返港加入期貨交易公司 Philipp Brothers。單憑履歷所見，你的藝術背景不太明顯。為何你在一九八七年會辦起「外圍」展？

陸　只是你對我未有全面的了解而已。小時候我便開始畫畫，而我的外國義父亦為一位藝術畫家，家人對現代傢俬和設計很感興趣，家裡總是擺放著藝術和設計雜誌，我亦不時翻閱，所以自十歲起便接觸了不少與藝術相關的資訊。另外，母親的家族（莫仕揚）有幾代收藏中國古董文物的歷史，所以家裡瀰漫著藝術文化的氣息，而我亦算是吸收著中西文化的養分長大，自小也有購買一些藝術小品。

十多歲時，我曾投放了好一段時間在繪畫上，但自覺欠缺天份，最終沒有報讀藝術系。赴英求學前，更花了一千港元的零用錢，買了一幅西班牙藝術家米羅（1893-1983）的版畫送給父母，所以我對藝術的興趣算是從小養成、非一朝一夕的。在英國唸大學時，我也不時參觀藝術展覽、看歌劇和舞台劇。故此，視覺藝術文化一直陪伴在我的左右，是我的興趣之一，自己亦樂意花時間在此。大概自一九八〇年起，我投身社會後，薪水都花於購買藝術品，並從中認識了不少香港藝術界的朋友。我的藝術界朋友有兩類：一為視覺藝術，二為表演藝術。後來，我更出任香港中英劇團董事會成員。

訪　所以，你在一九八七年辦「外圍」展前，已跟本地的藝術界建立了一定的人脈。

陸　沒錯。一九七九年我自英國回港時，香港的藝術展覽節目實難以跟倫敦的相比。回想起來，當年的想法或許有點膚淺。後來，我想到既然自己生活在香港，與其盡是投訴，倒不如做一點事情去改變現況。

八十年代中期，我在商界工作，不少藝術家朋友提到畫廊、商業機構等僅對具有商業價值的藝術品感興趣，而商業價值不高的，往往展出無門。故此，他們跟我聯絡，說希望辦一個無商業價值、自由奔放的展覽。我便回答：「好吧，一起辦吧！」所以，你可以說我是主辦者。

訪　根據《外邊》雜誌裡的訪問，「外圍」展原來的名稱為"Kennedy Road Show"，最初由黃仁達和麥顯揚兩人發起，計劃邀請三至四人參與。後來，黃仁達的代理 Lianne Hackett 知道他們的

外圍
流動藝術展
Out of Context
The 15 Kennedy Road Exhibition 9　10 October, 1987
Mobile Art Show
Sat 3 Dec　Yan Oi Square, Tuen Mun
Sun 4 Dec　MacPherson Playground, Mongkok
Sat 10 Dec　Victoria Park, Causeway Bay
Sun 11 Dec　Chater Road, Central
11am　5pm
Presented by Hong Kong Arts Centre
Funded by the artists, organizers and individual donations.

「外圍：流動藝術展」展覽場刊（圖片由香港中文大學圖書館提供）

計劃後，便將其規模擴大。

陸　對，他們希望辦不具商業價值的展覽。話雖如此，要得到支持和資源才能成事，而我亦善於幕後的策劃工作。當年辦「外圍」展前，尋找場地、聯絡物業持有人、籌款等行政工作全由我負責，而藝術方面的細節如挑選作品、佈置場地、掛畫等則由藝術家自己處理。

訪　展覽人選方面，你有參與揀選工作嗎？

陸　沒有，物色參與者的工作全交由他們自行決定，我未有過問。

訪　早前，我們訪問陳贊雲及何慶基這兩位香港藝術中心前展覽總監時，他們都提到贊助商樂於為大型、國際性展覽提供支援，反觀實驗性的展出則較難

取得贊助。那麼，你為「外圍」展籌款時，工作進行得順利嗎？你的商界背景有幫助嗎？

陸　「搵錢」（籌備資金）一直是我的強項，不管藝術、文化、運動等範疇，我都參與過籌款。

訪　不過，這雜誌的幾篇訪問中，都反覆向受訪者問及贊助商的問題，以及會否接受來自南非公司的贊助。由於年代久遠，加上資料不全，我們實在無法找出這堆問題所導向的事件。然而，這幾篇訪問予人「外圍」展的贊助引起了爭議的感覺。

陸　是嗎？我不知道詳細情況。但印象中，贊助方面沒有出亂子，自己似乎亦未有向他們所提到的「南非公司」籌款。

「外圍」展的贊助者名單，《外邊》，第十二／十三期，1987 年 10 月。

訪　我有當年的贊助者名單，可供你過目一下。

陸　Alan Tam 與 May Koon 是我的朋友；Pierre Schwob、Andrew Love 與 Amanda Love 也是好友；葉錫安（Simon Ip）[1] 是律師，曾任立法局議員；至於 Winston Poon，就是資深大律師潘松輝，立法會議員劉慧卿的前夫；Angus 和 Bebe Forsyth 伉儷也是律師，而 Steveson Wong and Company 是一所律師樓；Michael 和 Desirre Jebsen 是捷成洋行的老闆；David 和 Jane Akers-Jones 是鍾逸傑 [2] 伉儷；Rene and Mischa Vogtle 為我的同事；Jens Munk Limited 則為義父的公司。可見，這批贊助人我全都認識，是我找回來的。

訪　你提到當年「外圍」展的赤字數目，是由你支付。當時展覽在堅尼地道十五號的大宅舉行，歷時四十八小時。為何沒有辦一個更長期的展覽？

陸 四十八小時一點也不短，加上又有行為藝術表演，當年前所未有。

訪 那麼，除為「外圍」展申請娛樂牌照外，香港藝術中心還有何參與？展覽場刊上，籌劃單位一欄亦見香港藝術中心的名字。

陸 事實上，他們的名字能出現在場刊上，應得到高層的批准。當時香港藝術中心的人員亦盡力協助我們，他們非常能幹，所以將名字印到場刊上，也是對他們的一種尊重和肯定。

訪 完成了一九八七年的「外圍」展後，翌年的「流動藝術展」你亦有參與？

陸 不錯，我擔當同一角色。

訪 為何展覽場地會由古老大宅，搬到屯門仁愛廣場、旺角麥花臣球場、銅鑼灣維多利亞公園及中環遮打花園這些較為社區性的公共地方？是展覽方向有變嗎？

陸 這都是藝術家的想法，你可以問一下黃仁逵及王禾璧等人。一九八八年，堅尼地道 15 號的大宅已拆卸，所以我們得另覓地方。參展藝術家有見普通市民較少到高檔的地方如大宅等看展覽，便決定主動走近群眾，將藝術帶入社區。

我們租了一架貨車，每周駛到一處地點，辦了一個歷時四周的巡迴藝術展。還記得當時王禾璧弄了一個類似針孔照相機的木箱，讓小孩子走進去了解攝影術，黃仁逵等人則搭了一個帳篷，跟小孩畫畫鼓勵他們參與藝術。

訪 這次展覽，跟今日的「藝術到薈」等活動非常相似。

陸 說它是「藝術到薈」也不為過，現在想起來也挺前衛。

訪 「流動藝術展」完結後，你還有參與策劃其他藝術活動嗎？

陸 沒有。

訪 但一九九二年 Loft 在中環開設零售店時，據聞你亦在該處辦了一個藝術展覽空間。

陸 由一九八〇至一九九一年間，我在期貨交易公司任職。從一九九二年一月起，我轉到于品海[3]創辦的 CIM Company Limited 工作。當時我負責兩個項目：一為九號貨櫃碼頭投標工作，二為引入 Loft 零售店。由於丁品海跟日本有良好的關係，亦想到 Loft 這品牌廣為香港人喜愛，便希望把品牌引入香港。計劃的實際執行，是由我負責。

Loft 這品牌的理念，與今日流行的時尚生活類近，而他們亦利用藝術品佈置店鋪。當年 Loft 進駐中環的一整棟大廈，我們便利用頂層的空間作了一些藝術陳設。至於該處是否算一個正式的展覽空間呢？我不太肯定。

訪 一九九二年，你獲港督彭定康委任為立法局議員。當年，你又曾聯同一批文化界人士如胡恩威[4]、榮念曾、李怡[5]、馮漢紀、劉健威等組成文化聯席會議，為文化界爭取在一九九五年立法局選舉的功能組別中擁有獨立議席。進入議會後，你怎樣利用自己的身份，在建制內引起政府對文化藝術的重視？

陸 當時有幾件事情頗重要的：一，文化界能否在議會中取得議席；二，文化界如何在現存制度下取得議席。那時候，由於自己是跟文化界人士關係最密切的議員，不時與他們溝通交流意見，所以我的參與度極高。

後來，文化界認為香港得設立藝術發展局以推動本地藝術發展，我們亦就此向彭定康爭取和談判，自己也經常參與。

訪 香港藝術發展局成立後，你亦出任了該局首屆副主席。

陸 不錯。

訪 翻查藝術發展局的資料，當初他們打算從「撥款機構」慢慢演進為「發展機構」。但縱觀多年，他們似乎仍局限於撥款的角色，即便其他人對它的批評，亦較聚焦到它的撥款工作上。

陸 這一點，恐怕我提供不了答案。當初進入立法局時，文化與環保是我最感興趣的議題，兩者佔了我不少的時間。後來，我發現難以同時兼顧這兩方面，加上會內有不少議員如黃錢其濂[6]對文化感興趣，便選擇了較少人關注的環保工作。卸任香港藝術發展局副主席後，我便全身投入環保工作，未有再參與文化方面的工作。

訪 一九九五年後完全抽身而出？

陸 對，未有再參與。自己時間真的有限，必須在兩者間作出選擇。

訪 話雖如此，但你應該仍有收藏藝術品吧？

陸 當然，這可是我自小以來的興趣。

訪 環顧你的辦公室，已經知道你的收藏不少。你有收藏本地藝術家的作品嗎？

陸 於我而言，收藏的意思是自己對藝術品感興趣並開始購買。

我的收藏以英國藝術家為主，畢竟自己在那邊待了一段時間，較多機會去研究和欣賞他們的藝術。而本地藝術家，我有三十多件李慧嫻的陶瓷作品。我跟她年輕時已認識，這些收藏可說是承載著我們多年來的情誼。劉掬色[7]的作品我也有不少，她在英國唸書時，我也探訪過她，大家也對藝術作過深入的討論。她們辦展覽時，我亦會到場支持。至於一些老前輩的作品，我也有少量收藏。但談到年輕一代的藝術家，我則認識不多，始終不能如以往般投放大量時間去研究。

■ **注釋**

1　葉錫安（1948- ），一九八七至一九八九年任香港律師會會長，一九九一年至一九九五年任香港立法局議員（法律界功能界別），二〇〇八年協助籌辦北京奧運香港馬術比賽，曾任孖士打律師行主席及首席合夥人，以及香港賽馬會董事局副主席兼香港馬術總會主席。

2　鍾逸傑（1927- ），早年曾於英屬馬來亞政府任職，一九五七年來港工作，曾在荃灣、離島、元朗等新界地區任理民官，一九六七年任副新界民政署署長，一九七三年以新界民政署署長身份加入立法局，翌年任新界政務司，一九七八年獲委任為行政局議員，一九八一年調任政務司，一九八五年獲擢升為布政司。一九八六年，港督尤德爵士訪京期間病逝，鍾逸傑出任署理港督一職四個月至第 27 任港督衛奕信抵港履新為止。一九八七年，離開政府後曾任港督衛奕信爵士的特別顧問、首屆醫管局主席、第一任香港特別行政區行政長官推選委員會委員，二〇〇二年獲香港特別行政區頒發大紫荊勳章。

3　于品海（1958- ），加拿大撒省大學政治經濟學畢業，早年活躍於傳媒界，曾於《信報》、《財經日報》等任職編輯及專欄作家，後從金庸手上接手《明報》，並先後創辦《現代日報》、收購《亞洲週刊》等。一九九四年創辦傳訊電視，後通過旗下的大地集團投資電影製作，有《歲月神偷》、《孔子》等出品。

4　胡恩威（1968- ），一九八八年起加入進念．二十面體，為該劇團藝術總監暨行政總裁。曾出任香港經濟機遇委員會成員，西九龍文娛藝術區核心文化藝術設施諮詢委員會轄下之表演藝術與旅遊小組成員及公共廣播服務檢討委員會成員。

5　李怡（1936- ），原名李秉堯，一九四八年移居香港，一九七〇年創辦雜誌《七十年代》月刊，立場曾經因「親共」而被台灣視為「匪刊」。至一九八一年脱離左派，並於一九八四年將雜誌更名為《九十年代》，一九九〇年創立「台灣版」。由於雜誌敢於批評兩岸政權，又被中共視為「親國民黨」而遭查禁。為雜誌擔任總編輯共二十八年，直至一九九八年停刊為止。二〇〇三年起為香港電台節目「一分鐘閱讀」擔任主持，後在二〇〇七年獲香港《蘋果日報》社長董橋的邀請，撰寫部分社論〈蘋論〉。

6　黃錢其濂（1937- ），一九四九年移居香港，畢業於香港大學英國文學系，曾於聖保羅男女中學任教，一九六九年進入政府任職，八十年代任副文康市政司（康樂及文化），任內推動成立香港演藝學院，後亦擔任過社會福利署署長、衛生福利司等，至一九九四年退休。一九九五年循功能組別進入立法局，回歸後移居澳洲。

7　劉掬色，原名劉佩儀，一九七六年畢業於加拿大多倫多安大略美術學院，一九八八年獲英國文化協會獎助金赴英國皇家藝術學院進修，一九九〇年取得碩士銜，作品廣為英國皇家藝術學院、加拿大安大略美術學院、香港藝穗會、香港藝術館、香港文化博物館等機構收藏。

陸恭蕙

華敏臻

簡介

華敏臻（Michelle Vosper），來自美國新澤西州，一九七九至一九八二年間於當時剛成立的美國哥倫比亞大學美中藝術交流中心工作，協助總監周文中教授，促進美國和中國兩地的藝術文化交流活動。其後移居香港，於一九八三至一九八五年期間擔任「香港藝術節」英文出版編輯。一九八六至二〇一二年出任亞洲文化協會香港分會總監，負責為協會籌款、審批獎助金申請和處理行政事務等。

華氏多年來走訪中國及亞洲各地，她出任亞洲文化協會香港分會總監期間，該會曾頒授獎助金予不同範疇的藝術工作者，曾獲獎助的《與香港藝術對話》受訪者包括王禾璧、王純杰、王無邪、朱興華、何慶基、林嵐、梁美萍、蔡仞姿、黎明海、鮑藹倫、何兆基及韓志勳等。

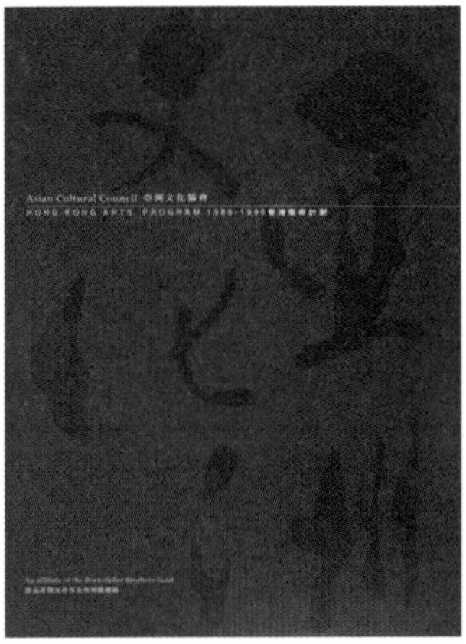

亞洲文化協會年報。

右頁圖片由亞洲文化協會提供

華敏臻訪談錄

訪問者　陳安琪小姐、陶穎康先生

2014.3.20

華　來港前，我一直在紐約為作曲家周文中[1]工作。這位知名作曲家早於四十年代到美國定居留學，一九四九年後未曾回國。他在美國深具影響力，現年已九十歲。一九七八年，周文中在哥倫比亞大學成立美中藝術交流中心。一九七九年一月一日中美建交，周文中在該大學打好根基，開始開辦各種有關中美藝術的專案課程。我就是在這裡起步，一九七九年開始為他工作，籌辦活動如安排交換生到訪中國內地等。那時候從美國去中國可不容易，我們送了亞瑟·米勒（Arthur Miller）[2]去，他的著作《推銷員之死》在北京人民藝術劇院上演。因此，我工作的四年間，累積了不少中國藝術知識，當時來到香港後，很快便發現當中分別。我曾在一九七四至一九七六年於台灣居住，而且是唸國際關係出身，這些背景都影響了我看待事物的角度。

訪　什麼機緣令你來到香港發展？

華　一九八二年，我跟周文中一起來港，那時香港藝術中心才剛開幕。我們遇到負責營運的女士和建築師何弢等人，讓我們印象很深刻，因為這是第一個私人藝術機構，周文中也很高興結交他們。有趣的是，我們發現他們對中國藝術認識很少，也不太感興趣，這是我們最初意識到的分別。一九八二年我移民香港，丈夫在香港中文大學教書。我很喜歡逛劇院，所以來到香港我立即去看戲劇。然而，那時劇目只有廣東話翻譯本，包括莎士比亞、尤金歐尼爾（Eugene O'Neill）的戲劇，但我看的原著是英文版，只好假裝聽懂。那時沒有原創戲劇，只有翻譯版，還有些莎劇改寫。雖然挺新鮮，卻沒有原創性。

訪　時至一九八四年，你便為「香港藝術節」負責英文編輯工作。

華　不錯，我從中學到很多藝術知識。那時還有亞洲藝術節[3]。兩者的分別是，「香港藝術節」比較西化，而「亞洲藝術節」則包攬印度、泰國等藝術，還有舞蹈表演。不過，香港觀眾對亞洲藝術毫無興趣，後來「亞洲藝術節」改成隔年舉辦一次，依然無人問津。相反，「香港藝術節」主要表演西方藝術，起初因為票價太貴，觀眾很少是本地人，反而多是英、美僑民。那時我在斯坦森（Keith Statham）[4]手下工作，他擔任了幾屆總監。我只是個編輯，沒有參與行政工作，但卻聽到不少消息。記得他們說，本地團體經常不滿沒有足夠的參演機會。後來，「亞洲藝術節」停辦了。那時的香港中樂團原本在「亞洲藝術節」表演，停辦後轉到香港藝術節演出，但觀眾仍然不愛看，覺得他們反正一直在香港，沒必要在只有一個月的藝術節觀看。這是理所當然的，那時外國團體每年只在藝術節來一次，觀眾只能在一、二月欣賞他們的演出，所以那時藝術節當真是一大盛事。到了後來才漸漸多了團體在其他時間來港表演。

訪　為什麼藝術節的視覺藝術部分的項目不多呢？

華　事實上，他們有辦視覺藝術的活動。以一九八四年「香港藝術節」為例，呂壽琨開了展覽，挺成功的，還好像開了相關的會議，請了高美慶[5]演講。

訪　似乎聚焦點為新水墨作品。

華 有這可能。韓志勳是現代藝術畫家對吧？在藝術節沒有看見這種作品。不過一九八四年開始，藝術節增加視覺藝術一環，每年舉辦展覽，之前就不太清楚。視覺藝術缺少政府資助，因此發展得不太好。戲劇方面，香港話劇團獲政府資助。這與商業息息相關。

當年香港藝術節有位英國代理人，他負責在歐洲和其他各地挑選來港表演的團體，眼光很好，可是由於政治緣故他不能進入中國內地。因此，藝術節跟新華通訊社（簡稱新華社）有些協議，而香港政府亦有參與交涉。我不知道兩地政府之間作過多少談判，但早期中國的表演團質素不高，所以他們的演出不太賣座。一九八五年後，質素才開始好轉，後期更派了北京人民藝術劇院的人來港。不過，中國的表演節目跟國際的真是有天壤之別。

1991 年，韓國的鳳山面具舞獲亞洲文化協會贊助於紐約演出。

訪 來港的表演者，應該會受到嚴密的監視吧？

華 這是當然的。新華社派了些人來監管，那些中國表演團都住在北角，一舉一動都受監視，團員不能自由活動。但事過境遷，現在的情況完全不同了。

訪 翻查資料發現，原來你是一九八四年約翰・洛克菲勒三世基金會獎金得主。可否分享一下你如何申請，以及當時的制度和亞洲文化協會現有的有分別嗎？

華 我們得先談談這機構的歷史。亞洲文化協會早於一九六三年成立，當時叫約翰・洛克菲勒三世基金會（John D. Rockefeller 3rd Fund）。約翰・洛克菲勒（John）是個大富翁，賣石油起家，賺了很多錢，他的兒子約翰・洛克菲勒二世（John Junior）把錢拿去投資，展開了不少目光遠大的計劃，包括二十年代在中國成立北京協和醫學院，當然這都是一九四九年前的事了。洛克菲勒二世有五個兒子，長子洛克菲勒三世對藝術很感興趣，次子是紐約市長，四兒子熱烈參與保育活動，最小的兒子是美國大通銀行主席。這個大家族的每位成員都找到自己的位置，而洛克菲勒三世熱愛藝術，他的妻子是紐約現代藝術博物館館長。他們積極參與藝術事務，更希望幫助藝術家個人發展。

　洛克菲勒三世是個亞洲迷，曾遊歷亞洲各地，一九二〇年到訪北京，收集藝術品。他特別喜歡日本。二戰後，美國展開「馬歇爾計劃」，幫助日本復興。洛克菲勒三世赴日工作，看見美國在戰爭中對日本造成的嚴重破壞，感到很難過，因此希望促進兩國人民互相了解，而藝術是最好的渠道。於是幾年後，他創立亞洲協會，這跟我們亞洲文化協會（ACC）有點分別，是姐妹團體。因為當時美國人不太了解亞洲，故亞洲協會旨在給美國人介紹亞洲文化，在美國舉辦展覽會議等。後來，他特別希望促進藝術交流，尤其是藝術家的個人發展。始終，個人主義是美國的核心價值。洛克菲勒三世相信，只要能挑選出一個合適的人選，給這個人資金，便能起重大作用。在美國社會，個人奮鬥能達致成功，這是他的理念。因此，一九六三年計劃展開，名為約翰·洛克菲勒三世基金會，簡稱 JDR 3rd Fund。這計劃管理完善，資助了許多獨立藝術家。第一個得獎者是來自台灣的聶華苓[6]，而香港得獎者有韓志勳、劉國松、莊喆[7]、王無邪等

訪　還有屈志仁。

華　有趣的是，屈志仁比較特別，沒有藝術背景也獲獎。一九七八年，洛克菲勒三世因車禍意外逝世，沒有留下任何安排。他的妻子跟委員會把基金會重組成亞洲文化協會，故兩者是同一個組織。不同的是，JDR 3rd Fund 全由洛克菲勒三世捐出，他意外逝世後基金會沒多少錢留下。因此，他們成立公共組織亞洲文化協會，從福特基金會、洛克菲勒兄弟基金會、盧斯基金會等地方籌募資金，一直運作至今。他們想擴大獎助金的規模，增加獎金來源以及加深人們了解，於是先後在日本、香港、台灣成立分會。香港分會在一九八六年成立，開始籌募捐款。這是廿周年時列出的捐贈者名單。總的來說，亞洲文化協會往外籌募捐款，整個計劃還是一樣的。

　一九八四年，我到中國內地訪問一些老藝術家，這些人包括吳冠中等都曾參加了周文中的計劃去過美國。我寫了

份關於文化交流的問題的報告，然後去申請獎助，還不太難的。

訪　短短兩年由得獎者變成總監，當中轉變還真大。

華　還好吧。在紐約時，周文中很忙，不時將計劃交由我運作和管理。在紐約時，我已經認識亞洲文化協會，周文中跟他們是同行，這行業人少易熟。一九八〇年的得獎者是上海指揮家陳燮陽[8]，可是他不懂英語，於是找懂英文的周文中合作，那時我就跟他們熟絡了。我移居香港後，他們計劃在香港開分會。當時香港設有馮秉芬爵士基金會，而馮秉芬的兒子馮慶彪醫生與洛克菲勒三世最小的弟弟在哈佛大學是同學，彼此互相認識，加上我移民香港，因此他們請我在香港分會工作。

到亞洲文化協會履新後，籌款是新挑戰。我一早習慣與藝術家工作，這可說是我最喜歡的一環。我很理解他們，因此相處不太困難。然而，我從未接觸過籌款，不太懂怎樣與上流人士打交道。再者，香港的藝術圈子與內地、台灣的不同，特別注重階級之分，這源於殖民地時代。在美國人眼中，藝術家不會談及階級之分。香港的藝術家通常不是上流階層，而是出身於勞動階層，這現象非常有趣。

訪　對，早期的香港藝術家多為勞動階層，呂壽琨和韓志勳便是好例子。前者為油麻地小輪的稽查，後者則為郵局幫辦。

華　我訪問過許多藝術家，通常問及他們的家庭，以及怎樣開始藝術之路？現今多數內地藝術家都有一定的藝術背景，至於一些比較前衛的藝術家如胡向前[9]，通常沒什麼背景，也沒人在意他們的出身。然而，內地藝術家普遍出自藝術世家，家庭鼓勵他們投身藝術，而且了解並尊重藝術。香港藝術家則相反，他們家人大多對藝術一竅不通，社會也不太支持和尊重，因此得靠自己奮鬥。所以，香港藝術家是最堅強的。

在香港，出錢的階層對本地藝術家一無所知。在台灣，藝術家跟捐助人可能在同一所學校上課，關係不錯，能好好相處。香港卻不同，可能和新加坡、印度等其他殖民地相似，人們有強烈的階級觀念，捐助人來自上層社會，藝術家畏懼捐助人，相處時總是很緊張，這是香港籌款要特別面對的問題。亞洲文化協會加深了上流階層對本地藝術圈的了解，拉近了捐贈者和藝術家的距離。這就是我來到香港的挑戰，要與想法不同的人工作。

訪 除了獨立捐助人外，還有其他贊助機構，比如說友邦慈善基金、敦豪國際（香港）有限公司和摩根士丹利等，你們怎樣找贊助伙伴呢？

華 都是親身去找的。我們不會寫信募捐，而是靠人介紹。

訪 怎樣去了解那些公司的背景？尤其是在內地，制度未必像香港般完善。

華 我們還未從內地募捐。在香港，作為籌款機構，當然要了解清楚贊助機構的背景。我開始時沒有留意，但亞洲文化協會比較幸運和特別，我們藉著理事會的圈子，認識新的捐助人。亞洲文化協會擁有最好的理事會，他們開明豁達，熱愛藝術，成員們向自己朋友募捐，而我們的工作是讓捐助人知道我們最新消息、舉辦的活動、受惠人的情況等，令他們滿意，從而繼續捐贈。香港的捐助人都很好，他們不會做些不當行為，例如捐錢給指定藝術家。可能香港有廉政公署的關係吧？大家都很專業很守規矩。藝術家也一樣，在內地，有些申請人面試時會帶禮物來，這是他們的文化。香港沒有人會這樣做，大家都知這是不恰當，我也沒遇過難纏的人。我沒有在內地住過，所以不太清楚，但我估計內地慈善事業的歷史較短，找人捐款不太容易。

訪 香港分會成立於一九八六年，那時辦公室設在哪裡？

華 銅鑼灣的地主、利希慎家族是我們首批支持者之一，每年都捐不少錢，並給我們找辦公室。後來，我們搬去銅鑼灣希慎道一號，比之前寬闊點，可以舉辦展覽。我們不賣展品，只作宣傳之用。不過，那邊的租金成本實在太高了，故此便搬到位於香港藝術中心七樓的辦公室。

訪 這位置是否更容易接觸到本地藝術圈子呢？

華 沒錯，在升降機裡很容易碰見不同的人，的確有更多接觸機會，知道他們情況。

訪 分會成立時，剛好是香港比較動盪的時期，像一九八四年簽訂《中英聯合聲明》以及一九八九年的「八九民運」。這些歷史事件怎樣影響分會方向呢？

華 影響很小。捐助人不會一直捐款，流失很常見，我未曾分析過多年來的捐助者流失情況，但我看不出有明顯關係。不過，一九八六年我們成立並獲得贊助，有捐助人表明希望捐款只用來幫助香港藝術家，不想捐款給內地藝術家。後來才慢慢轉變，接近一九九七年回歸時，愈來愈多人在內地做生意，大家開始願意幫助內地藝術家，曾經有段時間給內地藝術家的捐款還比給香港的多，但近年兩地對立，現在大多數人都希望捐給香港藝術家。

申請人方面，我們的計劃多年來沒什麼改動，都是接受申請並送得獎者到美國去。一九九七年金融風暴後，經濟蕭條，很多人失業，那時申請人數大增，但亦有些人為保工作不願到海外去，但這些都沒有影響我們的政策。「六四事件」後，內地藝術家得到美國簽證可以永久移民，視覺藝術家、畫家等紛紛前往紐約，在中央公園或大街上畫畫賺錢，那時候沒人想回國。然而，由於計劃要求受惠藝術家向國回饋社會，我們擔心他們一去不回，所以必須小心挑選。在這微妙的時刻，我得說我們對視覺藝術家有點小偏見。不過，這段非常時期只維持了幾年，現在的受惠人都會回國。

雖難以完全避免，但我們一直遠離政治。二〇〇三年美國出兵伊拉克時，有一位申請人拒絕去美國，這種想法可能也影響了申請人數，但總體影響還是有限。我們不是政府機構，與香港藝術發展局分別很大，花的不是納稅人的錢。我們沒有政府資助，多年來從未有人批評過亞洲文化協會。即使經濟不景，我們也不會突然虧錢。我們的資金由私人捐贈，委員們都是老朋友，沒人會離開，大家一直忠誠地支持亞洲文化協會，這是我們的特別之處。

訪 你在這篇“What’s the Point of East-West Cultural Exchange? Some Random Observations”（2004）文章中提到，機構的七成捐款用作資助亞洲藝術家去美國，三成資助美國藝術家到亞洲。這是否偏向單方面的文化交流？

華 其實很多人也作過這方面的投訴，特別是美國人。我也不太清楚這樣分配的原因，大概那時候亞洲地區比較貧窮，洛克菲勒三世想幫助他們，相反美國人則不太需要捐款。的確，像來自泰國等地的人通常都付不起高昂旅費，但美國人去外國交流和留學還挺容易的。時代不同，亞洲富起來了，美國人卻沒什麼錢而且沒國際視野，很需要到外地開開眼界。因此，我寫了這篇關於亞洲文化協會政策的文章，希望機構多資助美國人。協會在紐約設有辦公室，到美國去的人都得到很好的照顧，一切很周到。相反，美國人到亞洲沒人照顧，很難掌握他們的事。到現在，我也不太清楚機構的政策有否最新轉變。

訪　亞洲文化協會的工作可以說是亞洲的藝術家駐留計劃的先驅嗎？

華　我也不清楚亞洲文化協會是否首個進行這類計劃的團體。但正如你所言，香港的確較缺乏駐留計劃，而我亦打算要求他們建立新制度。要美國人申請來亞洲不容易，他們很擔心不知到這裡後可以幹什麼。若能提供駐留計劃，他們會更放心申請。

亞洲缺少駐留計劃，即便有，也僅為不定期提供。反觀美國，他們有專為視覺藝術家而設的駐留計劃，我們曾送幾個人過去。歷年來，亞洲文化協會一直為藝術家擔當如「父母」的角色。

訪　可否說說你怎樣協助藝術家計劃他們在美國的生活？

華　申請時，他們就要提交各自的計劃

華敏臻與一眾亞洲文化協會基金得獎者合照，部分本書受訪者亦在其中：韓志勳（右一）、蔡仞姿（右二）、何慶基（右七）。

書，不過申請成功後都會把計劃改頭換面。計劃書都是寫得天花亂墜，我自己也寫過，所以我們不會太認真看待，但有時也有挺不俗的點子。

藝術家獲選後，紐約計劃的總監會來香港跟他們見面，給予意見並協助訂立目標。我們幫助藝術家起步，至於實際到那邊幹什麼，則讓他們自己決定。亞洲文化協會深信人需要時間，順其自然，才有好事發生。這跟香港很不同，香港人太有效率了，所有東西都井井有條，完美無瑕。但計劃太多，往往令人沒時間停下來思考。我們希望讓藝術家在紐約有多點思考空間，但香港的藝術家太勤力了，到美國也忙著計劃。

同時，我們也不想視覺藝術家為小孩，為他們安排好一切。他們得學會照顧自己，學會獨立。香港地方小，即使上大學周末還可以回家，所以他們沒機會嘗試獨立。另外，香港人很少獲稱

讚，以致沒什麼自信。面試時，我曾遇過申請人當場哭了。不是因為我說她不好，而是我讚她做得好。這是文化問題，中國家長不輕易讚孩子，常常罵他們。藝術家到了紐約，人生路不熟，要靠自己摸索，最後他們發現自己可以獨力在這大城市生存，這給了他們極大自信。獨立可加強自信心，自信心在藝術界很重要，沒自信一事難成。

我們的計劃很專業，但並非嚴格死板。有些贊助機構喜歡緊密行程，但我們不信這套。藝術家去到美國自然會結識新朋友，會有新主意。有些藝術家不想有任何計劃，只是想出國見識，這因人而異。

訪　翻查你們的資料，我還看到一些贊助項目如文華東方基金獎助金、成龍慈善基金等。他們是亞洲文化協會的合作伙伴嗎？

華　我們的贊助計劃通常會直接以捐助人命名，如果寫的是亞洲文化協會，代表直接從紐約總部得到的贊助，所以不用特別命名。每個計劃都有贊助人，成龍慈善基金以贊助電影工作者為主。

訪　你們的受惠人來自不同領域，例如考古學、藝術史、博物館學，但文學專業卻只限日本申請者，為什麼呢？

華　這是個好問題，我也不清楚為何如此，這問題我可答不了，可是，以我所知，首位得獎者聶華苓是位作家，約翰·洛克菲勒三世基金會也資助了很多亞洲作家參加國際寫作計劃。到底中間發生了什麼事呢？沒人能答。我猜想，可能已經有其他計劃專門資助作家，例如美國筆會中心[10]等，但我不能肯定。奇怪的是，我們有資助劇作家，而他們也是作家的一類。所以，我真的解釋不了。他們應該改變一下政策。其中一位得獎者潘國靈[11]是位作家，但我們只能把他歸入「其他範疇」。

訪　亞洲文化協會的一套分類方法，是按申請人的建議書再決定怎樣分類？例如黎明海博士被歸入視覺藝術範疇，但他亦為一位畫家。

華　這分類可能已過時，就正如一九六三年未有提供媒體藝術的範疇。繪畫、雕刻、裝置藝術等都歸類為視覺藝術，但裝置藝術也牽涉聲音藝術，所以我們該如何界定？其實，分類不太重要，與捐款沒關係，只是讓資料看起來有條理而已。以潘國靈的個案為例，由於我們不能直接資助作家，才把他歸為「其他」。還有梁秉鈞，他是個詩人，而我們則把他歸類為電影評論家。現在，我們很少資助藝術史專才，因為有另一個團體「利榮森紀念交流計劃」專門資助中國藝術史研究學者。

訪 另外，我們一直以為韓志勳是約翰．洛克菲勒三世基金會獎金的首位香港得主。但翻查資料發現，他在中元畫會[12]的會友潘士超[13]才是第一人。同時，為何你們把潘氏歸類到「建築」？

華 這是個有趣的故事。一九八六年起我在這裡工作，從亞洲文化協會過去的記錄上，我找到受惠者如韓志勳、文樓等人，但總是找不到潘士超的名字。後來，我就忘了他，新的名單上也沒有潘氏的名字。去年，我們為韓志勳辦了一個展覽「韓志勳九十選展」，並介紹他為香港第一位獲約翰．洛克菲勒三世基金會捐款的受惠人。未幾，我接到潘士超的電話，說他才是第一個受惠人。這時，我們才跟他首次接觸，並邀請他到開幕展向他道歉。潘士超很友善。

訪 潘士超在一九六七年獲獎，比韓志勳早一年。

華 沒錯，說起來為什麼韓志勳不告訴我呢？這可是他的朋友啊！可能他看到「韓志勳是第一」，所以太開心吧，哈哈。

訪 你早前提到「洛克菲勒三世相信只要能挑選出一個合適的人選，給這個人資金，能起重大作用」。那麼，這理念能夠在香港實踐到嗎？

華 有的。我曾提及早年香港沒有原創戲劇，沒有劇作家寫劇本。這關乎語言問題，廣東話比較難，內地或台灣的觀眾聽不明白。戲劇家古天農[14]得到我們的資助後，致力戲劇創作，培養年輕劇作家，令原創戲劇在香港誕生。當然，演藝學院的成立也是一個重要因素。

雖然亞洲文化協會的主要目標是培育年輕、新進藝術家，但我們也很靈活，同時為需要進修的成名藝術家提供資助，所以何慶基、王禾璧、鮑藹倫等藝術家也獲得獎助金。計劃的靈活性很重要，我們每年都有不同的申請者，只需把資源撥給最適合、最有需要的人選，便能為本地藝術文化發展作一點貢獻。

訪 亞洲文化協會有跟一些本地藝術團體合作嗎？

華 協會一直都很低調，即使獲邀，我也不會進入任何表演團體的理事會。我們不是故作冷漠，只是身負挑選工作，與任何藝術團體有太多牽連都不恰當。因此，我們沒有刻意跟他們合作。

訪 受惠人回來後，跟你們有持續的合作關係嗎？

華 有，他們回來後會跟我們見面，報告旅程。另外，亞洲文化協會亦會通過網站繼續披露受惠人的動向，宣傳他們的表演、展覽等，前提當然是他們主動提供資料。我們每年也有聚會，如果有人從美國或中國遠道而來，我們會邀請他們跟受惠人見面。雖然不是正式活動，但總能讓他們結識更多人。

訪 現在，亞洲文化協會香港分會既要處理本地申請，同時亦要審核來自內地的申請。那麼在資源分配上，會造成一定壓力嗎？

華 捐款方面，若捐助人希望捐款給內地藝術家，我們便按他的意願去辦。亞洲文化協會沒有特定向某一個地區撥出

亞洲文化協會 1991 獎助金得主杜國威攝於紐約街頭。

多少金額，全都取決於該年的申請情況而定。我們總是資助最好的申請人，精益求精，將資源留給最頂尖的人。

還有一件事對香港挺重要的。人們說香港界乎中西之間，身份非常獨特，不能納入任何一類。人們嘗試理解香港這地方時，實在難以分類。我對香港的看法，用拉丁語來說是 Sui Generis，即獨特的。西方評論家只懂得固有的知識，所以香港常遭誤解。我們只需明白香港實在太特別了，也不用在意其他人怎說。

訪 你會怎樣定義「香港藝術」呢？現在香港人（Hong Konger）一詞被納入到新一版的牛津字典了。

華 若說其他領域，香港的戲劇充滿了喜劇元素，具娛樂性且很地道，這可能和香港人的性格有關。同時間，廣東話亦加強了劇作的香港特質。

至於視覺藝術方面，它是我最弱的一環，所以我真的說不出「香港藝術」是什麼。然而，「香港藝術」這概念很快便會過時，恐怕二十年後不會再有人提起。在美國，我們也不會說什麼美國藝術家、紐約藝術家了。我想這些分類不能應用在藝術上，而且也不必分類。沒有藝術家希望被分門別類。國民身份愈來愈模糊，大家注重的該是人的本身。要把藝術用國家分門別類，我認為這會局限了人們的思考。我不太喜歡這樣想，所以說不出什麼是香港藝術。

我不清楚藝術史家怎樣說，但於我而言香港就是這麼獨一無二，令人自豪。那些不明所以，又試圖用自己有限的理解去形容香港的人，比沒任何敘述更不濟。世界瞬息萬變，二十年後又是另一個世代了。

注釋

1 周文中（1923- ），一九四六年在廣西大學取得建築學位後赴美，到新英格蘭音樂院攻讀音樂，一九四九年轉往紐約隨 Edgard Varèse 研習作曲，曾發表《花落知多少》、《山水》、《行草》、《漁歌》等作品。五十年代起進入哥倫比亞大學，並先後任藝術學院副院長以及作曲博士研究所的主任，一九八四至一九九一年升任哥倫比亞大學首任弗里次．萊納現代音樂中心主任。一九七八年創立中美藝術中心，致力推動中美兩國文化交流，並曾獲全美文藝協會獎（1963）、考善萊基金會獎（1965）、美國文學藝術院終身院士（1982）、華美協進會青雲獎（1985）、中國中央音樂學院名譽教授銜（2004）等。

2 亞瑟．米勒（Arthur Miller）（1915-2005），美國劇作家，一九三八年畢業於密歇根大學，一九四九年發表劇作《推銷員之死》獲普立茲獎，歷年作品有《熔爐》、《煉獄》、《一位女士的輓歌》等，二〇〇二年獲西班牙亞斯都利亞親王獎學金。

3 亞洲藝術節為市政局舉辦的年度大型藝術活動，始於一九七六年，旨在讓市民接觸亞洲各國的文化及鼓勵社會人士支持本港的藝術發展，並促進各國的文化交流。每屆藝術節均有來自本港以及亞洲各國的藝術家和團體參與，內容涵蓋舞蹈、音樂、戲劇、繪畫等領域。亞洲藝術節自一九八九年起改為每兩年舉辦一次，期間舉行特定主題的中國藝術節。當局自一九九八年舉辦第十七屆後再沒有舉辦。

4 斯坦森（1934-2012），早年於英國劍橋大學修讀音樂，畢業後先後於唱片公司 Decca/Philips 及英國北方室內樂團（Northern Sinfonia）任職，及後前往香港於一九八〇至一九八七年間擔任亞洲藝術節總監，一九八七年於本港 Promotions/Corporate Communications 任職，二〇〇〇年隨家人移居紐西蘭從事作曲。

5 高美慶，一九六七年畢業於香港中文大學藝術系，前香港中文大學藝術系系主任（1975-1977，1981-1984）。香港公開大學人文社會科學院院長（1999-2003），現為中大中國文化研究所特聘研究員。

6 聶華苓（1925- ），一九四八年畢業於南京中央大學外文系，一九四九年移居台灣，擔任《自由中國》半月刊文藝版編輯至一九六〇年停刊為止，一九六二至一九六四年先後任台灣國立大學及東海大學講師，一九六四年赴美國愛荷華大學任「作家工作坊」訪問作家，此後定居美國，一九六七年與美國詩人 Paul Eagle 創辦愛荷華大學「國際寫作計劃」，一九七七年獲提名為諾貝爾和平獎候選人，一九八八年退休後專注寫作。作品涵蓋小說、散文，著作包括《桑青與桃紅》、《失去的金鈴子》、《葛藤》、《鹿園情事》、《三生三世》等書，曾獲美國文學藝術貢獻獎（1981）、美國書卷獎（1990）、花蹤世界華文文學獎（2009）、中華民國二等景星勛章（2009）。

7 莊喆（1934- ），一九五八年畢業於台灣省立師範大學美術系，曾為五月畫會會員，一九六六年曾獲美國洛克菲勒三世基金會資助赴美。莊申之親弟。

8 陳燮陽，一九六五年畢業於上海音樂學院指揮系，並擔任上海芭蕾舞團管弦樂隊常任指揮，一九八一年曾赴美國耶魯大學隨 Otto-Werner Mueller 進修指揮，一九八四年成為上海交響樂團團長，一九八六年被任命為樂團總監，及後曾任香港中樂團首席客席指揮，其後返回上海交響樂團。陳氏自七十年代起隨樂團前往世界各地演出，包括曾於一九九八、一九九九及二〇一〇年三度率領中央民族樂團赴奧地利維也納金色音樂大廳舉辦「中國新年音樂會」。並憑其指揮的小提琴協奏曲《梁祝》於一九八九年獲中國唱片社金唱片獎，亦曾於二〇〇八年獲第六屆中國金唱片獎評委會（指揮）特別獎，現為國家一級指揮、中國國家民族樂團常任指揮、藝術總監及上海管弦樂團名譽總監。

9 胡向前（1983- ），二〇〇七年畢業於廣州美術學院油畫系第五工作室，作品以行為藝術及錄像為主，自二〇〇五年起活躍於中國及海外展出，二〇一三年成為「Hugo Boss 亞洲藝術大獎」入圍藝術家及獲亞洲文化協會獎助（視覺藝術）。

10 美國筆會中心成立於一九二二年的非牟利組織，為國際筆會（PEN International）於美國的分會，總部設於紐約市。中心的主要任務是保障會員的創作自由和權利，並協助國際筆會於世界各地的分會宣揚創作自由和普世價值。中心同時透過舉辦各項計劃和活動，促進作家之間的交流，以及將高水平的作品介紹給各國的讀者。現時中心每年會於紐約舉辦「國際筆會世界之聲文學節」（PEN World Voices Festival）以及頒發「美國筆會文學獎」（The PEN Literary Awards）。

11 潘國靈，自一九九七年起開始發表小說，歷年著作包括小說集《傷城記》、《病忘書》、《失落園》、《親密距離》，城市論集《城市學》、《城市學2》、《第三個紐約》等，曾獲獎項包括 第七屆香港中文文學雙年獎「小說推薦獎」（2002年）、亞洲文化協會「利希慎基金獎助金」（2006年）、「香港藝術發展獎——傑出青年藝術獎（文學藝術）」（2007年）、香港書展推薦作家（2010年）、香港藝術發展局「年度最佳藝術家獎」（文學藝術）（2011年）等，現為《香港中學生文藝月刊》董事、香港藝術發展局文學組顧問，兼任香港中文大學新聞與傳播學院及文化研究及宗教系講師。

12 中元畫會於一九六三年成立，一九六四年成為註冊團體。《與香港藝術對話 1960-1979》的受訪者如王無邪、文樓、韓志勳及金嘉倫均為創會會員。

13 潘士超，曾為現代文學美術協會會員，一九六四年與金嘉倫、徐榕生、韓志勳、文樓、張義、林鎮輝、尤紹曾等創立中元畫會，一九六六年獲約翰·洛克菲勒三世基金會獎金，後移居美國。

14 古天農，一九七九年畢業於香港中文大學社會系，畢業後曾任教師，一九八三年加入香港話劇團擔任演員，並負責編導工作，一九九〇年與杜國威開始合作，一九九三年加入中英劇團出任藝術總監，現為該劇團主席，同時出任藝能發展資助計劃專業顧問、青年廣場管理諮詢委員會委員及香港書展文化顧問團成員。一九八七年獲亞洲文化協會獎學金赴美，一九九一年獲香港藝術家年獎之「舞台導演獎」，一九九四年獲得香港戲劇協會「十年傑出成就獎」，一九九五年憑《芳草校園》獲第四屆香港舞台劇獎「最佳導演（喜劇／鬧劇）」，二〇〇六年以「推動文化藝術發展傑出人士」的身份獲頒「民政事務局局長嘉許獎狀」，並於二〇〇八年憑《相約星期二》榮獲第十七屆香港舞台劇獎「最佳導演（悲劇／正劇）」。

馮漢紀

簡介

馮漢紀，一九三八年生於香港，一九八七年獲美國芝加哥藝術學院頒授藝術碩士。

馮氏在六十年代間曾於尤紹曾的三集畫廊任職，一九七九至一九八一年間於香港中文大學校外進修部擔任商業攝影證書課程統籌及講師，一九八一年參與創辦攝影中心，並執教攝影課程至一九八八年。另外，他自一九七五年起於香港理工學院設計部教授攝影，後升任該校榮譽學士學位副教授至二〇〇〇年退休。一九九六年起，馮氏出任北京電影學院攝影學院客席教授，二〇一二年在香港大學專業進修學院創辦及任教攝影深造文憑一年制課程。

除教育工作外，馮氏亦活躍於本地藝圈。一九八九年，他出任藝影會主席，後在一九九七年擔任藝術家年獎評審委員及香港藝術家聯盟執行人員，至二〇〇七年又為廣州國際攝影雙年展策展人之一，二〇一〇年策展香港文化博物館主辦的「香港攝影系列二：城市漫遊者——社會紀實攝影展」及香港攝影節的「四度空間——中、港、台、澳當代攝影展」。

馮氏自一九九五年起為香港藝術發展局出任顧問委員至今，亦為康樂及文化事務署博物館專家顧問（香港攝影）、瀋陽魯迅美術學院攝影系客座教授、民政事務局藝術發展諮詢委員會專家顧問及香港學術評審局課程專家。

「過去（依附），後期，及將來」，
攝影中心畫廊，1986 年。

馮漢紀訪談錄

訪問者　陶穎康先生、陳安琪小姐

2013.2.13

訪　根據資料，你是否曾到台灣省立師範大學（現為國立台灣師範大學）唸書？

馮　這是很久遠的事了，我最終沒有畢業，只是肄業而已。

訪　你生於一九三八年，香港早年亦有過不少攝影活動。其實，你從何時起參與攝影活動呢？

馮　正式拿起相機學習攝影，大概在一九五〇年左右。我在五十年代尚未進入沙龍攝影，要到一九六〇後我自台灣回港，才開始涉獵，直至七十年代。但我覺得沙龍很沉悶，十年如一日，現在數十年如一日。

訪　當時，你有參加中華攝影學會[1]、香港攝影學會[2]等組織嗎？

馮　我唯一參加過的，只有香港三五攝影研究會[3]。另外，在六十年代我曾在尤紹曾[4]於海運大廈開設的三集畫廊[5]任職經理，認識了一班中元畫會成員，如金嘉倫、韓志勳、張義等。

訪　一九七九年，你為香港中文大學校外進修部策劃攝影證書課程，為何有此機遇？

馮　其實，我在更早之前已參與香港中文大學校外進修部的教學。當時王無邪在那邊辦了一個「應用設計」的文憑課程，其中有一門攝影課程由我負責。

訪　後來，他們計劃把攝影獨立成高級文憑課程？

馮　是啊，不過這是一九七九年的事了。

訪　為何會有這個決定？是要配合當時攝影逐漸興起的社會環境嗎？

馮　又不能說是「分拆」。可能是由於王無邪轉到位於香港大會堂高座十樓的香港博物美術館任職，應用設計文憑課程在一九七一年結束後沒有再辦第二屆。然後，他在一九七四年到香港理工學院（現為香港理工大學）設計系任職高級講師，主理平面設計課程。一九七五年，我受邀到了香港理工學院任講師。

由於香港理工學院跟香港中文大學校外進修部在尖沙咀安年大廈的校址相距不遠，我不時跟他們的主任賴恬昌[6]及藝術課程高級講師金嘉倫茶敘。閑談間，我們便計劃辦一個攝影證書課程。當時辦一個文憑課程需有其他手續，辦證書課程則不用，所以較為簡便。

同一時間，我有另一個機緣與幾個攝影師合作辦攝影學校 Photocine School of Photography，並得到新鴻基證券創辦人馮景禧的長子馮永發[7]注資。

訪　Photocine School of Photography 是攝影中心（Photo Centre）的前身嗎？

馮　可以這樣說。馮永發在美國紐約大學夜校修讀電影，對攝影又有興趣。碰巧我有個朋友在新鴻基證券工作，知道他有辦攝影學校和畫廊，對我們的計劃又感興趣。後來，我就跟他商量，談妥後便開辦了這個學校。

由於香港中文大學校外進修部沒有足夠硬件設施開辦攝影課程，便跟我們 Photocine School of Photography 合辦課程。他們提供上課地點，至於工作室或實習等則到我們的校舍。

訪　當年 Photocine School of Photography 的教員有誰？

馮　主要是我和高志強，只辦了一屆（1979-1981），為期兩年。

訪　為什麼這麼短暫？香港中文大學校外進修部提供愈來愈多課程，而攝影這新興媒介，正常來説應該能不斷地發展。

馮　對。第一，Photocine School of Photography 在灣仔的地方租金高昂；第二是馮永發計劃移民到加拿大；第三是學校的投資與回報不成正比，他便決定就此作罷。我、高志強、區曼璇、唐小超、楊淙健等覺得很可惜，便接手來做，有錢出錢有力出力，更把它易名為攝影中心。

Photocine School of Photography 最初位於灣仔謝菲道嘉樂中心，兩年租約結束後，我們搬到堅道明愛對面的地舖和地庫開辦攝影中心。一九八三年，堅道那邊約滿後業主不再續租，我們便搬回灣仔譚臣道《攝影畫報》社樓下。

訪　除了剛才提到的高志強、區曼璇等人外，當時從外國回港的攝影師如王禾璧、梁家泰、陳贊雲等，都有參與教學嗎？

馮　有，我們有很多課程，他們也有幫忙其中部分。當年攝影中心的課程架構，與大學的課程無異，就像一個攝影系。至於課程大綱，我們會參考外國攝影系的課程大綱，然後抽取一些比較可行的課程，始終不是所有課程都能應用到香港。

訪　你在營運攝影中心的同時，也在香港理工學院那邊教學。你怎樣平衡攝影中心的發展？其課程跟香港理工學院那邊有衝突嗎？

馮　也沒有什麼衝突，因為攝影中心課程都是晚上上課的。在日間，我們闢出部分空間作小型畫廊，展出一些作品，有些地方則會租給別人在晚上做實習。攝影中心設有黑白黑房、彩色黑房、工作室、燈光設備等，設施十分齊備。

訪　攝影中心每屆提供多少個課程？收生多少？

馮　其中一個主要課程是基礎攝影，延續大約一年，還有攝影史、攝影概念、一般攝影技巧、基礎技巧等單一課程。礙於設備的限制，每班收十五位學生最理想。

訪　還記得攝影中心培訓了那些學

生嗎？

馮 最有名的是鄧鉅榮[8]，他現在去了拍電影。

訪 對比香港理工學院，攝影中心的學費是較昂貴抑或便宜？

馮 若按照每個單一課程計算，攝影中心的學費應該較昂貴，但是沒辦法，始終我們屬自負盈虧性質，要設法取得收支平衡。一九八八年，有幾位成員因為移民而離開，包括主要的出資人楊淙健。同時，我們位於譚臣道的校址約滿，獲業主告知只賣不租。雖然他優先賣給我們，但我們哪有這麼多錢？加上楊淙健、區曼璇等人移民，一九八五至一九八七年間我又身在美國芝加哥進修。在教員、資金短缺的情況下，我們逼於無奈把攝影中心結束了。

訪 你在一九七五年起在香港理工學院教授攝影，當時校方以哪種方式授課？

馮 我在香港理工學院教過兩個課程，早期校方主力辦夜校課程。八十年代初，香港理工學院搬到紅磡後，我曾教過一個類近的課程應用設計基礎證書課程的攝影課，教了一陣子後它成為香港理工學院夜校的兩年制高級證書課程。

訪 是否大概每星期有兩至三晚課，每堂課三小時？

馮 對，那個是高級證書課程。

訪 自王禾璧出任香港藝術中心課程總監後，當局也辦了不少跟攝影有關的課程和講座。你們有一些合作嗎？

馮 他們在九十年代才開辦相關課程，較攝影中心晚。我也到香港藝術中心教過一兩個課程，不過因為香港理工學院有日校和夜校課程，我實在分身不暇。

訪 你在香港理工學院任職初期，你的職銜是講師，對嗎？

馮 不錯。一九八七年我修畢美國芝加哥藝術學院藝術碩士課程回港，仍任職講師，且甚少教授攝影，多教其他和設計有關的項目。後來，喜愛攝影的馬力德（David Meredith）到香港理工學院任職後，便把我調出來教授攝影。至九十年代初期香港理工學院將升格為大學，全部教職員都需作重新評估，第一步從講師著手。經過評估後，我的職銜改為助理教授。

訪 你有否把在美國芝加哥藝術學院汲取的經驗，如當地的課程組織等引入香港理工學院，從而進行一些改革？

馮　有，不過香港理工學院的攝影系在一九九一年才正式開辦。雖然馬力德一直有意開辦攝影系，但你知道要開辦一個新的學系，必先經過繁複的審查和手續。由一九八八年起開始構思、平衡預算、處理其他雜項工作如事前準備、設計課程、起草文件等，到把所有資料呈上董事會，再交由英國的學術評審團在一九九一年通過，經過三年的籌備才能成事。

訪　故此，香港理工學院攝影系在九十年代初才正式收生，至二〇〇〇年結束。

馮　對，攝影系只有七屆畢業生。

訪　自一九九六年起，你開始在北京電影學院和瀋陽魯迅美術學院攝影系出任

「藝影會攝影作品展 '91」，
上環文娛中心，1991 年。

教職。

馮　香港理工學院自一九九一年開辦了電影系後，我不時與馬力德到中國內地聯絡一些攝影學校，而當年瀋陽魯迅美術學院的攝影系，幾乎是中國唯一一個資深的攝影系。

訪　對比內地和香港的攝影，兩者當時的差距大嗎？

馮　經過一連串政治活動及對外開放後，內地教育要到九十年代才開始恢復正常。我們最初與他們聯繫的時候，他們近乎什麼資源也沒有，也接觸不到國外的消息。

　一九九二年左右，我們曾邀請瀋陽魯迅美術學院的教授來香港出席講座。由於政府限制了他們出國所帶的金額，他們手上只有很少錢，我們得為該教授

安排食宿，手續十分繁複。二〇〇〇年以後，情況就相反了，現在是他們邀請香港教授到內地。

訪 對比攝影中心、香港理工學院攝影高級證書課程和攝影系的學生，他們有何差別？

馮 最大的差別，在於攝影中心學生大都為在職人士，譬如有部分人任職攝影助手，有些則希望在攝影行業發展。由於香港當年未有相關訓練，攝影中心旨在提供實用性的課程如廣告、人像攝影等。

訪 回望過去，八十年代是香港攝影起飛的一個階段，但這個媒介卻未被香港政府重視。在當代香港藝術雙年展中，攝影更被歸納到「素描及其他媒介」一欄。

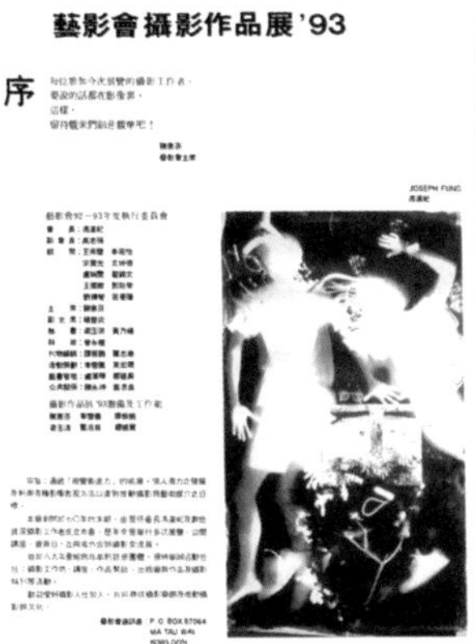

「藝影會攝影作品展 '93」，1993 年。

馮 對，我們更因此組織藝影會（Photo Art League），並由陳贊雲作代表，在《南華早報》撰寫文章，批評時任香港藝術館館長譚志成的政策。

訪 但藝影會其後有延續下去嗎？抑或為發表文章的一次性組織？

馮 藝影會大概在一九八三年左右成立，成員大致由攝影中心的畢業生組成，像一個校友會般。我們曾辦過幾個展覽，其中一個關於針孔照相機的展出，在中環三聯展覽廳舉行，其後還舉辦了多個展覽。

訪 如今藝影會是否不再活躍？

馮 是的，不過我仍跟幾位成員保持聯絡。

訪 到了九十年代，大家普遍認為香港攝影走向下坡。

馮 可以這麼說。二〇〇〇年後，香港攝影的確是有點走下坡，其發展亦欠缺目標。這種現象或許跟香港理工大學攝影系停辦有關吧？當年課程因為人事、政治等種種原因突然停辦，我也不知道是否因而令攝影發展走下坡。

訪 二〇〇〇年後，你亦開始把重心轉移到策展工作方面？

馮 對，我第一個策展的項目是「廣州國際攝影雙年展：左右視線」(2007)。

訪 作為攝影媒介的策展人，香港和內地的攝影水平發展得如何？

馮 二〇〇〇年後，內地攝影發展迅速，香港攝影就靜止了。我可以大膽地說，由一九九七至二〇〇八年，香港攝影較為空白，沒有東西可以或值得策展。

訪 這麼多年來，香港是否缺乏攝影藝術的評論？

馮 香港在這一方面是差得很。一方面，寫攝影藝評的人不多，間中有一兩位，但水平不夠；第二，香港有些人不習慣接受批評，對所有批評都感到不妥。我曾批評過沙龍攝影，其中有幾位人士的反應大得很，甚至不理性！香港社會的意識形態與外國不同。外國的藝術周期由創作開始，發展至批評，再回到創作，這樣才能不斷成長。

訪 二〇〇〇年後，香港大學專業進修學院也有開辦攝影課程吧？專上院校的攝影課程如何維持？

馮 香港大學專業進修學院所辦的不是正式的攝影課程，只是興趣班而已。即便在大專院校如香港浸會大學視覺藝術院，攝影也僅為選修科。我也曾在該校教過一個學期，啟德校園那裡的黑房和工作室等我也有份籌備。

訪 攝影發展走下坡，是否正如何慶基所言，與香港缺乏攝影展覽空間有關？

馮 是的，攝影家實在很缺乏展覽場地，加上政府又不太看重，令情況雪上加霜。

訪 提及攝影藝術的民間組織，李家昇曾經成立了一個有攝影作品資料庫的OP-Programme。

馮 OP全寫為Original Print，即攝影原作。當時，李家昇舉辦了一個攝影原作展，我也給了他一些原作，供他展覽和售賣。OP-Programme 的運作模式跟畫廊頗類近。

訪 攝影教學以外，你亦在一些機構如香港藝術發展局任職，對嗎？

馮 一九九五年起，我為香港藝術發展局出任顧問委員至今，現在還是民政事務局的藝術發展諮詢委員會（Advisory Committee on Arts Development）專家顧問。

訪 多年來，你有沒有收集藝術家的作品？

馮 一點點，也收集了一些雜誌。

注釋

1 中華攝影學會於一九五八年由陳復禮與友人創立，會章規定以中文為學會的法定文字。

2 香港攝影學會於一九七三年成立，由居港外籍人士發起，所有會員必須能操流利英語。

3 香港三五攝影研究會於一九五九年八月由一群 135 相機愛好者成立，早期名稱為香港三十五米厘攝影研究會，會址先設於創會會長陳錫元醫生位於中環愛群行的士多房，至一九六三年遷至灣仔駱克道 446 號十四樓 A 室，而現址為葵涌金基工業大廈十八字樓 A 室。

4 尤紹曾（1911-1999），一九三六年畢業於上海大學。曾於海運大廈開設三集畫廊（1963-1967），一九六九至一九八九年間淡出畫壇，九十年代再度活躍於藝術圈。與《與香港美術對話：1960-1979》的受訪者韓志勳、金嘉倫、王無邪及文樓同為中元畫會創會會員。

5 三集畫廊於一九六三年由尤紹曾創辦，位於尖沙咀海運大廈，一九六八年結業。

6 賴恬昌（1921- ），其父賴際熙太史在一九二七年出任首位香港大學中文系教授。早年畢業於香港大學英文系。一九六〇年任香港大學校外課程署理總監、一九六四年為香港中文大學校外進修部籌備委員會一員，一九六五至一九八四年擔任香港中文大學校外進修部主任。

7 馮永發（1951- ），一九七六年完成美國紐約大學夜校電影課程，早年隨家人移民加拿大，回港後曾於新鴻基證券任職執行董事，後投身電影製作，先後監製《第一類型危險》（1980）、《鯊魚燒賣》（1982）及《花劫》（1982）等電影，一九八四年重回加拿大後於當地積極發展地產項目及港式商場，並從一九九二年起投資加拿大華人圈的電台、電視台及娛樂事業。

8 鄧鉅榮（1961- ），一九八四年起從事專業攝影活動，一九九四年開始參與廣告拍攝及導演工作。一九九〇年獲香港設計師公會攝影金獎、一九九三年獲紐約美術指導會最佳攝影、一九九五年贏得香港專業攝影師公會最佳作品獎、二〇〇二年獲頒發美國 Full Frame Documentary（DDFF）電影節榮譽表揚等獎項。

黃啟裕

簡介

一九六六年生於香港，黃氏在一九八五年於香港理工學院主修攝影及大眾文化研究，一九九〇年畢業，一九九七年獲香港理工大學授哲學碩士銜。

一九九〇年自香港理工學院畢業後，黃氏到李家昇創辦的雜誌《女那禾多》任職編輯委員至二〇〇三年，一九九四至一九九六年間《女那禾多》分拆出攝影雜誌《秩智》時，他亦曾擔任該雜誌的編輯委員。二〇〇五年，黃氏與朱德華等本地攝影師成立攝影組織「pH5 攝影連動」，二〇〇七年協助籌辦藝術攝影雜誌《pH Infiniti》。除雜誌出版工作外，二〇〇四至二〇〇九年間，他亦曾擔任油麻地上海街視藝術空間「404」的項目經理。

二〇〇五年起，黃氏展開其攝影策展工作，策劃過「出嚟行！七人遊行攝影」(2005)、「視藝掇英專題展覽 08/09 — 影像香港當代攝影展」(2008)、「城市漫遊者 — 社會紀實攝影」(2010)、「返回攝影的原點。在香港」(2011)、「後直：當代香港攝影」(2012)、「300 家攝影展覽」等展覽，

歷年來，黃氏曾為《信報》、《咔》攝影文化誌、《文化葫蘆》、香港文化博物館、香港版畫工作室、何鴻毅家族基金及香港電影評論學會等機構及媒體撰寫攝影、藝術及電影評論，並先後於香港理工大學設計學院、香港中文大學藝術系及香港藝術學院任教，現為香港藝術中心藝術學院及香港浸大學視覺藝術院教育顧問，二〇一〇年獲香港藝術發展局頒發藝術教育獎（學校組）金獎，同年參與創辦「香港攝影文化協會」，現亦為「香港國際攝影節」成員之一。

《pH Infiniti》半年刊，
第一期，2008 年。

右頁圖片由 Bobby Sham 所攝

黃啟裕訪談錄

訪問者　陳安琪小姐、陶穎康先生

2014.3.13

訪　讓我們從《女那禾多》說起吧？李家昇在這篇文章談到當年創辦《女那禾多》時，該刊有三個版本：一為附夾在《攝影畫報》，二為單行本的形式，三為年刊版。

黃　我手上這本是《女那禾多》的單行本，每本有獨立主題，每年最多有四個大主題。例如，其中一個主題我們做了一個長達六個月的紀實攝影專輯，後將六期結合為一冊單行本。

訪　《女那禾多》雖附夾在《攝影畫報》內，但它的編輯定位是否與後者有截然不同的方向？我注意到，替你們寫文章的人不一定從事攝影方面的工作，如何慶基、鮑藹倫等人。

黃　當時《攝影畫報》的總編輯為伍小儀[1]，她希望有些與沙龍攝影有別的題材，便邀請我們參與製作，並每月免費提供十六頁給我們發行。那十六頁跟前面的沙龍攝影題材有所不同，既不會介紹儀器，也不會談相機快門等。我們的焦點，都集中在當代攝影的創作，後期我們則加入了一些議題性的探討。

早期階段，我們在每期選一至兩位攝影師，放些攝影作品，文字較少。發展到後期，我們會用上三至六期的篇幅去深入探討某個專題。為免浪費，我們更會把賣剩的印刷品結集成單行本和年刊，放到葉壹堂或藝術館書店售賣。我們的讀者以外國人為主，較少香港人留意。

訪　除攝影外，你們也報導其他媒介的藝術？

黃 其實在「八九民運」後，香港整個文化圈的創作風氣很盛，很多非攝影的藝術家也會用這媒介創作，如榮念曾後來也在電腦修改過一些相片，我們便為他出版一期探討「什麼是新聞攝影？」。

當時內地的市場不太開放，加上政治敏感，《攝影畫報》在內地的銷情上佳，因為當地較為封閉，這雜誌便成了他們窺看世界的一個窗口，影響了當時的中國攝影。

訪 在《女那禾多》當編輯時，你在雜誌的題材上有何方向？

黃 我認為應該有一個聚焦，所以製作了以紀實攝影等主題為題材。

訪 八九十年代為你們提供了不少題材，現在似乎未有一些很重大又或很切身的議題。

黃 不一定的，但八九民運對那個年代的衝擊太重要了，很多人希望在回歸前把話說完，每遇到發聲平台便躍躍有話要說。現在的媒體很開放，人們成了「我的世代」（Me Generation），十分自我，他們說話未必經過沉實的思考過程。至於雜誌或書刊的製作，由於我們當年要經過編輯篩選的程序，要過很多關才能出版，所以文字和作品較具沉澱性。

訪 《女那禾多》有接受讀者投稿嗎？

黃 有，文章和照片也有。其實，我們每月的首個周一均會跟藝術家在藝穗會聊天喝酒，分享照片及交流，我們稱之為攝影師之夜（Photographers' Night）。《女那禾多》對投稿的照片抱持開放態度，如這期 New Voice 的作品全是新進攝影師，當中更有一些人是從未作展覽的大專生。

訪 你們整個編輯團隊人數是否較少？

黃 我在一九九五年十一月加入，那時候有五個人：我、李家昇、黃楚喬、李志芳[2]及劉清平[3]。

訪 《女那禾多》是否也得到香港藝術發展局的資助？

黃 我們出版了多期以後，才向政府申請資助。一九九六年，我們得到藝術發展局的資金製作了一隻光碟，裡面有五十個香港攝影人的簡介，十分珍貴。

訪 其實，翻查一些關於《女那禾多》的相關資料，有說它的結束是由於太依賴香港藝術發展局的撥款所致。

《女那禾多》單行本：New Voice。

黃 是啊，而且李家昇、黃楚喬又剛剛移居到加拿大。《女那禾多》停了一陣子後，曾出版一兩期電子版，半年一次，奈何又遇上「沙士」，很多事情發生，連香港藝術的活動都好像停滯了似的。

訪 一九九四至一九九六年間，你們是否分拆了一本《秩智》出來？

黃 對，共十三期。我們曾嘗試找數碼攝影的議題去做，但又維持了不久。

自《女那禾多》以後，我認為由黃淑琪[4]出版的《咔》（Klack）成為前者接力棒。它的內容很豐富，除香港攝影師外也有外國攝影師的作品。黃淑琪在創辦《咔》前，也做過雜誌《Tokion》的編輯。《Tokion》是日本的文化雜誌，但曾出過香港版，介紹過香港的攝影師作品。因此，黃淑琪的《咔》既有《Tokion》的視野，加上其經驗，所以辦得十分出眾。可惜的是，《咔》出版了四期後，黃氏因為公事繁忙而分身乏術，雜誌便停刊了。

訪　你在二〇〇八年是否亦曾出版《pH Infiniti》半年刊攝影雜誌？

黃　不，這份雜誌由朱德華[5]主理，我則為輔助的身份。《pH Infiniti》只出版過兩期。

訪　早在二十年前，你已經以投稿或專欄的方式在不同平台發表藝術評論。回看九十年代，我們有過不少文化藝術雜誌如《越界》[6]、《打開》、《過渡》、《女那禾多》等，但到現在就好像相對上比較少有這些藝評。

黃　現在不少藝術評論多在網上發表，當年我多在《女那禾多》發表，也為

《女那禾多》明信片專號，第二卷第四期。

《越界》拍過照片。其實，那年代即使有平台，但總會遇到財政問題。

訪　二〇〇〇年以後，香港攝影有一段時間停滯了。作為香港攝影的策展人，你怎樣評價那段時期呢？

黃　其實有幾個分水嶺：一九八九至一九九七年前，因為有「八九民運」的影響及「九七回歸」前的恐懼，所有創作都很出色；一九九七年以後就停頓了一會。到二〇〇〇年，由於有一點世紀末的感覺，無論是否與攝影有關，仍然有一些值得注意的創作。二〇〇〇年後，則出現很大的跌幅，在攝影方面尤其明顯。當時正值電子數碼與傳統器材的交替，數碼攝影面世時仍價格不菲且像素低，要到二〇〇〇至二〇〇五年間數碼攝影才變得便宜及更先進，能夠普及大眾。因此，二〇〇五年後我們之

所以能東山再起，很大程度是借助於電子數碼相機的興起。另外，二〇〇五年後，佳能香港有限公司花了很多錢作宣傳，商業贊助遠比香港藝術發展局提供的多。以香港攝影節為例，我們都動用上百萬的贊助資金。

當然，非典型肺炎（SARS）的爆發及金融風暴的出現，也令大家的創作動力減低。

訪 在九十年代雖有另類的展出空間，如 1a 空間及 Para/Site 藝術空間等，但當年供攝影作品展出的空間場地似乎略有不足。

黃 當時香港的畫廊制度、藝術博覽會、藝術品的買賣等還未成形，更未有攝影畫廊如現在的刺點畫廊（Blindspot Gallery）。一九九四年，由王禾璧策劃的「攝影透視——香港、中國、台灣講

座及座談會」是香港攝影界的一個重要的攝影活動。其實，一九九七年以前攝影圈最重要的陣地就是香港藝術中心，因為有陳贇雲及王禾璧。

訪 不錯，另外我們也訪問了馮漢紀，跟他聊聊攝影中心那部分。其實，馮氏亦提及二〇〇〇年以後，香港缺乏一個很完整的攝影系，以致攝影方面有人才斷裂的情況。

黃 如果馮漢紀老師以香港理工大學為主軸，這說法是對。不過，二〇〇〇年後香港藝術中心與皇家墨爾本理工大學（RMIT）合辦藝術學士課程，也培育了一些攝影創作的新人。

訪 就是 RMIT 與香港藝術學院合辦的課程？

黃　對，他們辦了很多年，算是或多或少承接了香港理工大學攝影系的棒。因為課程大綱要給澳洲那邊審批，要求頗國際化的，並非一般的香港課程那麼簡單。

訪　香港藝術中心那邊是否一直持續支持攝影？

黃　對。他們與RMIT的合作有四個項目：陶藝、雕塑、攝影及繪畫。其實，香港理工大學攝影系的歷屆畢業生中，能真正從事藝術攝影的不多，始終藝術不能賺錢，加上藝術市場氣候還未準備好，畫廊亦不多。

訪　另外，你在二〇〇四至二〇〇九年曾在上海街視藝空間擔任項目經理，能談談當時的工作嗎？

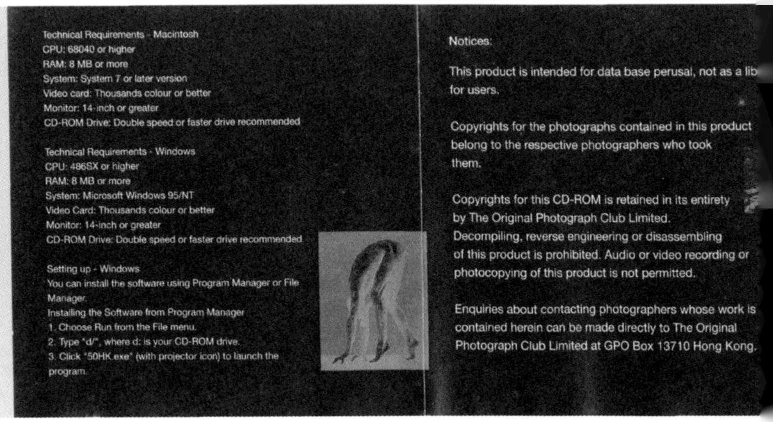
Technical Requirements - Macintosh
CPU: 68040 or higher
RAM: 8 MB or more
System: System 7 or later version
Video card: Thousands colour or better
Monitor: 14-inch or greater
CD-ROM Drive: Double speed or faster drive recommended
Technical Requirements - Windows
CPU: 486SX or higher
RAM: 8 MB or more
System: Microsoft Windows 95/NT
Video Card: Thousands colour or better
Monitor: 14-inch or greater
CD-ROM Drive: Double speed or faster drive recommended
Setting up - Windows
You can install the software using Program Manager or File Manager.
Installing the Software from Program Manager
1. Choose Run from the File menu.
2. Type "d/", where d: is your CD-ROM drive.
3. Click "50HK.exe" (with projector icon) to launch the program.
Notices:
This product is intended for data base perusal, not as a lib for users.
Copyrights for the photographs contained in this product belong to the respective photographers who took them.
Copyrights for this CD-ROM is retained in its entirety by The Original Photograph Club Limited.
Decompiling, reverse engineering or disassembling of this product is prohibited. Audio or video recording or photocopying of this product is not permitted.
Enquiries about contacting photographers whose work is contained herein can be made directly to The Original Photograph Club Limited at GPO Box 13710 Hong Kong.

《香港當代攝影50人》VCD封套，1996年。

黃　那項目正是由黎明海博士策劃，部分的攝影展覽由我負責。那時候，吳文正[7]創作了一系列以「街坊老店」為主題的作品，第一炮就在上海街視藝空間展出。當時一片懷舊香港、老區保育的氛圍，他的作品正是圍繞這主題創作。

訪　二〇〇九年以後，視藝空間由活化廳接手，該場地由一個展覽空間轉變為社區性的會場，你對這發展有什麼看法呢？會否令你們更難有一個正式的展出空間呢？

黃　轉變對攝影這媒介影響不大，因為當時已有刺點畫廊、光影作坊及石硤尾的賽馬會創意藝術中心。

訪　好像還有一家The Upper Station的攝影畫廊。

黃　對，余偉建[8]辦的，但已經結業了。後來，藝術圈給我的角色都以策展為主，雖然自己較喜歡做影像創作。

訪　以你的策展角度審視，自王禾璧的「攝影透視——香港、中國、台灣講座及座談會」（1994）後，本地攝影界有哪些標誌性的展覽？

黃　黎健強博士、朱德華與我於二〇〇八年籌備的「視藝掇英專題展覽08/09——影像香港當代攝影展」，它為一九九七至二〇〇八年間的香港攝影師做了一個總結。展覽將攝影作品分為四類：「看見城市」，即拍攝城市的事物；「定格人間」，即審視人的生活；「混合與新媒介」，即非一般平面性的攝影創作，可能是裝置；「自主天地」，即比較個人、比較概念性的影象。

訪　王禾璧在九十年代曾與五十位香港攝影師做了一個類似口述歷史的訪問，但研究結果最後似乎已束之高閣。其實，關於香港攝影史方面的研究好像相對空白一片？你亦多次提及要正香港攝影史之名。

黃　是啊，我們要為香港攝影史正名！其實，王禾璧的研究由香港文化博物館負責，當年他們仍未開館，她用錄音帶跟香港攝影師做訪問，這些資料至今仍然藏在香港文化博物館那邊，大概未有發佈過。

訪　另外，你們這批攝影師是否也組成了「香港國際攝影節」？

黃　對，它是一個非牟利的機構。兩年一屆，我們已舉辦了兩屆，今年踏入第三屆。除了新藝術攝影外，我們亦重視舊作品，例如黎健強博士[9]曾辦了一個很詳盡的舊香港攝影展「香港最早期照片 1858-1875」，展品由歐美收藏家提供，牛津大學出版社更為我們出版了一本場刊，比現在於香港歷史博物館舉辦的「影藏歲月——香港舊照片展」（2013）還要早。

除當代攝影外，香港國際攝影節也有一些比較社區性的活動，令不同階層也能參與。例如，我們曾為一位妓女提供相機，讓她拍下整個月的工作情況再重新展現。到二〇一三年，「香港國際攝影節」辦了「300 家」的展覽，結集了三百個家庭的全家福攝影展。

另外，上一屆最特別的亮點就是邀請了日本著名攝影師森山大道[10]。

訪　《秩智》是否也曾請過他提供一些照片？

黃　我想應該是荒木經惟[11]，因為李家昇跟他很熟。

訪　其實，你亦不時於香港以外的地區從事策展工作。對比香港，其他地區的攝影發展及攝影評論又如何呢？

黃　在香港，因為收入有限，寫攝影評論的人真的不多。我們年紀大了，唯有寄望後起之秀，但我認為香港難以培訓藝評人。自己沒有讀過藝評，一切全靠經驗。想當年，連文化行政的課程也未有呢！

訪　這麼多年來，你有收藏香港藝術家的作品嗎？

黃　多以學生送贈的為主，但我的收納空間有限。其實，我並不執著於攝影，自己亦喜歡其他的東西如書法、建築等。

■ 注釋

1　伍小儀，一九八〇年大學畢業，隨即加入《攝影畫報》擔任編輯，至二〇〇五年停刊為止。隨後於香港《中國旅遊》雜誌擔任副總經理兩年多，及後一直擔任麥烽和邱良的圖片經理人，亦曾出任香港攝影界慶委會秘書長及世界華人攝影協會執行委員。同時兼任策展工作，包括第一屆和第五屆連州國際攝影展、第一屆和第二屆大理國際影展。

2　李志芳（1949- ），生於馬來西亞。自一九八九年起參加展覽，其作品曾於香港、東京、巴黎、多倫多等地展出，於一九九六年協助創辦 Para/Site 藝術空間，曾任《女那禾多》攝影雜誌編輯工作及協助創辦 OP 攝影館。

3　劉清平（1963- ），一九八四及一九八六年先後獲得香港理工學院設計文憑及應用攝影證書，曾擔任《女那禾多》攝影藝術雜誌編委成員以及香港中文大學新聞與傳媒學院兼仕講師。其作品為香港文化博物館及廣東美術館所收藏。現為香港攝影文化協會成員，並主理位於賽馬會創意藝術中心的「私畫廊」（Gallery Z）。

4　黃淑琪（1974- ），一九九十年畢業於香港理工大學設計學院，二〇〇五年取得芬蘭赫爾辛基藝術及設計大學攝影碩士。二〇〇三年成立「廿九几」出版團體，負責出版工作及策劃文化創作活動。二〇〇〇至二〇〇二年期間參與《Tokion 香港版》、《Milk》及《Cream》等潮流及文化雜誌的創刊工作。其攝影作品曾於連州國際攝影年展及香港文化博物館展出，著有個人影集《蒐》及結集《所以美好》，現為香港浸會大學視覺藝術院講師，香港攝影文化協會成員。

5　朱德華（1962- ），一九八六年畢業於日本東京綜合寫真專門學校藝術攝影系，一九九三年開設朱德華攝影工作室至今，同年獲亞洲文化協會頒發愛克發基金青年攝影家獎。二〇〇四年獲德國波恩大學邀請出席由 Art & Exhibition Hall of Deutschland 舉辦的國際藝術研討會，二〇〇五年創立攝影組織 pH5 攝影運動，二〇〇七年創辦及主編《pH Infititi》藝術攝影雜誌。

6　《越界》為一九九〇至一九九四年間由曹誠淵出資刊印的文化藝術雜誌，早期以月刊形式出版，並先後改為週刊及雙週刊，首任編輯為列孚，後由張輝執筆。

7　吳文正（1967- ），一九八九年畢業於香港理工學院太古設計學院，曾任職報章攝影記者達二十年。二〇〇九年他在《街坊老店》內有兩幅作品被製成巨照，並入選蘇富比當代亞洲藝術秋季拍賣會。吳氏亦關注本土文化，出版的攝影集有《街坊老店》、《香港葫蘆賣乜藥》、《情迷照相館》等，現為非牟利團體「文化葫蘆」項目總監及香港攝影文化協會成員。

8　余偉健（1964- ），一九八五年於觀塘職業訓練中心修讀攝影課程，一九八九年取得香港理工學院高級文憑（攝影），畢業後先後於英文虎報、美聯社等機構擔任攝影師，曾任香港攝影記者協會主席、顧問以及協助創辦 The Upper Station 攝影畫廊，現為美聯社高級攝影師及香港攝影文化協會成員，並先後獲得香港攝影記者協會多個獎項、美國頭條新聞獎「特寫組」第二名（2004）、世界新聞攝影獎「人在新聞組」第三名（2010）。

9　黎健強，一九九一年獲英國德比郡教育學院文學士，一九九六年及二〇〇〇年先後獲得香港大學哲學碩士及哲學博士（美術），曾任香港藝術歷史研究會主席、攝影工作室 The Workshop 會員、藝術雜誌《左右》編輯，現為香港藝術學院講師及學科統籌、香港攝影文化協會成員，出版著作包括《形彩風流：香港視覺文化史話》（2002）、與梁寶山合編《從過渡跨越千禧：七人視藝評論自選文集》（2002），以及與高添強合著《彩色香港 1940s-1960s》（2013）。

10　森山大道（1938- ），早年曾為日本著名攝影師細江英公助手，一九七四年與細江英公、東松照明、荒木經惟、深瀨昌久等攝影師開設 Work Shop 寫真學校（後於 1976 年結束），一九七五年任東京寫真專門學校講師，二〇〇〇年出任東京工藝大學客座教授，並曾獲日本寫真批評家協會新人獎（1967）、日本寫真協會年度獎（1983）、德國寫真家協會獎（2004）等。

11 荒木經惟（1940- ），一九六三年畢業於千葉大學工部寫真印刷工學系，一九七四年與細江英公、東松照明、森山大道、深瀨昌久等攝影師開設 Work Shop 寫真學校（後於 1976 年結束），並曾獲第一屆太陽獎（1966）、織部獎（1999）、奧地利科學藝術勳章（2008）等。

CAFE

楊秀卓

簡介

楊秀卓，一九五二年生於香港，一九七八年報讀香港大學校外課程部的藝術及設計基礎文憑課程，修業期間，曾在一九七九年偕友人於嚴以敬在跑馬地開辦的傳達書屋辦了首次展覽。一九八〇年修畢課程，並利用工餘時間繼續創作、參加展覽，歷年曾參與多個重要展覽如《外圍》（1987）、《十年香港雕塑》（1988）、《轉變的年代：香港新一代藝術家作品展》（1990）、《城市變奏：香港藝術家西方媒介作品展》（1992）等，其中以《外圍》展的表演作品《人與籠》極為矚目。時至近年亦活躍於劇場及電影演出，曾參演劇場《一個無政府主義者的意外死亡》、電影《1+1》和《N+N》。

一九八八年，楊氏辭去十八年的會計職務，翌年出走歐洲流浪十五個月。回港後，他在一九九一年入讀香港大學文學院，主修藝術及比較文學，並暫時擱下畫筆以裝置創作，三年後畢業。一九九五年到粉嶺基督教香港信義會心誠中學任職，負責教授美術。

當中學教師後，楊氏將精神和時間放到教學工作上，個人創作及展覽相對減少。然而，多年來他積極參與藝術教育，並通過社區層面與不同團體策劃工作坊，接觸青少年及弱勢社群，以身教形式鼓勵學生對社會及世界的關懷。

《人與籠》，1987 年。

楊秀卓訪談錄

訪問者　黎明海博士

2013.3.20

■

黎　你在會計界工作了十八年，藝術創作方面較遲起步。你在什麼情況下進入藝術領域？

楊　許多人問過我這個問題，我得説説自己的童年經歷。小時候我住在上環，在一個比較貧窮的家庭長大，幼年常被病痛纏身，經常出入醫院，在東華醫院輪街症。那時六七歲，看到許多長者受盡身體折磨。年紀輕輕，我已旁觀了他人的痛苦。

我有很嚴重的哮喘病，七歲時一邊耳朵聾了，但家裡還顧不了這麼多。小時候排隊輪街症，就叫媽媽一起來見醫生。自此，我對痛苦特別敏感，這影響了我往後的大半生。小學時我在中文小學就讀，美勞課就是剪貼、黏公仔等。那時還未有紙黏土，因為太貴，所以總是做著平面的剪貼、填顏色之類的習作。那時我很喜歡找一些印在紙袋上的公仔，例如關公、福祿壽三星抄襲於廢紙上。到小學四年級，因為要應付升中試，就再沒有美勞課。升到中學後，因為中學沒有藝術科，從此與藝術絕緣。

畢業後，我就像一般人到寫字樓工作，做會計。有一次因為大病而進了醫院，有人向我傳福音，令我感受到人間有愛，往後五年成了虔誠的基督徒。那時我真的很虔誠，下班後便趕到教堂，自己躲在密室裡祈禱個多小時，投入到有時會淚流披面，非常狂熱。當時的我，將一星期七天全給了教會，禮拜日、團契、家庭聚會等我都有出席，而且很活躍。每次跟中小學同學見面時，我總向他們「講耶穌」（談論《聖經》及有關道理），弄得自己人見人怕，想起來也覺得自己當時很瘋狂。

《聖經》説要把福音傳遍天下，我便

照單全收。當時我心裡有神，除了《聖經》以外，什麼書、電影也不看，更遑論「鹹片」、「鹹書」（色情影片和書籍）！那時候父母都說我瘋了，差點跟我斷絕關係。

黎　真的很極端。

楊　很極端！到二十五歲那年，我當了五年會計，很厭倦自己的工作。有次在報紙上，看到骨瘦如柴的非洲災民，我開始問上帝為何如此對待災民？生命是什麼？宗教是什麼？他們要下地獄還是上天堂？我思考了許多這類問題。加上我發現教會信徒說一套做一套，令我很失望。種種事情，讓我對信仰產生懷疑，決定從書本中尋找答案。

黎　就在一九七五至一九七六年左右？

楊　沒錯，那段時間我讀了兩本對我影響深遠的書：*Be The Person You Were Meant To Be* 及社會學家 Rollo May [1] 所寫的 *Man's Search for Himself*。通過這兩本書，我明白為何自己這麼虔誠。佛洛依德（Sigmund Freud, 1856-1939）的「伊底帕斯情意結」（Oedipus complex），令我意識到自己一直在找尋一個「父親的形象」（father figure）：由於童年時的父親很弱，長大後我便將情感投射到「天父」（Father）。同時，我又以馬克思理論去認識人與社會的關係，又從尼采（Friedrich Nietzsche, 1844-1900）的哲學了解道德的一面。因此，我被啟蒙了。

那本 *Man's Search for Himself* 包含了許多存在主義（Existentialism）的哲學，我深受它的影響。

黎　你自行買書看，對嗎？

楊　對，自己買書看。午飯時放工後，我經常到中環的香港圖書中心看書，書本啟發了我許多生命的奧秘，自此再沒有回教會，並慢慢淡出，到最後連基督徒也不是了。《聖經》的教誨曾是我人生的最大支持，現今失去依靠，我便得重新建構自己的一套價值觀。那個階段，我瘋狂地上香港中文大學校外進修部及香港大學校外課程部的課，例如佛學、歷史、心理學、社會學、藝術史等。

當時我經常思索做人到底為了什麼？我討厭的會計工作是否要繼續下去？我反思童年時喜歡畫畫，想到自己會否在這方面更有潛能？因此，我便到明愛中心報了一些價格便宜的藝術課程，但後來發現他們教畫行貨畫，不適合自己，最後離開了。

二十七歲才讀藝術，畫畫得很差，完全給其他同學比下去。但自己不服氣，很奮力練習，放工後偷偷待在公司畫畫至晚上十一點。

黎 不只是我，有些評論家也說你的畫有點像 Martha Lesser。

楊 我很同意，我見過她的作品，總會受其影響。我這麼遲起步，就是因為花了一段時間去找回自己。心中那團火就燃起來了。

黎 七十年代香港經濟開始起飛，會計該是不錯的行業。

楊 對，和我同輩的人不斷升職。我也讀了兩張卷，但真的很辛苦。我真的不是那類人，我不屬於數字。那時我什麼也讀，《易經》、佛學等等，放下了《聖經》重新認識世界，並通過藝術發現知識的世界原來這樣的闊。那時候我拼盡全力，一星期上五天課，那兩年是瘋狂的學習歲月。

黎 你的第一組作品，大概在一九八〇至一九八一年左右。開始的階段，你的作品是比較具思考性和平面的東西，當然也有比較概念性的作品如以報紙裏身作「紙上作品」的功課。那麼，為何後來你會選擇比較演出性或觀念性的創作？

楊 有段時候我去看視覺藝術協會的展覽，看到郭孟浩在麵包上噴油然後吞下去，感到很震撼。

黎 你還讀了一個藝術及設計基礎文憑課程，對嗎？其實 Martha Lesser 是當時課程的 Tutor-in-charge，我好像也讀過類似的課程，但沒有完成。藝術和設計的東西你也算完整的讀到。你還記得其他老師嗎？

楊 其他老師還有住在長洲的 Robert O'Brien[2]，還有個中菲混血兒 Philip Seth[3] 教我們水彩畫。周綠雲教我們中國畫，翟仕堯[4]教書法。

黎 每個課程為期三個月左右？

楊 有些是半年，繪畫、人像畫則為期三個月，但部分三個月課程設有進階課程，有意者可多讀三個月。

黎 你說報讀的人有三四十人，但能堅持的則只剩下三四人。畢子融、陳餘生他們都是香港大學校外課程部畢業的，後來還辦了視覺藝術協會。

楊 他們比我要早。

黎 要辦畢業展嗎？

楊 沒有，只是將一年內的作品拿到導師面前給評審，完了就把東西全拿出來。

黎 你的作品應該已不在吧？

楊 全扔了，展覽完了立即扔了。

黎 一九八〇年讀完這課程後，就不打算當會計？

楊 曾經想過，因為那份會計工作很沉悶，工資不算高，又不合自己個性，但又需要金錢維持生活，內心十分矛盾。

黎 香港中文大學校外進修部的課程在安年大廈那裡上課嗎？

楊 對。那時我在中大校外進修部認識了一班人，碰巧他們辦的四人展有一人退出，便邀請我加入。一九八一年，我就挑了這些用避孕套創作的《人對抗人》。當時我沒有讀過雕塑之類的課程，只靠自己探索。

《人對抗人》說的是中環的生活。我將避孕套塞滿棉花，用鐵線扭出人型，再用竹籤將其刺穿。一邊是紅色，一邊是黑色，並用黑線吊起來。意外地，作品竟然置在冷氣機的出風口附近，令它微微的轉動，看起來像你刺我、我刺你。我要表達的，就是中環這種爾虞我詐的人生百態。辦完展覽後，我修讀了Art and Social Conscience（藝術及社會良知）的校外課程，這課程影響了我的一生。Nina Corazzo[5]更是我的啟蒙導師，這一科令我明白藝術可以和社會有這麼密切的關係。原來藝術可以作為工具，用以批判社會，跟我的個人理念很相近。

黎 那時你開始留意波蘭的政局？

楊 那時我留意波蘭的團結工會領袖華里沙[6]和北京民運人士魏京生[7]，那時是七十年代末，我讀《明報月刊》[8]、《學苑》[9]，李怡的《七十年代》。這樣我才知道魏京生是誰，大字報是什麼回事。那時我創作了一幅關於中國民主的作品，我想我是第一位以此為題材的創作人。

我從《七十年代》認識到香港開始有區議會選舉。區議會選舉是什麼呢？就是英國撤出前的部署，讓香港有多一點的民主空間，給區議員管理自己的社區。

黎 一九八一年的時候，你就展出了這些作品如《棚》。

楊 對。當時我認為既然花了幾百元租場一周在香港藝術中心辦展覽，便應物盡其用，最後決定做行為藝術。我們沒有宣傳，靠打電話邀請朋友到場觀賞，大概有二十多人。

黎 用這些當時較嶄新的媒體去表達，會否有認受的困難？抑或頗受歡迎？

楊 他們或者不知道這我在做什麼。為什麼有人伏在地上，逐粒逐粒吞食地上的粟米？其實我想說自己在中環活得像一條狗，將我自己的內心壓抑，通過作品表達出來。

黎 一九八二年我開始到香港大學校外課程部和香港中文大學校外進修部學畫，金嘉倫、劉欽棟[10]也教過我。

楊 我亦曾跟劉欽棟老師學習水彩。

黎 那時開始看展覽，開始認識你的作品，覺得很厲害。為何你轉用了竹，營造出比較血淋淋的感覺？

楊 我並未學過正式的雕塑，不懂刻木、鑄銅、做石膏倒模，卻很嚮往做雕塑。

黎 藝術與設計文憑課程沒有教立體創作嗎？

楊 雖然可以交立體的功課，但他們並沒有開辦雕塑課程。設計課盡是要求學生畫平面作品。記得小時候我很喜歡做燈籠，竹篾的技術也蠻不錯。同時，我有很多話要說，所以每件作品都帶有很強烈的概念，例如有關香港居住環境的擠迫，所以我畫了一幅《非人非鬼》來描述香港的居住環境。

八十年代間香港總是說「馬照跑，舞照跳」，香港會繼續繁榮安定。我認為這是廢話，是在欺騙香港人。

黎 你在一九七八至一九七九年間接觸了不少有關馬克思主義的學說，應該很接受共產主義或社會主義的看法才對。

楊 「魏京生事件」令我很失望，我認為今日的中國不是在實踐社會主義的理念。雖然我思想較左傾，卻看到魏京生和寫大字報的一班有識之士的下場，以及鄧小平的專權。因此，七十年代對我的影響很大。

黎 一九七六年「四人幫」倒台，對你有衝擊嗎？

楊 我對事件始末的認識不太深入，只知道「四人幫」弄權，他們倒台後由華國鋒上台，不久就由鄧小平掌控中國。

黎 到一九八四年《中英聯合聲明》[11]草簽，那時你年約三十三歲左右？你有想過移民嗎？

楊 當時我三十二歲，月薪大概有一千港元，所以根本未想過移民。那時我很留意事態的發展，看很多書，留意香港的民主回歸。我看曾澍基[12]、楊森[13]、黎則奮[14]等，他們那代人寫了很多關於香港民主回歸的東西。那時我每天都看《經濟日報》、《信報》等。

黎 除了香港大會堂外，香港藝術中心也是重要的非主流的藝術場地。香港藝術中心初由陳贇雲當策展人，後由何慶基接手。一九八四年左右，你開始在香港藝術中心做展覽。當時的藝術主流仍以呂壽琨、一畫會等的山水作品為主，你的作品對社會的反思和衝擊，正是這圈子欠缺的東西，也算是非主流的一派。大概什麼時候，你跟陳贇雲、何慶基、黃仁逵等人加深互相認識？

楊 創作的路途上，我一直都是一個人的。後來我搬到石澳，居住環境狹窄，只有一百二十呎空間，貼著牆壁近距離畫了那幅十呎乘六呎的作品《藝術家》，當時的創作環境非常惡劣。

黎 我只看過你的兩件原作，所以我總以為你主要做雕塑和行為藝術。

楊 其實我只做了四次行為藝術，不能算是行為藝術家呢。

黎 一九八七年《人與籠》的創作意念是什麼？

楊 我很喜歡用籠，很有象徵性。加上香港回歸中國，令我更感悲觀。當時的籠就帶有這樣的意思。我連續六七年也用上籠去創作。香港的文化環境很沉悶，沒有好的畫展，沒有機會給我們搞展覽。到香港大會堂租用場地所費不菲，另類空間只有香港藝術中心，什麼 Para/Site 藝術空間、牛棚藝術村、香港視覺藝術中心等當時還未出現，所以在創作文化上很困難。

　一九八七年，陸恭蕙說她會在堅尼地道十五號的「鬼屋」辦一個四十八小時的「外圍」展覽。展期短，展畫沒什麼意思，我便將自己困到籠內，想必沒有比此更震撼的。

黎 你真的將自己困在籠內四十八小時？

楊 是的。沒吃東西，沒大便，只帶了一個紅色膠袋在晚上「屙尿」（小解）。

黎 那時你認識謝德慶[15]嗎？

楊 不認識，因為當年的資訊沒今日的發達，我不知道謝德慶是誰。

黎　你這件行為藝術作品，莫昭如[16]有參與其中，究竟為何？

楊　當時我和莫昭如不太熟絡，只知道他是很激進的文藝青年，曾在香港藝術中心前打爛電視機、批判流行文化。那天晚上我把自己綁進籠裡去，鎖上鐵鏈油上紅油，莫昭如等無政府主義者視我為被壓迫的同胞，把籠弄破將我解放。

他們把我拉到人多的地方，並特意用英文罵身邊那些衣香鬢影的中產人士。

那次展覽過後，藝術圈對此未有太多評論，後來也只有一兩份報章報導。至於圈外媒體，則只有無線電視明珠台關注事件。這件事令主辦者很尷尬，陸恭蕙自策劃這次展出後，好像較以往沉寂。

其實，我只是要控訴自己在香港所

「We're the World」的現實和荒謬

訪楊秀卓

我要令主辦者尷尬

參與「外圍」展後，楊秀卓接受《外邊》雜誌專訪，1987年。

受的壓迫。主觀感覺而言，我未能看到工作上有出路，做創作辦展覽亦往往受制於空間及財力。客觀環境而言，《中英聯合聲明》將香港交給共產黨，令我恐懼香港人的自由會因此被削弱。因此，我做了一項四十八小時的行為藝術，誰也阻撓不了。

黎　你完成這些作品後便去歐遊？

楊　人到三十五歲，還是單身。盡是創作性暴力的東西，誰敢和我拍拖？不怕我是另一個林過雲[17]嗎？那時資訊雖不發達，但我仍受寺山修司[18]、大島渚[19]等人的影響。一九八七年我完成這展出後，便於翌年辭去會計工作，我是真的受不了。

那時我已經三十七歲，認識了當記者的女友四個月左右。我告訴她我感到很痛苦，她便鼓勵我辭工一起去旅行，回港後再作打算。她又鼓勵我從事藝術創作。礙於家事的緣故，我未有如期離開香港。一九八九年八月三日，「八九民運」後兩個月，我和女友揹著背包在東歐流浪了十五個月，到了南斯拉夫，並見證著東歐共產黨國家的發展，捷克斯洛伐克和波蘭先後產生民選或非共產黨總統。

這段旅程是我一生中最美好的十五個月，把我生命的質素都改變了。我每天就是看藝術看畫，逛街逛公園逛市集感受生活。到集中營參觀，實在很震撼。還有，我在捷克看了兩三件很暴力的藝術品，看完之後發現自己不是這麼孤獨，路總算走對了。原來地球的另一端有人做著同樣的東西，他們的作品更震撼、更有力。我的自信心回來了，視野也開闊了。

黎　你提過「六四事件」是很重要的議題，但你的作品似乎沒有關於這題目的？

楊　有一件作品叫“Turn of the Decade”。陳贊雲找我參加「十年香港雕塑」，當時我不在香港，只留下三件作品：一件是批判香港，一件批判共產黨。批判共產黨那件，我將一條男裝內褲釘到牆上，內裡放了一本《中華人民共和國憲法》。批判香港那一件則是兩個收音機，一個設有廣東話廣播，另一個以英語廣播。我就是要觀眾置身其中，思索為什麼有收音機？為什麼那廣播又中又英的？

黎　歐遊十五個月期間你有做作品嗎？

楊　有。我在法國停留半年，期間在朋友家中住了一個月。有段時間他回了香港，我就在他的廚房畫了一些畫。畫完捲好後，我就委託他把畫帶回香港。那批畫至今還在，就放在我的床鋪下。

黎　回來後你就在香港大學辦展覽？

楊　那該是一九八七年的事。Nina Corazzo看過我在香港藝術中心的安全套作品後印象深刻，便邀請我在一九八二年到香港大學做展覽，就是那個陽具展覽，香港大學藝術系系主任因而知道楊秀卓是誰。五年後，我回香港大學聽講座，他邀請我辦展覽，便於一九八七年參加了駐留計劃。女朋友鼓勵我去讀書，取個學位再說。我便拿著一些文憑，十年的工作經驗，在香港大學辦過兩次展覽的少許知名度，靠這些資料去申請入學。幸運地，他們就這樣取錄了我。我在一九九一年入學，讀了三年。

我很享受讀書的日子，從早到晚都待在圖書館。那些十八九歲的小女孩問我為何經常在讀書，我已錯過了二十年，還不拚命麼？那時讀後現代主義、後殖民主義、德希達（Jacques Derrida, 1930-2004）、傅柯（Michel Foucault, 1926-1984）、海德格（Martin Heidegger, 1889-1976）等理論，什麼都讀到。人和作品也隨之變得「乾淨」（減少發表性暴力作品）。所以何慶基跟我說：「我還是喜歡你的舊風格。」

黎　畢業後你為什麼不做創作，反而當了教師？

楊　畢業時我四十二歲，在坪洲租了個地方打算當全職畫家。跟我同住的有馮慶強[20]、麥志恒[21]等，他們都是幫黃玉郎[22]畫漫畫的。我每天都畫畫，卻沒錢買顏料和畫布。

住在坪洲約一年間我畫了一批畫。自己不是學院派，畫技一般，加上作品政治味濃不合畫廊口味。沒展覽，別人不來找我，我也不主動找人，亦未有加入任何團體。自己年紀不輕，這樣下去不是辦法。我想到小時候很受當小學老師的父親影響，渴望長大後當小學老師。

黎　為什麼不辦展覽？九十年代初，不少藝術家都到藝穗會[23]辦展覽。

楊　我有參與過。做行為藝術那些還好，但談到拿作品去展出寄賣，我便沒太大自信了。我鮮有與同行來往或主動要求辦展覽。後來楊曦[24]打電話給我，說他的學校粉嶺基督教香港信義會心誠中學聘請美術老師，問我有沒有興趣。我卻不知道楊曦的近況。

上天待我不薄，一九九五年這位好校長聘請了我，亦因此改變了我的下半生。那時我對待藝術教育跟我個人的藝術理念如出一轍，希望改變社會、改變世界。

黎　當時你有教育文憑資歷嗎？

楊　當我知道要教書，我便在五個月期間，每周到教育署的北角美工中心[25]數次，把中學生的作品全翻出來，從而了解中學教育是怎麼一回事。

由於每位註冊教師都要持有教育文憑，所以我在一九九九至二〇〇一年間到香港中文大學修讀有關課程。當時楊懷俸[26]、香港考試及評核局的余樹德[27]也教過數課。

黎　那時你有做創作嗎？

楊　接掌教鞭後，個人創作幾乎全面停頓，好把精神全都放在學生身上，我只曾參與一些聯展，譬如香港美術教育協會兩年一屆的展覽。

黎　我一直認為有一群同路人熱誠教學，香港就是需要這一群人。討飯吃的人去教書，不教還好。那時我在香港教育學院對學生說，如果他們只把教學視為一份工作而已，那就去做別的工作好了。站在教壇，就得應完全為學生奉獻。

楊　沒錯，我們可說是同一類人。

黎　你曾提到你的創作可劃分為幾個階段：早期幼稚，中期踏實，到二〇〇二年左右就是停滯的階段。現在你對此看法有所改變嗎？

楊　二〇一三年四月我將會參加展覽「繪畫大道中（三）半鑊生半鑊熟」，十

《後 1997》，1997 年。

來個老中青畫家聚到一起辦聯展。我算是蟄伏了十八年，現在有人找我辦展覽，我就費盡心思，畫了一幅很大的畫。其實這十八年間，我的創作稍有停滯，卻說不上是毫無突破。我做了一些跟以前不同的事情，覺得成熟了。唸大學時我畫了一批表現性頗強的素描，曾在香港視覺藝術中心展出過，自己也很滿意。在香港美術教育協會的展覽，我展出的都是大畫，不斷試用不同的媒介、表現手法。這也算得上有轉變吧！

黎　你把焦點轉到其他方面。但始終人的時間和精神有限，你放了時間在學生身上，便很難要求同時在創作上有同樣步伐。

楊　說創作的數目和藝術生命出現停滯，是對的；但以作品素質而言，現在的卻有些不同。

黎　你將於今年（2013）退休嗎？退休後還會做創作嗎？

楊　對，我會去做創作，但不會再做行為藝術了。

黎　會再做立體創作嗎？

楊　會以畫畫為主，因為空間有限。

黎　作為你的長期觀眾，我很期望你的個展。上一個展出為「楊秀卓紅色二十五」（2002）。

楊　對。我有些在法國、坪洲畫的畫尚未展出過。

黎　只有個展才能一窺藝術家的心路歷程。你退休後，學生一定很捨不得你。事實上，新一輩的創作內容越見蒼白。

楊　我也不知道香港在發生什麼事。一個十五歲的小孩有著成年人的思想，就是想著找什麼工作、賺錢、買樓等，欠缺年輕人的想法。

黎　即使跟他們談論社會議題，他們只會呆若木雞。能夠關心天星碼頭、菜園村等，已經算不錯。至於世界在發生什麼事，他們完全不知道。你沒有教師的身份，可能更加自由。

楊　我希望可以做些事去改變社會，要更努力。

黎　我還是覺得以往的楊秀卓比較「有型」。

楊　八十年代可是我最瘋狂的時候。

注釋

1 Rollo May（1909-1994），美國存在主義心理學家，美國 Oberlin College 學士，一九三八年取得聯合神學院學士學位，一九四九年獲美國哥倫比亞大學臨床心理學博士學位。塞布魯克研究院和研究中心的創立者及資深成員，作品有《愛與意志》、《創造的勇氣》等。

2 Robert O' Brien（1939- ），一九六一年畢業於英國倫敦聖馬丁藝術學院，一九六三至一九七五年於倫敦、慕尼黑、巴黎等地參與全職藝術創作，一九七六年移居香港，先後於香港大學校外進修部、香港理工學院太古設計學院、弘爵國際學校及香港演藝學院任教藝術和設計課程，亦曾任藝術公社董事。現為北京師範大學珠海分校國際傳媒設計學院高級講師。

3 Philip Seth，三藩市藝術學院藝術文學士（繪畫），曾學習現代舞及爵士舞。返港後於香港大學校外課程部任教繪畫，及後於一九八〇年協助創辦香港城市當代舞蹈團，並成為專業舞蹈員。八十年代曾於香港芭蕾舞學院、香港演藝學院、城市當代舞蹈團任教，亦經常參與香港芭蕾舞團、香港芭蕾舞學會及城市當代舞蹈團之演出和參與編舞工作。

4 翟仕堯（1935-2009），一九五八年獲頒國立台灣師範大學文學士，一九七〇年修畢香港中文大學校外部課程，隨呂壽琨習國畫，並協助創辦一畫會，一九七五年獲香港當代藝術雙年展藝術獎，二〇〇一年獲香港特區政府榮譽勳章。一九七五年起投身教育工作，先後於香港大學校外課程部、香港理工大學設計學院、香港中文大學藝術系、香港中文大學校外部擔任書法講師，曾任一畫會副會長、蘭亭學會副會長，同時為甲子書學會創辦人暨永遠榮譽顧問、香港藝術館名譽顧問、香港康樂文化事務署藝術顧問。

5 Nina Corazzo（1947- ），美國印第安納大學哲學博士（現代美術史），八十年代曾於香港大學美術系任教西方現代美術史。一九八五年為 Petra Hinterthür 所著之 *Modern Art in Hong Kong* 的編輯。

6 華里沙（Lech Walesa, 1943- ），早年於波蘭格但斯克的列寧造船廠擔任電工，後因參與及領導工運而兩次入獄，一九八一年獲美國《時代週刊》選為風雲人物，一九八三年獲諾貝爾和平獎，一九八〇至一九九〇間擔任波蘭團結工會主席。一九八九年以團結工會為首的聯合政府上台，翌年當選波蘭首任民選總統，一九九五年競逐連任失敗。

7 魏京生（1950- ），一九六六年「文化大革命」爆發後成為紅衛兵參與全國串連，期間萌生自由民主的理念。一九七三年復員回北京後，在北京動物園當上電工，後在一九七八年與一些工人和知識分子在北京西單以大字報形式，用真名實姓發表了一系列文章，宣揚民主自由，被當局拘捕。一九七九年被控以「反革命」罪判刑十五年，一九九三年獲釋後當局再以同樣罪名將其拘捕，並判處十四年刑期。一九九七年十一月從囚室被直接送上飛往美國的航機，翌年獲推舉為中國民主運動海外聯席會議主席至今。

8 《明報月刊》由查良鏞於一九六六年創辦，專注探討文化學術、社會及知識等問題，刊載中國內地、台灣、香港及世界各地學者及專家所發表的文章。

9 《學苑》創刊於一九五二年，為香港大學學生會唯一官方刊物，早年以 *Undergrad* 英文報章形式作不定期出版，到一九五九年轉為以中文出版並改稱為《大學生》，後再易名為《學苑》，至一九六二年發展為以月刊形式出版。《學苑》在社會運動及學生運動等層面具影響力，呂大樂（香港大學社會學系教授）、許仕仁（香港特別行政區前政務司司長）、程翔及潘小濤（香港資深傳媒人）等人亦曾為雜誌成員。

10 劉欽棟（1949- ），一九七一年於國立台灣師範大學美術系畢業，畢業後在新加坡廣播電台為節目「美術圈內」撰稿，後於一九七五年到香港中文大學校外進修部為藝術課程教授水彩。亦曾兼任香港大學藝術系講師（1984-1998）、香港中文大學通識教育講師（1999-2003）及為香港教育學院文化與創意藝術系擔任客席講師。一九八一至一九八三年間出任鋒美術會主席。

11 由於英國對新界的租借期將於一九九七年七月一日屆滿，八十年代起，中國為收回香港主權而與英國進行歷時兩年共二十二輪的談判。首階段談判為秘密磋商，雙方就香港主權和駐軍問題等原則和程序問題進行談判；第二階段則就具體、實質性問題進行會談，商議未來香港政制、過渡時期的安排等。一九八四年十二月十九日，中國總理趙紫陽和英國首相戴卓爾夫人在北京簽署《關於香港問題的聯合聲明》。一九八五年五月二十七日，中英兩國互換批准書，協議隨即生效。一九八五年六月十二日，中英兩國政府把《聯合聲明》送交聯合國登記。

12 曾澍基（1950- 2014），香港大學文學士、香港中文大學工商管理碩士、英國曼徹斯特大學文學碩士（經濟）及哲學博士，曾先後於渣打銀行擔任經濟師及香港浸會大學經濟系擔任教授。除教研外，曾氏亦曾擔任多項公職，包括港事顧問、新機場諮詢委員會委員、港府交通諮詢委員會委員、港府經濟諮詢委員會委員、港府能源諮詢委員會委員等，退休後轉任香港浸會大學工商管理學院企業發展研究所高級研究員。

13 楊森（1947- ），一九七四年香港大學社會科學學士，英國約克大學文學碩士，香港大學哲學博士，一九九一至一九九七年間任立法局民選議員，一九九八至二〇〇七年任立法會民選議員。為民主黨前身香港民主同盟（簡稱港同盟）及匯點成員之一，亦是民主黨創黨會員，並曾於二〇〇二至二〇〇四年擔任該黨主席，現為香港大學社會工作及社會行政學系助理教授。

14 黎則奮（1950- ），一九七五年香港大學社會科學學院畢業，主修經濟及社會學，歷任《信報月刊》執行編輯、《資本雜誌》總編輯及 DBC 香港數碼廣播有限公司大錢台台長，多年來於《信報》、《新報》、《明報》、《財經日報》、《天天日報》、《星島日報》、《癲狗日報》及多份期刊寫作，筆名有馮仁釗、方卡謬、李阿飛、七靈、吳小野、易凡等，現為政治經濟學網頁創辦人及節目主持人。

15 謝德慶（1950- ），早年於席德進畫室習畫，與東方畫會成員交往。一九七三年完成兵役後在美國新聞處台灣分處舉辦首個個展，後在一九七八至一九八六年間進行《五年一個行為》的藝術創作，一九八七年開始創作最後一件藝術作品《Earth》，於一九九九年完成。同年宣佈不再從事藝術創作，及後曾在世界各地舉行展覽。

16 莫昭如（1947- ），一九六七年獲澳洲阿德萊德大學經濟學學士，早年於香港青年協會任職，曾從事翻譯及編輯工作，並協助創辦《70年代》雙週刊。七十年代活躍於本地社會運動，曾參與中文法定運動、保釣行動和反貪污捉葛柏等。一九七四至一九九〇年於拔萃女書院任教，九十年代早期以自由身從事寫作、翻譯、劇場、藝術活動策劃等工作，自一九九五年起出任香港展能藝術會執行幹事，現為社區文化發展中心總幹事。於一九九〇年獲「亞洲文化協會獎學金」，一九九九年獲「香港藝術發展局戲劇成就獎」，並曾出任香港藝術發展局戲劇委員（2000-2002）及顧問（2003-2012）。

17 林過雲（1955- ），一九八二年二月至七月間先後殺害四名女子，並於作案後肢解人體、拍攝殘肢、製成標本、沖曬照片，同年八月被捕，有「雨夜屠夫」之稱。

18 寺山修司（1935-1983），一九五四年考入日本早稻田大學教育學部國語國文學，同年獲「第二屆短歌研究新人獎」。一九六七年組成了演劇實驗室天井棧敷，以劇作家、詩人、和歌創作家、電影導演、舞台劇導演、賭馬評論人等身份活躍，其電影中顛覆而前衛的視覺風格，為他贏得「銀幕詩人」的美譽，日本四大情色大師之一，對日本的視覺藝術發展影響深遠。

19 大島渚（1932-2013），五十年代初曾活躍於日本左派學運，一九五四年畢業於京都大學法律系，後加入松竹片廠（Shochiku）擔任副導演，其後自組創造社（Sozosha），歷年作品有《愛與希望之街》（1959）、《日本夜與霧》（1960）、《絞死刑》（1968）、《俘虜》（1938）及《御法度》（1999）等，為著名日本新浪潮導演。

20 馮慶強，中三輟學後到上官小寶創辦的八二畫社（鄺氏漫畫有限公司前身）當漫畫學徒，後加入玉郎集團、自由人等知名漫畫出版社工作，曾參與製作《李小龍》、《醉拳》、《超神Z》等漫畫。另外亦曾為《越界》雜誌、香港商業電台《豁達音樂誌向》負責美術工作，亦先後為《風雲》、《中華英雄》、《少林足球》、《滿城盡帶黃金甲》等電影擔任圖像設計。二〇〇五年創立壹拍壹工作室，二〇〇六年在台灣《誠品好讀》撰寫漫畫史，二〇〇八年獲邀到香港藝術中心的藝術學院任教媒體課程，二〇一一年加入並發起成立香港粵語片研究會及於演藝學院電影及電視系任教部分課程。

21 麥志恒，香港電台編導及香港電台節目製作人員工會理事，曾編導多齣的香港電台電視劇包括《鐵窗邊緣》、《非常平等任務》、《有房出租》及《香港故事》等。

22 黃玉郎（1950-），原名黃振隆，早年於聖公會聖本德中學就讀，十三歲輟學後投入漫畫創作至今，並將日本漫畫的造型設計及編繪手法結合中國傳統的連環圖形式，配合本地漫畫製作的分工模式，歷年推出《小流氓》、《龍虎門》、《如來神掌》等數百部作品。

23 藝穗會於一九八二年成立，一九八四年把會址設在中環下亞厘畢道舊牛奶公司倉庫。第一屆「香港藝穗節」於一九八三年一月開幕，是香港首個公開藝術節，其後每年舉辦，節目內容廣泛，包括舞蹈、戲劇、音樂、繪畫、攝影等，一直為本地重要藝術節目之一。一九九九年，「藝穗節」更名為「乙城節」。

24 楊曦（1963-），一九九一年獲加州州立大學索洛馬分校藝術學士，一九九八年獲「亞洲文化協會獎金」，二〇〇〇年獲「香港藝術發展局藝術發展獎」，曾擔任香港城市大學媒體科技中心藝術研究員。一九九五年首次舉辦個展，並先後參加二〇〇二年「光洲雙年展」及二〇〇四年「上海雙年展」。

25 北角美工中心成立於一九七一至一九七三年左右，全稱美工教育資源中心，位於北角百福道四號。美工中心多年來一直是教育署存放美術科教學參考資料的資源中心，同時為舉辦藝術教育活動的場地，包括每年一度的學生創作展（中五會考美術科、中一至中七、小學）、教師研討會、美術研習班及與外界合辦的各類展覽等。二〇〇六年，因百福道舊址進行重建，遷往九龍塘教育局服務中心現址。

26 楊懷倖（1946-），一九六八年畢業於葛量洪師範學院二年制及一九六九年首屆美術科特別一年制，後到金文泰中學任教至一九七二年，獲香港政府公務員獎學金，同年十月赴英國Ravensbourne College of Art and Design 修讀平面設計，一九七五年以一級榮譽畢業。一九七六年於倫敦Central School of Art and Design 修畢碩士學位，於同年回港。一九七六至一九八〇年出任教育司署視聽教育組助理督學，一九八〇至一九八三年出任美工組擔任美術科督學。一九八四年任美術科高級督學，一九九二至一九九九年出任美工組首席督學。回歸後教育署改組，一九九九年末獲派到教育統籌局學校質素保證分部出任總主任（學校質素保證），至二〇〇四年中退休，二〇〇六年任首屆視覺藝術科行政長官卓越教學獎評審顧問。曾為香港藝術館顧問。

27 佘樹德，一九七九年獲香港中文大學文學士（藝術），一九八四年獲香港中文大學教育文憑，一九九〇年獲香港中文大學教育碩士。八十年代先後於堅樂中學、英華女學校、慈幼中學任教美術與設計科。自一九八八年起，任職於香港考試及評核局，擔任科目主任/評核經理（美術及音樂），期間曾擔任多項公職，包括香港藝術發展局委員暨藝術教育委員會主席（1995-1998）、香港藝術發展局委員及藝術教育組主席（2000-2004），並兼任香港教育學院、香港浸會大學及香港中文大學講師。為香港美術教育協會會員（曾任副會長）、美國全國美術教育協會會員（NAEA）及國際美術教育協會會員。

353 — 352　楊秀卓

靳埭強

《行也自在》，1996 年。

簡介

靳埭強，一九四二年生於廣東番禺，早年於廣州優太小學求學，後到廣州市第十二中學升讀，畢業後於一九五七年來港定居。來港後曾當洋服裁縫數載，並於一九六四年起在百會畫苑追隨伯父靳微天修習了三年素描及水彩畫，一九六六年於香港中文大學校外進修部修讀由王無邪教授的設計學。一九六七年報讀呂壽琨於香港中文大學校外進修部開辦的水墨課程，兩年後畢業。

受呂壽琨影響，靳氏的創作歷程可劃分為「師古人、師自然、師自我」的三個階段。通過臨摹古人、提煉大自然的精髓，靳氏慢慢將自身「所見的」與「所想的」幻化為一，進入另一創作階段。

除個人創作外，靳氏投身藝術設計界多年，對推動本地藝術及藝術教育發展貢獻良多。一九六九年自香港中文大學校外進修部商業設計文憑課程畢業後，靳氏與師友呂立勛等七人創立大一學院藝術設計中心，並擔任首屆副院長兼主任講師，負責教授商業設計文憑課程。一九七三年靳氏在香港大學校外課程部兼教基本繪畫綜合課程，與呂壽琨、韓志勳、譚志成、徐子雄、張樹新、梁巨廷等導師共事。另外，為一畫會成員期間，靳氏亦出任教育組主任，積極推動藝術教育工作，後更成為一畫會會長。時至近年，靳氏對藝術及設計教育的推動仍不遺餘力，曾擔任汕頭大學長江藝術設計學院院長、中國中央美術院客座教授等職位，並先後出版《平面設計實踐》、《商業設計藝術》、《海報設計》等書冊，對年輕一代設計工作者具深遠影響。

從事藝術及設計多年，靳氏曾獲「香港藝術家年獎之設計師年獎」、「日本字體設計師協會年展最佳作品獎」等六百多個獎項，成就斐然。除香港藝術館及文化博物館外，靳氏的作品亦廣泛為世界各地的博物館如日本大阪天保山博物館、德國漢堡博物館、丹麥哥本哈根裝飾藝術博物館等收藏。靳氏在藝術及設計界享負盛名，經常獲邀為夏利豪基金會藝術比賽、香港設計師協會雙年展、全球華人設計大賽、中國北京申辦二〇〇八年奧運會徽決賽等比賽擔任評審。

靳氏歷年熱切推動本地藝術及設計發展，並於二〇〇八年獲香港特別行政區政府頒授銀紫荊星章勛銜，貢獻得到認同。

靳埭強訪談錄

訪問者　黎明海博士

2013.6.11

靳　如果以我參與的第一個畫展「十八青年水彩畫展」算起，我的繪畫歷程大概在六十年代末、七十年代初起步，應該是一九六八年。那次我參展的作品是個人創作的水彩畫。由於我用自己的方法畫，我的水彩跟同年師友的完全不一樣，他們都是師承老師的風格。

那時，我除了跟伯父靳微天[1]學畫外，還已經開始修讀王無邪於一九六七年在香港中文大學校外進修部開辦的設計課程，並報讀了香港中文大學校外進修部的其他藝術課程，我是同時修讀幾個課程的，包括呂壽琨的水墨課程。後來因為轉行的關係，我不能經常在星期天取得半天假期，就沒有到伯父那裡學畫了。

我跟伯父學畫兩年多，當中半年是重疊的，因為我在一九六七年開始跟王無邪、呂壽琨、張義、費明杰[2]等學藝。我也曾在文樓的工作室學版畫。另外，在關晃[3]遠赴紐約前，我曾參觀他的工作室，偷師學他的木版水印，再自己摸索實驗。後來，我也參與過香港大學校外課程部的教學，有一個叫「基本繪畫」的課程由王無邪、呂壽琨和韓志勳一起組織，我是其中一個老師，教過幾堂課。

黎　那時候已經修畢呂壽琨先生那些水墨課嗎？

靳　進修完了。一九六七年，我跟呂壽琨上了第一個短期課程「水墨基礎」共十二課。我在那裡學習的時候，梁巨廷、張樹生和張樹新[4]兩兄弟也在。當時他們已經跟過呂壽琨習畫，是那些有名氣的學生。尤其是張氏兄弟，他們很有天份，畫作不時刊登在報紙，老師很欣賞他們。第二個課程則為「中國繪畫史」，讓我們認識整個歷史脈絡和鼓勵我們向古人學習。呂壽琨先生很鼓勵我們向古人學習。

黎 呂壽琨先生的教學是否很有魅力？

靳 非常有魅力。他的教學理念清晰和很鼓勵學生創作。《山水習作》（1968）就是在呂氏的鼓勵下對他借給我的古人作品的臨摹。呂壽琨先生把我的習作拿回去，不作改動，然後題寫了哪裡畫得好、哪裡有缺點等，都逐一給我提點。他當時寫道，說我「日後必成大器」，使我覺得不可能不繼續畫畫。然後，他告訴我應該怎樣去走我的路：師古人、師自然和師自我。我便一直循著這三個步驟去學習。他不贊成我們臨摹老師的畫，他永不把他自己的畫給學生去臨摹，也不希望我們去模仿他的風格。他曾示範臨摹范寬[5]的《溪山行旅圖》，但非要讓我們去跟他的手法。我認真地師古人，作品《壑》（1974），就是臨摹《溪山行旅圖》畫中的峰巒和瀑布，倒對重複地臨摹構成自己的作品。我只是借「師古」去創作，不會全聽老師的話單純地去臨摹古人的畫。

黎 一九七八年你去了廬山，對你的影響大嗎？

靳 師自然之初，我先到日本、台灣旅行，在橫貫公路，那裡看到的大山大水，影響都很大。從前我沒有看過雲煙，在師古人時期的作品《山水空間之二》（1976）裡的雲煙都是假的，不符合畫理，只是留白而已。到廬山看過五老峰的雲煙後，就覺得古人的畫甚有依據，都是取材自大自然。皴、石的造型、樹木的生長，所謂樹看四岐。石的皴紋是怎樣來的？為什麼不同畫家用不同的皴？就是因為他們受不同的山影響。

黎　到八十年代，你跟王無邪、畢子融等師友去黃山？

靳　這兩個旅程很近的。我在五老峰看過雲煙，又在黃山看到雲海。黃山秀麗，山峰多，還有松樹。我的第一棵松樹在廬山五老峰得稿，是送客松，《蒼然》（1979）是我平生首次畫松樹。至於《黃山小景之一》（1981）中的小松樹，是在黃山玉屏樓旁的立雪台得稿。我在那小松樹看到大自然有我在，覺得那棵松樹就像我一樣，高傲地面對風霜，都很堅強，亦有點寂寞。

黎　高美慶教授認為，一九七四年是你藝術生涯的轉折點。

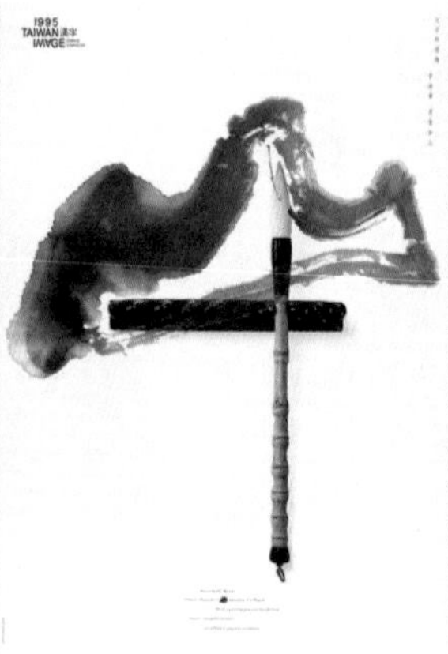

《文字的感情——山》，1995年。

靳　是的。一九七四年，我開始創作山水畫，對普普藝術（Pop art）說再見。之前，一九六九至一九七三年，我是創作「普普水墨」。我並非完全不受西方影響，但我的硬邊已經開始溶化。一九七四年的《壑》，是我的第一張山水作品。我寓師古於創作，既向古人學習，也同時創作。受呂壽琨先生的影響，我認為每次創作都應有自己的觀念，不論是師古、師自然的創作，也應有個人觀念在其中。師我求我是很自然的。

假若你看看我用彩墨對大自然的描寫，反映出我逐步放棄設計。我取材自然的形態，運用了稜鏡的概念。受畢加索影響，我了解到要有多視點和時間性的觀察。例如我觀察這個山，一會兒有另外一個山峰突現了，又或少了一個山峰，原來是因為雲煙縹動的緣故。我用不同的角度、距離去看一棵松樹，其實它仍是同一棵松樹。

黎 那時候你已成立了一畫會？

靳 一畫會很早已成立了，那時我仍未參與。修讀呂壽琨的課程時，一畫會還未成立。那時的同學有李維安[6]、徐子雄[7]、李靜雯[8]、鄭維國[9]、吳耀忠[10]等。那一兩期的同學先成立元道畫會，而一畫會則由鄭維國、李靜雯等後來成立的。當時，我和梁巨廷還有張氏兄弟都比較自負，不屑參加畫會。我們皆不是一畫會的風格。直至我畫了一些現代風格的作品，醒覺要回歸的時候，我覺得應要關注中國的傳統。其實，當時的大環境如「六七風暴」後的學潮等，都在強調文化回歸的潮流。

黎 「六七風暴」對你也有正面的想法和自省？

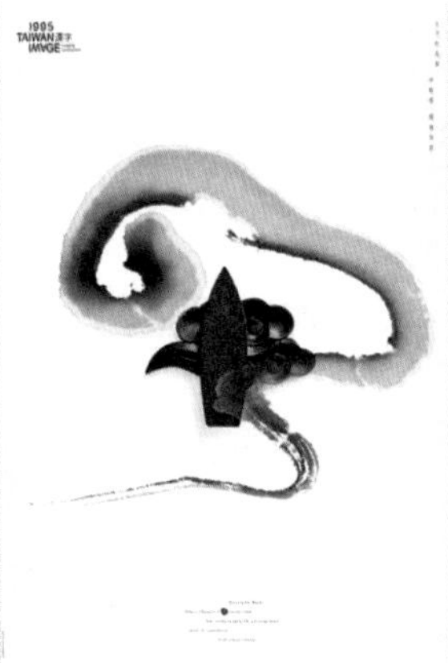

《文字的感情——雲》，1995 年。

靳 不肯定。當時的殖民地政府對待本地華人變得好一些，開始給予年輕人機會去學習。我們這些「打工仔」得以釋放自己，不是說要脫貧，而是追尋自己的理想。那時候，我們可以透過不同的雜誌報紙，了解社會風氣。我們也很淡薄，不追求很好的生活。

那時候很多人覺得自己是過客，政府也沒有鼓勵我們去審視自己的身份。我在五十年代來港，算是新移民。那時候很多人都想移民外國，不然就在往後的日子有機會回內地去。但是，那時候會覺得香港是我們的家、成為我的第二故鄉。香港是什麼？香港就是中國人的社會，我們的藝術怎能沒有中國文化？

黎 「香港節」就在那時候出現的？

靳 因為那時候沒有人會認為自己是「香港人」，政府便打算通過「香港節」

去建立香港居民的歸屬感。那個「西瓜波」（紅白間條塑膠球）徽號，就是要營造節日氣氛，令人聯想起海灘、舞蹈中旋轉的傘、人們的歡樂等。當年港英政府並非要我們往中國看，而是想營造一種香港的歸屬感。後來所謂的「獅子山精神」[11]，也算是對香港的歸屬感。不過，我在水墨畫裡的追尋，是中國文化。當年我設計「香港節」郵票時，早期都是以西方元素為主，後來開始用上一些中國民族舞蹈和漢字、民俗風格的元素。

當時中文仍未有法定地位，以前的郵票設計極少重視中文，所以我用上簡寫的數目字，靜默地起革命。我認為要有中國文化，設計如是，水墨畫亦如是。

黎 你是我認識的設計師之中，首位將中國元素加入到設計創作、水墨創作。

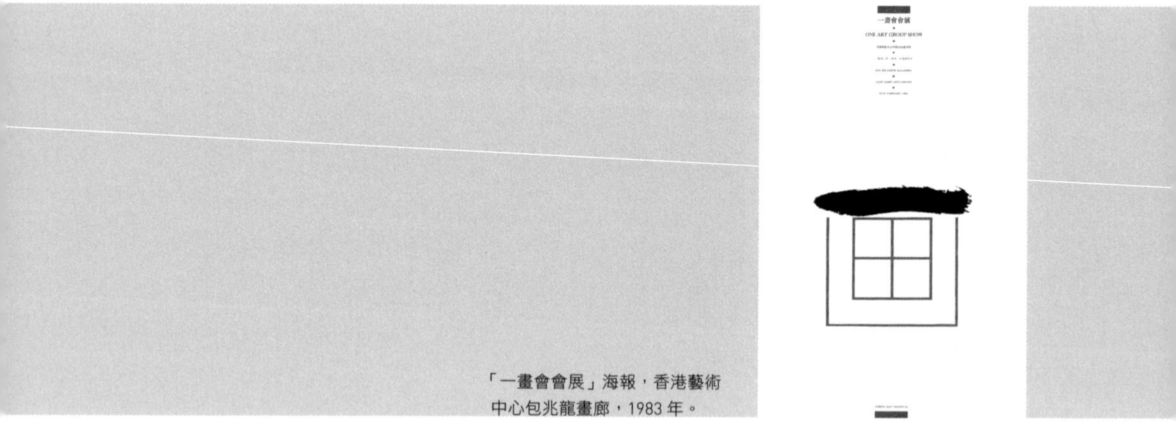

「一畫會會展」海報，香港藝術中心包兆龍畫廊，1983 年。

靳 我不敢說由我帶領，因為不少師兄弟或學生也是這樣做。

黎 你為一畫會展覽的海報設計特別出神入化。

靳 說到一畫會，為什麼我在一九七六年成為他們的一員呢？因為我投入了山水這個題材，去摸索所謂的「文化回歸」。那時候，我覺得一畫會也在做一些頗為相近的事。習山水時，我剛成家立室不久，加上一九七〇年開始教夜校，生活變得忙碌。雖不時跟梁巨廷及張氏兄弟上山探訪呂壽琨老師，也有時給老師看我的作品，從中聽取指導。後來老師離世，就沒有人為我這些作品提意見了，難以問道。加入一畫會可與同道切磋。

至於王無邪老師，他雖不希望外人覺得我跟他習水墨畫，但我在起步階段都受他的影響。我曾跟他論藝，他也為我提意見，傳授畫法。設計就更不用說了，他必定是我的恩師，因為他是推動設計教育的重要人物。

失去呂壽琨老師的指導，我將眼光放到師兄弟、一畫會那邊。一畫會當時辦得不錯，他們更去台灣參加大中華的「中國水墨畫大展」（1972）。不過，當時內地沒什麼人參與，只是台灣和香港的為主。這展覽讓我覺得這群藝術家都有一點動力，令我想跟師兄弟一起參加那些活動、跟師兄弟切磋是必要的。大概在七十年代，呂壽琨先生去世前收了兩個女弟子，分別為顧媚和鍾情（原名張玲麟）[12]。後來，顧媚、潘振華[13]和我同期進入一畫會。至於周綠雲，我記不起她有否參加那些校外進修部的水墨課程，或者她是私底下跟呂壽琨先生學畫。她是元道畫會的成員，後來也進了一畫會。

「中國水墨畫大展」，台北省立博物館及香港大會堂，1972年。

黎　還有一位叫潘瑞華，是嗎？他後來好像銷聲匿跡了？

靳　他是弟弟靳杰強[14]的師兄弟。潘瑞華是一般的藝術愛好者，不太活躍，所以在後期的藝術活動中鮮見他的蹤影。至於靳杰強，他是梁伯譽[15]的學生，傳統畫底比我深厚得多，早年已有兩幅山水作品被香港博物美術館收藏。靳杰強不是新水墨運動的成員，但也有創新的水墨風格。其實，我立下決心學習水墨，也是受到他的影響。一九六四年，雅苑畫廊辦過一個公開藝術比賽，水性媒介只有水彩而未設水墨。最終，台灣省立師範大學的李焜培[16]拿了第二，靳杰強就拿了第一名。李焜培曾跟靳微天學畫，是我的師兄。當年他拿第二名的水彩畫創出自己的風格，較為現代。

黎　你剛才提到「新水墨運動」，可否多說一點起源和主題？

靳 這名字不是我們起的，因為這個運動無形而生。其實，呂壽琨早於六十年代已開始鑽研如何改革中國畫，並在課堂上慢慢教學生用新的形式、創新的態度去創作。那班學生，包括我在內，皆受了很大影響和啟示，匯成一股新潮流。開始做藝術創作時，張氏兄弟、梁巨廷和我這幾位讀設計的學生受了西方影響，都是做雕塑、塑膠彩畫，未考慮到水墨這媒介。

黎 《作品一號》和《作品二號》都是你早期的雕塑？

靳 對，用塑膠板或木和防火板造的，我第二次參加香港當代藝術雙年展並首次入選。那時我是年輕人，不怕失敗，參加了不少公開比賽。當時我受硬邊、極簡藝術及構成主義影響，也學了一點基礎立體設計。

黎 那個時候沒有互聯網，你在哪裡看到這些資訊？

靳 二手資訊，如書籍、雜誌等。當時有一本美國雜誌叫 *Forum*，可以在圖書館找到。美國圖書館則有 *Art America* 之類。我還會去書店如辰衝、中環的香港圖書中心（Hong Kong Book Centre）找一些便宜的書。企鵝叢書也有一些很便宜的藝術書、袋裝書等。大丸百貨公司的書店部門也有一些小畫冊，我現在也保存著。

至於我在哪裡看第一手資料呢？就在一九七〇年的大阪世界博覽會。當年在大阪世博的美術館與美國館等看到大量大師原作，那年我在世界博覽會香港館的雕塑設計比賽中拿了冠軍，同時在制服設計比賽中取得首名，算是雙料冠軍。那個雕塑叫《進展》（1968），呼應場館設計成抽象的船帆模樣，有進步的感覺。比賽勝出，我便有錢去看世界博覽會了。可惜的是，那件雕塑做不成。那時候我不是資深的藝術家，對雕塑以至公共藝術的認知空白，沒有製作一件大型作品的經驗。主辦方與我都沒有妥善的合作條件，使我錯過了造一件公共藝術品去香港館擺放的機會。

黎 我曾聽聞呂壽琨先生將西方抽象藝術與中國水墨結合。他在課上有教過嗎？

靳 很少中國畫家像他一樣具備良好基礎。五六十年代他曾與嶺南派第二代大師如趙少昂[17]、楊善深[18]，或已具成就的傳統水墨畫家、國畫家如何漆園[19]等前輩一起展覽。另外，呂氏是少數會揣摩西方藝術的人，他曾以水墨臨摹透納（J. M. W. Turner, 1775-1851）的作品。他的「禪畫」也有抽象表現主義大師 Franz Kline（1910-1962）的影子。總之，他是個很樂意吸收新觀念的人，雖然他沒有在課堂上示範他的方法，但他的身教影響了他的學生。包括王無邪當時也受他影響，他是呂氏最早期的弟子。

黎 其實那群抽象藝術家都受中國文化的影響，彼此之間互相交流。

靳 是的。呂壽琨先生也有讀一些英文的藝術書，但他的英文不好，我想是有人翻譯給他看的。

黎 整體而言，「新水墨運動」在香港發展得很成功，教育方面有王無邪先生，館藏方面有譚志成先生，創作方面有一畫會這群畫家。

靳 譚志成先生屬後來者。早期由溫訥（John Warner）[20]當美術館館長，王無邪為副館長，呂壽琨是顧問。這些人才在藝術館有新思維的動力。例如早期的「當代香港藝術雙年展」，評審至少會有些外籍專家及新觀念。那裡提供了機緣，讓青年人找到他們想追尋的東西。

呂壽琨老師很懂得發掘學生的長處，從而引導他們去找尋自己的個性和表現手法。他很開放地去看現代藝術，但對我們來說，則很難馬上接受前衛的流派，如普普藝術，一切需時去理解。我慢慢地才發現「普普藝術」受流行文化影響，從而去追隨去嘗試。我嘗試過運用易拉罐的蓋這類新事物去入畫，也給人罵我是「啤塑膠時代」，但這又有何不可呢？當時香港的社會環境就是這樣，我只是反映現實，我覺得他罵得不對。不過別人罵我，我也會反思，自己分辨是非。

黎 一九七六年，你跟徐子雄等人成立了北角畫室。

靳 入會後，一畫會正值全盛時期。徐子雄本屬元道畫會，後來參與組織一畫會。我跟潘振華及顧媚進了一畫會之後，元道畫會的吳耀忠也加入了一畫會。七十年代末，周綠雲也加入了，所以當時是人才鼎盛。我入會後的第一次一畫會會展在大會堂高座舉辦，第二年我們租了低座。因為低座的展覽廳原設計為多功能空間，可以舉辦舞會、婚宴等，所以屏風質素很差，我們找了一些工人幫忙，利用夾板去製作展板劃分空間。後來，藝術館的香港當代藝術雙年展便參考我們的做法，在低座間展板，辦雙年展。

那時候我們的動力很強，群策群力興辦星期日工作室，每周日都借了大一藝術設計學院的校舍辦聚會，我原是大一藝術設計學院的創校人之一。一畫會大部分會員都在星期天在大一校舍內創作，互相交流切磋。而北角畫室是後來徐子雄、潘振華、歐陽秀珍、陳天保和我工餘作畫的地方。

黎 當年你為何有興趣辦學？

靳 王無邪先生辦了我修讀的第一屆設計文憑課程後就停辦了，隔了幾年才再辦。我們覺得這個課程很成功，雖只有十多個畢業生，但卻培養了一群很優秀的人。在這段空檔期間，我們發現愈來愈多年輕人注意設計這行業，但提供年輕人學習的地方不多。碰巧我的同學呂立勛問我有無興趣辦學，我們便提議聯同幾位師友嘗試。我在那裡當副校長，策劃了很多課程，後來還創辦了插圖設計文憑課程。我培養了兩屆畢業生後便

《空山‧旭日‧泉聲》，2000年。

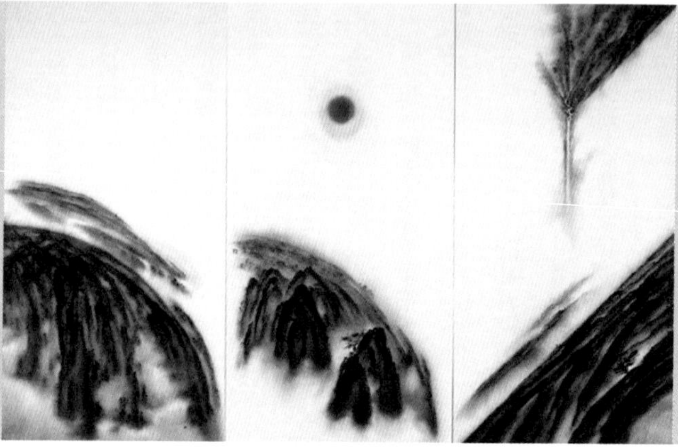

離開了大一藝術設計學校。那些學生很優秀，有莫康孫[21]、蔡啟仁[22]、吳鋒濠[23]、蘇敏儀[24]、何中強[25]等等。陳幼堅雖沒有畢業，卻於在學時期得到大廣告公司的提拔，也有很好的發展。另有插圖社的成員都很了得，他們受到我的插圖設計課程的啟發，推動了香港插畫新潮流。

「大一」的第一個校址在六國飯店附近的二樓。那棟大廈有塑膠公司和假髮公司，礙於《消防條例》，我們註冊不成。其後，我們就搬到灣仔軒尼詩道籃球場鄰近的一棟大廈內的幼稚園校舍，並成功註冊。校址遷至登龍街的時候，我們開始退出校董會，日後就成了呂立勛獨資。校舍是他買的，我們受到邀請便參與創辦了這所學校，建立了令人注目的創校成績後就全體退出校董會。

黎 你在一九七五年成為他們插圖設

計展的顧問和贊助人。雖說你在後期才加入一畫會，但卻參與了一些很重要的活動。

靳　大一設計學院借出地方給一畫會辦聚會，日後發展成星期日工作室。師兄弟在那工作室作畫切磋，有時候帶畫作回來給大家評賞。我跟徐子雄，還有楊鷁翀[26]、王勁生[27]、潘振華等每星期都帶一些畫具去創作。後來我當了教育組主任，在工作室辦起水墨課程，由會友教育年輕一輩，所以一畫會有新秀會員出現。年輕的新秀現在都已經不年輕了。近二十多年來一畫會已沒有多少活動了，在七八十年代，一畫會曾到不同社區辦展覽，每兩年便到不同的社區會場展出。最後一個會展，我記得的是「藝遊鄰里計劃」，在中央圖書館辦了「一畫因緣——一畫會作品展」（2003），參展成員已與全盛時期有頗大的分別了。

《雲山藍》，1985 年。

一畫會很奇怪的，鄭維國於創會後長期擔任主席。徐子雄當過主席、我也當過主席，但很快就退會了。我不知道別人退會的原因，但我退出的原因在於，當主席時覺得以往更有動力為一畫會做事、認真去做會展等。當我做會長的時候，總會思索為何凝聚力減退？又覺得一畫會的節奏好像被拖慢了，令自己的動力也相對退減，所以我在一九八三年退了會。

畫家有所屬畫會自有其優點。那時候我們每年辦展覽，每次一定交出好作品。入會時，我抱著一起參與、切磋、互相激勵、互相學習的心態。過了一段時間，當會內的動力好像有所減弱時，就應該抽身了。

黎　會否因為設計的工作也很忙？

靳 很忙，設計行業很自然有股魔力拉著我。其實自從一九六七年入行以來就很忙，但沒有減退我作畫的熱誠。

黎 除了呂壽琨先生和王無邪先生外，當時還有劉國松先生。他們都是水墨畫的主力。

靳 劉國松先生用上現代水墨一詞。未進入設計行業和學習水墨畫前，我也曾看過他的書。年輕時，我看很多不同的書，台灣書是其中一類。另外，我又聽音樂和讀音樂有關的書。劉國松先生那本《現代中國畫的路》，我學藝術前已經讀了。當他到香港中文大學教學時，我已經很瞭解他的作品風格。當年太空人登月，他便創作了很多月球形象的畫。他的現代畫應用了中國素材，做得很好，已在國際上取得一些成績。

不過，為什麼我比較追隨和推崇呂壽琨老師呢？因為我覺得他的教學理念比較強，而且他走的路並非革傳統的命。他不會提出「革毛筆的命」（劉氏的主張）這樣的口號。吳冠中的「筆墨等於零」亦是一樣，雖只是口號而已，卻是對傳統東西的否定。呂壽琨老師不會這樣，他身體力行，傳統根基很深厚，主張的是承傳而立新。

黎 這就是呂壽琨和劉國松兩者的分別？

靳 對，但他們二人都很鼓勵創作。呂壽琨主要用筆，所以我們多用筆作基礎並以創新為主。至於劉國松，他鼓勵隨機性、實驗性的技巧。這是兩個不同的層次，但兩者皆可行。

黎 當時這兩個派別是互相交流吧？

靳 有少許排斥，我不知道為何會形成這樣的情形。我個人沒有這樣的排斥性，但一畫會成員對劉國松的主張是有不同的看法。其實新水墨運動有件事值得一提，就是呂壽琨先生和王無邪先生的文筆都很好。王無邪先生中英文了得，他本是詩人，也是現代文學美術協會[28]的成員，所以寫了很多文章。一畫會雖較少人寫作，但也算是有筆手的。

不肯接受異議時就有筆戰，那就相左了。我認為水墨流派之間不應該互相排斥，所以我在退會後，約八十年代，雖然並非現代水墨畫協會的會員但也應邀參加了他們的聯展。當年由《明報》贊助、香港中文大學舉辦研討會的世界性中國水墨畫大展「當代中國繪畫展覽」（1986），我也有參與。以我所知當年是劉國松提名我的，徐子雄也有參展。到八十年代，一畫會的動力已經不足，不再每年辦會展，影響力也變弱了，難以長期保持強勢。

黎 現在還有一個水墨會[29]，你有聽過嗎？

靳 水墨會是另一個近年成立的推動水墨藝術的組織。水墨畫在香港的活力很強，先不要說我們有「新水墨運動」，還有很多嶺南派及其他國畫流派的水墨畫家，他們是很龐大的群體。不論成家與否，參與水墨學習和創作的人口就更龐大了，假若連書法也算上則人數就更多了。香港民間的中國書畫收藏量，也是世界其他城市沒法相比的。

水墨很能代表香港藝術，既普及又有力量。當初，西九文化區在一個初步研究計劃中，曾打算規劃水墨館、設計館、漫畫館等。當時的計劃有見地，怎料到因為政府的推行發展機制不完善，後來這一切得推倒重來。經過整個藝術界的討論，各自有其打算時，M+博物館最終將所有東西都放在裡面。當時水墨成為眾矢之的，水墨愛好者便組織了水墨會，我也為他們做了點事。最近，他們申請將景賢里規劃成水墨館時，我也支持，可惜亦失敗了。

香港藝術界總似是針對水墨。當代藝術界認為當代是當代，水墨只屬水彩之類的媒界。M+博物館最初仍視水墨為一個重要的範疇，但現在請來的專家對水墨還是不夠重視。我深信因過去一百至二百年中國的國力問題，加上現代文化由西方強勢主導，令中國藝術未受重視。改革開放後，中國近年進入「文藝復興」，中國水墨藝術開始有新的發展。在武漢辦的「第一屆中國武漢國際水墨畫展」（1988），我也有參展，啟動了先聲，現在已發展成水墨雙年展，改在深圳舉辦。香港雖有參與，但失去了主動地位，僅成為被動的參與者。香港水墨在很早期的成就，現在已被其他城市陸續趕上。如果香港自己不以水墨藝術作亮點，而給別的城市拿作重點文化項目，香港就再也拿不回來了。其實，水墨藝術是當代藝術的重要內容之一。

黎 香港在「新水墨運動」後，好像很少新人接棒？但內地有徐冰等人。

靳 這是世界環境的問題。中國內地除經濟動力強勁外，文化動力也很大。除了講體制改革、創新，在二〇一一年，他們提出了一個文化方針，叫「文化建設強國」。近二十年來，中國的文化動力強盛，踏入了「文藝復興」時期，整個中國民間已有翻天覆地的革新。全世界看到中國的崛起，世界的眼中不只看中國的市場，也會注意文化及其他軟件，藝術更成為重要的一環。徐冰、蔡國強、谷文達[30]、吳山專[31]等人水準一流，但也要歸因於國際形勢令藝術不再只放眼西方，而開始注視中國。

二次大戰後，歐洲的文化中心轉移到美國。第二次的轉移，則會由歐美轉移到亞洲。那麼會轉移到亞洲哪個國家呢？日本於戰後發展強勁，底子好，也是文化的中心，但始終是地域較小的島國。相比崛起中的中國，他們正走下坡。依我看來，新世紀的藝術中心應該是中國。上世紀的中國藝術家在當代，包括我自己，都生不逢時，不夠時間去發展了。如果香港自動邊緣化，就會錯過藝術中心轉移到亞洲的機遇了。

黎 香港新一批水墨畫家，能夠說得出名字而又是活躍的，只有馮永基[32]、吳觀麟[33]、鍾立琨[34]、陳君立[35]等，真的很少。

靳 鍾立琨、陳君立在八十年代已很活躍，不屬新一代了。但我不是那麼悲觀，我覺得新一代正在進步。一切需要時間，需要進步。九十年代後跟水墨畫有關的藝術家也不算少的，在二〇〇〇年後當代香港藝術雙年展和今屆「當代香港藝術獎」獲獎的水墨藝術家都新人輩出。而且部分青年藝術家不肯承認自己在做水墨而已。水墨正被人輕視，被標籤成落後、過時的東西。水墨畫等於油畫，那油畫會否過時？不會的。我不會去想自己落後與否，只要水墨畫是我能夠發揮的媒介，我就用。

黎 除了藝術創作，你在教育方面也有不少成就，除剛才提及的大一設計學院之外，你還創立了香港正形設計學校[36]，期間還有集一畫廊的設計課程。近年，你在汕頭大學長江藝術設計學院當院長。你在藝術教育或設計教育有何理想？為什麼成立了那麼多所學校？

靳 我對教育的觀念一直在探索和發展。香港的機會相對平等，不單靠學歷去取得工作機會，我亦在這個地方很自由地學習到一些東西，也有機會在事業上實踐發展。那麼，我為何不做一些事，為同輩或後輩創造機會？我很注意在教學上增加自己的知識，包括學習每一項應該吸收的新知識，溫故知新，同時開創一些新學科去培訓多樣化的人才。

辦「大一」與正形設計學校時，我仍抱著有教無類的心態，希望凝聚多些年輕人去參與。我在香港的教學在七十年代最活躍，尤其是在香港理工學院的高級證書課程。到八十年代初，教育環境有所轉變，香港理工學院改辦學位課程，證書課程下放給工業學院辦。我自覺已經在香港理工學院訓練了很多人才，便打算辦些不同的課程。尤其私校應有一些競爭，不應一校獨大，有競爭才有進步，所以我便參與創立正形設計學校。

八十年代中國內地改革開放，我看到了改革開放的動力和希望，便想參與改革中國的設計教育。第一波的內地設計教育改革，我在不少地方均有參與。當我看到內地的設計教育在「量」方面的發展過大而「質」未能跟上時，就希望做第二波的改革，策劃辦學的計劃。李嘉誠基金會知道我的計劃後很感興趣，並誠意邀請我當院長，去改革它的藝術學院。故此，我們便成立了長江藝術與設計學院。當了八年院長，我做了第二波「質」的改革。我們辦好課程，用嶄新的設計教育理念開創了一所不同的藝術設計學院。

我認為教育要多元化、跨界互動。除了鼓勵創作和鍛鍊創作思維外，還要改變教與學的觀點。傳統的教學觀點由上而下，就是老師教，學生跟著做。我希望在創意教育中，老師與學生平起平

靳埭強出席「靳埭強設計獎」十周年活動，2009 年。

坐，互相學習。另一件事就是設計倫理。我認為中國人現在的最大危機不是「量」的危機，而是「質」的危機。我要訓練下一代，當設計師也好、公民也好，要有誠信，知道什麼應該做，什麼不應該做。

黎　除了這些以外，為了推動設計，你還成立了一個以自己命名的「靳埭強設計獎」。

靳　這是由於我在內地參與過很多評審工作，看到他們的比賽文化有很大的問題，便想辦一個公開、公平、公正的比賽作示範。

黎　其實你參與過那麼多的評審，譬如「當代香港藝術雙年展」、「夏利豪基金會藝術比賽」[37]等，你認為這些獎項對藝術家有幫助嗎？

靳　獎項對年輕人的成長相當重要，至今我仍很積極地參加比賽。參加比賽非但為得獎，而是著眼學習的過程，為了理解別人怎樣評價自己的作品，也要學習接受失敗。

黎　為推動藝術教育的發展，香港需要一些硬件如開辦一所藝術學院或美術學校嗎？

靳　我們都經常提倡開辦藝術學院，但現有的大學如香港浸會大學已開辦了視覺藝術院。

黎　話雖如此，但我們始終希望如香港演藝學院般有獨立的校舍。藝術界也有一個問題：可否在西九文化區開設一所藝術學校？

靳　在最初的方案中，設計館本身也兼

具教學用途，是學校和展館合一的方案。

現在的三個設計方案都沒有獨立的設計館，也就沒有實行的機會吧！現在，我對「西九」還是有期望的。在香港提意見，大家都要不厭其煩。藝術學院不管是殿堂式也好，還是分佈在各大專院校也好，我覺得最重要的不是這一點。最重要的，是整體藝術教育的推行，即幼稚園、小學、中學、社區教育、專上學院、大學及平民教育。現在以中學藝術教育一環最弱，小學亦需改進。不過，教育局好像很自我滿足似的。

黎　老師所受的訓練以純藝術訓練為主，鮮有以設計的身份從事教育，使課程中的設計教育非常薄弱。

靳　我卻認為這不是重點。我們在基礎教育上，不用分設計或什麼類別的藝術教育，應該著重跨界別，即演藝與視覺

藝術的全面藝術教育。內地教育部寫過有關方面的文件，觀念頗先進，但因為人才、師資訓練的問題而難以推行。他們雖達不了標，但至少做過相關研究，反觀香港卻連這願景都沒有，每位特首都不願踏出第一步。

黎 我們的政府曾經提出過創意產業。

靳 創意產業只是説產業化，也只是説說而已，做得並不全面。沒有基層的培育就沒有創意環境，創意產業怎會從天而降呢？要培養公民，就要考慮是否有創意的思維、是否有文化的底蘊。我們有怎樣的公民，就有怎樣的社會。這是個很大的危機。

現在互聯網資訊發達，但資訊不等於知識。資訊未經過教與學的過程，沒有消化汲取的過程，是不能轉化為個人的知識，也成就不了創意人才。

靳埭強設計的馬年郵票，2014 年。

黎 我最後有兩個問題。第一個問題是：你參與了不少官方的機構，背後是否有一些理想？

靳 有。我在香港藝術發展局當上藝術評論組副主席後，才發現藝術發展局不打算支持藝術評論雜誌。沒有評論，又怎知道什麼是好的藝術。

有兩樣東西很重要，第一就是教育。僅設立什麼學校藝術大使並不足夠，該辦一些教育計劃或資助相關團體去實行。第二就是評論。培育評論家，學習怎樣分析、評鑑藝術，這是教育的重要工具。

黎 他們曾讓國際藝評人協會香港分會[38]到學校辦一些計劃，後來無以為繼。

靳 香港藝術發展局本來資助一本評論

雜誌，現在已停刊了，即使重新申請再辦也被指水平不夠。水平要慢慢培養，不是要等有水平才開始做。

黎　那「西九」方面呢？你曾否擔任西九文化區管理局委員？

靳　只是出席他們主辦的活動而已，我並不是委員，也不是文化委員會委員，只是康樂及文化事務署博物館委員會委員。我現在仍關心他們的館將來應如何發展，所以我們支持香港藝術館閉館兩年，重新整理、提升及擴建。不只「西九」，我對香港藝術館亦提了很多意見，有時候也很無奈。舉一個很簡單的例子，你們所做的研究，他們應該早就要做。我曾提議每年辦一個香港的藝術展，每個年代做一個展覽，由戰前起，到戰後的五十年代、六十年代、七十年代、八十年代等，數年就可以完成。展覽的過程中，又可以找資料、做訪談、寫學術研究文章，這不就可以按部就班地研究香港的藝術史嗎？當然，我也希望多些民間的力量一起做。

黎　自一九六七年進入藝術世界，未來的路你會怎樣走？有什麼構想？

靳　藝術創作方面，我希望盡力而為。近十年來，我找到一條書法與山水融合的概念性山水新路向。我現正循著這個方向發展，最近的創作亦多了。另外，我希望維持每年至少出版一本書，希望來年再多寫一本關於文字藝術和設計的書籍。還有，我很希望寫一本關於香港平面設計歷史的書。去年，我已寫了一篇二萬五千字的文章，香港中文大學更刊登於其學報上。我想豐富它成一本有很多小故事的歷史書。

黎　我很希望你可以繼續在圈內發揮影響力。

靳　其實我很關心香港，現在我仍然是兆基創意書院的校董會主席。

黎　你如此關心中小學教育，十分難得。

注釋

1 靳微天（1916-1998），一九三六年畢業於廣東國民大學。翌年來港，與妹妹靳思薇創辦香港百會畫苑。一九五九年任教教育司署成人部美術教師班，一九七一年任香港華員會國畫班及水彩畫班主任。

2 費明杰（1943- ），一九五二年來港，一九六一年到美國。一九六七年畢業於 Kanas City Art Institute，一九七五年獲美國加州大學聖芭芭拉分校藝術碩士。一九六八至一九六九年間任教於香港中文大學藝術系。現為美國新澤西州 William Paterson 大學藝術系教授。

3 關晃（1934-2008），一九四九年移居香港，一九七二年香港大學校外課程部藝術與設計證書畢業，一九七六年獲美國哥倫布藝術及設計學院藝術學士，一九七八年獲美國紐約州雪城大學藝術碩士。曾任香港理工大學客座講師（1997-1998）、香港藝術中心兼職導師（1998-2004）、香港中文大學藝術系兼任導師。

4 張樹新（1946- ），一九六四年於中山美術學校就讀，同年於雅苑畫廊舉行個人展覽。一九六九年香港中文大學校外進修部商業設計文憑畢業，一九七〇年與靳埭強、呂立勛、梁巨廷等創立大一學院（1970），一九七九年與靳埭強等創辦新思域設計公司。曾任教香港理工學院夜間設計課程。

5 范寬（生卒年不詳），名中正，字仲立，北宋山水畫家。早年隨荊浩、李成習畫，范氏的「師諸造化」對後世作品影響深遠，《宋朝名畫評》、《圖畫見聞誌》等均有正面評價。

6 李維安（約 1937- ），一九五〇年移居香港，一九五六年畢業於香港美術專科學校，一九六四年與妻子李靜雯創辦李氏畫苑。一九七四至一九七七年間任職香港藝術中心，從事畫展籌備工作。曾任香港大學建築系國畫導師，香港大學校外課程部導師。元道畫會創會會員。

7 徐子雄（1936- ），一九五六年自喇沙書院畢業後，在中國書院學習中國藝術，兼修文學。一九六九年到香港中文大學校外進修部向呂壽琨學習水墨畫創作，後加入元道畫會及參與創立一畫會（1971）。歷年來，徐氏先後擔任一畫會主席及香港美術家協會、香港作家協會等機構的副主席，亦為正形設計學院藝術課程、香港理工太古設計學院、香港大學專業進修學院人物課程、香港浸會大學視覺藝術院等專上院校的講師。

8 李靜雯（1941- ），一九四九年定居香港。一九六四年與丈夫李維安創辦李氏畫苑。一九六七至一九七三年於香港中文大學進修部修讀水墨畫及石版畫課程，於一九七七年獲市政局藝術獎。一九七六年曾參與於閣林畫廊舉辦個人展覽及聯展。一九九〇至一九九三年任教於香港大學建築系，為一畫會會員。

9 鄭維國（1920- ），一九四三年畢業於國立中山大學農學院。一九四九年定居香港。曾於元朗僑英中學及八鄉公立同益學校任校長。一九七〇年創辦一畫會並擔任會長。一九七六年「市政局藝術獎」得主之一。一九七六年鄭氏曾參與於閣林畫廊舉辦的「香港現代水墨畫展」。

10 吳耀忠（1935- ），一九六八年入讀香港中文大學校外進修部，隨呂壽琨習畫，為一畫會及元道畫會會員。一九七六年曾參與於閣林畫廊舉辦的「香港現代水墨畫展」。

11 「獅子山精神」源於一九七二年香港電台啟播的「獅子山下」系列，該電視節目以處境劇形式講述當時香港草根階層的生活境況，如何逐一克服困境等。一九七九年由羅文主唱與節目同名的主題曲，由顧嘉煇編曲、黃霑填詞。該電視劇及主題曲之普及，演變為香港大眾傳播媒介形容及塑造「香港人」文化和精神的主流論述之一。「獅子山精神」大致包含守望相助、和睦共融、靈活變通、積極向上、刻苦耐勞等「香港人」質素。

12 張玲麟（1933- ），藝名鍾情，香港女演員兼畫家。一九四九年隨家人來港，一九五二年考入泰山影業公司，一九五五年轉到亞洲影業公司，一九五六年主演電影《桃花江》而成名，陸續參演新華和邵氏等電影，包括《那個不多情》（1956）、《鸞鳳和鳴》（1957）、《給我一個吻》（1958）、《滿堂紅》（1959）、《南北喜相逢》（1964）、《新桃花江》（1967）等。六十年代後期退出影壇，投身藝術創作，隨趙少昂和呂壽琨學習水墨畫。

13 潘振華（1936- ），一九五八年畢業於華南建設學院建築系，翌年移居香港。一九七〇年隨呂壽琨習畫，一九八五年獲市政局藝術獎。潘氏曾為一畫會、香港藝術家聯盟會員。

14 靳杰強（1943- ），一九五七年來港定居，早年隨周一峰、梁伯譽、靳微天習中國畫，隨區建公習書法、篆刻。一九六二年入讀香港中文大學崇基學院物理系，畢業後赴美深造，並於一九七五年在美國馬里蘭大學獲物理博士學位。一九六四年開始在香港參加公開展覽。

15 梁伯譽（1903-1978），原名應熊，字伯譽，號稱龍頭溪居士，一九二七年加入廣州國畫研究會，曾任香港中國美術會主席，戰後移居香港，五十年代初起於香港舉辦畫展，擅長國畫創作，尤工筆山水花鳥。

16 李焜培（1933-2012），中學時期曾隨靳微天習畫。一九五九年台灣省立師範大學美術系畢業，曾任香港中文大學校外進修部講師，曾任國立台灣師範大學美術系專任講師（1968-1989），一九八九年任國立台灣師範大學美術研究所教授直至退休。為水彩畫專家，著作有《二十世紀水彩畫》、《水彩畫法 1、2、3》及《李焜培畫集》，為鋒美術會會員。

17 趙少昂（1903-1998），字叔儀。二十年代中期任教於佛山市市立美術學校。一九三七年任廣州市市立美術學校中國畫系主任，一九四八年任廣州大學美術科教授，於同年移居香港，設嶺南藝苑。於一九八〇年獲頒英國 MBE 榮譽勳章。不少畫家如靳微天、方召麐均為其學生。今畫會名譽會長，中國美術會創辦人之一，兼任首屆監察委員會主席。

18 楊善深（1913-2004），字柳齋，一九三五至一九三八年於日本京都堂本美術專科學校修讀美術。一九四〇年任中國文化協進會會員，翌年與高劍父、馮康侯成立協社，一九四五年與陳樹人、趙少昂、高劍父、關山月、黎葛民在廣州成立今社，一九五七年與丁衍庸、李研山、呂壽琨、黃般若及趙少昂組七人畫會。一九七〇年在香港成立春風畫會。

19 何漆園（1899-1970），字渭賢。一九一九年入讀由高奇峰在廣州創辦的美學館，一九二四年畢業於博文美術學校，一九二六年於佛山市市立美術學院任教。一九三一年高奇峰與趙少昂、黃少強、何漆園等在廣州組織美學苑。一九五一年葛量洪師範專科學校成立，擔任美術科主任至一九五九年退休。一九六八年與學生設立香港美學會，為丙申社（1956）創會會員之一。

20 温訥，John Warner（1930- ），英國 University of Reading 的「Art Teacher's Diploma」課程畢業。一九五七年來港，翌年至一九六一年於羅富國師範專科學校及香港大學校外課程部任教。一九六二至一九七六年任香港博物美術館首任館長。一九八六年成為英國皇家文藝學會會士。

21 莫康孫（1952- ），一九七四年畢業於嶺南書院英文系。曾入讀大一藝術設計學院，一九七五年與郭新耀、郭立熹、關海源、吳峰濠等人創辦插圖社。一九七四年加入堂皇廣告，其後於新英華廣告及 PKB 廣告任職。一九八一年加入麥肯廣告有限公司香港分部工作，先後被調往新加坡分部、紐約總部及台灣分部任職。一九九四年轉往中國麥肯·光明廣告公司，自一九九八年起擔任總經理及創意總監，現為公司董事長。莫氏曾獲得戛納國際廣告節銅獅獎、紐約廣告節銅獎、時報華文獎等重要獎項。

22 蔡啟仁（1950-），一九六七年起從事設計工作，為多家企業設計品牌形象。一九七五年創設「中文字體現代設計」教學理論，曾於香港大學、香港中文大學、香港理工學院及大一藝術設計學院等院校任教。曾於一九八六年當選香港十大傑出青年，所獲之重要獎項包括一九八八年香港藝術家聯盟最佳設計家獎、一九九五年香港藝術發展局藝術家系列雕塑獎，二〇〇七年香港傳藝節大中華傑出設計大獎等。現為蔡啟仁創意思維啟迪中心創辦人及課程總監。

23 吳鋒濠，大一藝術設計學院畢業，後與郭新耀、郭立熹、關海源、莫康孫等人創辦插圖社。及後轉為從事導演工作，一九八三年開辦 The Film Factory，一九八九年於泰國開辦分公司，並擔任負責人至今。吳氏亦是本港知名的廣告導演，曾協助國泰航空、恒生銀行、九龍巴士、萬寶路等大型企業拍攝廣告，曾多次獲得「金帆廣告獎」、「龍璽廣告獎」等廣告界重要獎項。

24 蘇敏儀（1950-），一九七一年於嶺海藝術專科學校學習西洋畫，一九七三年修畢商業設計課程，任職設計師。一九七六年與韓秉華創立形意設計公司，曾舉辦個人畫展並多次入選「當代香港藝術雙年展」及參與於北京舉辦的「第七屆全國美展」等聯展。歷任香港美術家協會理事、香港設計師協會委員、香港當代女畫家協會主席和正形設計學校校董。

25 何中強，一九七二年畢業於大一藝術設計學院，一九七四年畢業於英國倫敦聖馬丁藝術學院。曾任大一設計學院講師及顧問、香港中文大學校外進修部設計部主任講師及沙田專業教育學院設計系學術藝術諮詢委員會委員。曾於一九七三至一九八二年間先後擔任恆美設計公司設計師、Dale Kella and Associates 總設計師及富麗華酒店美術總監。一九八二年自組公司。所獲之重要獎項包括中國 CIS 金獎及全球專業設計師邵逸夫獎項設計邀請賽第二名等，現為何中強設計顧問行董事及總設計師、香港設計師協會資深會員（FHKDA）。

26 楊鷁翀（1912-1981），號次翁。於一九四九年定居香港，為一畫會創會會員。一九七六年曾參與於閣林畫廊舉辦的「香港現代水墨畫展」。

27 王勁生（1928-），生於廣東。早年習水彩、油畫。一九六八年就讀呂壽琨於香港中文大學進修部教授的現代水墨畫文憑課程，一九七〇年起協助創辦一畫會，一九八四年創立匯流畫社。

28 現代文學美術協會於一九五八年創辦，創會會員有王無邪、崑南、葉維廉、盧因、李英豪等。

29 水墨會於二〇〇三年成立，由一群熱衷中國傳統水墨藝術的社會知名人士組成，董事會成員包括金董建平、龐俊怡、錢果豐、周梁淑怡等人，而顧問團由靳埭強、王無邪、嚴迅奇、熊海等人組成。水墨會旨在推廣中國水墨文化的承傳，曾於二〇一二年舉辦「薪火相傳：水墨新苗演繹香江」水墨藝術教育推廣活動。

30 谷文達（1955-），一九七六年畢業於上海工藝美術學校。一九八一年獲中國美術學院碩士，師隨陸儼少，並在一九八一至一九八七年間於該校任教。一九八七年移民美國，一九八九至一九九〇年擔任美國明尼蘇達大學工作室藝術副教授，其後於柯柏高等科學藝術聯盟學院擔任客席藝術家及兼任教師，並曾為紐約現代美術館及芝加哥藝術學院擔任顧問。二〇〇一年獲緬因藝術學院榮譽博士。一九九七年獲美國 Pollock-Krasner Foundation 資助，作品獲中國美術館、大英博物館、美國三藩市現代藝術博物館、加拿大皇家安大略博物館等機構收藏。

31 吳山專（1960-），一九八六年畢業於浙江美術學院。一九九〇創立國際紅色幽默，一九九一年開始與冰島藝術家 Inga Svala Thorsdottir 合作。一九九五年畢業於德國漢堡藝術學院。於一九九一年舉辦首個個展，亦曾於香港藝術館、香港藝術中心、紐約 Ethan Cohen Fine Arts 畫廊及丹麥方舟現代美術館等機構舉辦展覽。

32 馮永基（1952- ），一九七八年畢業於美國路易斯安那州州立大學建築系，退休前任職香港建築署高級建築師。二〇〇一年起任中央美術學院客席教授，二〇一〇年任香港中文大學建築系兼任副教授。為西九文化區管理局發展委員會非董事局成員，水墨新流前會長（1987-1989）。

33 吳觀麟（1964- ），一九八六年完成香港中文大學校外進修部中國水墨畫文憑課程，二〇一一年獲澳洲皇家墨爾本理工大學藝術碩士，後任教於香港大學專業進修學院等。一九八六年獲「夏利豪基金會藝術比賽」第五名，一九九四年獲市政局藝術獎。為香港藝術家聯盟會員。

34 鍾立琨（1943- ），一九七二年畢業於香港大漢藝術書院。一九七八年畢業於香港中文大學校外進修部現代水墨畫文憑班，並隨劉國松習畫。於一九七九年在香港藝術中心舉辦首次個展，現為香港現代水墨畫會副會長。

35 陳君立（1947- ），一九八一年修畢香港中文大學校外進修部現代水墨畫文憑課程，一九八五年獲加拿大蒙特利爾康戈狄亞大學藝術學士學位，二〇〇六年獲澳洲皇家墨爾本理工大學藝術碩士學位。曾獲「台北市立美術館現代水墨創新獎」、「北京中國畫研究院優秀獎」、中國對外文化交流協會頒發「中國現代書畫大賽優秀獎」、中國國家級藝術評審委員會頒發第四屆「當代中國山水畫展特邀榮譽獎」及「大河春天．第五屆當代中國山水畫展創新獎」。

36 香港正形設計學校於一九八〇年成立，一九八三年正式註冊，由王無邪、靳埭強、韓秉華、黃海濤、梁巨廷、蘇敏儀及王緯彬創辦，宗旨為「推廣專業藝術，培育設計人才」。校舍早期位於灣仔譚臣道，至一九九四年遷往銅鑼灣軒尼斯道，增設室內與環境設計夜間文憑課程、時裝設計夜間文憑課程。一九九五年，學校再開辦商業設計全日文憑課程。

37 「夏利豪基金會藝術比賽」為夏利豪基金會轄下的藝術比賽，一九八六年首辦，分為繪畫、雕塑兩組，後增設電腦平面設計（2000）及裝置藝術（2004）兩個組別。入圍作品可獲得展覽及拍賣機會，得獎者更可獲贊助前往法國巴黎交流。

38 國際藝評人協會香港分會於一九九六年成立，由何慶基擔任創會主席。成立目的是「透過提倡地區性及國際性之聚會，促進文化藝術界之交流」，成員包括藝術評論家、學者、策展人及藝術行政人員。協會致力在本港推廣藝術評論，同時亦舉辦座談會、專題講座、出版藝術評論文獻，以及於海外推介本地藝術等。

樊婉貞

簡介

樊婉貞，生於台灣，於英國完成碩士課程後來港，一九九八年曾於香港藝術中心教育部任職，翌年到台灣高雄市立美術館任助理研究員半年，同年獲光華新聞中心聘請，再次來港工作，二〇〇〇年離任，先後在牛棚藝術村及 1a 空間任職。

二〇〇三年，樊氏與丈夫譚偉平創辦《art map 藝術地圖》，為觀眾免費提供有關本地視覺藝術活動的資訊，同年投得上海街視藝空間，並曾於該處籌辦過多個展覽。同年五月，考慮到《art map 藝術地圖》沒有任何文字評論部分，樊氏與丈夫再推出藝術刊物《a.m. post》，於香港各指定地點免費派發，後更分拆出題材較為大眾化的《art plus》。

除出版工作外，樊氏亦曾策劃多個展覽，包括「兩岸三地藝術家工作室文件與作品」（2001）、「新群體・香港新生代藝術展」（2002）、「香港當代／水色觀照：梁美萍個展 1992-2003」（2003）、「回到油麻地」（2003）、「樓上・樓下——與香港對話」（2005）等。

《a.m. post》，第七十五期，2010 年 3 月。圖片由 Artplus 提供。

樊婉貞訪談錄

訪問者　黎明海博士

2013.11.28

黎　我最初認識你的時候，你已經是《a.m post》的負責人了，但我翻看過關於你的資料，你以前是否曾經從事藝術創作？你好像在英國修讀過一個碩士課程，可否說一下你的藝術歷程？

樊　我在英國完成藝術管理碩士課程後便返回台灣，在拍賣行工作了一段時間後便來香港了。我在香港的第一份工作是在香港藝術中心，那時我接手與澳洲墨爾本皇家理工大學（RMIT）合辦的學士課程，工作一年多，剛好台灣高雄市立美術館有個職缺，我通過了考試取得助理研究員一職，得以再回到台灣工作。我一九九九年「九一一大地震」後一周回到台灣，在高雄市立美術館接手一項年度計劃「版印年畫徵選活動」，這為期一年的研究項目，我僅用了半年的時間便完成了。當時的光華新聞文化中心江素惠主任邀我回港擔任文化活動組組長，在那裡負責處理展覽事務。工作了一年多，休息了一段時間，機緣巧合認識1a空間的創辦人藝術家蔡仞姿，於是做了第一任1a空間經理（兼職），也處理第一屆牛棚藝術節的工作。

黎　你在香港藝術中心時負責什麼工作？

樊　一九九八年，我屬香港藝術中心的教育部，負責當時與RMIT合辦的學士課程。

黎　當時王禾璧還在藝術中心任職嗎？

樊　不，她在我之前已經離開了藝術中心。那個時候在任的應該是林錦芳[1]。

黎 一九八八至一九九九年間，他們還未開始跟 RMIT 辦聯合課程，只是開辦一些短期課程吧？

樊 甫開辦之初，這已經是一年制課程，不過只有兩個科目：繪畫和陶瓷製作各一班。第二年，我們多開一班繪畫，但還沒有仔細地劃分為不同類型的繪畫。當時我既要負責編排和推廣課程，還要負責策劃有關的展覽。RMIT 早期只有學位課程，後來才有文憑課程。

黎 後來，你到了牛棚藝術村和 1a 空間不到三個月，便開始策劃《藝術地圖》和上海街視藝空間，那是二〇〇三年的事？

樊 是二〇〇二至二〇〇三年的事。當時我在 1a 空間只工作了三個月，便意識到另類藝術空間在香港不會有發展的希望。當時我們有一個出版計劃，希望製作一本能夠把藝術資訊集中在一起的刊物。它類似一份單張，最後可以發展成一本年鑑式的刊物，並進入大學的資料庫作研究，整個計劃是一個很宏大的項目。當時我丈夫譚偉平在香港藝術學院教書，做了整份計劃書交香港藝術發展局申請四百萬作經費，結果當然被拒絕，於是我重寫那份計劃書，把經費減至四十萬，那是二〇〇二年的事情。這個計劃當初即是希望以廣告來做發行運作，有無資助其實不會影響很大。最後香港藝術發展局批准了幾十萬元，當時《藝術地圖》第一期已經即將出版。[2]

黎 是哪一年開始的？

樊 藝術地圖有限公司是於二〇〇二年註冊，二〇〇三年二月開始營運，而藝術發展局在二〇〇三年七月才批出資金

（開始用在我們二〇〇三年九月出版之後的資金）。我們在籌備的過程中造訪了好幾個博物館，好像有香港歷史博物館、香港科學館、香港文化博物館和香港藝術館等。這幾個博物館的館長，包括香港藝術館的總館長，都有親自跟我們見面，而且都很支持我們的想法，更得到香港藝術館的幫助，獲得第一個廣告贊助。我想我們應該是有史以來第一本從創刊起便沒有虧損的雜誌。

因為我們造訪了很多博物館的總館長，所以香港藝術發展局不斷詢問我們籌備的進度，什麼時候出版。其實我們一直到出版第二期，藝術發展局才批出資金，而且也只能勉強維持九個月的印刷費，當然不能支付員工薪金。於是我想乾脆把十二個月的計劃縮短至九個月完成，反正錢也不夠用。資助期快結束之前，香港藝術發展局的評審員，包括當時香港藝術館的總館長，問我們是否

《Artmap 藝術地圖》，2008 年 4 月。
圖片由 Artplus 提供。

需要資助，甚至怕我們維持不下，強力建議藝發局繼續資助這份刊物，但我們並沒有再申請。

黎 當時在任的香港藝術館總館長是朱錦鸞吧？

樊 對，她對我們而言是一位很重要的人物。

二〇〇三年，我們投得上海街視藝空間[3]的項目，利用二樓的空置單位作辦公室，同一時間經營兩項業務。上海街視藝空間雖有一個固定員工，但一年十個展覽令人心力交瘁，而我和屬於《藝術地圖》出版部的一位全職員工須同時兼顧展覽工作。

當時透過馮美華的協助，灣仔富德樓[4]也有十多個空置單位可以租予藝術團體，我們是第一批申請者，但我們投得上海街視藝空間後，就決定不去富德

樓了。直至二〇〇四年，我們沒有再經營上海街視藝空間，遂請馮美華再替我們申請富德樓，租金相當便宜，一待便三年。

黎 是二〇〇四至二〇〇七年吧？

樊 好像是的，雖然後來他們加租了，但管理和保安方面還算不錯，所以我們也沒什麼所謂。那裡的保安員說我們是整座大廈裡最有規律的藝術租戶。後來馮美華認為我們發展不錯，應該要自立門戶，空間讓給更有需要的機構使用，因此我們便搬了出去，到上環的現址。

黎 我看過一些關於上海街視藝空間的資料，你提到你的原意是希望讓尖沙咀和油麻地之間的遊客可以藉此認識香港。在這方面你算辦得頗為成功，在一個很殘舊的地方，策劃了好幾個有

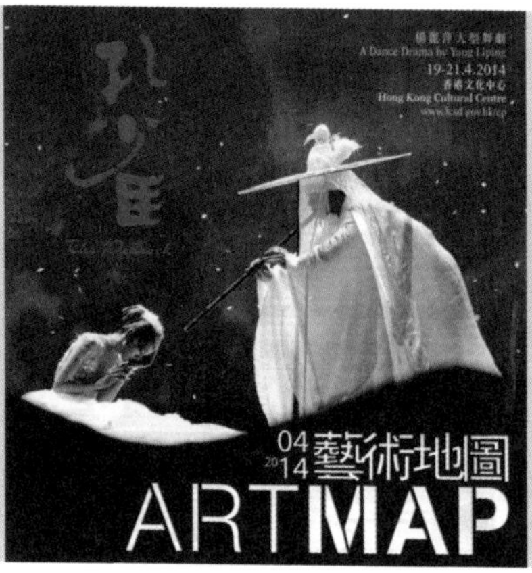

《Artmap 藝術地圖》，2014 年 4 月。
圖片由 Artplus 提供。

聲有色的展覽。你還記得你策劃過哪些展覽？

樊 我們每次辦展覽時都會向觀眾派發《藝術地圖》和做問卷調查，結果發現大部分觀眾都是遊客或《藝術地圖》的讀者。這是從我們一年經營經驗得到的結論。

我們在上海街視藝空間辦了十個展覽，還有一個「藝術通行證計劃」，大都跟社區藝術有關。「社區藝術」是藝發局設立的一個定位，從第一年競投這個計劃時，我們設計了與社區有關的展覽，邀請藝術家參與。時至今日，經過不同階段和不同人士的管理，每個人使用這個場地的方式都很不同，雖然「社區藝術」的定位從沒改變，但每個時期的發展都完全不同。

黎 到下一屆香港教育學院接手時，我

們則把音樂元素帶了進去。

樊　那裡的觀眾很少，我們又不像香港教育學院般經常帶自己的學生來參觀。其實，我們本來就打著當代藝術的旗幟，所謂的社區藝術只是一個主題。記得我們辦過一個主題為「茶餐廳」的展覽，為了讓附近的鄰里多些參與的機會，我們要求隔壁的麵包店「贊助」菠蘿包（每個菠蘿包贊助我們二毫子），然後在街上向街坊派包宣傳。街坊還是會因為菠蘿包而給面子參觀一下，但我們完全理解這些平時忙著工作和上學的民眾，何來有空享受藝術？幸然偶而還有一些上了年紀的老伯和大嬸會過來參觀一下。

我們並非不支持上海街視藝空間作為社區藝術的定位，但一直不理解香港藝術發展局打算把上海街視藝空間當成一個當代藝術的「街坊會」的做法，沒有必要。為街坊做的事情，就應該留給街坊福利會做好了，要不也可以叫一些藝術家提供協助。藝發局定的目標群眾一點也不明確，群眾對社區藝術也不了解。其實，街坊真正想要的也只不過是唱大戲一類的活動，故沒必要特意多開辦一個中心舉辦街坊活動。

漸漸地，我們也沒有怎樣向街坊作宣傳，反而集中吸引旅客前來參觀，而他們也很欣賞我們的展覽。

黎　雖說你沒有成功地把上海街視藝空間轉變為一個街坊的駐腳點，但卻活化了一個被棄置的空間。台灣也有不少如台北當代藝術中心這類的藝術活化項目，來香港前你有參考類似做法嗎？

樊　完全沒有，因為我覺得兩者的條件和發展方向很不同。上海街視藝空間不算一個廢置空間，只是很久沒有使用且已屬於「危險建築」。台灣的活化空間不一定全用作藝術展覽場地，也會引進一些手工作坊和地道飲食，每逢假日都會吸引旅客及附近民眾到那裡。不過，上海街視藝空間一方面地方有限，另一方面配套嚴重不足。

黎　連地鐵站內一個指示也沒有，叫人怎找到呢？

樊　如果政府打算將那邊辦得熱鬧一點，多一點街坊捧場的話，大可引進一些手作坊，但他們卻偏偏把項目撥給我們這些當代藝術團體，最終令目標顯得很不清晰，造成衝突。台灣那些活化空間如松山文化創意園區、華山 1914 文化創意產業園區、台中的 20 號倉庫等，既可作為假日消閑的好去處，同時也保留當地和建築物本身的歷史，然後邀請一些專業的藝術團體策劃當代藝術展覽和表演藝術。這一點香港完全做不到。

黎 除牛棚藝術村外，九十年代以後，香港也出現一些如香港賽馬會創意藝術中心的藝術中心和團體。你認為這些團體對香港的藝術發展有幫助嗎？

樊 當初有關牛棚藝術村的研究文章由我出版，而香港賽馬會創意藝術中心評選駐場團體時，我也是評審之一。

我認為，這些藝術中心有些問題是大家都沒有注意的。以牛棚藝術村為例，那十九個團體透過馮美華的斡旋，集體從北角油街藝術村搬過去，政府實施的是一種徙置政策，只能進不能出，亦即這十九個團體及單位不能替換，也不能增加。若沒有錢交租金，就會被強制搬離，即使空間讓出來也不會有新的團體進駐。除了個人藝術家工作室如王振榮[5]、郭孟浩、甘志強等，真正活躍的是六個機構型的組織，如進念·二十面體、錄映太奇、牛棚書院[6]、藝術公社、前進進戲劇工作坊[7]、1a空間等。牛棚書院很早便結束，錄映太奇現在變為一個資料館，偶爾用作展覽，只是很多人一直把那裡誤會成一個展覽空間。藝術公社因為行政混亂、管理不當及資金問題，得不到藝發局資助，也已經拆夥遷出。

黎 1a空間和藝術公社比較多辦展覽。

樊 我個人認為前進進辦得最有成績，主事者的確很努力，有創新也有傳承，場地能用作綵排和表演，是一個重要的表演藝術中心。另外，他們算是香港唯一一個如此富有凝聚力的民間表演藝術團體。

我認為早期的1a空間比較有理想，但較難有長遠的視野。藝術公社則徒有軀殼，很多時候私人作業，董事局也很混亂，跟創辦人王純杰濃厚的政治背景有關係，早期跟內地的聯繫密切，經常邀請當代藝術家來此辦展覽。或因如此，這裡為輸入內地藝術家展覽最重要的窗口，展覽的形式也反映著當時中國當代藝術環境，展覽總是「打帶跑」四五天便結束，藝術家留港數天便離去，開幕完畢，展覽也就結束。

黎 比較有自己一套想法的人都希望另起爐灶。要是一直依附於團體，很難找到新的發展路向。

樊 我想另類藝術空間的問題是過分依賴資助，似為爭取資助而策劃展覽。如學生計劃比較容易申請資助，他們便多辦一些學生計劃；若評審委員會換了人，有新的準則，他們也會隨之而轉變，沒有一個清晰的定位。

黎 你在二〇〇一年《信報》一篇叫〈牛棚的第二個春天〉的文章中提出一個很正確的觀點，就是香港藝術發展缺少了政府的整體規劃及文化使命，即便有了所謂的「藝術村」，人們還是會感到無從入手而管理得一塌糊塗。如今已踏入二〇一三年，你是否仍認為政府該先訂立文化政策，才發展「藝術村」？

樊 文化政策隨著文化的發展已經成形，訂立藝術政策並非難事。文化政策最需要的，其實只是承諾與承擔，但香港政府似乎很怕給予這種承諾，政府官員中也很難找到真正從事藝術、了解藝術並提供方向的人。

即便如牛棚藝術村這麼好的展覽場地。當初政府因為害怕反對聲音，為了安撫一群吵鬧的藝術家讓他們從油街搬進了這裡，但既不宣傳它，又因管理過當而引起眾怨，最終勞民傷財。反而現在任其自由發展，不同策展單位以借場地的形式辦展，有重點的宣傳及配套，讓更多市民關注，也重新得到它應有的重要性。

但整體來說，我認為香港的藝術家不夠團結，沒有一致的理想，最終大家僅以申請更多資助為目的，使政府只懂以金錢解決問題。例如去年因為未能標到上海街視藝空間而搞得輿論沸騰的「活化廳」正是一個好例子。「活化廳」成員大多是活躍的香港年輕藝術工作者，四年的經營以社區藝術為取向，引起媒體極高的關注，本身又因為成員的網絡，利用「活化廳」名義以「另類藝術空間」場地經營，連結了許多的展覽及網絡。在藝發局招標中失去經營權的事件中，香港、澳門以及很多台灣藝文界的朋友都仗義幫忙為他們撐腰準備抗爭，但主事者卻沒有一個清晰的計劃，最後是雷聲大雨點小，直至今日似乎都未有一個結論。

香港藝術家無法團結成立一個工會或藝術家組織，是因為個人利益容易與團體利益發生衝突，也或者與他們性格較避世有關，抗爭雖然似乎成了正義的表現，但藝術家對於應該維護的整體利益沒有任何信念及決心，偏狹於個人的自身思考。

黎 作為香港賽馬會創意藝術中心初期的評審團委員之一，你認為它又有何問題呢？

樊 由於租戶沒有分層，個別工作室的藝術家不一定會每天來或定時來。很多時候市民參觀都是吃閉門羹，這是與牛棚藝術村一樣的問題。我們一眾委員曾建議中心可以劃分成不同樓層去經營，保留不作開放的工作室在特別樓層，一年開放一次，如火炭工作室開放日。

我認為，賽馬會創意藝術中心應該把自己定位成一個創作空間，為年輕而未成名的藝術家提供起步發展的機會。賽馬會創意藝術中心現在既有新進藝術家，又有資深藝術家，似乎是百花齊放，卻說不出藝術村整體的性格。

黎 我聽聞香港藝術發展局曾計劃以類似模式在荃灣和柴灣設立藝術中心，讓藝術家有創作的地方。不過，我一直認為香港並不缺乏閑置地方，而是缺乏藝術家。

樊 一旦一個成功的例子開啟了生機，大概政府就會跟隨，好的方面是幫助藝術的發展，壞的方面是本末倒置，反讓商業破壞了藝術的獨立性。像工廈可以轉換工業用途為商廈使用一樣，結果發展了地產，卻讓藝術家更窮，政府永遠只能跟隨民間的步伐，火炭開放日就是啟發藝發局在荃灣和柴灣設立藝術家工作室的原因，以為可以為本地藝術家做一點事情，結果卻亂了一塘池水。

黎 現時你也參與由政府藝術推廣辦事處負責的「油街計劃」，對此你又有何期望？

樊 現階段進展還算不錯，他們策劃過一些很好的活動，第一期策展人舉辦的展覽頗具水準。雖然他們在鋪排和宣傳方面也有一些不完善的地方，但空間利用方面的安排尚算合理。

黎 油街的營運模式確實跟以前不同，由政府擔任行政角色，藝術培訓方面會請你們《藝術地圖》等人幫忙，策展方面又會找其他藝術團體和學術機構協助。這幾個月來你跟他們合作過多少計劃？

樊 我們只是合作了一個項目。我們跟藝術推廣辦事處做的是「藝術沙龍」[8]。我們同一時間與香港藝術館和藝術推廣辦事處都有方案進行，但策劃方式很不同。與香港藝術館合作的是針對「香港藝術發展獎」所設計相關的 Portfolio Night 及名人講座，我們也同時經營他們的 facebook 及得獎藝術家的專題訪問；後者則透過「藝術沙龍」的形式，在油街這古蹟翻新的政府場地舉行一個月一次的星期六「沙龍講座」，講座透過社交網站和內連網絡等互相連結及宣傳，讓藝術家可以面對大眾講述自己的創作意念及最新計劃，這方法確實能夠吸引不同類別，包括一些非專業的藝術創作者參加。

黎 Portfolio Night[9] 的活動，又是誰的構思？

樊 那是我們構思出來的。簡單來說就是一次面試，這在設計界很普遍。我們請藝術系的教授推薦學生面試，讓有心從事藝術創作的學生有機會發表自己的作品。活動目的是溝通，讓學生們有機會在自己喜歡的藝術家面前展示作品，這種機會在香港極為缺乏。

同時，我們早前也辦過藝術家座談一類的活動，邀請藝術評論家與藝術家們作交流。香港需要更多這一類的溝通。藝術館和藝術推廣辦事處等機構的服務對象局限於一般觀眾，他們大都是看過展覽就離開，沒有太大意義。

黎 你在二〇〇三年開始辦《藝術地圖》，是否純粹想蒐集所有最新的藝術資訊，然後以單張形式出版？

樊 也不全是。我作為台灣人，來到香港後最深刻的感受是，即便這裡有很多事情發生，但人們總沒機會接觸到這些訊息。香港不像台灣，後者的地鐵站總是擺放著《文化快遞》等資訊刊物供取閱，一般香港人連取得整理過的文化資訊的機會都沒有。

黎 所以你們跟一些普羅大眾的店舖合作。你們的刊物在哪裡派發？

樊 在連鎖咖啡店、文化場地、私人會所、機場及酒店、圖書館等都可取閱。早期讀者在 Pacific Coffee 也能取閱，以前當 Pacific Coffee 還是西方人經營時，較注重藝術，後來經營權賣給香港人後，就取消文化刊物的擺放，在咖啡店的每一吋地方他們都計算著商業利益，現在只有地產雜誌付錢擺放。現在我們固定擺放的地方超過一千個地點，連鎖咖啡店主要是 Starbucks 及 Cafe Habitu，而 7-Eleven 便利店也可以拿到。

黎 你什麼時候在《藝術地圖》以外再出版《a.m post》？

樊 因為《藝術地圖》沒有任何文字評論部分，遂於二〇〇三年五月推出雜誌《a.m post》。

黎 你曾經提到最初創辦《a.m post》時，只是處於摸索和實驗性的階段，到後期才有明確主題出現。什麼原因讓你作出這樣的改變？是你的個人想法還是外界提供了一些意見？

樊 我們是一個不埋堆的團體，沒有小圈子，一切從零開始。剛開始時，很難找人替我們寫文章。撰稿人有各自的發表平台，加上寫的大多是那類像《Milk》雜誌的生活化題材。於是，我們開始建立比較主題性的文章，仍保留生活化的一面，比如音樂、書。也慢慢建立了自己的作者網絡，且更有經驗策劃專輯，雜誌於是逐漸有自己的方向及定位。

辦了這樣一本藝術刊物後，好像一下子全香港的藝術事情都跟我們扯上關係，可能是由於其他報章少有這樣詳盡地評論和剖析藝術展覽和活動的意念吧？

黎　我很欣賞你們一直堅守獨立性，不從屬某地產商或香港藝術發展局。不過，你們既然要自食其力，在廣告和收入方面會否有壓力？

樊　《a.m post》只花了半年便已收回成本，而且較《藝術地圖》更容易吸納廣告。報導活動時，我們自然會有相關的廣告。一份雜誌的廣告一定有淡旺季的時候，我們經營數年之後，逐漸建立起自己的專業，許多客戶自己找上門與我們商談活動策劃。我們發現，光是靠廣告不足以維持營運，「品牌」建立更重要，它會把我們的專業獨立於不同的競爭者外，形成一個很“niche”的形象，更多相關的客戶會透過我們的專業及網絡，開拓他們的客戶群。例如我們和領匯商場在赤柱廣場策劃他們第一個「赤柱藝墟」，而很多人看過的「Hedda Morrison 沙龍『港』故事」相片展覽也是我們策劃的。我們與商場的合作也很多，二〇〇九年時與海港城合作，策劃了「Reborn——絲路之旅藝術展」，結合康樂與文化事務署的「絲路藝術節」，與香港話劇團、香港中樂團合作，邀請九位港澳藝術家參與聯展。

講到雜誌，至今辦了超過十年，我們已經不談「生存」這兩個字，而是講「品牌」，藝術雜誌在香港透過我們的品牌形象已經打破了一般人對香港文化沙漠的印象，早於二〇一一年十一月，我們已在台灣設立分公司，台灣版的《art plus》及《藝術地圖》早已從香港開拓市場到台灣去，這是過去香港文化界從不可能做到的景況。

在這期間，不少人向我們提供不同的協助，比如茹國烈[10]是一個很有創造性的人才，同時亦很熱心幫助藝術團體，是我們發展階段中一個重要人物。當時香港藝術中心有個每月一次的論壇，茹國烈請我們協助報導，影響很大，其他文化版的記者都留意著我們的連載。後來，西九龍文娛藝術區計劃出台後，我們籌辦了一個一整年的研究計劃，邀請一些建築師比較西九龍文娛藝術區和外國同類型的建築項目，然後寫出個人的願景。那時候，西九龍文娛藝術區管理層也一直注視這研究。我們希望可以提供一些理性分析和寶貴意見，而非只在這事情上責罵政府。

黎　後來為何有《art plus》？為什麼將

《a.m post》分拆成中英文兩版？

樊　那是出於市場營銷策略的考慮。當時，不少人告訴我他們總是拿不到《a.m post》，自己最初還以為辦得不好，原來是頗受歡迎以至出版不久便很快派畢。因此，我們想到若能在 7-11 便利店上架，印發量和曝光率都會增加，那就不用在其他小店鋪派發了。

黎　《a.m post》印了四萬份嗎？

樊　是的，《藝術地圖》則印了七萬份。後來，我們終於可以在 7-11 便利店派發，且有自己的雜誌架，但《a.m post》的尺寸實在太大了，我們得更改尺寸和用紙，把它弄得美觀一點，然後易名為《art plus》，同時保留原本的《a.m post》。《art plus》出版後，果然吸引到另一些層面的讀者。不過，有些人初期誤以為《a.m post》改頭換面，風格轉變了。這想法也是正常的，因為《art plus》的風格有點不同，多了一點大眾化的生活題材，連封面也美侖美奐。

《art plus》，第九期，2012 年 7 月。

至於為什麼重新發行《a.m post》也是有原因的。當初保留《a.m post》的名字是因為預計將來一定會再重新出版，至於出版的內容如何區分現行的兩份刊物，則尚未決定，直到 Art Basel 的出現。在 Art Basel 仍是以前的 Art HK 時，作為香港最大的藝術傳媒，Art HK 一直在我們的刊物購買廣告且提供媒體伙伴的展位讓我們曝光。而 Art Basel 買下他們的經營權，原本對藝術媒體而言世界級藝博會的廣告應該是一筆大生意，但 Art Basel 卻要求媒體與其免費交換廣告，這是很差的示範：一是這最大的商業展以其權威不願支付廣告費用，只有單方面掠奪利益；二是媒體攤位的展示，也不能為媒體增加曝光率或增加訂戶，媒體仍然得自行開發宣傳的渠道，以便在這世界性的藝博展內獲得同業的認可。

在 Art Basel 期間，我們發現，大部分被配予媒體攤位的都是有英文出版的刊物，《art plus》是僅有的一份中文雜誌。若談到話語權，很明顯在當代藝術的世界，英文媒體仍主導藝術世界的發聲，這對我們來說是相當大的衝擊。感慨英語媒體霸權同時，也讓我們萌生出版英文雜誌的念頭。

黎　香港現存也有不少英文藝術刊物如 *Asian Art News*。《a.m post》的英文版本跟 *Asian Art News* 會有不同的定位嗎？

樊　*Asian Art News* 以亞洲畫廊和藝術市場為重心，不多報導本地藝術界的新聞。《a.m post》會較專注香港藝文界的發展，除了會在台灣、新加坡及香港

《art plus》，第二十九期，2014 年 3 月。

的書局上架外，成為我們第一本的付費藝術雜誌，也會在香港定點免費派發。收藏家及視覺藝術專業人士是最主要的讀者群，我們除了販售、定點免費擺放外，也會寄發給目標讀者，像是策展人、大學教授及收藏家等。

黎　你剛才提到的「香港藝術」又涉及另一個角度，它究竟是本地性還是國際性的呢？西九龍文化區的 M+ 博物館提到他們朝國際方向走，那麼你心中的「香港藝術」會否另有一種詮釋呢？

樊　我認為沒必要這樣界定「香港藝術」，因為視覺藝術本身是跨國界的。M+ 博物館以世界的視野，讓香港跨出國際。先從香港定位，然後逐漸聯繫網絡至東南亞、亞洲及全世界。

作為香港人，我自覺要對這地方的藝術界肩負一些責任，要讓中國內地、

台灣和亞洲其他地區也能接觸到香港的藝術。不過，香港藝術並非我唯一的目標和市場。因為不多香港人關心文化藝術，所以要把它帶到其他地方。《art plus》在台灣也有派發的，台灣文化局亦很重視我們這本雜誌，因為它在台灣可算是唯一跟香港和中國有聯繫的文化刊物。故此，我們也很重視跟政府部門聯繫，作為一個渠道讓兩岸三地都可以了解各方的文化藝術和官方資訊。

黎 現今的生活和資訊傳播得很快，你會否考慮建立一個網上平台，讓出版的力量更大？

樊 是能力有限的緣故吧，我們兼顧不了印刷品和網上這兩個媒體。早在上海街視藝空間時期，我們已希望建立自己的網站，但若要成事，則只能通過收購其他網絡平台和工作團隊。

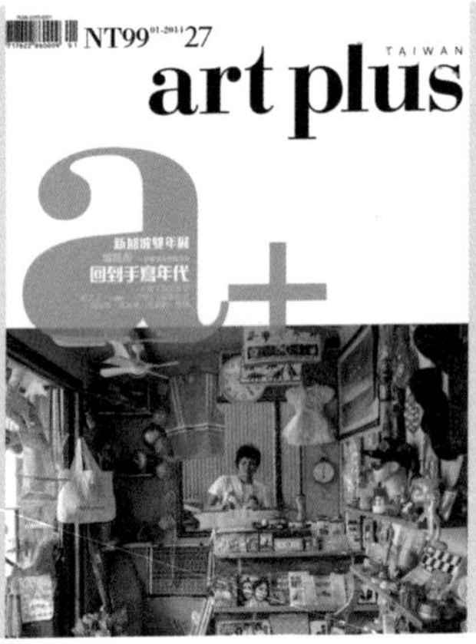

《art plus》台灣版，第二十七期，2014 年 1 月。

另外，市場上亦有其他團體和網站專門報導世界各地的藝術資訊和新聞，在經驗和技術上我們難以跟他們競爭。同時，我們一直堅持親自採訪和撰寫《a.m post》的所有新聞消息，而非效法其他電子媒體般通過外來媒體分享的訊息作報導。

其實，台灣的聯合網也有《art plus》專頁，不時發放我們報導的消息。我覺得免費報章和付費報章的最大分別就在於「文化版」，如《明報》和《信報》，由於他們都掌握獨有的資本，讀者要付費才能閱到。

黎 你有一篇名為"Options and collecting art in Hong Kong"的文章，當中提到香港藝術家的作品至今仍上不了像蘇富比這些拍賣場，源於欠缺高質素的作品，以及未有很好的收藏紀錄。對比中國內地和台灣，香港的藝術品是否仍欠缺分量？

樊　老實說，相對這幾個地方，香港的藝術家少、視野比較局限。雖然內地不少藝術作品也流於表面，開始慢慢膚淺化，但香港藝術的確存在很多先天不足的問題，例如收藏缺乏內需市場，本地收藏家的底層這幾年才漸漸龐大，而藝術家思想和題材表現很狹隘等。雖然如此，我又不認為「香港藝術」全然沒有希望。香港藝術家有機會一定得出去多看這個世界，無論駐村或是海外交流都有助擴大視野。

黎　我認為要建立一個成熟的收藏體系，有兩點很重要：第一，作品的質素很重要，題材作品不能夠太狹窄和限於表現個人；第二，在評論部分，好像還未有人能說出「香港藝術」有何特色，跟其他地方的藝術有何不同之處。

樊　依我觀察所得，香港有實力的評論人都已經建立了一定名聲，部分變得有點功利，要不就忙別的事情，要不也只會在國際期刊上發表文章。其次，他們大都不熱衷於評論，即便有時間也寧可做別的事情。

黎　要建立收藏網，必先要讓人家看到你的特色。以「後八九」中國當代藝術為例，他們確實有很強的特色和批判性，而且背後也有一批藝術史家和評論家寫大量的文章和研究，讓他們得到注目。

樊　是的，但香港的西方評論家也只限於在《南華早報》上發表評論，懂英文的評論者不懂中文的世界，接觸皮毛卻要對本地藝術發表宏論，香港是個西方人主導的評論社會。香港總是那幾個英文了得的藝術家與西方溝通，你要不接受西方主流的價值觀或上流社會贊助的遊戲規則，要不就一如以往，保持沉默。

黎　這一代的年輕香港藝術家好像急於得到國際的認同和地位，但回看夏碧泉、陳餘生等前輩藝術家，他們都扎根於駐足之地。新一代的藝術家一起步就希望參加「威尼斯雙年展」和 Art Basel 等國際展覽，雖具國際視野，但似乎忽略了先在香港扎根。

樊　「香港藝術」這個名詞對我而言意義含糊。我想，沒有藝術家希望自己局限於地區性，加上今日的年輕藝術家多了機會接觸不同資訊、參加海外展覽。在香港扎根不見得是現今的景況。

黎　你剛提到《藝術地圖》也有組織團體到外地宣傳「香港藝術」，除了作為雜誌外，你們會擔當本地藝術的一個領軍團體嗎？

樊 不會，因為我們並非藝術家。我們願意提供一個平台，讓其他藝術家有機會發表作品。由於我本身也從事不同主題的策展，帶團體到國際展覽（並非宣傳），只是延伸我專業的發展而已。

黎 提到發展藝術作品，香港漸漸出現一種消費藝術的思考模式，即商場舉辦展覽。對於這種思維模式和導向，你有什麼意見嗎？

樊 從二〇〇〇年開始，西九龍文娛藝術區的效應，使很多地產發展商於商場投入藝術元素以爭取獲得商權的機會，當時大家都在準備「成績單」給政府，有點「臨時抱佛腳」。久而久之，不同商場開始找到自己的定位，在商場舉辦藝術展，或在原有的「季節性」慶祝活動加上藝術的元素。好的方面看，是藝術家有了更多機會發揮，也增加收入；但另一方面我卻認為商場最後只能選擇「裝飾性」強的藝術，例如插畫、設計等等，仍是普及藝術思考的表面，雖善意讓一般民眾近距離「接觸藝術」，卻間接誤導民眾以為藝術只是那種層面，那些只可以在美術館呈現的高雅藝術反遠離了民眾。從生活中接觸藝術的善意，應該要去除商業的思考，例如顧及「影相位」，顧及不擋到商家的店舖高度，不能有太陰暗、太黑白或是政治色彩的表現等，然而現實卻主導了當今普及藝術的表現。

藝術商場化，使支持藝術的富二代得以進入香港藝術發展局的決策層。愚蠢的政府依然認為自由經濟的體制可以協助藝術的發展，這令其政策的獨立性及文化政策制定的決心毫不堅定。在自由經濟環境下，藝博會使香港成為第三大的藝術市場，但本地藝術本身卻不能受惠於這樣蓬勃的市場，本地藝術教育的建立、藝術市場、香港藝術家的成長等，仍有很長的路要走。

黎 你在好幾篇報導中都提到香港的藝術環境轉變得很快，尤其是在畫廊方面。以前一年內可能只有四至五間畫廊進出，但現時尤以位於中環一帶的畫廊進出甚為頻繁。你覺得這是好還是不好的轉變？

樊 很難說，這是二〇〇八年香港藝博（Art Hong Kong）帶來的轉機。國際畫廊一間一間的進駐，政府亦特別引導他們在黃竹坑地區集體發展。一手及二手市場都有相當大的轉變。一手市場，多了經營當代藝術及香港藝術作品的畫廊，以往只看到內地美院畢業生或東南亞裝飾畫的景況漸漸轉變。二手市場像拍賣公司或經營轉售畫作的畫廊，開始不只販賣吳冠中、趙無極等二十世紀藝術家的作品，知名的當代藝術大家無論是西方或中國現在都很活躍。以策展專業經營的畫廊，獨立於只談販售的畫廊群當中，漸漸淘汰了一些較弱的畫廊，也是一個好的現象，可以考驗畫廊的眼光和質素。

黎　代理香港藝術作品的畫廊逐漸遷移到黃竹坑、葵涌等地方，中上環一帶多以國際級的畫廊為主，這會否令香港的藝術面貌慢慢退卻呢？

樊　香港有點像十年前內地的情況。國際畫廊雖進駐香港，但他們的目標並非香港買家，而是內地與台灣的收藏家。因此，那些畫廊也不會出售不知名的藝術家作品，一定只將最好、最有價值的畫作帶來。這些畫廊當然不會離開中環。黃竹坑區的畫廊只服務收藏家，預約參觀其實也是不以一般觀眾為目標，畫廊經營者的面貌沒有太大的改變，畫廊數目的大幅增長，卻令香港藝術市場更加活躍、形態更廣闊，漸而形成較專業的生態圈。以往沒有專業的藝術運輸、儲藏及保險，現在都有了，甚至連藝術基金及藝術家退休金等投資性服務的行業也漸漸在這裡成型。

黎　連張頌仁、金董建平等人也退出了中環。

樊　他們撤出並非因為負擔不起租金而是打算擴充，所以要租一個更大的貨倉。黃竹坑那邊的畫廊才是退出的一群。

黎　很可惜，香港本土畫廊的確逐漸退到邊緣的地方。其實，國際級的畫廊在世界各地也很容易找到。

樊　這個藝術市場跟我們當初所想的已經很不同，畫廊只為收藏家的方便，不是為一般市民服務。

黎　最後，你有否收藏香港藝術家的作品？

樊　我也不是特意收藏。當年以數千元買下的，現在已升值到幾萬元。我的收藏多為朋友之間的買賣，有何兆基、林東鵬、呂振光等人的作品。

注釋

1 林錦芳，歷任教師、教育顧問、香港藝術學院總監、香港學術及職業資歷評審局評審主任，現為香港中文大學香港教育研究所「優質學校教育計劃」學校發展主任。

2 《藝術地圖》於二〇〇三年七月出版第一期。

3 香港藝術發展局於一九九九年將油麻地上海街四〇四號地舖及樓上數個單位闢作上海街視藝空間，並以年租一元租予不同藝術團體，通過定期舉辦展覽活動，鼓勵創作及推動香港視覺藝術發展。歷年間，香港版畫工作室、四零四、藝術地圖、香港教育學院藝術系、「活化廳」等曾參與營運和管理該空間。

4 富德樓位於灣仔軒尼斯道的住宅大廈。二〇〇二年起，在大廈業主的支持下，將大廈其中十數個單位以低廉租金租予藝術家和非牟利文化藝術團體使用，現時租戶包括藝術書店「艺鵠」、香港文學生活館、二手書店實現會社等。

5 王振榮（1953-），一九七[illegible]年畢業於香港勞工子弟學校，一九七二至二〇〇三年曾於香港鑄造廠任職鑄造師及兼任行政業務，一九九九年加入油街藝術村，後遷往現於牛棚藝術村的 No.1 工作室繼續創作，同時在香港各教育機構兼任駐校導師。

6 牛棚書院位於土瓜灣牛棚藝術村，由梁文道於二〇〇一年創立，並開辦哲學、藝術等課程，不定期邀請學者及文化人授課，每季開辦大概十個課程，曾出版免費文化評論雜誌《E+E》，後於二〇〇三年結束。

7 前進進戲劇工作坊成立於一九九六年，初期將焦點放在戲劇教育工作，二〇〇一年搬到牛棚藝術村後，於村內修建前進進牛棚劇場，成為本港首個由劇團獨立營運的公開表演場地，工作焦目亦轉移到劇場創作及場地營運。由二〇〇四年起，劇團把注意力集中到劇場營運、獨立創作和戲劇培訓三方面，現為香港藝術發展局「兩年資助撥款」的專業戲劇組織。

8 「自由講」是由油街實現與藝術地圖共同策劃的藝術沙龍。「自由講」曾於二〇一三年十至十二月期間每月舉辦一次，出席的藝術家會分享最近六個月的創作，並與同場的藝評人和觀眾進行交流。三次沙龍的討論主題分別為「繪畫及平面創作」、「雕塑及立體創作」以及「新媒體藝術」。

9 Portfolio Night 是香港藝術館與藝術地圖為配合「香港當代藝術獎二〇一二展覽」而舉辦的活動。主辦單位先後安排三十四位來自本地不同院校的視覺藝術科大專學生，於二〇一三年十月十日及十七日其中一天的晚上，帶同自己的作品，與他們自選的兩位資深藝術家進行交流。參與活動的藝術家包括黎明海、梁巨廷、李慧嫻、莫一新、伍韶勁、白雙全、鮑藹倫、謝明莊及余偉聯。

10 茹國烈（1966-），先後於一九八六及一九八八年畢業於香港理工學院電子計算系，早年於前市政總署轄下文化節目組、中天製作及新域劇團工作，亦在報紙撰寫藝術評論文章，一九九四年加入香港藝術中心，二〇〇〇年出任總幹事，二〇〇五年於演藝學院擔任兼職講師，二〇〇七年出任香港藝術發展局行政總裁，二〇〇九年獲委任為土地及建設諮詢委員會成員，同年獲香港特區政府頒授榮譽勳章。二〇一〇年六月加入西九文化區管理局任表演藝術行政總監，另外亦曾擔任香港演藝學院戲劇學院顧問、康樂及文化事務署場地伙伴計劃委員會委員，以及西九龍文娛藝術區核心文化藝術設施諮詢委員會表演藝術與旅遊小組成員。

蔡仞姿

簡介

蔡仞姿，一九四九年生於香港，先後於一九六九年及一九七〇年畢業於羅富國教育學院及葛量洪教育學院，後前往美國芝加哥藝術學院進修，並分別於一九七六年及一九七八年獲頒學士和碩士銜。

一九七八年回港後，蔡氏加入香港理工學院設計系擔任講師至一九八六年，一九八五至一九九三年間於香港大學藝術系任兼任講師，一九九七至二〇〇三年在香港青衣科技學院出任教職，二〇〇三至二〇〇五在香港浸會大學音樂及藝術系任講師，後於二〇〇五至二〇一〇年在該校的視覺藝術院任職助理教授，現為電影學院客席講師。

蔡氏在一九九九年與友人成立 1a 空間，同年成為香港藝術發展局視覺藝術組別成員，二〇〇二年在該局擔任威尼斯雙年展籌劃工作小組成員，並先後在二〇〇二年及二〇〇三年擔任「香港藝術雙年展」評審。

歷年來，她曾參與多個本地及海外展出，其在香港藝術中心舉辦的「空間內外」（1985）更為香港首個裝置藝術展。除視覺藝術外，蔡氏亦活躍於舞台設計及實驗劇場演出。

蔡仞姿訪談錄

訪問者　黎明海博士

2013.1.30

■

黎　八十年代初，我在柏立基教育學院就讀，你則讀過羅富國教育學院和葛量洪教育學院，對吧？

蔡　對。我在羅富國教育學院和葛量洪教育學院修讀高級師資訓練證書課程（Certificate in Advanced Course of Teacher Education，簡稱 ACTE），一九七〇年畢業。我得到郭樵亮先生和陳炳添先生教導，他們皆對我藝術生命的起點很重要，是我的好老師。

黎　幾位前輩包括呂壽琨、郭樵亮，及你的丈夫韓志勳，皆對你有不少影響。

蔡　在開始的時候影響最大的，是郭樵亮和陳炳添。至於呂壽琨，我跟他上了一整年的課。除郭樵亮和陳炳添外，還有李國樑及李國榮兩位老師。

說起李國樑，我便想起讀中學的歲月。我並非書香世家出身，父親是第二代的印尼華僑。因此，父親跟中國文化有一層隔膜。小時候，家人的支援不多，讀書、學英文等全得靠自己，十四歲時我已練得很獨立。當時開始著緊自己的學業，自己找補習社進修。後來，又在李國樑在堅道的畫室學畫畫，他還送了我一本書。也斯說李國樑乃香港第一代寫小說和哲學的文人。

但說實話，我在羅富國教育學院藝術系所學到的，其實不多。

黎　我想當年的美術教育還未被正規化。

蔡　其實整個教育體制亦如是。中一至中三期間，譚瑞菁[1]教導過我。中三以後，我又得到謝江華[2]的教導。會考時，我已經讀過藝術史，學過印象主義等。所以進了羅富國教育學院後，我感到沒學到什麼。後來，因為不想過早投身社會，便再到葛量洪教育學院唸書。

我進葛量洪教育學院時，他們辦的不是藝術系。當時郭樵亮先生跟我們說：「這個特別三年制的一年級課程，其實就是藝術系了。」當年老師有四人，學生卻只有十位，所以郭樵亮很能注意到每個學生的進度和需要。郭樵亮先生將這一年課程編排得像大學一二年級一樣，並把自己所學全都傾注到我們身上。那一年，他帶我們去認識文化界舉足輕重的人物如文樓、張義、何弢等，這樣的活動每星期也有一次，讓我對香港藝術有深入的認識。

自我接觸藝術起便一直信奉「為藝術而藝術」(Art for art sake）的一套。同時亦有一份致力推動藝術教育的想法。

第一年在中學任教，是在一所只辦了一兩年的屋邨學校，出人意料的是，學生的參賽作品竟贏了聖保羅中學，奪得美術比賽大獎，學校同人也十分振奮。後來由於人事關係，我打算轉到其他學校任教，想不到卻要先得到新舊兩校批准。那時候，我感覺到是時候去追尋我個人的生命路途，遂決定辭去教席。一九七一至一九七二年間我曾在香港中文大學文物館當藝術助理，當時的館長是屈志仁先生。

我本打算報讀香港理工學院的設計課程，但審批者之一的郭樵亮說我不適合唸設計，拒絕了我的申請。於是我再尋找其他進修途徑，後來知悉呂壽琨在香港中文大學校外進修部教授水墨畫，雖不太了解授課內容但仍嘗試報讀。

要數厲害的老師，一定不能不提呂壽琨。每節兩小時的課為期三個多月，居然沒有冷場，同時亦豐富了我對中國畫的認識。

黎 當時呂壽琨是否已經活躍於元道畫會？

蔡 對，他很活躍，還有不少的追隨者。上呂壽琨的課時，我還很稚嫩，老師說什麼我都會聽。呂壽琨很有魅力，他說：「你們喜歡怎樣畫便怎樣畫，交來的畫不用簽名。」老師改畫時不需知道畫作出自誰的手筆。上課堂時，很多元道畫會的學員如徐子雄、周綠雲等，都坐在那裡聽課。

黎 後來為什麼會到了美國芝加哥？

蔡 修畢課程後，呂壽琨讓我們免費隨他學藝，每逢周日便到九龍華仁書院那邊上課。當時我不太懂事，所以鮮有跟呂壽琨聊天。後來，在一九七二年左右，他勸我到外國進修。

黎 可能呂壽琨先生知道你跟元道畫會及一畫會的人不同。

蔡 哈哈，可能是吧！當時出國進修極為困難，因為學費很貴，另外，美國政府擔心申請者一去不返，故要求其銀行戶口需存約四年學費的款項，得到領事批准才可以進修。我的首選為芝加哥藝術學院，但每學期學費一千美元，很昂貴。考慮到財政因素，我便放棄了。及後，俄亥俄州的哥倫布藝術及設計學院（Columbus College of Art and Design）發獎學金給我，我才可以跟其他人一起成行。

其實我不太喜歡哥倫布藝術及設計學院，在第二年便轉到芝加哥藝術學院就讀，同時亦取得獎學金，一直讀了四年。那是我一生最享受的時光。當年它可是一所超前衛的學院。

到芝加哥後，我探索得最多的是繪畫，從繪畫語言的文化元素，到如何由二度平面尋找空間的不同突破等等。然而，自己又好像未有充實的理論基礎。我的老師在芝加哥藝術學院很有地位，他竟然跟我說：「你為何總是用一些我們不明白的語言創作？」（英文原文為“Why do you use the language that we don't understand?”）。他們還未有全球化的意識，多元文化的思潮應是十多年後的事，所以他們仍抱持著一種以西方為中心的心態。幸而畢業作品仍被選入院士展（Fellowship Show）。

黎 你是否從那時起做一些概念性的裝置藝術？

蔡 我只看著我的同學做，自己尚未懂。能夠看著新思潮的發展，真的很享受。他們熱烈地探索另類的形式，我見證著身體藝術、表演藝術、裝置藝術、錄像藝術以及新攝影的誕生。不少同學在畢業時已做表演性的活動，自己亦四出觀摩。不過，我知道自己沒法進入和了解這些藝術。一九七八年畢業後回港，我接觸了很多朋友，他們也協助我去吸收各種知識。

黎 你在一九七八年回港時，雖然我還未涉足藝壇，但總覺得一九七五至一九八六年間為香港藝壇最鼎盛的時候。雖然當年仍未有香港藝術館，但香港藝術中心亦辦了很多展覽，而香港大會堂及其他地方也讓更多人得以接觸藝術。另外，不少在外地留學的創作人士也回流返港。因此，我認為那段時期頗豐富。

蔡 是的！我視之為轉變的年代。要說香港藝術，最先掀起現代思潮應該是中元畫會。八十年代初，很多人從外地回港。有榮念曾、曹誠淵[3]、也斯、王守謙[4]、許鞍華[5]、方育平[6]、梁家泰、陳贊雲、王鋭顯[7]等；到一九八三年後有韓偉康、麥顯揚、彭錦耀[8]、王禾璧、何慶基、黃仁逵及田邁修（Matthew Turner）。那是香港由現代進入當代藝術的關鍵時刻。

「中國旅程 98」宣傳冊，1998 年。

黎 那可否說說你在那段時間的經歷？

蔡 我跟他們都先後遇上而且也一起創作。一九七九年在香港藝術中心辦了「由畫畫到畫牆」的個展，榮念曾看過我的展出後我們便交上了朋友。那時香港流行新寫實的繪畫風格，如黃祥、司徒強[9]等人的作品。一九八〇年我跟榮念曾、王守謙一起作《中國旅程三》的實驗演出。一九八五年香港藝術中心又給我一個大型的個展，「空間內外」是第一次裝置作品的嘗試。接著一九八七年，以創作了《慢之極》，一趟音樂舞蹈與裝置的演出。另一次是一九八九年與也斯、游靜[10]創作的《東西遊戲》也是跨媒介的創作。

黎　你提過一本張輝辦的《越界》雜誌。這本雜誌很棒，因為它跨媒介地介紹了藝術、音樂及舞台等，是本辦得不錯的雜誌。藝圈不僅有從事創作的人，藝術館、藝評等支援性的軟件也不可或缺。當時的情況是如何呢？

蔡　在香港辦藝術雜誌可算得上是一場「夢」。先是《外邊》以類似同人誌的模式辦了五期，緊隨其後的《越界》在八十年代末大概由也斯他們發起，既具規模也很專業。

但當時香港的藝術氣氛仍然有局限，香港藝術館沒有為水墨畫以外的作品提供發表渠道，大家都十分不滿，覺

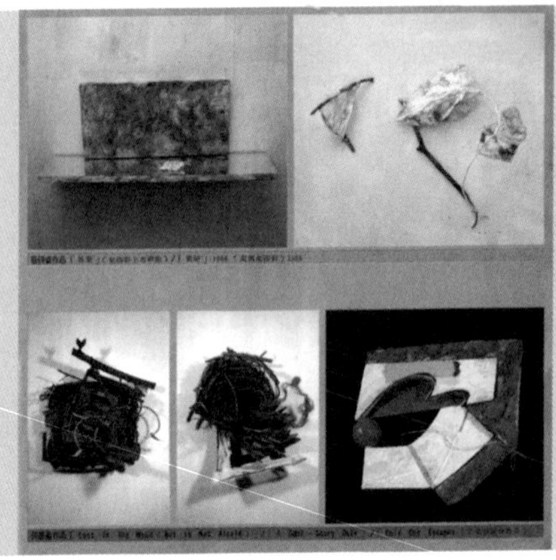
蔡仞姿與何慶基在「外圍」展的參展作品，《外邊》，第十二 / 十三期，1987 年 10 月。

得新藝術被忽視。一九八八年，大家聚起來辦了個「外圍：流動藝術展」，不少人如陸恭蕙、吳靄儀[11]、黃仁達的代理 Lianne Hackett[12]和香港藝術中心的陳贊雲也大力支持，協助我們申請牌照。「外圍」展後來更發展成《外邊》雜誌。

黎　你提到的「建制」，是指以譚志成為首的「新水墨運動」嗎？

蔡　「建制」或者應該說是藝術機制，當時唯一擁有資源的是藝術館。可惜他們方向保守，舉辦「外圍」前，陳贊雲任職香港藝術中心展覽總監期間，也舉辦了「十年香港繪畫展」，對香港新藝術作初步的探索。後來，由於香港藝術中心投放到香港藝術的資源大幅減少，令陳贊雲無法繼續舉辦展覽，驅使他離職，後由何慶基接手。離開香港藝術中

心前，陳贇雲舉辦了「十年香港繪畫展」（1987）。何慶基上任後，他策劃了「轉變的年代：香港新一代藝術家作品展」（1989）。到一九九二年，香港藝術館才辦了「城市變奏：香港藝術家西方媒介近作展」。

事緣一九九二年香港藝術館新址開幕，我們充滿著期待。想不到，開館的第一個展覽竟然是「太法國了」。我們覺得太荒謬了！等了十多年，香港藝術館開館竟然先辦一個法國的展覽。我們這些藝術家包括麥顯揚、何慶基等，無一不憤懣莫名。由「外圍」展那幾年起，我們累積了很多討論成果。於是，我們發起藝術家聯署行動，抗議香港藝術館無方向性的操作，信件內容是提議政府建立香港現代與當代藝術館。最後共有七十二位藝術家聯署，向有關部門發信，最初他們只回覆說所有計劃早已敲定，不能改變。後來館長曾柱昭在四月中旬便邀請何慶基、黃仁逵、柴念曾和我開會，提議給我們辦一個展覽，那就是「城市變奏：香港藝術家西方媒介近作展」，是首次包括裝置藝術的官方展覽。

我想大家的方向和想法都很接近
……其實我不知道自己在說什麼
訪蔡仞姿
參與「外圍」展後，蔡仞姿接受《外邊》雜誌專訪，1987年。

黎　作為一個旁觀者，我認為你們的創作，是一場嘗試與世界接軌的運動，對當時香港的主流藝術造成很大的衝擊。

蔡　可說是進一步推動當代香港藝術發展吧！而陳贇雲年代的香港藝術中心有幾個重要元素：第一是新攝影。其後，他在香港藝術中心辦第一次錄像藝術展，更介紹了Barbara Hamann，一位德國女藝術家舉辦的錄像工作坊，我還跟馮美華和鮑藹倫上了第一個工作坊。錄像藝術就這樣在香港開始了。後來，他又嘗試介紹全像術（Hologram）。總而言之，陳贇雲很努力地把這些新東西引進到香港。至於何慶基，他則希望把精英主義的藝術觀念扭轉過來。

黎 八十年代的香港藝術真的很豐富。你又有何看法？

蔡 應該說那是新浪潮的年代。一九七八年我開始在香港理工學院的太古設計學院教學，一九八〇年我接任教 Environmental Exploration（中文譯名為「環境探索」）。這門課本是郭孟浩教的。這門課的好處是沒有課程規限，可以自由編排課程。我一直在太古設計學院任教至一九八六年，每年我都在課堂中通過學生的作業去探索自己想做的創作，包括裝置藝術、環境藝術等，實驗創作上的各種可能性，同時亦樂見新念頭在新一代中萌芽。

黎 難怪陳育強[13]說你是裝置藝術的先驅。

蔡 其實「裝置藝術」這個譯名也是我跟陳贊雲改的。在「空間內外」那次展覽，我倆想了很久才下決定。當時很多人說這個名字好像跟裝修有關，但我們也想不到更好的，便只好用上這個。這也算是我的一點足跡吧！

黎 我本不太認識裝置藝術，但你的「沉溺」系列最令我印象深刻。

蔡 那是一九九三年的作品，是一個系列式的裝置。其實我還有自己最喜歡的作品，都未有充分機會在香港展出。

黎 八十年代，中英雙方草簽《中英聯合聲明》。當時的藝術家有否感到憂慮？

蔡 有的。大家都了解中國內地的藝術文化政策。

黎 是否因為對前景和政局憂慮，所以你和韓志勳才決定離開香港？

蔡 不，主要是我想到外國做藝術創作。因為多倫多是較重視藝術的城市，所以我在那邊待了幾年。這數年間，我幾乎每年都取得當地政府藝術局的藝術資助，一九九五年更得到加拿大藝術局的「藝術家年獎」。

黎 加拿大或其他外國城市，是否對藝術會提供更多支持？

蔡 不錯，我在澳洲與德國都有過一些很好的經驗。例如一九九三年，在德國柏林 Haus der Kulturen der Welt，他們騰空了整個地庫予我展出《色彩房間》，當局曾辦了一個很重要的展覽「中國前衛藝術」(China Avant Garde)[14]，接著是我的展出。一切的安排都感覺到他們對藝術的尊重，而且會盡一切努力配合創作上的要求，亦會幫忙到各處搜羅我需要的物件。因此，我曾到過柏林歌劇院的倉庫搜羅古老大吊燈，這都是難忘的經驗。

同年在澳洲昆士蘭藝術館舉辦了「第一屆亞太當代藝術三年展」(The First Asia Pacific Triennial of Contemporary Art)，當時距「九七回歸」不遠，我和周綠雲獲邀做展覽時，已經知道這次的焦點是香港回歸。逃不掉「九七回歸」的感覺，我的作品帶出了一名香港藝術家對回歸的感受。我感受到歐洲及外地觀眾觀看態度的認真，對文化的詮釋亦較為深入。

黎　你或多或少因「九七回歸」而離開香港，但卻在一九九七年重返香港。回港後，你是否隨即成立1a空間？

蔡　在一九九八年成立的。成立這樣一個另類空間，是因為當時香港缺乏展出實驗性創作的場地。

黎　說到1a空間，你提到過去舉辦過的過百個活動，主要分為策展主導、集體創意、藝術家為本和跨媒介這四個方向。這四個方向，是通過商討或慢慢醞釀而成嗎？

蔡　想法由第一代人開始，有我、陳浩沛、杜子卿[15]、馮美華、顏淑芬[16]等人。我們有很多理想，第一個理想是：要有專業水準的製作。在一九九八年第一本場刊的封面，我們最早選用紅藍白膠袋圖譜。我們的第一個展覽為「國家藝術館『定』畫廊？」，點出對香港策展方面的關注，然後再推出不少比較實驗性的展覽，譬如「七城人事」，廣受其他人注目。這個展覽是鄭炳鴻[17]的主意，他把1a空間的「空間」縮小了。用上建築空間與模型空間的關係，顛覆真實與虛擬空間的感知經驗，是一次純概念先行的感官經歷。跟著陳浩沛也辦了一次大型的"Home Affair"展覽。總言之，1a空間是我們幾個理想主義者創造的一個空間。

黎　這些展出是否都在香港完成？

蔡　是的，但1a空間也曾到台灣及澳洲作交流展，如「歪米」展，近年也曾到北京作交流展，有「打開本子你看我看你」展覽，但交流展是不多的。

黎　相比一九九七年以前，一九九八年以後的藝圈有什麼轉變嗎？

蔡　當然有很大的轉變。我於一九九七年回港時，香港藝壇已出現新一代藝術家的更替，何兆基、陳育強、梁志和、梁寶山等已經出現。最大的轉變是制度與面貌的不同，以往創作與展出是純粹個人的承擔，但現在多了資助渠道還有畫廊與市場的推動，部分新一代的創作者會從職業的觀點去考慮作業。這方面的想法讓我感覺有點陌生。

黎　你在一九九二年口述的文章〈亞洲當代藝術講座紀要〉，刊登在《星島日報》，講述傳統與現代的矛盾，也提到香港藝術家傾向個人風格的顯露。其實，什麼是傳統？什麼是現代？什麼是香港？你是否有一套完整的認知？

蔡　水墨的出現自有其文化價值，又有其成功的原因。不過，當時作為年輕人的我們，卻很質疑水墨在香港藝壇的排他性，而這排他性則建基於延續中國文化傳統的定位。另外，我提到中國內地的新藝術背後都有著濃厚的國家政治色彩。這跟香港藝術家浸淫於現代與當代思潮的觀點不太相同。

黎　我深表認同，香港的藝術家太關注個人層面。不要說世界，連國家、社會也沒有放到藝術當中。我常對學生說，除了自己以外，還有沒有什麼值得提及呢？

蔡　關於這觀點，我有認同也有不認同的地方。早前我們到北京作交流展，就是要展示香港作品與中國內地的不同。環顧那次展出，當中有很獨特的香港創作情懷，那是一份個人感官的私密性，也許會成為香港藝術的賣點。用時下的說法，可以說對比起中國藝術的「大器」，香港藝術就顯得「小器」。這種說法只是表面化，且全面忽視了藝術語言的多樣性與精緻性。其實個人感觸的表達，亦可以是動人的篇幅。

黎　所以白雙全[18]都到北京做展出了。

蔡　香港藝術家從來都是遊走國際的，而近年好像正輕輕吹起香港藝術風。來年可是香港新藝術發展的好時光！

注釋

1 譚瑞菁（1940-）生於澳門，一九六一至一九六二年於羅富國教育學院學習美術及手工科，畢業後於荃灣官立中學及庇理羅士女子中學擔任美術科主任，期間曾隨陳士文及黎光習畫。一九六八年於葛量洪教育學院修讀「第三年制」課程。一九七〇年加入教育署視學處任職，及後晉升至高級督學，負責協助編寫中小學美術課程綱要。一九七五年曾獲英國文化協會獎學金前往英國進修一年。一九九五年從教育署退休。

2 謝江華，一九五九年畢業於羅富國教育學院，一九六〇至一九六三年於澳洲墨爾本 Caulfield 學院學習美術及設計。一九六三至一九九六年先後任教於柏立基教育學院及葛量洪教育學院。一九七三年起作品展出於美國新聞處圖書館、香港藝術館及香港教育學院等。

3 曹誠淵（1955-），生於香港，一九七三至一九七七年間於美國華盛頓大學修讀工商管理，並接受現代舞訓練，一九七九年獲香港大學工商管理碩士，同年在香港創辦城市當代舞蹈團，一九八七年在廣東舞蹈學校現代舞實驗班擔任顧問及導師。一九九二年成立廣東現代舞團，並於二〇〇四年擔任其藝術總監，一九九八年擔任北京現代舞團藝術總監。二〇〇五年成立北京雷動天下現代舞團，並擔任舞團總監及藝術總監。現為城市當代舞蹈團、廣東現代舞團、北京雷動天下現代舞團藝術總指導。一九八八年獲香港藝術家聯盟頒發「舞蹈家年獎」，二〇〇〇年獲頒香港演藝學院榮譽院士。二〇〇四至二〇〇七年香港藝術發展局藝術範疇代表（舞蹈），西九核心文化藝術設施諮詢委員會成員（2006-2007），現為西九文化區管理局表演藝術委員會成員、香港藝術發展局藝術顧問（舞蹈）。

4 王守謙，早年於美國紐約學習戲劇，一九七三年加入香港大會堂任職副經理，及後轉至美國新聞處任職。八十年代與榮念曾為香港話劇團策劃《大路》和《龍舞．彈子風波》等話劇演出，為進念．二十面體核心成員之一。現已移居加拿大溫哥華。

5 許鞍華（1947-），香港新浪潮電影導演，一九六九年獲香港大學文學士，一九七三年獲香港大學文學碩士學位，其後於英國倫敦國際電影學院深造，一九七五年回港擔任導演胡金銓的助手，在香港無線電視任編導，一九七八年轉任香港電台，拍攝紀錄片及短篇電視劇。一九七九年，拍攝首部電影作品《瘋劫》。成名作是《投奔怒海》（1982），與之前拍攝的《獅子山下》之《來客》（1978）和《胡越的故事》（1981），被稱為「越南三部曲」，並憑此首度獲得「香港電影金像獎最佳導演獎」，後來拍攝的《女人四十》（1996）、《天水圍的日與夜》（2009）和《桃姐》（2012）均獲此殊榮。二〇一四年獲香港藝術發展局頒發「傑出藝術貢獻獎」（2010）、香港大學名譽社會科學博士（2014）。

6 方育平（1947-），香港新浪潮電影導演。畢業於香港浸會學院物理系，一九七一年赴美就讀於美國喬治亞大學新聞系，一九七五年於美國南加州大學修讀電影。一九七五年返港，進入香港電視台任編導。一九七七年拍攝電視劇《獅子山下》，其中兩集《野孩子》、《元洲仔之歌》獲亞洲廣播協會最佳青年導演獎。一九七九年加入鳳凰電影公司任導演。一九八一年執導《父子情》，獲第一屆香港金像獎最佳導演獎。一九八四年執導的《半邊人》和一九八六年執導的《美國心》分別獲得第三屆和第六屆「香港金像獎最佳導演獎」。

7 王銳顯（1955-），畢業於加拿大諾亞藝術學院，一九七六至一九七九年曾於紐約普瑞特學院修習藝術及視覺傳訊。八十年代回港，從事劇場、錄像藝術等方面的工作，協助創辦進念．二十面體，並曾於一九八二至一九八五年擔任主席。九十年代曾於澳洲悉尼藝術學院任教。一九九九年獲選為油街藝術村主席。於二〇〇三及二〇〇五年因威尼斯雙年展參展機制兩度控告藝術發展局並獲勝訴。

8 彭錦耀，生於香港，後赴日本東京及美國紐約繼續學習芭蕾舞及現代舞。一九八一年自美國回來香港，加入香港芭蕾舞團。一九八三年轉投城市當代舞蹈團，成為舞團的駐團編舞家。曾先後為 Adelphi 舞蹈團、香港芭蕾舞學會、香港舞蹈團及香港話劇團編舞。一九八七年又與其他人合作成立多媒體藝術團體多層株式會社，一九九〇至一九九七年擔任台灣舞蹈空間舞團藝術總監。一九八六年本書受訪者蔡仞姿曾於香港大學藝術系發表「與蔡仞姿畫作的對話」，由也斯寫成新詩，彭氏編舞。

9 司徒強（1948-2012），一九五〇年移居香港。一九七三年國立台灣師範大學美術系畢業，一九七九年獲美國紐約 Pratt Institute 藝術碩士。

10 游靜（1966-），一九八八年畢業於香港大學英文及比較文學系，一九九二年獲美國紐約社會研究新校媒體研究碩士，二〇〇二年獲英國倫敦大學皇家哈洛威學院哲學博士。曾任教於美國視覺藝術學院、美國加州大學聖地牙哥分校、美國密西根大學、香港理工大學設計學院、台灣國立交通大學及台灣國立政治大學任教，二〇〇七年起任嶺南大學文化研究系副教授。其錄像作品大多探討個人身份、性別認同等題材，包括《好郁》、《理想家園》等。

11 吳靄儀（1948-），一九六九年獲香港大學文學士學位，其後分別獲得香港大學哲學碩士，美國波士頓大學哲學博士及英國劍橋大學法學士。曾任職於港大及香港理工學院的行政部門及美國運通銀行。一九八六至一九八七年擔任《明報》副總編輯，一九八八至一九九〇年任《明報》督印人。一九九五年以獨立人士身份參選立法局功能界別法律界議席當選，二〇〇六年加入同年成立的公民黨。現任立法會司法及法律事務委員會主席及立法會議事規則委員會副主席。亦有於報紙專欄發表和出版有關政治、文化評論文章和書籍。

12 Lianne Hackett，生於蘇格蘭愛丁堡。一九八五至一九九二年間移居香港，一九八七年曾協助香港藝術中心策劃「外圍」展覽。及後於蘇格蘭議會擔任記者，亦曾為香港《號外》雜誌及《蘇格蘭周日報》撰寫設計評論。現居蘇格蘭，從事寫作、編輯、項目策劃等工作。

13 陳育強（1959-），一九八三年畢業於香港中文大學藝術系，一九八八年獲美國鶴溪藝術學院藝術碩士學位。一九八八至一九八九年間任職香港中華文化促進中心，二〇〇五代表香港參加「威尼斯雙年展」。一九八九年起任教於香港中文大學藝術系，現為該系教授。

14 「中國前衛藝術」由德國柏林 Haus der Kulturen der Welt、丹麥歐登塞 Kunsthallen Brandts Klædefabrik、荷蘭鹿特丹藝術廳、英國牛津現代藝術博物館主辦。

15 杜子卿（1964-），生於香港，一九七八至一九八三年間旅居蘇格蘭，一九八六至一九九五年居澳洲，後返港定居。一九八五及一九八六年參與香港藝穗節。定期 *Art Monthly Australia*、《南華早報》、《英文虎報》、*Harper's Bazaar*、《號外》等撰寫文章。1a 空間創會會員。

16 顏淑芬，英國里斯特大學博物館研究碩士。曾任上海當代藝術館助理總監（展覽）、歌德學院節目經理（文化）以及香港藝術中心助理展覽總監。一九九三年起擔任香港展能藝術會執行委員，現為國際藝評人協會香港分會秘書及網頁編輯。1a 空間創會會員。

17 鄭炳鴻，香港大學建築學士、美國麻省理工學院設計碩士、英國皇家建築師協會會員、美國建築師聯合會會員、香港建築師學會會員。曾任哈佛燕京學社訪問學者及美國麻省理工學院佛山工作室合作教授。現為香港中文大學建築學院副教授、1a 空間董事、雅砌建築設計事務所總監。

18 白雙全（1977-），一九八四年從福建移居香港。二〇〇二年畢業於香港中文大學藝術系，二〇〇九年代表香港參加「第五十三屆威尼斯雙年展」，二〇一三年獲香港藝術發展局頒發「年度香港最佳藝術家獎」。

黎明海

簡介

黎明海，一九六一年生於香港，一九八四年畢業於柏立基教育學院，分別於一九八三年及一九八五年獲香港中文大學校外進修部「水彩畫證書」和「中國水墨畫證書」，一九八七年英國利物浦大學教育學士，一九九〇年英國皇家藝術學院文學碩士（繪畫），二〇〇一年獲英國蘭卡斯特大學藝術史及視覺藝術哲學博士，主修視覺文化及藝術史。

一九九一至一九九五年間，黎氏曾於香港中文大學、香港浸會大學、香港理工大學、香港中文大學校外進修學院及香港大學專業進修學院擔任兼任講師，一九九五年加入香港教育學院並擔任創意藝術系講師，後出任高級講師及副教授及體藝學系系主任，離職前為文化及創意藝術系副教授兼副系主任。二〇一〇年九月起加入香港浸會大學視覺藝術院，並任副教授至今。

黎氏曾任香港藝術發展局藝術教育組副主席、中國當代藝術博物館榮譽顧問、香港考試及評核局視覺藝術科試卷主席等職務，並於二〇〇六至二〇一〇年間出任香港美術教育協會會長，現為康樂及文化事務署藝術館專家顧問。黎氏曾參與編輯及出版的書籍有《香港流行文化與視覺藝術教育》、《形色線：當代香港繪畫》、《走讀藝術：香港藝術家工作室》（第二輯）等。

《夢兮中國，九》，2001-03

黎明海訪談錄

訪問者　陶穎康先生

2013.2.18

訪　我們就由柏立基教育學院[1]開始談談你的藝術成長之路。一九八一年你在學院裡主修美術與設計的課程，還記得有哪些老師教過你嗎？

黎　美術與設計課程主要有三位男老師我有較深刻印象，還有兩位女士，不過她們在較後期才出現，而且接觸較少，所以印象沒那麼深刻。還有一些教授教育和其他選科的老師也不太記得清楚。其中重要而且對我影響深遠的有蕭始武[2]老師、對我繪畫影響較大的有謝江華老師，還有劉兆禧老師，我記得他是教西洋書法的。

訪　除了學習繪畫的技法外，還需要學習教學方法嗎？

黎　要的。當時我也不太清楚它的教學內容，只覺得（畢業後）能夠在學校教美術也是件不錯的事。當時學院分了兩大類的課程，一是選修科，例如「美術與設計」是實踐式專修的學科，不是太多教學法的門類。另外一類是由教育學部門負責的，專門講述一些教育理論，如心理學、教育哲學等。在美術課裡也有特設「藝術教育」課，由蕭始武老師主講。他不會講那些觀念性的東西，反而教你如何管理課室秩序，如何運用工具和發出教學指令等等，是一些很實用的教室和日常教學應用的知識，都是一些流程上的東西。跟日後教育學院的美術理論或藝術教育理論的學習很不一樣。

訪　除了在柏立基教育學院唸書外，你也在香港中文大學校外進修部修讀過一些水墨課程？

黎　那時的大學或大專藝術課程跟現在的一樣，由於受常規教學課時所限，個別媒介的教授不夠深化，內容也不夠深入。柏立基教育學院部分同學早已接受過一些藝術訓練。有一次大家交功課時，我問那畫得很美的是什麼類型的畫，才知道水彩畫可以有如此美的表現。我在什麼都不懂和不了解的狀況下，怎可能去當美術教師？「水彩畫證書」就成為我首個在中大校外進修部修讀的課程，期間我認識了數位老師，現在仍然活躍在藝術圈的有呂振光、劉欽棟等，還有歐文兆，他主要教寫實攝影的。當時劉欽棟老師對我的啟發最多，他不只教曉我一些繪畫技巧，還教曉我美術史和藝術理論。這些東西在教育學院也學不到。於是我想繼續跟隨這位老師學習，便報讀了同樣由他主持的「中國水墨畫文憑課程」。

訪　你剛才指教育學院的美術與設計課程內容不夠深入。那麼你覺得教育學院培訓出來的學生跟其他院校的有何差異？

黎　也不能隨便作比較，因為我對當時或現在各院校相關藝術課程的內容所知不詳。八十年代或以前的教育理念是老師講的教的愈少，學生就愈能保持赤子之心，以自己的表達方式去表現出來。當時謝江華老師，就是採用一種實驗性的方式演繹繪畫，時至今日，不論是在課堂教學或是個人的創作，我仍然抱持這種實驗性的創作態度。

我們實在無法比較當時不同院校的藝術課程，或許我可以親身的經歷嘗試分辨。中學時期我的美術老師是位中大藝術系的畢業生，他的教學範疇主要圍繞其專長，如書法、中國媒體等，其他方面例如設計等就比較少接觸了。這個例子或可反映當時的教育司署（現稱教育局）容許美術教師對教學內容有較大的演繹和剪裁的自由度。當時的教學內容，不如九十年代般具規範性的。它給予教師較大的自由度，因應自己的專長而去訂立教學內容。

訪 八十年代，郭樵亮等要求教育署重視美術課，提升這科的教育質素。你當時作為一位美術教師，覺得自己的職位和學科在學校和社會受到重視嗎？

黎 美術在當時本地中學課程稱為「美術與設計」，它並非受重視的科目。記得我第一所任教的學校是仁濟醫院林百欣紀念中學，當時只有我一個美術教師，得負責一切有關美術或美術課程的事情。優點是專科專教，中一至中三大部分都是由我來教，另一位「拍檔」，她是位體育老師，只幫忙教四堂課。專科專教的好處是能夠集中關注這一科的發展，但弊處是基本上得不到任何的支援。校長給予你一筆錢和資源後，就不太過問你的工作情況和教學發展。一切由你自行發揮，不超出預算就可以了。由此可見，美術與設計科在學校裡的確不受重視。

訪 在你任職教師期間，你已完成校外進修課程的「中國水墨畫文憑課程」，開始從事自己的繪畫創作，後來更在香港藝術中心舉辦的「素描創作比賽」中拿過獎，獲得一張往德國的機票。另外，八十年代不少藝術家如陳贊雲、何慶基等在當時的藝術圈十分活躍。你當時還未算投身藝術圈，作為一個旁觀者，其時的藝術圈對你有什麼鼓舞？

黎 當初考進柏立基教育學院時，我對藝術一竅不通，很想知道多一點，於是報讀了水彩畫證書課程，每星期上課一次。而水墨畫則是一個為期三年的課程，每星期有兩節課，每節課約兩個小時，因此單以水墨媒介的訓練大概可以比擬大學裡相類的課程。課程先由工筆花鳥開始，到寫意花鳥，然後是工筆人物、寫意人物、山水、篆刻、各種書體書法、創作輔導等等，還有中國美術發展史的講述，整個課程圍繞水墨繪畫編排，關注其深度和廣度的探究，畢業時不但要繳交繪畫創作，還要提交藝術論述文章，是個非常認真而系統的課程。我很慶幸自己能有機會修讀這個課程。還記得當時整個課程的學費約一千八百多港元。

當年一個文職人員月薪約有一千四百元，這個課程就相等於一個半月的薪金了。不管你是否決志於此媒介的學習，課程開始時必須一次過付清學費。當時我覺得這是一筆頗大的負擔，但回想起來，報讀這個課程是我一生中做過最正確的決定之一。水墨課的同學對水墨的認識也有參差，有些人在入讀前已經跟隨楊善深、何百里[3]等水墨名家習畫已有一段時間，對媒介的掌握已經是「師傅級」了，報讀此課程主要是想做一些創作，而其時坊間極為欠缺此類課程。我入讀後，自知自己各樣學識和技巧均不足，只好將勤補拙，課餘時盡量用時間去看展覽和認識藝術圈的事情。

那時我常到香港藝術中心四至五樓，即包氏畫廊，反而很少到香港大會堂。現在的香港藝術館，當時仍寄寓於香港大會堂十樓。那兒的藝術作品的擺放、轉換頻率較低。我每次到香港藝術中心也有新的刺激，國際級的、本地的展覽都有。例如我幸運地看過 Alan Davie（1982）、《蛻變中的中國藝術》（1987）、《書籍／藝術品》（*The Book/Art in Book Form*）（1989）、伊夢道爾夫（Immendorff）（1994），還有趙無極的作品展覽、眼鏡蛇（CoBrA）集團，一批歐藝術家的繪畫等。印象深刻的還有《惶牆外：六人創作畫展》（1984），是一群尚在中大藝術系就讀的學生，要求系方改革課程及改善師資的公開控訴，該展覽引起學界極大的回響。這些展覽在香港藝術館都看不到，但在藝術中心卻能看到。現在我仍會不時取出當時的一些單張來看，那是我認識藝術的啟蒙場地，因為當時沒有什麼途徑可以得到藝術方面的資料，又沒有互聯網，只好收藏這些單張，有需要時就拿出來翻看。除了到香港藝術中心，我也會到藝穗會，還有其他一些場地，都在藝穗會附近。

訪　我知道你收藏了不少藝術雜誌。當時這些雜誌的流通量不高，你是從什麼途徑收集的？

黎　在一些「二樓書屋」中取得。除了畫畫，我也喜歡看書和購書，這些雜誌是我在逛二樓書屋時偶然取得，如香港的青文書店。另外，在藝術中心的地下，直至現在，那兒還有很多單張是任人拿取的。

訪　在一九八五年左右你到了英國唸書，對嗎？

黎　我的人生中有很多偶然的轉變，例如最初只想做個稱職的美術教師，所以報讀中大校外課程。及後在唸水墨畫課程時，又曾立志做個水墨畫家，所以當時我只關心中國水墨的訊息，忽略了那些年方興未艾的數個重要西方媒介的藝術展覽。而在本地牽頭的西方媒介藝術家方面，香港藝術中心展覽總監繼陳贇雲後有何慶基，較活躍的還有韓偉康、蔡仞姿、麥顯揚等一批藝術家，可是我很少接觸他們，因為我當時只專注水墨的藝術展覽。

訪　但當時在香港藝術館不是有更多水墨展覽嗎？

黎　是的，但除了大師級的畫家如趙少昂、楊善深外，很少機會看到一些出色的水墨畫展覽的，大部分都是同輩的畫友，有些我也有份參與，但這些大多看過後也沒有深刻印象。

直至一九八五年，香港藝術中心和德國航空公司合辦一個素描比賽，讓我重新思考「素描」。我花了兩個月的時間去思考，並翻查資料，深入了解素描的定義，但這些既有的資料滿足不了我，我覺得「素描」應有另一番當代的意義。

黎明海（右二）於香港藝術中心主辦的素描比賽獲獎，時任香港藝術中心畫廊總監陳贊雲（右一）為頒獎嘉賓之一，1986 年。

一九八六年五月三日一位台灣機師王錫爵挾持原定由曼谷飛往香港的華航，飛到廣州白雲機場，並要求在內地定居。我以此議題，把水墨創作加入西方媒介和實物，創作了《兄弟》這件作品，並提交參賽。那時候香港已經歷《中英聯合聲明》草簽，確定將於一九九七年回歸中國，雖然很多報章大篇幅報導這件事，但人們並不熱衷討論。

當時的香港人都認為中國是個很落後、困苦的地方，而台灣則相對物資充裕豐富。一般人百思不解，為何一位機師要由物資豐富的地方轉而定居到一個封閉、落伍的地方呢？我的爸爸是個印尼華僑，六十年代初響應新中國的呼籲，回到內地幫忙建設。直到一九六四年家人又遷徙到香港，但還不斷接觸中國的訊息，從沒有間斷。小時候我已經知道什麼是「批林批孔」，小學時代已經知道什麼是「資本主義」、「共產主義」，家中還常常播放《東方紅》這類歌曲。

我一直想多了解中國。那時回鄉探親，認識到他們的困苦。從王錫爵這件事中思考，其實香港、內地和台灣本應是同根同源，千百年前本是同根生的「兄弟」。那麼一個機師在自己的國家擇居何處，為何引起異議？我這件作品幸運地在比賽中取得了冠軍。我覺得西方媒介容納的闊度和內容，如國家問題等政治議題是較合適的，於是我就走出了水墨這個媒介。這個比賽，除了讓我思考素描之外，也給了我一張德國航空公司的機票，只要是德航航線可到之處，我可以在一個月內無限次使用這張機票。後來選擇了美術書中常常提及的西方藝術發源地，如德國、法國、奧地利、比利時和荷蘭等國家，這次旅程讓我首次親睹西方繪畫的真跡。

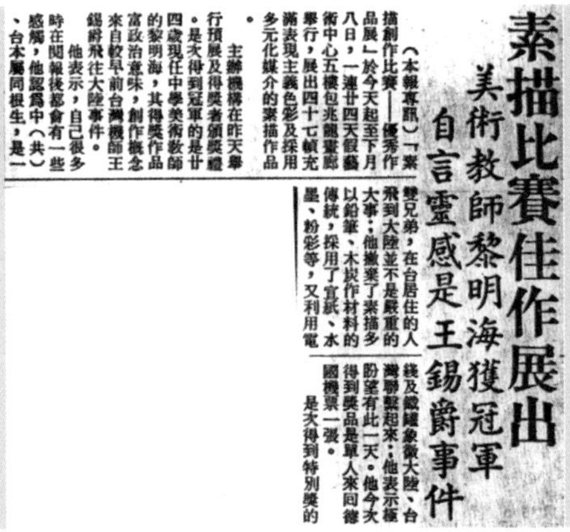

素描比賽佳作展出
美術教師黎明海獲冠軍
自言靈感是王錫爵事件

（本報專訊）「素描創作比賽——優秀作品展」於今天起至下月八日，一連廿四天假藝術中心五樓包兆龍畫廊舉行，展出四十七幀充滿表現主義色彩及採用多元化媒介的素描作品。

主辦機構在昨天舉行預展及得獎者頒獎禮。是次得到冠軍的是廿四歲現任中學美術教師的黎明海，其得獎作品富政治意味，創作概念來自較早前台灣機師王錫爵飛往大陸事件。

他表示，自己很多時在閱報後都會有一些感觸，他認為中（共）、台本屬同根生，是一雙兄弟，在台居住的人飛到大陸並不是嚴重的大事；他撇棄了素描多以鉛筆、木炭作材料的傳統，採用了宣紙、水墨、粉彩等，又利用電綫及鐵鏈象徵大陸、台灣聯繫起來；他表示極盼望有此一天。他今次得到獎品是單人來回德國機票一張。

是次得到特別獎的

黎明海於香港藝術中心主辦的素描創作比賽獲獎後接受媒體訪問，1986 年。

訪 這次旅程讓你往後更想了解西方的繪畫和媒介？

黎 是的，所以一九八六年我赴英求學。一九八五年我已開始修讀英國利物浦大學的教育學士學位課程，是一個混合兩年制的課程，一年是遙距函授形式，另一年則要到英國修讀。差不多完成學士學位課程時，覺得自己還能夠走得更遠，便擬報讀碩士課程。後來便以一級榮譽學士學位的成績，取得英國文化協會頒發的獎學金，考進英國皇家藝術學院的繪畫碩士課程，並於一九九〇年畢業。由此開始，我脫離了教育圈子，進入藝術的專業。

訪 也因為這個經歷，所以畢業回港後想當個全職的藝術家？

黎 我也曾如此想過。因為英國皇家藝術學院的教學目的是要培訓專業藝術家，而非藝術教師。可是基於當時生活所需也不可能做一個全職藝術家。於是我想如果重作馮婦當學校美術教師相信很容易應付，但會日復一日，年復一年地刻板過活。結果，在偶然的機會下，我在一間美術用品供應公司出任產品經理。

接下來的四年，我沒有接觸教育，而是在商業體制下營運，如創作廣告和市場推廣等。所以我也認識了一些廣告設計的人，今日在教育界裡的一些朋友如馮浩然[4]就是那時的同行。

訪　你在九十年代初回港，也經歷了一些政治事件，如當時剛過去的「六四事件」、接下的移民潮等，這些對你的創作、生活有沒有影響？

黎　沒有。因為我在英國也感受到種族的問題，無論你如何出色，基於你的身份你永遠是別人國家的二等公民，你要付出很大的努力，才有較公平的對待。在英國皇家藝術學院有很多展覽、比賽和獎學金之類的提名，但都沒有明確清晰的遴選制度，名單皆由教授老師決定。一些國際級的比賽和展覽機會多留給本土學生。將近畢業時有一兩所畫廊的畫商接觸我，希望代理我的畫作，故此我也想過、掙扎過應否畢業後繼續留在英國。當時我所持的只是學生簽證，即使老師給我寫推薦信，也沒有辦法留在英國，因而回港。

從這件事中，我體會到即使你有多努力，因為始終不是英國人，在人家的國家也不可能擁有最好的機會。我覺得這是合理的，不是一種歧視，把資源留給本土學生、栽培本地生也是十分正常。

回港後開始接觸藝圈，不久得畢子融先生推薦加入香港視覺藝術協會。這個畫會在西方媒體之中是最活躍的。其時畫會內不下三四人，如游榮光、梁志明等都説要舉家移民。他們問我有否辦理移民的申請，我認為沒有必要為一個未知的政權轉易而放棄在香港的工作，生活始終是生活。我不知道是否因為「六四事件」而令他們做了這些決定，如果沒有「六四事件」，情況可能會很不一樣。

訪　陳冠中[5]説過在香港文化身份的形成中，有一班人到過外國，發現自己無法融入外國的社會而回到香港，又覺得與中國的文化格格不入。在這兩股壓力下形成香港文化，你覺得香港藝術是否也在這個環境下產生？

黎　我一直也在思考什麼叫「香港藝術」，我不認為「中國藝術」是一端，「西方藝術」是另一端。由於我的藝術學習背景，即水墨訓練，我覺得中國藝術不應只限於書法、水墨等形式，更不應是隨便在作品中加些中國字或符號，就叫做中國藝術，因為我覺得這樣看中國藝術會太平面，而西方藝術方面，也不應只運用油彩等就叫西方的藝術自由。一般人習慣以「混雜」來形容香港藝術及其形式，又或是簡單地以一個符號來代表，如「紅白藍」等，但這些我都不太認同。我覺得香港藝術的形式一定要有其自我表現的媒介，同時無可避免地，會包含中國色彩或元素，因為打從殖民時代開始，香港其實從來沒有脫離中國的文化藝術的影響，我們學寫中文字，講廣東話，生活盡是中國南方的飲食文化：茶樓、點心、「一盅兩件」等，都是中國文化的承傳。

訪 但以這個定義來界定的話，就會有一批八十年代的藝術家如黃仁逵、何慶基等被排除在「香港藝術」之外，即使是新興的藝術家，承載中國色彩和包袱比起你們少，可能也沒有辦法進入你所說的層面中。

黎 是的，「香港」是一個載體，你放什麼進去，它就是什麼，不能劃分「這些就是藝術」、「那些不是藝術」，而是有不同的面貌，這是其一。其二是「香港藝術」一直在演變。八十年代，香港興起所謂「新水墨運動」，當時這些結合了西方抽象表現藝術的水墨運動，就是代表著「香港藝術」。那時候香港還有彭襲明的文人畫或趙少昂、楊善深等嶺南畫派，這些作品也或多或少反映了香港藝術家的文化底蘊，他們也不應被排斥在「香港藝術」之外。到八十年代中葉以後，有一段時期鬧哄哄地尋找什麼是「香港藝術」，如何慶基和 Quart Society 的一些畫家，他們被新水墨畫的系統排斥得很厲害，變得很邊緣；凡是邊緣的東西，就愈有活力，所以當時他們都很有魄力，辦展覽、辦雜誌都頗堪玩味。反觀現在，新水墨已成為邊緣，新媒介才是主流。再往前一點看，正如談論「西九」，有人說用李傑的作品就能代表「西九」的當代概念等等，但我在想，香港是否由一塊布去處理就足夠呢？「香港藝術」似乎又走向另一個框框，正如當日「新水墨」就等同「香港藝術」的情況一樣，新媒介亦然，是另一個極端。

訪 前些日子我們訪問陳贊雲，他提到以地域去界定藝術的問題，但香港藝術家的流動性太高，如王無邪去過美國又回到了香港，周綠雲去過紐西蘭等。意大利一些藝術家如 Francesco Clemente 在幾個地區有幾個工作室。所以如果用地域去界定藝術，是否也會有定義上的局限？

黎　根本沒有可能定義「香港藝術」是什麼，就如我所說的是各施各法，各自表述好了。或許也可向其他藝術媒介借鑑，如香港電影或香港文學。以香港文學為例，當中會借用香港的方言或事件作為表述內容，如張愛玲[6]對淺水灣酒店的描劃。雖然張愛玲曾於香港居住，但我們不會說張愛玲只是個香港作家。所以我會這樣理解「香港藝術」，它應該有「香港」作為內容的表達，那怕你是用水墨、新媒介抑或如我用繪畫來表現，這都是「香港藝術」。於是，即使有些藝術家移民他去，但他們的作品仍舊是表達香港的內容，就可以是一位香港的藝術家，這一點的包容性會更大一點，不應是困囿物理的地域性。正如前面所說「香港藝術」一直在演變中，別把它看得太平面化，如看見「紅白藍」就說它是「香港藝術」。

黎明海作品刊於《亞洲藝術新聞》封面，2000 年 3 月。

訪　但若以城市為單位，還是有倫敦學派（School of London）的。文樓先生提出「香港學派」，以他的觀點，這批藝術家的覆蓋率會否變得更加大？

黎　這個提問很好。我在閱讀倫敦學派的藝術家，不止是出生和成長於倫敦的才是叫倫敦畫家，如 Frank Auerbach（1931- ），他原籍德國，卻成長於英國倫敦，他的作業皆與倫敦有關，所以他也是倫敦學派的一分子。這與文樓先生的「香港學派」有點接近，就是把香港的事物加進創作中，仍保存了一點中國的文化系統或元素。所以我較認同文先生的觀點，「香港學派」較諸「香港藝術」更具學術的發揮性。

訪　說回你的故事，你在一九九五至二○一○年期間任職香港教育學院，我留意到你的教學在一些政治、社會事件上都比較活躍，如發表議論會考制度和教育政策的文章等。那麼你認為會考的考卷加入視藝評賞會否有助培訓藝評人？

黎　一九九〇年我剛完成碩士課程回港，已經跟郭樵亮先生一起在北角成立美工中心的一些美術督學很熟絡，後來他們邀請我加入課程發展委員會，成為中學美術與設計科科目委員。之後我加入香港教育學院，更可以直接跟教育署反映業界的意見。這個關係一直相當和洽順暢，不用透過其他媒體去發聲。回想起那時候教育署並沒有那麼官僚化，對美術教師的尊重比現在多了。他們會視業界教師為課程的設計者，是同行人，而非僅為課程的執行者。可是現在卻自視過高，覺得現在的教師沒有資格設計課程，只把他們當是個課程的執行者，這就是目前大部分教育問題癥結所在。

慢慢地，因為工作偏重於行政事務，於是除了課程發展議會的委員外，也成為考試及評核局的評卷員和試卷主任，擔任這些工作的動力全因我熱愛藝術教育。因為我是從教育學院畢業的，沒有柏立基教育學院，就沒有今天的我。教育十分重要，尤其對中小學而言，更形重要。

直到一九九九年，大家開始討論教改和課改。面對前所未有的教育制度（三三四學制）和各科課程內容的改革，推行前應先做兩件事，首先是諮詢，問問業界的意見，必須是廣泛和公開的。第二是諮詢後，根據業界意見去修訂，而非假諮詢，扭曲業界意見而強推既定的方案。到一九九九年，語文教育常務委員會（語常會）稱，教育須為語文（即中文和英文）服務。他們提出這個所謂「指示」後，所有科目，包括美術，即後來的視覺藝術，也要為這個目標而服務。自此，整個課程的結構發生大變化，藝術評賞被迫提升至跟藝術創作同樣的課程比例。

我經常提及早於一九九七年出版的《藝展視談——西方繪畫新精神》已明言藝術評賞的重要。相信這些年來在視覺藝術教育界中，我是講及這個題材最多的一個，又哪會不重視這門知識呢？然而教育當局推動的所謂「藝術評賞」根本就不是真的藝術評賞。只是一套含糊不清的「費德曼四段評賞」（E.B. Feldman's four stages of art appreciation）公式，然後從小學一年級到中學六年級都用這一套，企圖以此評論古今中外的藝術作品，於是教與學都在洗腦式地重複操練，「評賞」變成胡吹亂扯的句式背誦，本來賞心悅目的與藝術作品的精神溝通，變成大部分學生（尤其一些圖像創造力強過文字表述能力）的夢魘。這種既無課程綱領可遵，又無師資培訓配合的課程改革，是視覺藝術教育的一場災難。

至於這種以文字論述為主導的考核，也扭曲了視藝教育以圖像和創意為目的的教育導向，業界在諮詢會議上曾提出是否可以把藝術評賞所佔的分數比重減少？抑或可否把藝術評賞這一部分放在作品集裡作校內評核？都被一一拒絕，足見他們只是假諮詢。既然在課程發展會議及考評局的會議內，我們都不能協商同行，也就唯有透過傳播媒體發聲。當時由我來說些話，是比較有力的，因為我身兼多個身份，既在香港教育學院任職，又是香港美術教育協會的會長，也是考評官的試卷主任，還是香港藝術發展局藝術教育組副主席。然而當我發表這些言論時，教育局卻覺得我是對著幹。但我所做的這些事，只是為了學生可以好好享受藝術的薰陶，也為了提供一個良好的、公平的考核制度。

事實上，二〇〇四年我們所憂慮的問題，現在已經逐步浮現出來了，例如語文能力高的學生較易取得優良成績，變相令一些即使很喜歡藝術的學生，因為應付不了語文考核而要求退修。本來年前中學文憑試修讀此科的學生人數有六千多，但二〇一四年只剩下四千多人而已，短短三四年間修讀此科人數銳減超過百分之四十有多。

訪　你剛剛也提及到，發表文章或言論時，你身兼多個職銜，如教院視覺藝術部主任、香港美術教育協會會長等，作為該協會會長，你是如何定位這個團體呢？因為它既可以是一個藝術團體，又可以是暗含「工會」性質的機構。

黎　這個答案得由二十多年前說起，香港美術教育協會是一九九二年由一群美工中心的美術督學牽頭成立的。協會初期定位是個專業學科團體，藉此支援美術教育和視藝教師，會員亦大多是中小學視藝教師為主，所以起初這個協會並不活躍於本地藝術圈。直到二〇〇五年我當選會長，認為協會單做課室的藝術教育只會重複教育局和教院所做的事，要多走一步，走出課室，同時要兼顧社區藝術教育，這一點就變成了我在任期間的工作目標。這也是協會必然要走的一條路。因為原本我們創會時是與教育局手牽手共同做好藝術教育的，但自從二〇〇四年，協會舉辦了一次研討會，與會者指當前因教改和課改藝術教育已敲起「喪鐘」。這個標題似乎刺激了當時的教育統籌局的管理階層，很快地，協會被邊緣化，從此來自教育局資源逐漸縮減至零，二〇〇七年甚至發生了教院視藝科「零學額」和因學術自由受壓而進行獨立聆訊的「教院風波」。因此我在任時必須開拓資源以維持協會的營運，

《內景》黎明海作品展，港鐵中環站地下管道，2003 年。

於是主動與其他藝術團體和商業機構合作，在互惠互利的條件下，讓更多機構團體認識藝術教育，也讓藝術教育接觸社會和社區。例如「曼佳美照明燈飾」和其他教育團體以外的組織，我都和他們有多點接觸，擴闊領域，在鞏固教育團體連繫之餘，也開闢了社區藝術教育的一環。

訪 其實你這個想法也反映香港藝術的發展，最初的藝術家為藝術而藝術，到後來八九十年代，就是把中西方的藝術結合，直到現在，要藝術融入社區，更可能成為社運的一部分。可是似乎社區藝術仍未能扎根於「社區」，例如在深水埗有 JCCAC（賽馬會創意藝術中心），仍舊與區內設施格格不入，只不過是附屬性的設施而已。

黎 把藝術融入社區，成為市民生活

一部分，要達成這個目標相當困難。二〇〇四到二〇〇六年間，我曾向香港藝術發展局申請管理上海街視藝空間。提出申請的動機第一是想把油麻地這個展覽場地當作是香港教育學院的社區展覽空間，讓教院學生主動接觸本地藝術圈、藝術家，學會如何策展，辦藝術雜誌等。第二，我很相信藝術和社區空間一定要有所關連，所以我就用「上海街」作為一個試驗。我們常把藝術看得太高，令藝術變得很小眾。假若西九龍文化區是刻意以金錢經營堆砌出來的，是達官貴人的社交品味場地，那地道的上海街該反映另一種普羅大眾可堪玩味的藝術形式：廟街唱戲、占卜星相、傳統手工行業，皆是藝術的範疇。藝術一定要慢慢在社區醞釀而成。當時的上海街視藝空間只有一千多呎，在上海街的街頭，氣氛很好，和社區也有直接關聯，我覺得這個位置很好，有機會實現我的想法。

當時我擔任系主任的體藝學系除了視覺藝術科，還有音樂科。這也觸動了我去想，如果做一種普及藝術，該可以把音樂帶入展覽廳內，《街頭戲子情》正好可以把廟街唱戲成為一種展示和唱戲的互動和社區參與，於是邀請了曾在街頭唱戲的胡美儀駐場表演，另外黃仁逵晚上來演奏藍調結他，把街上的人、聲音、畫面等帶進展覽空間當中，還做過馮國基的《藍與黑》燈光裝置等，把「街坊」藝術元素都放在場地。

雖然尖沙咀香港藝術館距離上海街僅數街之隔，但這邊的街坊從不到那兒觀賞藝術。他們會拿著購物的紅色膠袋，穿著背心走進來，看看這裡在進行什麼活動。我就趁機跟他們解釋什麼是藝術，當然我沒有用「藝術」這個詞，只是向他們解釋這個地方在進行著什麼，而他們似懂非懂的還肯聽下去，還不時再跑進來分享他們對展品的感受。證明藝術不只是小眾趣味，只要多花心力，也可以跟大眾分享。

訪　但要把藝術由小眾變到大眾化，會否要把藝術變得較具娛樂性一點？

黎　其實未必，觀眾不是需要大鑼大鼓的，當然某一些表演會令他們更容易有互動，但有一些內容，如果他們能夠理解，是會有一定的迴響，不一定要用膚淺、表面的形式來表達。當然你也需要多花時間去了解他們懂得什麼，喜歡什麼，由那兒開始入手，慢慢提升。

訪　照你的說法，香港現在有愈來愈多的畫廊進駐，但觀眾未必會因為這些畫廊而增加他們對藝術的認識。

黎　沒錯，因為我們容易被一些似是而非的現象誤導。我認為西九龍文化區的管理人打算把香港包裝成為一個國際性的品牌，他們根本無心去了解什麼是「香港藝術」。那也不可能再對西九龍文化區推動「香港藝術」存在任何的期望了吧？

訪　但似乎他們到現在所收集得來的藝術品大多偏重於中國藝術方面，管理人的說法似乎也沒法成立。

黎　沒錯，當中我不太了解他們收藏的準則，所以我也不便發表意見。香港有很多文化藝術，如曾灶財的書法塗鴉，你會想把他包裝成為一個國際級的「藝術家」，還是任由他做個喜歡寫字的伯伯呢？我會選擇後者，因為這是他的心意，你不可以非把他打造成為一個國際級的書體藝術家才收手。在這種包裝下，得益的只有藝術市場裡的人，而不能推動藝術的氛圍。所以我認為西九這一種立書傳召的方式，和他們的定位是有問題的。那次我跟李立偉說你知不知道香港有多少個藝術家？不要因為有一些藝術家不在主流之內，就視而不見，置若罔聞。我問他：「你知道誰是袁鴻樞[7]嗎？」他說不知道，請跟他們接觸一下。我說袁氏已經過世了！

問題是，這些藝術管理者是否真誠想了解香港藝術是什麼？否則不會在遴選威尼斯雙年展的事件上鬧出如此的風波。大家就是要知道到底你是用什麼準則去推薦誰代表香港參展，要公平和透明地羅列有關準則，大家都信服了，就沒有問題。就好像要為「西九」定位於國際性的「香港藝術」，可是從來沒有人講過這是一種什麼樣的藝術，卻沒有人去質問這似是而非的謬論。

訪　西九文化區可能也是一頭「大白象」，因為政府也建了數碼港、科技園等。

黎　對啊，一九九八至二〇〇一年時，董建華任特區首長時已經提出建設西九龍文化區。當時業界很雀躍，我也參加過在九龍公園等不同場地舉辦的諮詢會。每一次，與會者都有很多的提議，但下一次又是同樣的問題，再建議、再諮詢，不斷重複。直至爆出了官商勾結、撤換特首，然後一切又推倒重來。大家開始搞不清到底政府在做什麼，與當初的期望愈來愈遠，與業界的溝通愈來愈少。最初說二〇一五年建好，後來又說二〇一七年，現在看來二〇一七年建成的機會也很渺茫。

訪　現在又說資金不足。

黎　是的，大家從很熱情到現在的極冷淡，已經再沒有人願意浪費時間參與那些諮詢會。正如現在的普選諮詢也有同樣的問題，既然已經有了定案，還諮詢來幹什麼？回歸後，香港人不是因為北京的管治還是英國人的管治而終日喧鬧，而是因為整個制度和核心價值的問題，從前「有商有量」的管治制度已經消失了。

訪　是否有文化局也無補於事？

黎　是的，能夠擔任文化局局長的人必須對藝術文化有一個很強的想法，這個想法是不可輕易動搖的。有這種性格和想法的人，特區政府能容得下嗎？

訪　就好像立法會主席曾鈺成所說，現屆政府已落入「塔斯坨陷阱」(Tacitus trap)之中。

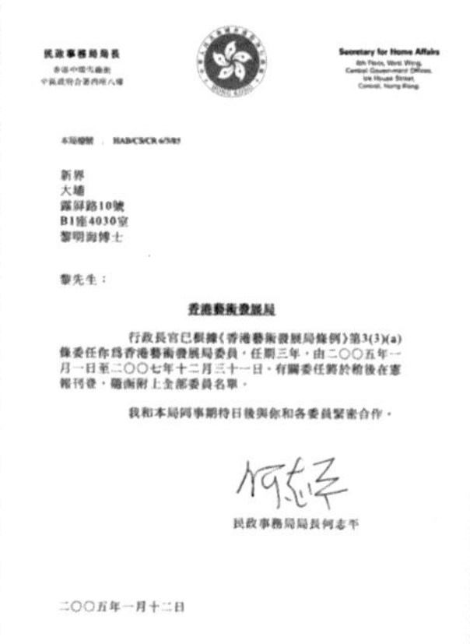

民政事務局局長

Secretary for Home Affairs
8th Floor, West Wing,
Central Government Offices,
Ice House Street,
Central, Hong Kong

本局檔號：HAB/CS/CR 6/5/85

新界
大埔
露屏路10號
B1座4030室
黎明海博士

黎先生：

香港藝術發展局

行政長官已根據《香港藝術發展局條例》第3(3)(a)條委任你為香港藝術發展局委員，任期三年，由二〇〇五年一月一日至二〇〇七年十二月三十一日。有關委任將於稍後在憲報刊登，隨函附上全部委員名單。

我和本局同事期待日後與你和各委員緊密合作。

民政事務局局長何志平

二〇〇五年一月十二日

2005年，黎明海獲香港藝術發展局委任為委員會成員。

黎　是的，如果是由一個沒有主見的人擔當，就只能按文官模式辦事，那隨便提升一個政務官去做也可以了！但如果你要找一個有見地、有能力，而且又能夠被這個政府容納的人，這將會是一個奇跡。現在陸恭蕙能夠在環境局工作已算是個奇跡。一個有見地的人，豈能只走政府認可的路呢？他一定會有自己的想法。有自己的想法也不要緊，最重要是你能夠以兼容並包和公平、公開的態度去跟人分享。

龍應台擔任台北市文化局首任局長（後出任台灣文化部首任部長）期間，就很有自己相信的一套，也常把自己的想法透過演講和文章與公眾分享。香港似乎沒有這樣的文化精英，很難成就這樣的文化局局長。否則香港的「文化局」只會淪為民政事務局的分支，無甚可為。

訪　另外你也曾經作為香港藝術發展局

藝術推廣委員會的委員之一，你認為這個法定機構可以做到什麼？

黎　我參選藝發局委員，只是想從內部認識他們是如何運作。他們的成員十個是民選的，十七個是委任的，即是十個民選委員要「抵禦」十七個委任委員。我先不把他們的關係形容得如此對立，假設他們都可以走在同一陣線，但問題是這個局是一個既非制訂政策又非法定執行的機構，它只是一個「分錢」機構，把手上的錢分得妥妥當當，不要出現營私舞弊。用某些官員的口吻來說，這是一個福利機構，把錢派給藝術業界就功德圓滿了，或者乾脆把它改稱「藝術福利局」吧！

訪　但對於部分人來說，錢也是一個問題。

黎　錢是一個問題，但問題在於你在營運和分配這些資源前，會不會先做好政策或策略的層面，當然實行前要有諮詢。假設我們想發展香港文學，那年你可以把資源投放在文學發展上。

訪　但他們並沒有明確的制度去讓受贊助的機構可以持續發展下去，然後獨立運作。

黎　我有兩個角色：我曾經是他們的委員，也曾經是受他們資助的香港美術教育協會的會長。從一個受資助機構的角度而言，藝發局是一個很好的伙伴機構，它以互信的基礎讓受資助機構有足夠的彈性和自由度繼續發展該機構擬定的目標和活動，只要財務帳目交代得清清楚楚，藝發局是不會干預和影響你的發展方針和導向。這是值得讚賞的。但作為一個委員，身份有所不同，我覺得他們做不到幫助藝術發展的角色，根本沒有發展過，香港的社區及專業的藝術仍停滯在二十年前。

訪　近來活化廳不獲續租，有人用陰謀論指政府想借此收緊言論尺度。

黎　我不敢判斷，以他們過去的方針，應該不存在這種目的。過往上海街視藝空間管理的申請是根據申請計劃書而定的，會經過嚴格的審批制度。正如當年我申請時承諾了以下幾點：一，把社區藝術的形式融入視藝空間內；二，會投放資源和人力在計劃執行的活動。這個計劃的預算只有四十萬，四十萬要做十個展覽，但我強調不單止做十個展覽，更會做雜誌出版、藝術行政人員培訓、海外交流等。最後評審團就讓我來管理這個空間兩年。至於活化廳這次的情況，我估計人家的計劃書應該寫得比他們優勝，那就要交出管理權了。我相信以藝發局評審制度而言，要八九個來自業界不同背景的評審「同意」執行隱藏的議程幾乎是不可能的事。我用平常心來想，這一次換「莊」，讓有新想法的人試行營運管理，下一次續租期到了，你有新的想法就可以再次嘗試去申請。作為過來人，我不認為他們想借此收緊言論。況且莫昭如也是社運的老手，他也不會以「妥協」來換取管理權吧。

訪 如你所說，香港整體租金上升，如九龍東也因計劃而帶動租金上升。在這個環境下，藝術團體就少了立足之地。

黎 這是香港整體藝術發展的一個大問題，政府對藝術是沒有任何支援和承擔的。從前的油街藝術村、牛棚藝術村，政府都以免費或極低的租金把空間租予藝術家，但藝術家因為成本太低，或沒有營運成本，態度往往放軟下來，於是便沒有積極求生的意欲。

訪 現在好像連天橋底的空間也用作藝術用途。

黎 是的，連貨櫃等也用了，我覺得這是挺有趣的，但這不可能是長遠發展的策略和方式。我覺得香港的藝術家也許可以仿效內地的藝術家，別過分依賴政府，要自己獨立生存。

訪 你有沒有收藏一些香港藝術家的作品？

黎 有的，我收藏的大多是一些相識的藝術家朋友或一些我做不到或做得不好的媒介創作。第一類是我的老師和有關人士的作品，如我的書法老師陳松江[8]的陶瓷、謝江華老師的油畫、劉欽棟老師的水墨作品等，蔡仞姿的作品也有，因為她是第一個間接帶我入行的人，還有曾經同桌談天的麥顯揚的雕塑。第二類是我覺得他做得好，想鼓勵他的作品，有些是我的學生，還未成為藝術家，我會到他們的展覽會場上，匿名方式收藏他們的作品，是一種情誼的紀念，也是相互的支持和鼓勵。

注釋

1 一九六〇年第三師範專科學校成立，翌年易名為柏立基師範專科學校，至一九六七年改稱柏立基教育學院。一九九四年它與另外三所教育學院合併，名為香港教育學院。

2 蕭始武，一九六五年修畢香港中文大學藝術系暑期班，曾出任柏立基教育學院及羅富國教育學院美術及設計系主任兼首席講師。

3 何百里（1943-），早年居於廣州，及後移居香港，隨嶺南畫派胡宇基習畫，一九六六年於香港大會堂舉辦首次個展，一九六九年創辦薰風美術院，一九八四年移居加拿大多倫多，並先後於多倫多、紐約、巴黎、香港、台北等地參加展覽。專研宋元畫作，其畫作被稱為「何家山水」，近年重要展覽包括加拿大安阿大略皇家博物館「中國二十世紀名家國畫展」（1997）、「泰研會畫展」（2003）、當代香港水墨大展（2007）等。曾為香港美術會、畫語會、今畫會、華人現代藝術研究會會員及加拿大保護中國文物基金會顧問，現為加拿大水墨畫會永久會員、多倫多墨道畫會創會會員。

4 馮浩然，一九七九年取得香港理工學院設計文憑，一九八一年獲香港理工學院產品設計高級文憑，一九八三年獲香港理工學院應用攝影高級證書，一九八七年赴英國倫敦印藝學院修讀攝影及廣告深造文憑。回港後曾從事設計顧問及圖像設計工作，現為香港理工大學設計學院助理教授、香港版畫工作室負責人及香港版畫協會會員。曾入選中國全國版畫展（1998）及美國費城印藝中心司國際版畫比賽（2001），其作品獲香港文化博物館、青島美術館、廣東美術館等機構收藏。

5 陳冠中（1952-），畢業於香港大學社會學系，後赴美國波士頓大學進修新聞學，曾任職記者，一九七六年與丘世文、鄧小宇及胡君毅創辦《號外》月刊，八十年代發起成立綠色力量及綠田園，九十年代中期任《讀書》雜誌海外出版人，二〇〇一年與林奕華、梁文道、張翠容等人創辦牛棚書院，亦曾任香港政府環境污染諮詢委員會會員、國際綠色和平董事，二〇一三年獲選為「香港書展年度作家」，著作有《半唐番城市筆記》（2000）、《香港三部曲》（2004）、《我這一代香港人》（2005）、《盛世：中國 2013 年》（2009）、《中國天朝主義與香港》（2012）等。

6 張愛玲（1920-1995），原名張瑛。一九三九至一九四一年間入讀香港大學，後因香港淪陷返回上海。一九五二年來港，於美國新聞處工作，一九五五年赴美，曾任職於加州大學柏克萊分校中國研究中心（1969-1971）。其代表著作有《傾城之戀》、《半生緣》、《金鎖記》等。

7 袁鴻樞（1910-2012），字運旋，其父袁從周為書法家、詩人。早年隨陳士傑、丁衍庸、盧子樞、溫幼菊、胡根天習畫，並畢業於廣州市市立師範學院，一九四九年移居香港，設三不亦堂教授國畫。一九九七年把丁衍庸的一百六十六件作品捐贈香港中文大學文物館。

8 陳松江（1936-），一九六〇年畢業於台灣省立師範大學美術系。曾於香港中文大學校外進修部（1971-1995）任教，鋒美術會創會會員之一，前任副主席（1974-1977）、主席（1979-1981）。

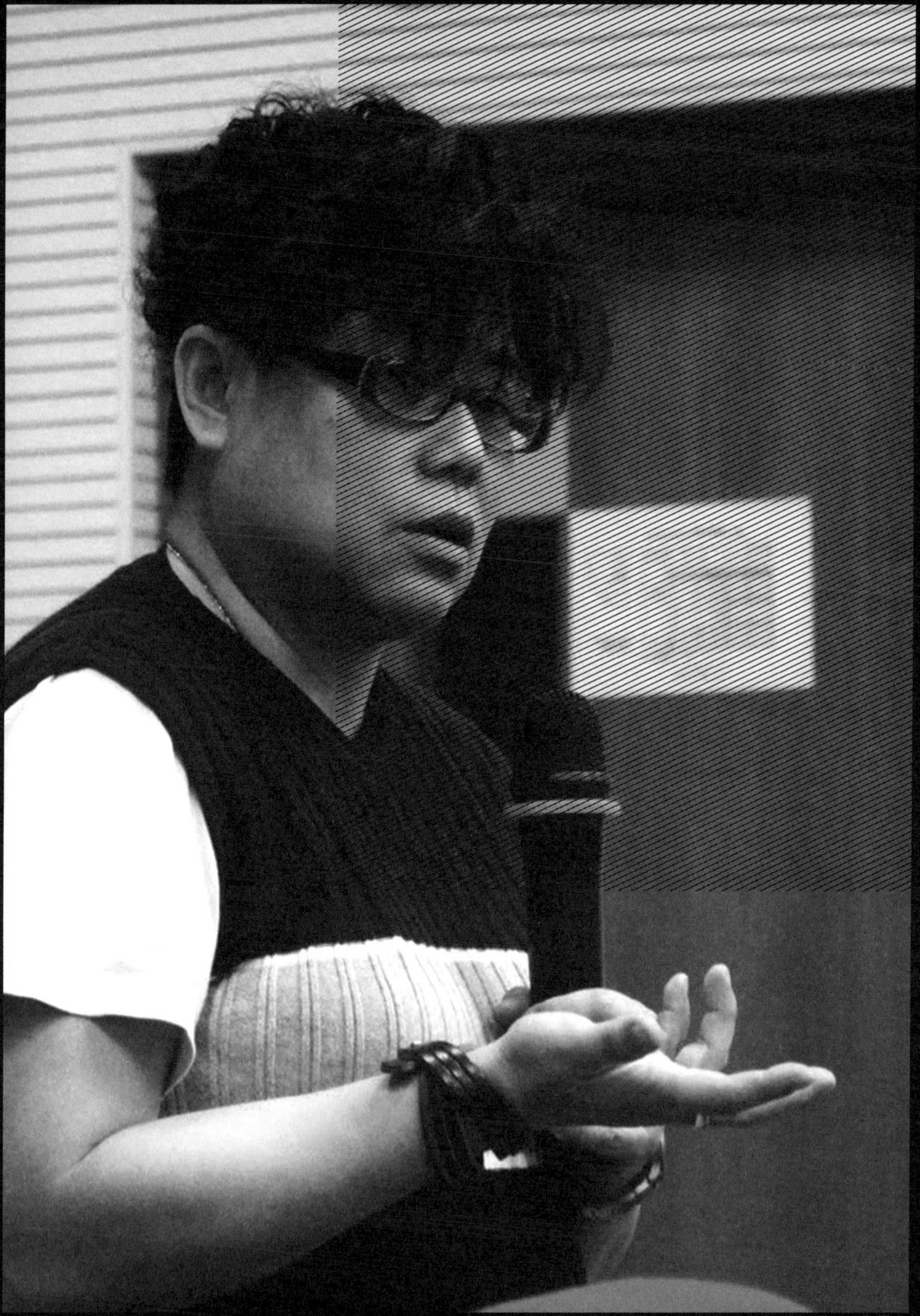

鮑藹倫

簡介

一九六一年生於香港，一九八五年於香港理工學院取得放射診斷專業文憑，曾修讀香港大學校外課程部及香港中文大學校外進修部的課程，二〇〇八年獲香港中文大學文學碩士（視覺文化）。

在香港理工學院求學期間，鮑氏曾於火鳥電影會及進念．二十面體實習。畢業後，她到瑪麗醫院任職放射科技師至今，期間一直利用工餘時間從事藝術活動。一九八六年，她與黃志輝、毛文羽及馮美華合作創辦錄映太奇，開本地媒體藝術先河，曾多次舉辦展覽、工作坊、表演、藝術家駐場計劃和文化交流活動，為媒體藝術家提供藝術創作和文化交流的平台。二〇〇八年，「錄映太奇媒體藝術收藏」獲香港藝術發展局資助，全力餽集、收藏及保存二十多年來本地及國際錄像與新媒體藝術文獻。一九九六年，鮑氏參與創辦「微波國際新媒體藝術節」，後成立"Inter-Act Arts"並擔任其藝術顧問，二〇一〇年發起維基托邦，二〇一三年循提名推選活動獲選為香港藝術發展局委員之一。

歷年來，鮑氏曾參加多次國際電影節及藝術雙年展展出，二〇〇一年更以作品《循環影院》入選「威尼斯雙年展」。

Alice doesn't live here anymore，1990 年。

鮑藹倫訪談錄

訪問者　黎明海博士

2013.11.19

■

黎　一九八二年，你在香港理工學院修讀放射診斷，為何後來會接觸和開發錄像？

鮑　這跟我的成長經歷有關。小時候，父親會拍攝超八厘米菲林的家庭電影。中學時期，我開始玩戲劇、攝影及替別人剪輯一些歌曲。當年時興錄製卡式錄音帶，我便自學錄製及混音。在香港理工學院求學時，我加入了音樂社及電影學會等，參加了一個學習拍攝超八的迎新營。

拍畢第一段影片後，觀眾的反應令我十分鼓舞，很多人説我拍的影片不錯。當時我拍得很用心，鏡頭運用、剪輯方式、聲音等每方面我都考慮過，不是無心插柳地把東西簡單放在一起。

畢業前，我在火鳥電影會實習，為他們做些黏郵票等簡單工作。接著，我也替進念．二十面體做過一些簡單工作。當時進念．二十面體那邊雖有比較大的 U-matic 錄影機器，但由於太重的關係，我鮮有拿它出外拍攝。後來超八厘米攝影機沒落，菲林也開始難買到，加上錄像興起，我便買了一部攝錄機，開始拍一些自己的東西。之前我拍的那些作品，都是為進念．二十面體及火鳥電影會做的，不是屬於自己的。我在本科學習時需要讀到將X光轉化為影像的整套理論，尤其被錄像產生的機器運作和線性素描的影像生產過程深深吸引，結合以前玩的黑房技術、菲林、電影等影像產生的過程，是不可多得的學習過程。

黎　你曾在香港大學校外課程部報讀一些課程，是八十年代的事嗎？

鮑 大概在一九八五年，我報讀了文化課程，上祈大衛（David Clarke）的課，讀後現代主義（Post-modernism）等。因為我不是讀文科的，那些名詞我全都不懂，上了兩課便走了。接著我到香港中文大學校外進修部讀了一年的校外哲學課程。我閱讀過的東西不多，但很喜歡聽老師講課，也作了很多思考。這些對我的創作有著深遠的影響。

黎 畢業後你便到瑪麗醫院工作至今。有想過離開醫院，全職從事創作嗎？

鮑 我也有想過，全職藝術家都是近五六年才有的。

黎 一九八六年，你與毛文羽[1]、黃志輝[2]和馮美華創辦錄映太奇（Videotage）。除了為推廣錄像藝術外，還有什麼原因促使你們成立錄映太奇？

鮑 以團體名義去租用官方場地較為方便，可以舉辦放映活動。不然的話，那些錄像做好了以後，只能存起來，未能公開放映。

黎 錄映太奇是一個怎樣的組織？

鮑 很鬆散。我們四個人在進念・二十面體認識，在那裡辦起小型放映會來，後來更拿自己的錄像去放映。幾次以後，我們決定聯名建立一個組織，在進念・二十面體以外做一些放映及相關活動。

黎 錄映太奇是一個會社嗎？有招收會員嗎？

鮑 初期，錄映太奇只是一個項目，後來我們登記成為社團，陸續有其他人加入。很少人會如畫畫般堅持拍錄像，大都是一次起、兩次止。因為我們沒有會址，聚會都在進念·二十面體或茶餐廳等地方進行。

黎　那麼從何時起，你們意識到要通過教育去拓展錄像文化？

鮑　我們還寄居在進念·二十面體時，因為榮念曾在外國人脈很廣，不時將外國的錄像藝術帶到香港。同時，香港歌德學院也邀請一些德國藝術家來港。我們注意有一群喜歡做錄像的人，便著手辦一些類似錄像聚會（video café）的活動，以放映自己的作品。放映後，我們有一個討論會，感覺有點像舊日的沙龍。八十年代到一九九七年期間，香港沒有一所教授學生做錄像的美術學院或學校，所以我們組織了一批從事過錄像藝術的人，為公眾舉辦工作坊。另外，我在香港藝術中心也開辦過一些講授錄

《有（失身）份》，1992年。

像藝術的課程。

一九九二年，我得到亞洲文化協會基金資助到美國半年，獲益良多，更將所見所學在香港應用。

黎　八十年代時，器材沒今日那麼普及，從事這方面創作的藝術家比較少，可以分享的經驗也比較少。二〇〇〇年以後，器材相對普及，現在的主流藝術都是新媒體、多媒體。與二三十年前相比，現在推廣錄像方面會否較容易？人們的接受程度有否提高？

鮑　錄像藝術在以往是概念藝術的一門，也可以算是新媒體的一分子。媒體很多樣化，自己也可以開創一個媒體。對我來說，現在用錄像與否並非最重要。最重要的，是要讓人們不要認為動態影像只有電影，我們在創立錄映太奇時，已經向人們強調這個原則。在香

港，尤其在早年，要進行概念性的創作很困難，當然現在會好一點。現在人們雖以錄像或手機拍攝，但實驗性不強，仍停留在故事創作上。我們希望推動概念性方面的動態影像。

黎　錄映太奇已經不只專注錄像方面？其他與動態影像相關的創作媒體也會包括在內？

鮑　我們跟人說我們是做新媒體。新媒體的形式廣闊，包括現在的 3D 打印、生物藝術[3]等，相隔幾年便有新的藝術形式、新的科技，不同的藝術家也有新作供參考，而且新的很快便不能說是新的了。

在香港，錄像藝術在九十年代起蓬勃，到二〇〇〇年以後開始沉寂，現在又多了起來。大抵而言，香港受到西方當代藝術的發展趨勢影響，愈來愈多藝

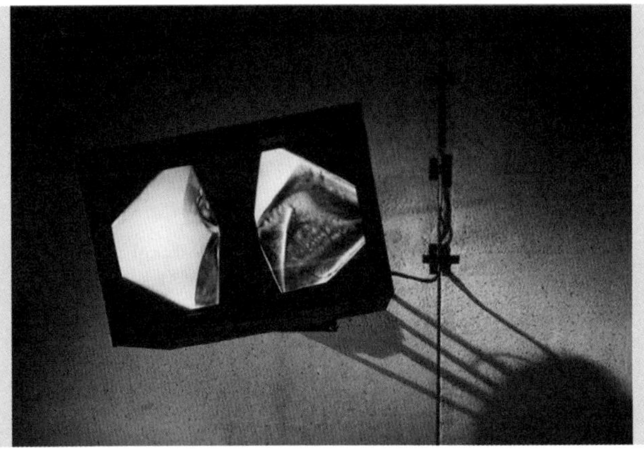

《Drained IV》，1996-1997 年。

術家從事與電腦、新媒體藝術有關的探索。我們在一九九七年後，做了很多新媒體相關的活動，包括展覽、研習坊及海外交流等。

黎　那麼錄映太奇從何時起接受香港藝術發展局的資助？

鮑　香港藝術發展局於一九九五年成立後，錄映太奇便向其申請資助，我們是第一批獲資助的團體。

那時，從事錄像創作的人不多，器材比外國落後，所以我們都把注意力集中到推廣製作，希望有更多人參與。我們會協助他們發行、推廣，並繼續在錄像聚會裡發掘新血。我們一直從藝術家的利益方面去進行推廣，希望有多些人從事另類的錄像製作。

黎　你們還有一個獲香港藝術發展

局資助的「微波國際新媒體藝術節」（Microwave International New media Arts Festival）[4]。是何時著手舉辦的？

鮑　一九九六年。我們得到撥款營運錄映太奇後，舉辦了一些活動如錄像聚會、工作坊等，陸續有新成員加入，並開始有一些埋首做製作。我們開始發行後，了解到外面有很多大型的藝術節目。錄像聚會時我們只能看自己的作品，因此我們亦希望把外地的製作帶到香港做切磋、交流和舉辦比賽。

其實我在火鳥電影會做實習生時，他們曾舉辦多次短片及實驗電影獎，非常成功，但比賽本身存在著不少問題，例如沒有高水平的作品，所以到一九八六年改辦著重創作和文化交流的另類電影及錄像節。火鳥電影會解散後，我仍抱有同樣的想法，希望錄映太奇也能辦一個以交流性質為主的節目，

「微波錄像節 1998」，錄映太奇籌劃，香港太空館及香港文化中心，1998 年。

所以便辦了「微波錄像節」（Microwave Video Festival）。辦了一年後，我們意識到不能只做錄像，要多做一點其他的，便在第二年將節目易名為「微波國際新媒體藝術節」。

我們更將錄映太奇及「微波國際新媒體藝術節」分工，前者多做一些本地新媒體的發佈，後者則專注海外的交流和發佈。一九九〇年起，我不時參與海外展覽，認識到不少藝術家及策展人，藉此機會建立人脈關係。

黎　這個節目是否有獨立的行政人員？

鮑　最初幾年，這個節目還未與錄映太奇分家，所以一切得由錄映太奇的經理負責。分拆後，我們希望「微波國際新媒體藝術節」能另聘一位經理專注發展方面的工作。兩者以姊妹團體關係分別運作，在香港推廣新媒體。錄映太奇有

長遠發展的基礎建設和教育配套，「微波國際新媒體藝術節」則具備良好的市場策略和觀眾拓展。若後者接觸到一些藝術家，便會轉交錄映太奇，以策劃在香港再次展出其作品。一些參與錄映太奇活動的藝術家，也曾參與「微波國際新媒體藝術節」的活動。

「微波國際新媒體藝術節」是個限時性的活動，由聚首到解散，僅歷時四五個月。解散後，大家要為來年的活動各自進行研究，並向香港藝術發展局遞交計劃書，否則就趕不及獲批資助。

黎　經理的角色像策展人嗎？

鮑　是。我們設有節目總監，成員之間亦有緊密聯繫，並以策展團隊的形式運作。我們會進行討論以挑選合適的藝術家，研究資金的調動，經過全面的計劃方可辦得成活動。

「微波媒體藝術節 2001：革碼盟」，錄映太奇籌劃，葵青劇院及香港太空館，2001 年。

黎　作為本地錄像藝術的推手之一，你認為香港的錄像和新媒體創作水平怎麼樣？如果我們將之與國際水平比較，香港能否並駕齊驅？

鮑　香港的錄像藝術生態比較單薄，不論紀錄本地的歷史評論、藝術家作品的水準和主動性等方面，台灣做得更全面及出色。同時，他們也舉辦各種雙年展，所以交流活動比較頻密。作品水準高，藝術性強。

本地的資源限制了發展空間，加上藝術教育欠佳，大大影響了新媒體藝術的普及性。不過，從事新媒體創作的本地藝術家的概念思維不差，技術水準又高，雖整體未達至世界頂尖水平，但亦有不少香港藝術家能夠在國際性的比賽如新媒體奧斯卡「奧地利電子藝術節」（Arts Electronica Festival）[5]、「WRO國際新媒體藝術雙年展」（WRO Media

Art Biennale）[6] 及「日本文化廳媒體藝術祭」（Japan Media Arts Festival）[7] 等，取得獎項，所以我認為香港的水平不差，但環境仍有待改善。

黎 提到藝術教育，現在香港城市大學開辦了創意媒體課程，香港演藝學院也提供電視及電影導演等課程，會否有助推廣錄像的發展？

鮑 最初幾年，香港城市大學創意媒體學院的畢業生大多去了教書、從事藝術行政等，做藝術家的人不多。他們的院長邵志飛（Jeffrey Shaw）[8] 是新媒體藝術家，所以聘請的老師大都是從事新媒體藝術，培育了不少懂得以新媒體創作的學生。不過，各人畢業以後的發展則難以預料，始終當全職藝術家得有很多考慮。

其實，早期的香港城市大學創意媒體學院大部分課程也跟電影有關，這與其向政府申請資助有關係。十五年前，政府和大部分人一樣不明白什麼是新媒體；現在的情況已改善，或者未能訓練出一批新媒體的創作人，但至少畢業生能成為新媒體的觀眾，將來才可繼續發展。

黎 早期你以藝術家的身份向香港藝術發展局申請資助，而現在你快將成為香港藝術發展局委員。當初選擇參選，你是否希望做一點事？

鮑 經營錄映太奇和「微波國際新媒體藝術節」時，我們難以接觸到在政策及資金上更高層的人士，表達意見。香港藝術發展局內那些委任成員來自不同行業，我認為他們會聆聽各方意見，容許討論的空間。但是，我加入的主因，在於自己心中一直有疑惑：為何這麼多年也辦不好科技和藝術（Art and Technology）的教育？我希望跟局方人士討論，找出解決方法。

黎 六十年代中期至今，我們的藝術教育沒有配合新媒體的發展。

鮑 我們的消費文化太強。香港只有消費文化，要推動創意便須從源頭和從經濟考慮入手，最重要是創造更多創意文化工作的崗位，除了全職的商業藝術家以外，媒體和傳播行業，都起了很大的作用。藝術機構和藝術家自發的組織都是整個藝術教育必須的推動者。

黎 現在讓我們將話題轉到你的創作。你的作品不時涉及批判社會的議題，當中以政治議題較多。以《兩頭唔到岸》（1990）為例，你用上一些舊的歷史片段，配以剪接過的畫面去演繹當前的議題。《兩頭唔到岸》探討的是香港人的身份認同嗎？

鮑 這個錄像頗具敘事性，當時我認為香港正經歷一個類似渡海泳[9]的情況。我運用手上的歷史片段與自己處身的歷史空間，以童話故事的框架表達。

黎 這個作品大概在「六四事件」後創作？「六四事件」對你有何啟發？

鮑 「六四事件」令我的想法變得負面。一九九〇年起，不少人移了民，所以渡海泳也有這種象徵意義。這作品香港人可能一看便明白；但要令外國策展人了解用上渡海泳的由來則很困難。

黎 你的作品一直與社會脈搏、社會事件有關聯，也很地道，反映了香港特色。現在談談你對藝術的看法。你寫到：「我的生活與我的藝術分不開」，是說平凡人的生活是你的創作素材？

鮑 你可以這樣說，而我特別喜歡就地取材。同時，我也喜歡與古怪的空間對碰。記得有一次我參加「韓國光州雙年展」，會方安排了一個接近門口且頗為「光猛」（亮堂、開闊）的位置給我。我當時只帶了攝錄機和部分錄像到那邊，所以要即場考慮如何著手，最後做成了一副「錄像對聯」，內容則是當時香港社會上朗朗上口的承諾，如「五十年不變」、「有爛包換」等。

黎 這與我們一般傳統的藝術媒介不一樣，因為你要根據場地去創作。

鮑 對，我要根據場景去考慮該展現一個怎樣的影像。

黎 現今的科技設備是否讓你更快作出回應？

鮑 科技發展驅使我不斷學習新事物。現在的世界與八十年代的世界很不一樣，網絡上的社交媒體改變了原來的系統，顛覆了舊有的話語權。我製作的一輯單頻錄影帶，和另一位藝術家放到YouTube網絡頻道的作品已經很不一樣。為YouTube製作一輯錄像，跟我為博物館製作一輯錄像，要考慮的事情也很不一樣。這是一個由網絡建立的文化。

黎 網絡平台會否擴闊你的觀眾？

鮑 但網絡平台同時令作者消失，演變為所有人合力去辦同一件事。其實錄像藝術也可以在網絡上進行，用接龍的形式，讓互不相識的人合作做一個錄像創作。

黎 二〇一〇年，你辦了「維基托邦」[10]。這個項目仍在進行？

鮑 對，那年我們辦了幾個不同的節目。大約自二〇一〇年起，我便全身投入策展工作。

黎 你是一個很特別的藝術家。除個人創作外，你也擔起了領導角色，帶動錄像藝術的發展。我一直看著錄映太奇進步，而且，只有你們有那樣的魄力。現在從事新媒體創作的人多了，你們的功勞不少。除了錄像圈外，你有參與其他畫會或團體嗎？

鮑 只有進念·二十面體。我是舊會員，只會去參加一些年會。

黎 你會不會擔任什麼崗位？

鮑 不會，我沒有那麼多時間。

黎 最後，你有收藏香港藝術家的作品嗎？

鮑 有，都是一些錄像，全都放在錄映太奇。我們打算成立一個資料庫，效法 Video Data Bank[11]、Electronic Art Intermix[12] 等外國資料庫，做儲存、分發、放映的工作。我們現在開始收藏一些多媒體的作品，未來還計劃收集文獻。這一兩年來，我們一直與參加了我們駐場計劃的藝術家進行訪談，記錄他們的創作歷程及整個展覽。另外，我們也會嘗試收藏他為展覽而製作的作品。不過，有些作品體積太大難以收藏，加上新媒體作品可能只有一個副本，不能收藏。我們會製作一些文獻，在圖書館發佈。

黎 你會把一些作品上載到互聯網上嗎？

鮑 我現在不會將自己的作品放到互聯網上。那些作品太舊，加上沒有放上互聯網的必要。

黎 早前你在亞洲電視由胡恩威主持的節目中，提到即使牛棚藝術村有會址，空間也不夠。

鮑 對，存放紀錄片、裝置及雕塑等都佔用了不少空間。

黎 牛棚藝術村是香港藝術發展局的產物。當年賽馬會創意藝術中心（JCCAC）落成後，他們曾打算結束牛棚，或者將它改造為表演藝術的場地。不過，我們也不知道現在牛棚有何定位。

鮑　無定位可言，大家也不敢有什麼動作。

黎　長遠來說，每月續租約也不可行。

鮑　大家都知道不可行，但我們這些租戶難以左右政府的決策。決策往往由上而下，現在則議而不決，這個問題已存在了五六年。

黎　大家還是不知道該如何處理牛棚藝術村。

鮑　藝發局在二〇一〇年曾發表文件，談及其運作模式，可能馬逢國希望藉此機會結束牛棚。那份文件將牛棚描述得甚有活力，但現在則是另一個境況。牛棚有不少單位長期空置、經常停電、沒沖廁水等，管理不善，很多問題仍然存在。若他們真心希望把牛棚發展成一個

鮑藹倫（右一）與張頌仁（右二）及何兆基（左一）等攝於「香港威尼斯 2001」，2001 年。

優秀的藝術村，一定要做好基本建設。

黎　不少視覺藝術團體都搬到了 JCCAC，我也不太了解牛棚的具體情況。

鮑　現在來牛棚的人愈來愈少，即使我們辦駐場計劃，藝術家也不一定在牛棚做創作，在其他的地方也無不可。不過，我們仍會建議他們在牛棚做。我們對這個地方已培養了感情和形成了社區網絡。

■ 注釋

1 毛文羽，香港裝置、攝影及表演藝術家，一九八三年畢業於香港理工學院，一九八六年與黃志輝和馮美華等人創辦錄映太奇。曾於香港、台灣、比利時、英國及美國等地展出作品，多次獲火鳥電影會舉辦之獨立短片獎項。

2 黃志輝，一九八四年畢業於香港中文大學藝術系，一九八六年與鮑藹倫和馮美華等人創辦錄映太奇。九十年代起從事裝置藝術及於香港及台灣各劇團舞台設計，包括為香港"Sand & Bricks Theatre"擔任舞台設計，一九九九年於台北光之片刻表演會社的作品《差異．共振井》中負責空間設計，二〇〇〇年參與製作動藝「舞合3．3．3陣式」之《集大成公展會》，二〇〇二年參與製作香港話劇團的《新傾城之戀》等。

3 生物藝術為一種新媒體藝術，藝術家以生物科技如基因工程、複製及生物組織培養技術等在實驗室、畫廊或工作室等場所製作生物藝術品，是以生物組織、活體、細菌等為對象的藝術實踐。

4 「微波國際新媒體藝術節」（Microwave International New media Arts Festival）始創於一九九六年，是錄映太奇旗下的年度錄像藝術節，也為香港首個及至今唯一的新媒體藝術節。二〇〇六年，「微波國際新媒體藝術節」演變成獨立組織，擴大原來的策展及工作團隊，積極推動香港和國際新媒體藝術的發展和交流。

5 「奧地利電子藝術節」（Arts Electronica Festival）始創於一九七九年，在融合尖端科研與前衛藝術的領域中手執牛耳，每年均有特定的跨界別議題，並邀請藝術家、科學家及研究人員到奧地利林茨出席相關的講座、工作坊、展覽及論壇，以探索如何改進人類社會。同時，此藝術節設有電子藝術大獎（Prix Ars Electronica），為電子互動藝術、電腦動畫、電算文化和音樂的年度大獎。

6 「WRO國際新媒體藝術雙年展」（WRO Media Art Biennale）為波蘭及中歐的新媒體藝術的主要平台，始創於一九八九年十二月，前身為 Sound Basis Visual Art Festival，現每單數年五月於波蘭樂斯拉夫舉辦，致力推動視聽覺藝術媒介包括裝置、表演、多媒體及電腦和錄像藝術的發展。

7 「日本文化廳媒體藝術祭」（Japan Media Arts Festival）始創於一九九七年，由日本文化廳及CG-ARTS協會合辦，為媒體藝術的綜合性展覽，並從藝術、娛樂、動畫和漫畫四個範疇中選出優秀作品表彰，並安排獲獎作品展覽會、放映及研討會等相關活動。

8 邵志飛，Jeffrey Shaw（1944- ），一九六四年畢業於澳洲墨爾本大學，主修建築及藝術史。一九六五至一九六六年間於意大利米蘭國立美術學院及英國聖馬丁藝術學院修讀雕塑。一九六七年與 Stuart Brisley、John Latham 等在英國倫敦創辦 Artist Placement Group，翌年與 Theo Botschuijver、Sean Wellesley-Miller 在荷蘭阿姆斯特丹成立 Event Structure Research Group，一九七七年與 Marga Adama 與 John Munsey 在荷蘭阿姆斯特丹成立 Javaphile Productions. 曾任荷蘭 Rietveld School of Art and Design 訪問教授（1988-1989）、德國卡爾斯魯藝術與媒體中心圖像媒體研究所創辦人兼所長（1991-2003）、澳洲新南威爾斯大學互動電影中心創辦人兼總監（2003-2009），香港城市大學創意媒體學院院長兼講座教授（2009-2014），二〇一〇起任香港城市大學互動視覺及體現應用研究室（AliVE）總監。

9 香港維多利亞港渡海泳始於一九〇六年，為每年舉辦的本地游泳比賽。後因海港水質下降，至一九七九年停辦。二〇一一年復辦有關活動，並冠名「新世界維港泳」。

10 「維基托邦」為錄映太奇於二〇一〇年開創的全港首個協作未來文化祭，匯聚各種專業知識，串連藝術家、策展人、作家、信息及通訊技術人員等，通過邀請本地及國際媒體藝術專家和學者來港參與討論，以探討自由文化運動如何在香港植根成長。

11 Video Data Bank 於一九七六年在美國芝加哥藝術學院成立，收藏超過五百五十位藝術家的錄像作品，數量達五千五百多件。博物館、畫廊、教育及文化機構均能通過特定機制查閱藏品，為美國重要的當代錄像藝術資料庫。

12 Electronic Art Intermix 於一九七一年成立，為世界主要的錄像藝術及數碼媒介非牟利資料庫之一，收藏過三千五百件新舊媒體藝術作品，並致力推動錄像藝術及數碼媒介的創造、展出、傳播及保存。

our fields are the
electric street lamps,
our forests the pylons
City Festival 2011
Without Walls

謝俊興

簡介

謝俊興，一九五六年生於新加坡，早年在香港大學主修比較文學，畢業後在比利時魯文大學攻讀戲劇。

回港後，謝氏於香港藝術中心節目部擔任行政工作，後於一九八二年成立香港藝穗節有限公司，一年後舉辦第一屆「香港藝穗節」（一九九九年起改名為「乙城節」），同時創立藝穗會並兼任總監。一九八七年獲亞洲文化協會頒發獎學金赴美考察。

一九九四至二〇〇〇年期間，謝氏曾擔任香港藝術發展局成員，二〇〇六年至二〇〇七年期間擔任西九龍文娛藝術區核心文化藝術設施諮詢委員會轄下博物館小組成員，並於二〇〇六年至二〇〇八年間擔任康樂及文化事務署節目與發展委員會轄下演藝小組（藝術節）成員，現亦為香港國際電影節協會有限公司、香港藝術行政人員協會和香港建築中心等多家藝術機構的董事局成員。

《藝穗會宣傳備忘》。

謝俊興訪談錄

訪問者　黎明海博士

2014.3.28

黎　你可否說一下你從香港藝術中心工作到開辦藝穗會和籌辦藝穗節的過程？

謝　我在香港藝術中心是由低做起的，後來才升任至節目經理。一九八三年有機會開辦藝穗會的時候，我已經在藝術中心工作了四年多。

黎　藝穗會剛成立時，整個團隊就只有你和一位秘書，後來增設了一個義工團，對吧？

謝　對。我們的辦公室原設在藝術中心，舉辦過「第一屆藝穗節」後，覺得那裡地方太小，很不方便，而且想擺脱藝術中心，另立旗幟。當時香港正值經濟衰退，有很多空置的辦公室，所以就想換一個較大的辦公室。開始的時候是置地廣場一個經理幫忙找的在太子大廈賣票的地方，我們用那裡作辦公室。不久之後，我們得知牛奶公司在中環有一個荒廢了的冷藏庫，政府高級公務員協會本打算把它改裝成一個高官俱樂部，但因為當時的港督尤德[1]不同意，認為會花很多納稅人的錢，所以最終也沒有用上這座建築，但仍然持有其租約。於是我委託一個政務主任在中西區區議會中提出借用這個地方辦第二屆的「藝穗節」。最初只是打算借用一個多月，「藝穗節」過後他們沒有要求收回，於是我們又多借用了六個月，就這樣一直以短期租借方式營運了五年，到大約一九八九年的時候，我們才正式跟政府立一個租約，政府也接納申請，條件是我們要把地方妥善修葺得不漏水、不漏風，我們也答應了。

於是，我找了一個則師、一個測量師和一個承建商，花了十八個月，義務幫我們做了一份報告送交政府，然後便開始籌款，最終籌得七十萬，才有經費把那個地方維修得像樣一點，也正式跟政府立了租約。同時間，我們也需要一個固定的收入來源，所以又找人合作在那裡開了一個餐廳，不用依靠政府資助。

黎　你曾經說過香港很難仿傚蘇格蘭愛丁堡辦藝穗節，因為香港的人口不適合舉辦如此大型的活動。你現在也是這樣想嗎？

謝　是的。紐約和倫敦市也曾經想過舉辦類似的活動，但同樣不成功，因為大城市本身已經有很多娛樂節目，「藝穗節」也需要有足夠的人數和空置的空間，地點也要方便。環顧一些成功舉辦「藝穗節」的地方都是像愛丁堡和澳洲的阿德萊德等，人口大約五十萬，又有大約一公里的自由活動和步行空間的城市。

黎　在一九六二年的時候，離藝穗會不遠處就是香港大會堂，你認為藝穗會的出現對大會堂是一個威脅還是一個平衡？

謝　七十年代香港藝術中心的出現，對大會堂也造成一定的競爭，不過不至於有很大的影響。始終很多大型的音樂節目，即便由藝術中心主辦，還是要借大會堂的音樂廳舉行。

藝穗會成立時，政府方面的文娛策劃部門主要是市政局，但他們很支持我們，甚至在他們的條文中列明市政局應該支持「藝穗節」的發展，所以藝穗會早期的發展也得到過市政局的資助，他們也有代表加入藝穗會的董事局，我們的關係其實是合作伙伴。

黎　我曾經跟前香港大會堂的經理陳達文談過，他認為大會堂一直以來在拓展藝術觀眾群方面擔當重要的角色，因此我不禁想到藝穗會的出現，可能多少也會對他們造成一點影響。

謝 「藝穗節」不少節目的製作很難單靠藝穗會的營運資金辦成，所以我們有時候也會跟其他機構包括大會堂，以合作形式共同製作節目。例如在一九八七年，大會堂成立二十五周年時，我們共同製作了音樂舞蹈劇《浮生六記》，之後在一九九二年的「亞洲藝術節」中，我們也有合作製作音樂舞劇《遠大前程》，作為「亞洲藝術節」的開幕節目。

黎 你擔任藝穗會總監的時候還不足三十歲。當時你辦「藝穗節」是全憑你個人的力量，還是有別人幫忙？

謝 其實，一切源於在「香港藝術節」擔任總監的英國人斯坦森（Keith

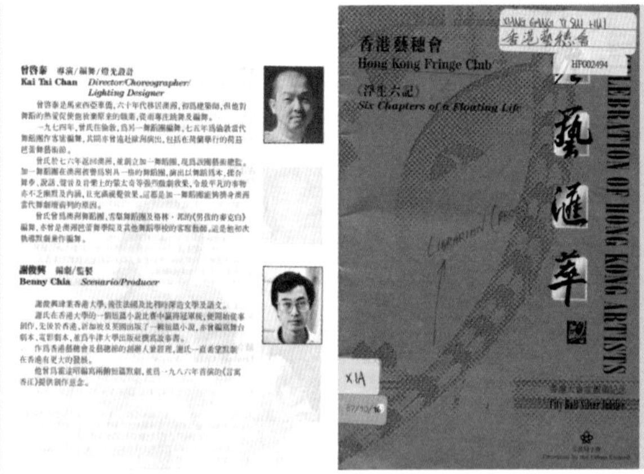

音樂舞蹈劇《浮生六記》，1987 年。

Statham）。他提議為那些英語話劇團舉辦一個藝術節。當時，香港有很多包括駐港英軍等機構組織的業餘話劇團，那是他們英國的傳統，我也曾經每晚到舊維多利亞兵房參與他們的話劇排練，其中一個改編同名小說，名為 *City of Broken Promises* 的音樂劇在「香港藝術節」上演，相當成功，後來還把它帶到美國的百老匯。

黎 一九八四年，也就是「第一屆藝穗節」舉辦後的一年，中、英兩國簽訂了《中英聯合聲明》，香港即將回歸中國，這對你往後的發展有否影響？

謝 那的確為很重要的一年，當年中英劇團演出了一套名為《我係香港人》的舞台劇，闡述香港人的歷史和身份問題，轟動一時。當時我成立藝穗會不久，目睹香港由被管治轉型為渴望獨立自主的文化意識的改變，香港藝術家也因而受到很大的衝擊，認為應該在未回歸前盡力做更多的創作和表演，擔心一九九七年後沒有言論自由，便再沒有這個機會，也因而促進了藝穗會的發展。所以《中英聯合聲明》的簽訂，既是一個危機，但同時也為一種動力。有一些很前衛大膽的團體出現，例如藝術公社，當時他們在上環租了一個地方，舉辦一些很富政治色彩的展覽，藝術公社的王純杰跟藝穗會也有很密切的關係。

黎　你在早期擔任行政工作的同時，也有參與很多舞台劇的製作，這是作為行政工作以外的一種平衡嗎？

謝　是的，親身參與創作讓我有機會多了解藝術家面對的問題和他們看事情的角度。

黎　你剛剛也提及經費問題。藝穗會是如何籌集資金舉辦「藝穗節」的？

謝　我們會用各種不同的方法吸引一些外國團體來港表演，譬如我們會找英國航空公司贊助機票，也會找一些合作伙伴為來港的團體提供住宿服務。我們想盡力吸引多些外國團體到香港表演，因為他們相對香港的表演團體有很多特色之處，也帶來一些很珍貴的體驗。譬如街頭表演，當時在英國發展非常蓬勃，當中有些更曾經邀請我擔任比賽評判。於是，我藉此提出勝出的團體可以到香港表演，這也是其中一個方法。

黎　我知道香港賽馬會也曾經贊助藝穗會的維修工程，它是否藝穗會的一個主要資助來源？

謝　起初我們一直用自己的方法營運和籌集資金，對這座建築物進行一些修補，直至二〇〇六年才得到賽馬會的資助，進行比較大規模的修葺。多年來，我們沒有因此停運過，只是一邊做一邊進行維修。

黎　會否成立一個董事會，讓公司有穩定的資金？

謝　我們的董事局組織很鬆散，只是每年舉辦一個籌款晚宴，大多以冠名形式吸納廣告和贊助商。

黎　藝穗會也曾經培訓過很多藝術家。我記得人生第一次辦個展，也是得到藝穗會很大的幫助，你們不但為我提供展覽場地，還印製了一本小冊子，教會我很多宣傳、撰寫新聞稿和應對傳媒等技巧，這些對一個剛出道的藝術家而言都是無從知曉的。你們當時是如何編排這一類訓練工作？你們有沒有對申請對象作節選？

謝　我們的確是來者不拒，不作任何篩選，也的確使我們經常處於忙亂的狀態。藝術家的質素不是我最看重的，我最希望的是達到節目豐富的效果。在一眾藝術家和團體中當然難免夾雜著一些沙石，但我經常以嘉年華會作比喻——一個嘉年華會裡應該包含各種不同類別和級數的表演和遊戲，如果只有寥寥可數的幾個攤位，那就不好玩了。《新約聖經》也有說到撒種的比喻：「撒的時候，有落在路旁的……有落在磐石上的。」但總有種子會落在合適的土壤上，茁壯生長；就好像當老師教書的時候，一班裡面有幾個認真聽課的，已經很感恩。

黎　「藝穗節」很受英國影響，但隨著回歸後，英國的影響力也逐漸退出香港，

藝穗會參與策劃「第十四屆亞洲藝術節」，參演劇目，1992年。

香港的「藝穗節」是否因此改為「乙城節」？

謝　我們主要受澳洲「阿德萊德藝穗節」啟發和影響的。香港由英國殖民地變為一個城市後，「藝穗節」失去了以往的吸引力，所以我們也要急切求變，改名為「乙城節」，並推出一個名為「焦點城市」的環節，將之前於「藝穗節」吸取的國際經驗放進「乙城節」當中，跟世界很多不同地方的城市的藝術空間和團體進行交流，取得很多很寶貴的經驗，也大大開拓了香港的藝術視野。

黎　以往「藝穗節」多跟西方城市如維也納、洛杉磯等城市合作進行交流，但近年則比較多跟中國內地的城市如開平、廣州等合作，可以解釋一下這樣的轉變嗎？

謝 這跟經濟發展的趨勢有很大關係，亞洲經濟起飛的初期，也不太注重藝術發展。但隨著中國內地經濟逐漸起飛，他們也開始投放資源去發展文化藝術。

黎 我留意到你在初期較多參與表演創作，後來參與較多視覺藝術方面的活動和組織，你是否嘗試在藝術方面作多方面的發展？

謝 其實一直以來，我都醉心於視覺藝術。在巴黎讀書的時候，每個星期天我也會去看展覽，又到當地的美國圖書館借閱一些畫冊，後來在比利時的時候也是這樣消磨時間。現在，我去外國旅行也一定會找機會去看展覽，可惜的是我一直苦無機會策劃這方面的展覽。

黎 你也是香港藝術發展局創局成員之一。當時你們是抱著什麼理念創立這一個機構？

《三個香港女人的故事》，藝穗會策劃，2002 年。

謝 當時香港只有香港演藝人協會，卻沒有一個屬於視覺藝術人員的組織。後來，一位很資深的藝術行政經理兼教授從美國來港，跟我們合作在香港進行研究統計，看看香港在視覺藝術發展方面欠缺哪一方面的空間和資源，又寫信向當時的民政事務局局長藍鴻震[2]反映。那時的夕陽殖民地政府，很快便答應我們的訴求並撥款成立香港藝術發展局。

黎 我也曾經當過藝術發展局委員。他們現在好像欠缺了發展計劃和策略，只淪為一個撥款機構。

謝 曾經有人在藝術發展局的會議上，提出要做一些策略研究和報告。雖然意見獲接納，但最終大多不了了之。

黎　你還擔任其他一些公職，包括西九龍文娛藝術區核心文化藝術設施諮詢委員會轄下的博物館小組成員以及康樂及文化事務署節目與發展委員會轄下的演藝小組（藝術節）成員等，但都只是擔任一段很短的時間。

謝　康樂及文化事務署節目與發展委員會本來還說要討論市政局私有化事宜，但後來出了一個報告以後便沒有下文了。

黎　他們也曾經討論過博物館是否應該私有化營運，後來也是沒了下文。

謝　如果要求康樂及文化事務署簡化結構、減省人手，而不設限期，他們也只會一直拖延下去。

黎　說回早期的時候，八十年代的 Quart Society 是否跟藝穗會也有密切的關係？

謝　那是楊東龍跟他的台灣妻子創辦的，他妻子比較專注經營酒吧。

黎　他們的天台畫室就是藝穗會的天台嗎？

謝　對，他也是天台畫室中最長久和活躍的成員，其他只是偶爾下班過來畫畫。其實，他們也沒有真正用到天台那空間，甚至連樓梯也沒有。他們用磚塊圍起幾道牆，裝設水電設施，以此作為他們的畫室，要到上面去則從隔壁的香港外國記者協會那邊走上去。他們替我們打掃清理好那個地方。

黎　Quart Society 可算是藝穗會發展歷程中的一個小分支，因為當時他們在外面也算頗為活躍，辦了很多展覽，又出版藝評刊物《外邊》。後來他們為什麼會解散？

謝　因為他們內部開始有點失控，而且藝穗會要進行維修，有些空間例如劇場等之前他們用作玩音樂和飲酒作樂的地方，也要收回作規範的表演場地。於是，他們也意興闌珊，後來楊東龍跟他的妻子在別的地方開酒吧，又在合和中心後面那個地方辦過很多活動，成為藝術家聚集的地方。

黎　楊東龍、楊秀卓、黃仁逵都是很率性的人。

謝　對，麥顯揚和黃仁逵當時也定期在藝穗會辦一些藝評活動，活動過後都是去喝酒的。

黎　「乙城節」曾經舉辦開平實地考察

活動和「行路上省城」。你是否刻意於「乙城節」中加入一些中國元素？這也是「乙城節」往後的發展方向嗎？

謝 也是緣份使然吧！當初促成開平的考察活動，也是因為王純杰及一些香港藝術家在中國內地的大學教書時，發現了開平這個地方，那裡有很多碉樓和有特色的舊建築，很適合作為展覽空間，因此也邀請了我到當地，認識了當地的保育工作者，也了解了一些當地的歷史故事。這些經歷後來成為題材並改編成劇本，我們又帶了些攝影藝術家到當地拍攝了很多照片，回到香港後辦了一個攝影展。所以，這些考察不是一時之間的決定，而是逐步形成的。

廣州那次，則是想趕在亞運會舉辦前考察小洲村，那時它還處於比較原始簡陋的面貌。

黎 除了發展現有的藝穗會外，你還會考慮在中環附近一帶發展其他的藝術空間嗎？

謝 藝穗會本身受到一定的空間限制，不能舉辦一些很大型的節目，但它也有其獨有的優勢，譬如地點十分方便，有餐廳、酒吧，很方便藝術家在此聚首，聊藝術、洽談和籌備展覽。這一點是我向維也納和巴黎等地方取經學習的。

黎 你在二〇一〇年《太陽報》的〈藝穗會復修百年前原貌〉中曾經提到：「日後西九龍有新文化區，而我們可以串連中區警署建築群、荷李活道警察宿舍，共同塑造舊城區文化藝術空間。」這仍然是你的目標嗎？

謝 是的。

黎 你會否也在「西九龍文化區」的會議中提出這個看法？

謝 「西九龍文化區」已經無暇兼顧我們這邊，只是前特首曾蔭權時期有在《施政報告》中提出過比較詳細的有關中環保育區的政策，但當中沒有提及藝穗會。

這次我們去馬來西亞檳城，便打算走訪 Herzog & de Meuron 建築師樓。他們同時參與設計「西九龍文化區」和中區警署的活化工程，我想他們可以就此計劃給予一些具參考價值的意見。不過，中環這邊比較困難，因為這裡畫廊和舊建築林立，要促使他們一致配合新發展並不容易。

黎 你對活化後的中區警署建築群有什麼期望？你認為它應該作為一個帶動本土藝術的心臟地帶？會否是一個放大了的藝穗會？

謝　它肯定將為一個重要的文化地帶。中環這一帶已經有很多畫廊，只要中區警署配合得宜，便能促進整個香港視覺藝術的發展。

政府也曾跟我們開過若干次會議，討論過這方面的合作和發展。藝穗會正處於發展階段，之前這裡一直都是辦公室、畫室、餐廳等各自經營，直至維修後整個建築才正式歸我們管理，我們方能靈活地運用各個空間。這一點，則在中區警署很難辦到，始終他們涉及商業運作，有很多規範，不可能像藝術空間般比較自由和有彈性。

黎　最後，你有否收藏任何香港藝術家的作品？

謝　藝穗會本身有一個收藏系列，包括王純杰和楊東龍的作品。

注釋

1 尤德爵士（1924-1986），一九四二年於倫敦大學東方與非洲研究學院學習中文，後加入皇家志願後備海軍參與第二次世界大戰，一九四六年退役，一九四七年加入英國外交部翌年獲派駐中國，國共內戰期間參與營救因撤走英國僑民而遭解放軍炮擊的「紫水晶號」，後獲頒發 MBE 勳銜。一九五一至一九七四年間曾多次獲派至北京、倫敦、紐約等城市任職，一九七四至一九七八年間獲委任為英國駐華大使，一九八二至一九八六年間接替任期屆滿的麥理浩爵士出任第二十六任香港總督。在位期間，城市理工學院（今香港城市大學）及香港演藝學院相繼成立，亦為體藝中學及香港科技大學的倡設者之一。一九八六年十二月，尤德爵士率領香港高層經濟貿易代表團訪京，同月五日於下榻的英國駐北京大使館因心臟病發逝世。

2 藍鴻震（1940-），英國倫敦大學學士（經濟及法律），曾修讀哈佛商學院進階管理課程，早年於中學任教，一九六六年加入政府任職政務主任，曾先後任屯門政務專員、駐日本東京首席經濟貿易代表等職位，回歸後任第一任民政事務局局長，二〇〇〇年退休，後擔任特首辦主任並獲中國中央人民政府委任為第十及第十一屆全國政協委員，二〇〇〇年獲香港特別行政區頒授金紫荊星章，二〇〇一年獲委任為非官守太平紳士，二〇一三年獲菲律賓唐奧諾里科技國立大學（Don Honorio Ventura Technological State University）頒發榮譽人文學博士學位，歷年曾任長江基建、和記電訊香港控股、置富資產管理有限公司等機構的董事。

嚴惠蕙

簡介

嚴惠蕙，一九六〇年生於香港，一九八二年畢業於香港中文大學藝術系，一九九一年獲授香港理工學院最後一屆陶瓷高級證書。

自香港中文大學畢業後，嚴氏在一九八五年加入香港藝術館出任助理館長，專責教育及服務推廣。任職藝術館期間，除參與遷館工作外，嚴氏在一九九二年受時任館長唐朱錦鸞委派，負責策劃《城市變奏：香港藝術家西方媒介近作展》，引起極大關注及迴響。這次展覽，既為香港藝術館尖沙咀新館開幕後首個香港當代藝術展，亦為香港藝術發展歷史上的重要展覽之一。另外，嚴氏亦曾參與籌劃香港視覺藝術中心。

一九九五年，嚴氏離開任職八年的藝術館，與友人趙錦城和李婉華創立藝坊畫室，自此積極投入陶瓷的教育及推廣工作。二〇〇一年，她為藝術推廣辦事處開辦的藝術專修課程（陶藝）出任導師，後再於二〇〇四至二〇〇七年及二〇一三至二〇一四年為該課程出任課程總監。同時，她在二〇〇四年及二〇一〇年先後獲香港茶具文物館邀請，為陶瓷茶具創作比賽擔任評審。除上述職位外，嚴氏在二〇〇二年更獲推舉為香港當代陶藝協會會長，二〇一三年獲香港教育學院藝術系選為榮譽駐場藝術家。

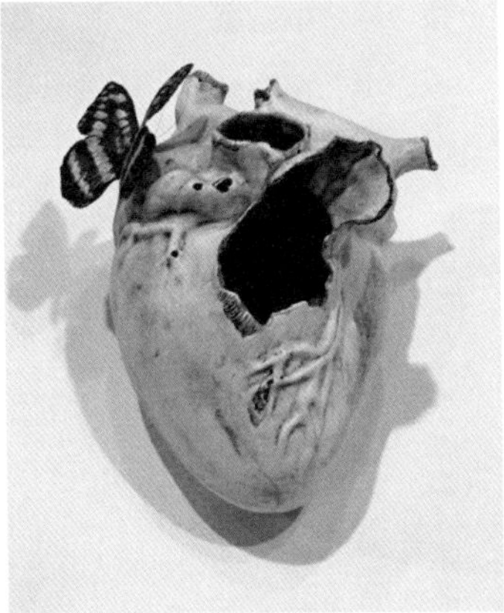

《柔情感覺》，注漿、手塑彩瓷。

嚴惠蕙訪談錄

訪問者　黎明海博士

2013.2.26

黎　一九八二年，你在香港中文大學藝術系畢業，相信當中部分經歷對你有著重要的影響。

嚴　在中大，我們什麼都可以學。在中國的媒介方面，我們要畫水墨畫、寫書法；西方媒介中，當時又分了西畫、油畫、版畫等。這樣開始習藝，對我的學習是最好的。此外，中大強調通識，除藝術外，我還可修讀其他學科如哲學，還有一些與文學有關的科目。另外，當時有一個很熱門的議題，就是有關中西如何共融。在當時那一輩的藝術家中，中、西兩方元素的衝擊是個頗大的議題。我除了四年唸書的日子，畢業後又曾任兩年教學助理，讓我有幸共有六年時間與那些藝術家接觸，自己亦能夠嘗試兩方面的媒介。

黎　可否舉出幾個你剛才提到的藝術家？

嚴　記得當時先後有屈志仁和高美慶兩位教授任系主任，他們任內邀請了多位融滙中西的藝術家，例如鄺耀鼎、李東強[1]、張義、劉國松及丁衍庸等。雖然丁公（丁衍庸）在我入學的第一年已經離世，但他對我的影響依然存在。在當時那個氛圍中，大家都很留意他的作品。其時任教的術科老師還有麥顯揚、李福華[2]、李潤桓[3]、蕭立聲[4]、蔡天浩[5]、鄭明[6]、朱漢新[7]、洪嫻[8]、李錫奇[9]、唐鴻[10]、馬國權[11]等，這些老師全都是很值得尊敬的一輩。

這環境令我感到跨界創作也是不錯的方向。往後做的作品，我不太在意「中」、「西」，總之能夠表達自己的，我就拿來用。

黎　為何修畢學士學位後，還要到香港理工學院再修讀高級陶藝證書課程？你是最早的那一批嗎？

嚴　不，我是最後一屆。八十年代我在香港藝術館任職，眼見兩位同事在理工修讀該課程，讀得很有興味，我亦深深被吸引，所以便報讀了。

黎　記得那時候，我很崇拜一個名叫曾鴻儒的藝術家，她有任教這個課程嗎？

嚴　她教過我的師兄師姐，屆數較早。到我們那一屆，陶藝導師有黃炳光、李慧嫻、何麗仙、Etet Radcliffe、馬可妮（Katherine Mahoney）[12]、賴志剛[13]等。

黎　還記得陶藝高級證書課程的內容嗎？

嚴　當時的老師各有專長，譬如黃炳光特別精於泥板，所以他主要教授關於泥板的內容。當時的課程，都是按照技巧而分類。菲律賓籍的 Etet Raclffe 用泥條圈築法去做煙燻磨光的紅陶盛器，李慧嫻則教陶瓷雕塑，Katherine Mahoney 教拉坏，何麗仙教手捏和樂燒、賴志剛教施釉。每個人教授他們最擅長的技巧，課程以技巧為主導。至於概念的開發，我認為他們是以身教形式為重，沒有著意教授概念上的東西，氣氛開放自由。課程為期兩年，每星期有三個晚課。

課程停辦以後，便再沒有重開！在香港理工大學攻讀設計的全日制學生仍然有機會去學習陶瓷，但只是蜻蜓點水般，不像昔日投放那麼多時間。

黎　這個課程頗辛苦，又需投放不少時間。你覺得它對你有何影響？對你的創作又有何幫助？

嚴 它讓我找到自己的方向！畢業後，一九八二至一九八九年間，我間或畫現代水墨、造版畫，有時候則畫油畫和膠彩，也曾交作品去「當代香港藝術雙年展」或「夏利豪基金會藝術比賽」參展。我跟朋友一起開辦畫室，傳授知識之餘自己又可以做創作。但我總覺得好像有點飄浮，不是我的真性情，還未遇到一樣能觸發我持續專注地做下去的東西，所以就一直徘徊於不同的媒介之間。參加香港理工學院的陶瓷高級證書課程，接觸到陶泥之後，就覺得終於找到了！拿起泥的一刻，自己的意念和想說的話都能夠很流暢地表達出來，有點如魚得水的感覺。

黎 那麼你們是否修畢這個課程後，就組織了香港當代陶藝協會。

嚴 不是我組織的，因為年資太淺。組織協會的，應該是兩位外籍人士馬可妮（Katherine Mahoney）和珍比露（Jane Burrell）及李慧嫻、李梓良，再加上黃炳光、馬素梅[14]和梁冠明，即共七位陶藝家合力組成的。

黎 創會時，你是否已經在學陶瓷？

嚴 香港當代陶藝協會在一九九二年創會，那時候我剛取得高級陶藝證書才一年，什麼都不懂。大約過了幾年我便被薦入會。

黎 接著，你自學生搖身一變成為老師，現在你更於藝術推廣辦事處（Art Promotion Office，簡稱 APO）統籌陶瓷專修課程。你很早已在設計這個專科課程，這課程是否你在理工學習的延續？你為何辦這個課程？

嚴 其實李慧嫻是首位負責統籌這個課程的人。她的觀點很開放，有薪火相傳的願景，我猜想她希望在訂定課程發展方向和架構時有更多人參與表達意見，第一屆時，她找了羅士廉、尹麗娟和我一起參與討論，又邀請了我們及多位不同創作風格的導師任教。她奠定了課程的基調和方向，往後歷屆便都沿用這著重開放、多角度探索的學習概念模式。繼李慧嫻之後 APO 邀請我負責了兩期課程統籌。隨後尹麗娟出任了一屆。到今屆 APO 再找我負責。明年他們會加開專修課程深造班，我也會繼續幫忙。

黎 我在坊間聽聞報讀第一、二屆專修課程的時候，競爭頗大。

嚴 今年的情況也十分激烈，很多人報讀。

黎　陶瓷在香港是否普及了？

嚴　是，且非常明顯！在一九八一至一九九一年間香港理工學院共開辦了五屆陶瓷高級證書課程，培養了不少人才，包括著名的前輩陶藝家如李慧嫻、陳錦成和黃炳光等。稍後畢業的又有黃美嫻和尹麗娟等，都是當今活躍的陶藝家，其中不少人都先後開設了陶藝室授徒。而這批人培養出來的一些學生亦開設陶藝室，一代傳一代，像樹枝般散開去。此外，還有不少人在中學、大專、弱能人士院社和藝術機構服務，令陶藝變得普及。到二〇〇一年，APO舉辦陶瓷專修課程，至今共六屆，亦栽培了一些人才。加上香港藝術中心的香港藝術學院開設的藝術專業文憑課程，該院與澳洲皇家墨爾本理工大學（簡稱 RMIT）開設的學士及碩士課程，兩者都開設有陶藝科，近十年來培訓了不少生力軍。近年在香港中文大學修讀碩士課程的學員之中，搞陶藝的人就佔了幾成，可見人數明顯地一直增長。

黎　外行人看來，陶瓷創作的過程挺繁複。為何還有這麼多人喜歡這個媒介？

嚴　其實香港的陶瓷藝術一直在一個很不利的環境下成長，就天然資源而言便是缺乏材料。其實有一些陶土和可用於造陶的礦物是零散地分佈於香港各處的，只是很少開發。最近，我聽聞某樓盤用地竟有高嶺土礦。前輩陶藝家陳松江先生曾如數家珍地向我說出香港哪裡有高嶺土、哪裡有長石等，更帶我實地考察，但現在這些地方已經被遺忘了。從供應商買到的原料也很有限，且經常缺貨，很「慘情」！

在空間方面，樓價亦很貴，令開陶藝室的成本很高。怎麼看都沒有鼓勵陶瓷發展的條件，只能以香港有一批人對陶瓷很感興趣就排除萬難持續下去來解釋。

黎　這說法可能有點牽強，這會否與我們的民族性有關？看我們用泥捏的佛像、菩薩，或現在很有名的石灣陶瓷，會否跟陶瓷的傳承有關？

嚴　部分有關。譬如已故的何秉聰[15]和他的兒子何大鈞[16]，就傳承自石灣陶瓷。他們兩代人先後一直授徒，將石灣陶瓷傳承給下一代。不過，現在大部分熱衷陶瓷的人，受西方陶瓷影響似乎較多。

黎　政府的推廣有用嗎？每年茶具文物館都辦茶具比賽，這些比賽會否有助推廣？

嚴 都有的，始終每一方面的努力都能營造氛圍。很多從事陶瓷創作的人，包括我自己，到今天仍會做一些推廣，希望將陶藝延續下去，薪火相傳。譬如比賽、發表展覽、開辦陶藝會，或者開班授徒等，什麼都得做一點。

黎 那成立香港當代陶藝協會有何目的？除推廣聯誼外，你希望它能做些什麼？

嚴 會章開宗明義說：成立目的是在本港及海外推廣陶藝；推廣陶藝的專業精神及技術；透過其他教學形式推廣陶藝；增進交流及吸引專業人士入會。我覺得這四項目標很清晰，十分有意思，無論過去或現在亦然。

黎 香港藝術中心的香港藝術學院開設的藝術專業文憑課程，和該院與 RMIT

「鴛鴦：咖啡與茶具展」，香港茶具博物館，2003 年。

開設的課程，是坊間頗重要的課程。你曾於 RMIT 任教嗎？

嚴 沒有，但曾以客席身份應黃麗貞的邀請去分享我的創作，與同學們做一些作品評論。其後又有兩次由陳思光[17]帶領學生們到訪我的陶室，我也盡量與他們分享作為陶藝工作者的經驗；近來我也給該學院開兩個大師班。此外，除香港藝術學院外，也曾為香港大學和香港教育學院作相關的服務。

黎 RMIT 有一批陶瓷畢業生，藝術推廣辦事處的專科課程又有一批畢業生。其實，他們在畢業後有何動向？

嚴 有些會開設陶藝室，有些會從事業餘創作。若沒有足夠資源去開辦一間陶藝室，他們便會在香港視覺藝術中心或坊間的陶室租地方來做陶瓷。再深入一些的，則會申請駐留計劃，去日本、景德鎮、台灣或其他地方去繼續他們的學習或創作。

黎 你亦曾於二〇〇七年及二〇一一年參與駐留計劃。你認為駐留的活動和經歷對你有何影響？

嚴 影響相當大。駐留給我很大的動力，推了我一把，讓我可以在那段時間離開香港靜靜的思考，可以反芻自己的經驗。另外，我可以看到別人的文化，例如在日本，我能實地體會日本人怎樣看待陶瓷，怎樣感受生活、以精誠的態度創作，見識不同的表達形式。慶幸有機會認識到不少著名的日本藝術家，甚至包括日本的「人間國寶」上田直方、奈良美智[18]、星野曉[19]、日下部正和[20]。除日本人外，還遇到很多不同國籍的藝術家，如 Marc Lancet[21] 等我也有幸碰上了！算來也有數十人。

黎 我也認為駐留計劃能讓藝術家見識不同的文化。但這類的活動，似乎很難在香港發展。

嚴 因為舉辦這個計劃需要很多資源上的配套。另外，主辦者需要有發展駐留計劃的視野和廣闊的人際網絡，這樣才能成事。但眼見澳門每年至少邀得兩位著名陶藝家駐留開工作坊，甚至慷慨惠及香港一眾陶藝工作者，說來多慚愧！

黎 我聽說藝術推廣辦事處希望在油街藝術村辦類似的計劃。他們打算劃分幾個不同的工作室，希望不同媒介的藝術家到那裡舉辦工作坊。本地藝術家經常到外國參與駐留，但卻鮮有外國人到香港駐留，令駐留計劃發展得較為單向。作為一個所謂的國際文化大都會，香港居然無法為外國藝術家提供駐留計劃，十分可惜。

除個人經歷，我認為你的工作經歷與你的藝術發展密不可分。一九九三年，你辭去藝術館一級助理館長一職後，開辦了藝坊這畫室？

嚴 我在藝術館負責教育推廣服務，但始終非前線工作，且偏向行政為主。在藝坊我則能夠站到前線，接觸受眾，這個轉變很有意思。

黎 你在畢業三年後到香港藝術館工作？

嚴 對，畢業後兩年我在香港中文大學藝術系當教學助理，之後幾個月曾當代課老師和畫室行政人員，至一九八五年到香港藝術館工作。

黎　為何你會放棄一份相對安穩的工作，去冒險開辦陶瓷教室？

嚴　當時我在香港藝術館已任職了八年，多待兩年便可轉為長俸公務員。想到這一點便感到不安，因為自己很害怕太穩定的生活。惟恐過於穩定或太好的待遇會令我的生命失去活力，懶於追求。碰巧當時有朋友跟我有共同興趣計劃開畫室，我也覺得這類工作頗快樂，於是就作了這選擇。

黎　你曾在香港藝術館待了八年，到一九九三年才離任。今天，你認為香港藝術館機制或整體發展方向有顯著的轉變嗎？

嚴　我認為整個藝術體制是愈辦愈完善，也愈來愈成熟。入職時，香港藝術館仍設在香港大會堂，展覽廳及藏品室只共佔兩層，辦公室佔一層。當時的藝術館很小，不同類型的展覽須輪流於小小的展覽廳展出，而且連運送展品的獨立貨𨋢也沒有，即便裝置一件雕塑也得找一家名為「大舊佬」的公司把它用人力沿樓梯吊運，拾級而上。一九九二年香港藝術館搬到尖沙咀後，我們才有一間正式的展館，館內附設各類項目的展覽廳及貨𨋢等基本設備。

　遷館時，我也曾參與籌劃，當時任一級助理館長，不過是小人物一名。另外，我也有參與成立視覺藝術中心，看著它的變遷，學懂了不少東西。

黎　何慶基曾說，在體制以外的人的眼中，香港藝術館一向較被動、思想比較牢固。你曾在藝術館任職，你認為他的觀點準確嗎？

嚴　因為當時他在香港藝術中心任職，難免從畫廊及當代藝術角度的觀點去看待香港藝術館，批評集中於本土藝術部分。當年香港藝術發展局和藝術推廣辦事處尚未成立，畫廊亦不像今天那麼多，資源有限，藝術家和香港藝術館之間存在著一種張力。不過我們得理解藝術館的性質範疇有別於一般畫廊，而且關注的藏品類型並不局限於香港當代藝術，還涵蓋嶺南藝術、古物、歷史畫等多個範疇。香港藝術館藏品有一組藝術及文物保養專家和負責展品註冊的工作人員打理，而策展的團隊中有不少為古物、書畫、藝術史等方面的專家或學者，全都受過嚴格的培訓。多年來教育推廣方面辦得有聲有色，語音導覽和導賞員培訓、講座、示範和工作坊等配套活動十分完備，而設計團隊也非常專業。香港藝術館的架構和質素可說是達到國際水平，尤其在亞洲，更是許多博物館的參考對象。

若說批評，我認為他們在推動本地藝術發展方面要更努力，以及認真反省公眾的批評。香港藝術館舉辦有關香港藝術的展覽實在太少，同時亦冷待了不少媒介類型的作品，這令人難以接受。譚志成當館長時，香港藝術館曾辦了一個「當代美國瓷藝展」，非常精彩，令我大開眼界！隨後，除石灣陶瓷展或定期舉辦的茶具館雙年展外，他們為當代陶瓷發展的貢獻極為有限。至於本地藝術家，除了「當代香港藝術雙年展」或「香港當代藝術獎」外，香港藝術館只會幫那些「殿堂級」的前輩舉辦展覽。

我認為香港文化博物館則較主動整理和展出本地藝術家的作品。另外，把自己的作品賣給藝術博物館，就像失去了一個兒子。因為作品給鎖在貨倉裡不見天日，永遠不作展出一點也不意外。香港藝術館理應把藏品整理，然後以一些概念主線貫穿它們，以聯展的形式把作品分批展出，展示香港藝術家如何在時間的長河中刻畫眼中的世界。時代和環境一直在變，藝術也一直同步在變，我們總可以從歷年的藏品中看出一些東西來。

TOO FRENCH 太法國了

《太法國了》：當代法國藝術，香港藝術館，1991年。

黎 當年很多香港藝術家期望一個屬於香港的藝術館，但他們在一九九二年甫開館，竟然舉辦「太法國了：當代法國藝術」（1991）這展覽。這個想法真「特別」。

嚴 當時我僅為一級助理館長，雖是該展覽策展團隊成員之一，卻無緣參與訂定展覽，所以箇中原因我也不得而知。我只知道藝術館的排期要考慮很多因素，除了自身的盤算外，也得與多方協調，很多因素互相拉鋸。何慶基與張頌仁曾提到香港藝術館「被外面罵幾句便推出了『城市變奏：香港藝術家西方媒介近作展』（1992）這展覽」。其實，這說法與事實有距離。

當時我負責教育推廣，但唐朱錦鸞館長把展覽分拆，並交由我策劃「城市變奏」。我雖無經驗，但有學習的機會，當然珍惜。印象中，他們並非為回應外界的批評而推出這個展覽，因為香港藝術館每逢舉辦展覽，都涉及很多資源上的調配，很早便須起草計劃議案連同財政預算呈交署方審批，不會因外界批評便草草推出這麼簡單，一般來說，香港藝術館辦展覽需要數年的規劃，少則五年，長則十年。我想，他們早已策劃推出一個本地藝術展。「城市變奏」是其中少有的香港藝術展，能有份參與，是我的榮幸。

黎　多年來，我常期待著一個可以讓大家交流的機會。不是說要為我們的作品辦常設展，但至少應定期公開展出，不要把它們收到貨倉裡。

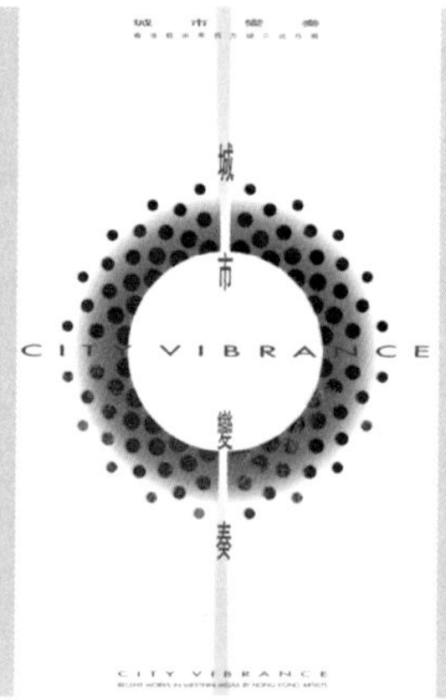

《城市變奏：香港藝術家西方媒介近作展》，香港藝術館，1992 年。

嚴　本地藝術家多年來一直在爭取資源的憤懣中生存，而香港藝術館則成為各人的焦點。當時還沒有香港藝術發展局，也未有如雨後春筍般的畫廊，所以很多人的焦點就放到藝術館。譬如說，他們打算賣作品時會想到藝術館，期望發表作品又會想到藝術館。當時過度的聚焦對藝術館造成很大的壓力，令公務員面對壓力和非議時，每每採取「鴕鳥政策」去迴避批評，進退失據。以香港當代藝術雙年展為例，藝術館每年都飽受抨擊，沒有一年能倖免。為什麼要選這個而不是其他？你有門派之別！為什麼找這個人做評判？……等，罵戰極為激烈，令員工感到害怕。總而言之，每當他們想到舉辦香港藝術的展覽，又會恐怕須再回應先前的一連串問題。在非議聲中，展覽便愈辦愈少。就我看來，藝術館所面對的困局就是這樣。

黎 鄧海超曾舉辦「香港藝術：開放・對話」系列展。我認為，他的動機似是要解決上述部分問題。

嚴 香港藝術館須有遠見、立場和膽量擔當起策展的責任。當時由客席策展人籌辦的展覽，我認為有部分專業性不足。

黎 整體來說，我倒是挺欣賞鄧海超。至少他走出第一步，有勇氣承認有些事是藝術館做不了的，並以客席策展人的形式去處理。

嚴 同意！有時客席策展會帶來新觀點和活力，不過，藝術館本身在整理本地藝術和策展方面，始終有迴避不了的責任。

「香港藝術：開放・對話」展覽系列（三）之「尋找麥顯揚」，香港藝術館策劃，2008 年。

黎 當局現正計劃封館兩年重新裝修，希望屆時有一個真正的「香港藝術館」。數年前，文化委員會曾建議把香港藝術館私營化或公司化，後來這件事不了了之。但事件的始末，是否因為顧問認為機制過於牢固而希望增加彈性？

嚴 印象中，當時整個政府的政策偏向「小政府」，但由於當時我已離開了藝術館，所以我也不太清楚內情。盡量把事務以外判方式營運是整個政府的大趨向，我想並非局限於香港藝術館，但時至今日應該成不了事。

黎 我想阻力應該很大，因為始終不是一件容易的事。如果以公司化、自負盈虧的形式去運作，我相信有一定的困難。郵政局可多做幾套首日封來填補支出，但香港藝術館則不能，需要有所承擔。當年與你共事的人，都差不多退休了，對嗎？包括你剛才提到的譚志成。

嚴 還有曾柱昭、唐朱錦鸞、丁新豹[22]、陳李淑儀、林廣基、何金泉、鄧海超等。陳李淑儀曾是我的直屬上司，負責教育及服務推廣，她亦曾負責現代藝術組，及後升調文化博物館館長。

黎 談到藝術行政，現在你自己經營一盤生意，會覺得吃力嗎？在香港發展藝術，會否有困難？

嚴 也算不上是什麼生意，事實上自二〇〇七年起我已把大部分時間投入創作，創作坊是我主力的合作伙伴。我看到一個轉變。在香港經濟較好的時期，我們辦活動出一點力就有回報。但往後，即在二〇〇三年非典型肺炎（SARS）後，香港人對於消費的概念，譬如說投放多少金錢到教育，都變得非常功利，而且很講求經濟效益。在這些情況下現在比創業的時候面對更多挑戰。現時整個香港的情況都是這樣，但這並沒有動搖我們的藝術教育理念。

黎 你早前提及香港藝術館會舉辦「當代香港藝術雙年展」，也提到它經常被批評。你認為「雙年展」的存在價值是什麼？舊日的價值和現在的價值有何不同？

嚴 現在常常說要面向國際。面向國際這一點其實也有好處，因為它令本土藝術家的眼光闊一點，不再故步自封，不只看到一個小的世界。從擴闊眼光的層面而言是好的。但作為一種篩選的門檻或標準就有問題。比方現在流行數碼藝術，玩這媒介的就較易入圍，但內涵很薄弱、水平很差的作品都能入圍就不太好吧，但現在就有這種現象。所以合符國際性，都要有足夠水平，此其一；另外，「雙年展」能否反映本地藝術生態、人文氛圍，並符合香港藝術發展的狀況是非常重要的，理應以此制定方針。譬如說，陶瓷近幾年發展算是很活躍，但上一屆香港藝術雙年展，所有陶瓷作品都被拒諸門外。

黎 什麼原因令一件作品也沒有入圍呢？是質素的問題嗎？

嚴 他們的解釋當然是，結果都由評判團決定，職員沒有話事權。你要知道公營機構最喜歡置身事外，他們選了一個專責小組，就這樣解釋了整件事。當年館長一票也沒有，完全沒有決定權。剛剛過去的一屆雖重新加入投票，卻是在外界壓力下補加。他們經常處於鐘擺狀況，擺來擺去。

黎　我當評審的那一屆，一件版畫都沒有，因為交來的作品大約只有九件，且質素甚差。不過在陶瓷方面，如果說沒有出色作品，則有點說不通。因為RMIT有一批人才，藝術推廣辦事處又有一批，加上現時不少人都在做很多的創作。一件作品也不入圍，真的很奇怪，說不通。

嚴　以往的「當代香港藝術雙年展」會分媒介挑選，但後來就說：「很古老！現在不分媒介了！」於是，陶瓷就跟數碼的、概念藝術的混合一起被評選。現在，雕塑也變得過時，如果你創作講究造型美的作品，很多時候就會失敗。假如雙年展不能夠反映本土藝術生態，不能反映一大群藝術工作者努力的方向，那雙年展有何價值？我想不到。

黎　現在他們把名稱改為「香港當代藝術獎」，那會否有點幫助？

嚴　我更不喜歡。對於藝術，我認為獎項的確是一個鼓勵，頒獎亦無不可。不過，我更希望所強調的精神不在於所謂「優勝劣敗」，而是涵蓋到人文精神的層面。本土藝術有很多範疇，我希望每個範疇都能創作一些比較好的作品，互相交流觀摩，並且從作品反映歷史和人文氛圍，而非只專注於是否合乎潮流，或能否跨進外國認可的門檻。

黎　從大學畢業至今，你已從事了差不多三十年的創作。回首這三十年，你對香港藝術發展有何期望？

嚴　我希望未來繼續保持透過藝術表達思想的自由吧！當然，我也希望會有多一些資源支持藝術發展，因為多年來，藝壇時常出現資源爭奪。

黎　在你眼中，什麼才算是香港藝術？在國際舞台有所謂的倫敦學派，現在北京也有自己的一個藝術系統，但香港好像一直沒有。有人說，香港藝術是中西混雜，但何謂中，何謂西？

嚴　今日的香港甚至不只是中西，是中西日韓吧！香港比較國際化，作論述的人愛以中西界定，大概為了讓一般人較易理解。

黎　但我們總不能說雲吞麵是代表香港文化或香港藝術吧？

嚴　對。我認為談理論的，應以一段適當的距離去回望、去看、去撿拾社會發展的過程中出現了什麼，香港藝術要反映當時社會的狀況或香港人存在的狀態。我們不能起了某個命題後，才去辦起某個學派，除非那群藝術家早有一個很強的共識，朝著共同方向去做。

黎　若香港藝術館要展出一些香港藝術品，是否意味著我們這些住在香港的藝術家所創作的作品，就是「香港藝術」？外國人是香港藝術家嗎？這個議題常有爭論。我們應怎樣看待「香港藝術」？雖然這看似愚蠢的問題，但我們必須面對。

嚴　這很複雜，因為香港的情況紛紜，一件作品是否「很香港」，難以單從一些表面的標籤符號或純圖像分析的角度去理解，或只透過一套簡易的邏輯或文字論述去理解，我們得從香港的歷史、文化等孕育藝術的各種因由，及千絲萬縷的脈絡中去尋找有機的藝術生命體。舉例說，一名香港雕塑家的作品即使表面看去與西方一些形式主義的作品無異，沒有易於辨識的「香港」標誌，你

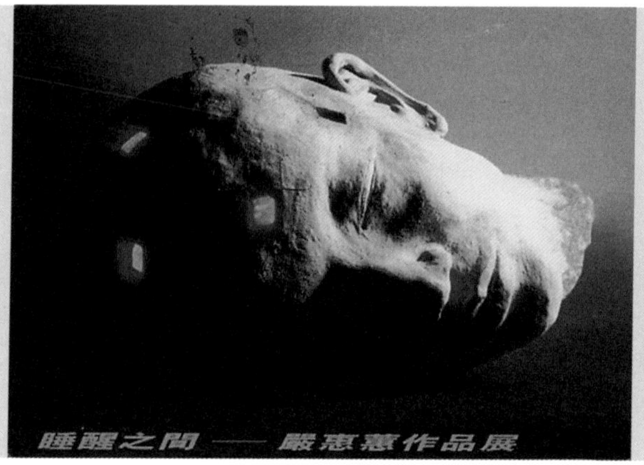

「睡醒之間——嚴惠蕙作品展」，2001年。

也不能把他自香港雕塑家之列排除。你只能說，香港藝術有這一面貌。反過來說，一件經過多重商業盤算，滿滿地堆砌了「香港符號」的作品，它或許易於解讀論述，卻又未必真能反映出香港的神髓。

黎　即是說，你會看得比較闊？

嚴　我看得比較遠。作為一個東方人，有時候東方人的身份比香港人的身份還要強，東方的特質是一樣深藏在你血肉之中的東西。所以你說什麼「香港藝術」，我認為是不用為文做情的。這些標誌，只有生意人才要找！為說服買家，他要解說這個是什麼，有何賣點值得投資等，所以才需要這些標誌，正如討論「中國性」(Chineseness)也是搞藝術生意的人才特別著緊的。

黎　你有收藏香港藝術家的作品嗎？

嚴　由於我並不富裕，所以就只得幾件藏品而已，且出於單純的愛好，算不上是有系統的收藏。

黎　我想，我們這一代人不需要很多幫助，只需給予我們一個自由發展的空間便可以了。

嚴　不過，一些基本資源是有助促進發展的。香港藝術發展局雖能提供資金，但金額並不足夠。現在每年可以拿出來分撥的金額，只與一個豪宅單位的價錢相等，這又怎能扶助我們推廣藝術文化?!

黎　而且他們投放在表演藝術的金額遠比投放到視覺藝術的要多。

《偕老》，2008年。

嚴　對，租用場地所費不菲。以香港藝術中心為例，雖然它獲得資助，但場租依然非常昂貴。其他場地如賽馬會創意藝術中心（JCCAC）等，若非該中心租客租場，費用也甚為高昂。因此，也沒什麼地方可以使用了。要發表作品，首要解決場地問題，增加供應便能降低整體場租。香港視覺藝術中心的場租便相對便宜，辦得很不錯。充足的場地供應和便宜的場租十分重要，否則就什麼都辦不成。

黎　但場地供應似乎也不少，不僅畫廊，不少商場都很支持藝術。

嚴　畫廊銷售的雖是藝術品，畢竟還是一盤考慮供求關係的生意，純粹追求心性表達的創作人在這圈子不易生存。至於商場，有時並非理想的場所，至少我的作品並不適合在商場展出，加上商場又有很多商業形象和財政分配上的考慮。此外，又有許多機構申請時須闡述展出對社會公益有何幫助。有時候，文化不應單純地拿來「為社會服務」的，文化有其更廣闊而深厚的人文意義，但有些人卻要把它包裝得極具社會服務性，藝術的純粹性便相對地被削弱了。

黎　現在討論的西九龍文化區，好像有一個頗浩大的願景在前。

嚴　它只往國際看，與我們無關。現時畫廊十分興盛，多了不少地方讓藝術家們去發表。對於那些喜歡在畫廊活躍的人，這途徑確實比昔日大有進步。不過，像我這些從畢業起已認為自己跟商業無關的人，所得到的認同和支持便少得多了。

黎　要在香港當藝術家是頗困難的。

嚴　今時今日要數所謂公認的香港藝術家，就是那些通過藝術比賽門檻和篩選，或與畫廊成功掛鉤的有名氣的藝術家，對嗎？要符合商業元素、通過官方考核才算得上人們眼中的香港藝術。其實，那些被遺忘的人，才是香港藝術界的大眾。

注釋

1 李東強（1931- ），一九六二年畢業於香港新亞書院藝術系，一九七三年修畢美國愛荷華大學藝術碩士課程，一九八〇年修畢英國布萊頓理工學院版畫文憑課程。曾出任香港中文大學藝術系副講師（1974-1978），於一九七八年升任為講師。後移居加拿大，於九十年代中期返港，於香港中文大學藝術系及香港浸會大學視覺藝術院兼教。二〇〇〇年獲頒香港藝術發展局視藝發展獎。李氏曾於閣林畫廊擺展覽，包括「香港閣林畫廊聯展」（1975）及「個人素描及版畫展」（1977）。

2 李福華（1943- ），日本東京國立藝術大學學士（1969）及碩士（1971），一九七二年於德國Kunstakademie Düsseldorf學習雕塑。一九七六年曾參與於閣林畫廊舉辦的「香港現代水墨畫展」，曾任香港中文大學藝術系兼任講師（1977-1985），一九七七年獲市政局藝術獎。

3 李潤桓（1941- ），一九六四年畢業於香港中文大學藝術系，一九七六年於該系教授中國書畫課程。分別於一九七九及一九八一年獲得市政局藝術獎，一九九二至二〇〇〇年擔任中大藝術系系主任，於二〇〇三年退休。

4 蕭立聲（1919-1983），一九四八年來港。一九六二年起任新亞書院藝術系講師，一九六四年起任香港中文大學校外進修部國畫班導師。琴棋書畫雅集創會會員。

5 蔡天浩（1941- ），一九六五年畢業於美國三藩市州立大學，一九六七年獲加州大學柏克萊分校文學碩士。一九七〇至一九九〇年任職於美國阿拉斯加大學費爾班克斯分校藝術系，曾於一九八三至一九八四年出任香港中文大學藝術系訪問藝術家。從事彩墨創作，曾獲美國國家人文學術基金會獎助（1979）及美國Andrew W. Mellon Foundation獎助（1980、1981），現為阿拉斯加大學費爾班克斯分校名譽藝術教授。

6 鄭明（1949- ），生於香港，一九五六至一九六七年間移居馬來西亞。一九七三年畢業於國立台灣師範大學藝術系，同年返港，曾先後任教於香港大學課程部、香港中文大學藝術系（1977-2000）及校外進修部、香港理工學院太古設計學院、大一設計學院等。一九七七年獲市政局藝術獎，為鋒美術會會員。

7 朱漢新（1950- ），一九七五年畢業於香港中文大學藝術系，翌年獲意大利政府文化部獎學金資助，赴意大利卡拉拿美術學院（Academy of Fine Arts of Carrara）研習雕塑四年。一九八〇年回港，一九八一年加入香港雕塑家協會，並於八十年代期間任教於香港理工學院晚間課程及香港中文大學藝術系。作品以石雕為主，曾獲得多個獎項包括一九七五年美國皇家海外藝術聯展「年青藝術家獎」、一九七九年意大利卡拉拿第十九屆大理石雕與工藝展「雕刻特別獎」，分別在一九八一及一九八七年獲得市政局藝術獎。

8 洪嫻（1933- ），一九四八年到台灣，一九五一隨溥心畬習畫。一九五七年畢業於台灣省立師範大學美術系。一九八〇年任教於香港中文大學藝術系，為五月畫會會員。

9 李錫奇（1938- ），一九五八年畢業於台北師範學校藝術科，一九五八年與楊英風等人創立現代版畫會，一九六三年起任東方畫會會員，一九五八至一九六五年任台北縣中山國小美術教師，一九六五至一九八三年任台北縣新莊國小美術教師，一九七二至一九七四年於台灣育達商職夜間部美術設計科兼任教師，一九七八至一九八二年任台北版畫家畫廊主持人，一九八二至一九八三年任香港中文大學藝術系客席教授，一九八三至一九八四年任台北一畫廊主持人，一九八五年於台灣中國文化大學美術系兼任版畫創作教授，一九八五至一九八七年擔任台灣環亞藝術中心藝術總監，一九八七至一九九〇年任台灣三原色藝術中心主持人，二〇〇五年任台灣台北草山行館藝術家工作室駐村藝術家，二〇〇九年獲台灣總統府聘為國策顧問。

10 唐鴻（1926-），原名他塔拉·鴻，字三川，號淳之。滿州人，生於北京。一九三七年入讀京華美術專科學校，從花鳥畫大師丁非闇習畫，後畢業於國立北平藝術專科學校。曾進入北京故宮博物院國畫研究所研究。一九四九年移居台灣，任美國總領事館中文導師。一九六一年來港授畫，一九八一年於香港中文大學藝術系兼任講師。同為三川畫會創辦人，於七十至八十年代於香港多次舉辦會員聯展。

11 馬國權（1931-2002），書法家、篆刻家，生於廣東南海，一九五三年中山大學本科畢業。一九六〇年中山大學古文字學專業副博士研究生畢業，其後先後在暨南大學、中山大學中文系任教古文字學十九年，一九六四年於廣州美術學院教授書法和篆刻一年，一九七八年擔任「中國古文字研究會理事，一九七九年出任香港《大公報》編撰，兼任香港中文大學考古藝術中心研究員及通識教育講席，一九八七年任上海吳昌碩藝術研究會常務理事。一九九二年移居加拿大，一九九三年任加拿大安大略省中國美術會名譽顧問，一九九四年任加拿大中國書法協會副會長，一九九六年任加拿大安大略省藝術學院中華文化委員會副主席，一九九七至一九九九年任香港中文大學文物館研究員，後又獲香港康樂及文化事務署委任為藝術顧問和博物館名譽顧問，並出任學海書樓董事。

12 馬可妮，Katherine Mahoney（1952-），生於英國，一九七四至一九七七年於克蘭布魯克陶廠（Cranbrook Station Pottery）習陶，翌年與家人開設富尼陶廠（Fulling Mill Pottery）。一九八一年移居香港，成立藝術工作室，並於一九八三至一九九六年間任教於本港多個機構教授陶瓷，包括香港理工學院教授高級陶藝證書課程、香港藝術館及教育署，亦為香港當代陶藝協會創會會員。一九九六年起移居澳洲，繼續從事陶瓷創作。

13 賴志剛（1966-），英國利物浦美術教育學士及美術教育碩士，香港理工學院高級陶藝課程畢業。師隨陳松江及英國陶藝家 John Pollex。曾任職中學視藝專科主任近三十年，兼教香港理工學院高級陶藝課程及香港浸會大學持續教育學院美術教育學位課程多年。為香港當代陶藝協會、香港陶藝學會幹事，現主持工作室藝舍，從事陶藝創作及教學。

14 馬素梅，一九七五及一九七六年先後畢業於羅富國及葛量洪教育學院。一九七九、一九八一、一九八七年先後獲得香港理工學院基本設計證書、立體設計及陶藝高級證書。一九九一及一九九五年獲英國胡伐威頓大學教育學士及碩士學位，及後於英國倫敦大學教育學院取得哲學博士學位。現為香港教育學院文化與創意藝術學系助理教授，香港當代陶藝協會創會會員。

15 何秉聰（1918-1999），自小於石灣習陶，早年畢業於南海縣立師範學校，曾跟隨廖堅、梁華甫及梁世培等研習陶藝。及後成立陶藝工作室，並曾於香港大學專業進修學院任教，以及為香港藝術館出任名譽顧問。著作包括《陶藝雜談》、《歷史，神話與傳説：胡錦超先生捐贈石灣陶塑》，二〇〇〇年獲藝術發展局追頒終身成就獎。

16 何大鈞（1944-），字伯陶，號醉荷山人，自幼隨父親何秉聰研習陶藝。一九八一年定居香港，香港當代陶藝協會會員。

17 陳思光，先後於一九九六及二〇〇〇年取得英國劍橋大學學士及碩士學位，回港後從事精算行業，及後在二〇〇三及二〇〇七年完成由香港藝術學院與澳洲墨爾本皇家理工大學合辦的藝術學士及藝術碩士課程，改為從事陶藝創作及教學，曾兼任香港藝術學院財務顧問。現為香港藝術學院兼任導師。

18 奈良美智（1959-），早年在日本愛知縣立藝術大學主修美術，自研究院畢業後任職高中美術教師，後於一九八七年到德國杜塞爾多夫藝術學院留學，一九九五年獲名古屋市藝術獎勵賞，九十年代末移居美國，於一九九八年在美國加洲大學洛杉磯分校擔任客座教授。奈良美智的早期作品以插畫為主，八十年代後期發展成以兒童頭像為主的角色風格，至九十年代後期開始創作立體作品。

19 星野曉（1945-），一九七一年畢業於日本京都府京都市立命館大學，一九七一至一九七三年間於藤平陶藝修業，一九七四年成為走泥社會員。歷年間曾獲「第五回日本陶藝展文部大臣獎」（1979）、「第四回京都雕刻選拔展京都府買上獎」（1980）等。

20 日下部正和（1946-），一九七一年自建柴窯，從事本燒、萩燒、志野燒等陶瓷製作，並分別於一九七七及一九八三年建蛇窯和穴窯燒製陶瓷。一九八五年於福島縣創立個人工作室游彷陶房，自一九九五年起與美國陶瓷藝術家 Marc Lancet 進行交流並作多次合作，包括於一九九八年於美國加州建"Dancing Fire Wood Kiln"。二〇〇〇年開始，每年到美國及世界各地包括加州藝術學院、雷丁美術博物館、加拿大本那比城市藝術中心等地舉辦陶瓷製作班。

21 Marc Lancet，一九七九年美國加州大學聖塔芭巴拉分校藝術系（主修雕塑）畢業，後分別於一九八三及一九八四在該校完成藝術碩士（雕塑）及教育碩士；一九八四至一九八五年間在該校擔任雕塑導師，一九九三至一九九四年於美國波特蘭州立大學擔任訪問教授教導雕塑，一九九五年起與日本陶瓷藝術家日下部正和合作。一九八五年起在美國加州索拉諾社區中心教授立體藝術課程至今。

22 丁新豹（1948-），一九七四年畢業於香港大學中文系，一九七九年獲香港大學哲學碩士學位，一九八九年獲香港大學哲學博士學位。曾任香港藝術館助理館長（1979-1987）、香港歷史博物館館長（1988-1994）及總館長（1995-2007），於任內籌建了香港歷史博物館新館、香港海防博物館及香港孫中山紀念館。現為香港大學中文學院名譽助理教授、香港中文大學歷史系客席教授及名譽高級研究員。

後記

好幾年前，部分本地藝術工作者，如何慶基、王禾璧等曾以口述歷史的形式，通過與本地藝術家進行訪談，以記錄本地藝術的重要史料。奈何研究完成後，公營機構把資料束之高閣，令後繼的研究人員得吃力地從頭開始，一磚一瓦慢慢重建香港藝術的面貌。伴隨著《與香港藝術對話：1960-1979》及本書的出版，我和團隊進行了兩年多的研究，現在算是步入尾聲。然而，這並非為香港藝術的研究寫下句號。我們衷心希望，除加深各界對香港藝術的認知外，這兩冊口述歷史記錄亦能成為研究香港藝術發展的基石，讓我們的下一代不必再原地踏步，蹉跎歲月。

八十年代為香港藝術發展的重要一頁，不少藝術工作者及藝術機構爭相湧現，為長久以來水墨獨秀的藝壇注入活力，帶來一番新氣象。由於八十年代至今從事藝術工作者眾，加上受資源所限，我們難以逐一跟各位進行訪談，最終選擇了以藝術機構和團體的活躍人士為訪談對象，其餘未及拜訪對談的還望見諒。本書二十八位受訪者，大部分人仍活躍於各自的範疇，我們很感激他們在百忙中撥出寶貴的時間接受訪問，並提供重要的圖像史料。同時，我們亦感謝香港藝術發展局及亞洲文化協會（香港分會）為本書所提供的照片。最後還要特別感謝高美慶教授賜序，並再次獲得藝術及古蹟資料研究有限公司資助和得到三聯書店（香港）有限公司出版及發行本書，皆衷心銘謝。

現在研究快要付梓，走筆至此，我方能鬆一口氣。

黎明海博士

二〇一四年二月七日

與香港藝術對話：1980-2014

編　　著　黎明海　文潔華

責任編輯　程豐餘　梁偉基

訪問及文字整理　陳安琪　陶穎康

書籍設計　嚴惠珊

出版　三聯書店（香港）有限公司
香港北角英皇道四九九號北角工業大廈二十樓
Joint Publishing (H.K.) Co., Ltd.
20/F., North Point Industrial Building,
499 King's Road, North Point, Hong Kong

發行　香港聯合書刊物流有限公司
香港新界大埔汀麗路三十六號三字樓

印刷　中華商務彩色印刷有限公司
香港新界大埔汀麗路三十六號十四字樓

印次　二〇一五年一月香港第一版第一次印刷

規格　十六開（170mm × 230mm）四八〇面

國際書號　ISBN　978-962-04-3617-8

Arts in Heritage Research Limited
藝術及古蹟資料研究有限公司